牟宗三先生全集①

周易的自然哲學
與道德函義

牟宗三　著

《周易的自然哲學與道德函義》全集本編校說明

楊祖漢、岑溢成

本書原名《從周易方面研究中國之元學與道德哲學》，簡稱《中國之元學與道德哲學》。此書於1932年牟先生尚在北京大學哲學系就讀時撰成，其後於1935年由牟先生在北京大學時的同學王培祚出資，託天津《大公報》印行。牟先生在1988年版〈重印誌言〉第3頁提到：此書最初於「民國廿五年」印行，顯然是記憶錯誤。因為張東蓀先生的序言寫於「民國二十四年五月五日」，而《民國日報・哲學週刊》第12期（1935年11月20日出刊）刊出孫道升先生對此書的評論及牟先生的答覆，故此書不可能於次年才出版。

此書係牟先生最早的學術專書，後來他對此書中的見解不滿，故一直未將此書再版。遲至1988年4月，牟先生始應門人之請，同意由臺北文津出版社重印此書。在重印版中，牟先生對此書作了若干修正與刪改，但本書的基本見解與結構則未改變。

本書之編校工作以重印本為依據，主要在核對引文，初版中被刪除的部分（例如，初版中〈Ⅵ最後的解析〉B：5.6）則不予保留。但重印本中有些排印上的錯誤，則依初版訂正。

此書的〈自序二：象數義理辯〉曾刊於《北平晨報・思辨》第

⑵ ⊙ 周易的自然哲學與道德函義

33期第11版（1936年4月8日出刊）。此外，爲便於讀者之參考，特將孫道升先生對此書的評論及牟先生的答覆附於書後。

重印誌言

　　此書完稿於民國廿一年。那時，吾廿四歲，是北大哲學系三年級生，連帶預科二年，吾已在北大讀書五年矣。當時哲學系要出系刊，主事者向余索文，吾以本書中述胡煦之一部分交與之。先聲明說：文太長，恐不合用，如不合，望即退還。後隔年餘，無消息，問主事者，據云刊稿事前須先交師長審閱，老兄之稿交胡院長適之先生審閱，存胡先生處，汝可往取。吾即到院長辦公室見胡先生。胡先生很客氣，他說：你讀書很勤，但你的方法有危險，我看《易經》中沒有你講的那些道理。我可介紹一本書給你看看，你可先看歐陽修〈易童子問〉。我即答曰：我講《易經》是當作中國的一種形而上學看，尤其順胡煦的講法講，那不能不是一種自然哲學。他聽了我的話，很幽默地說：噢，你是講形而上學的！言外之意，那也就不用談了！繼之，他打哈哈說：你恭維我們那位貴本家（胡煦），很了不起，你可出一本專冊。我說謝謝！遂盡禮而退。回到宿舍，青年人壓不下這口氣，遂寫了一封信給他，關於方法有所辯說，辯說我的方法決無危險。大概說的話有許多不客氣處，其實也無所謂不客氣，只是不恭維他的考據法，照理直說而已，因為我的問題不是考據問題。但無論如何，從此以後，就算把胡先生得罪

了！這是鄉下青年人初出茅廬，不通世故，在大邦學術文化界，第一步碰釘子。

當時此書全部完稿時，我曾很得意地把它呈給授我數理邏輯課的張申府先生看，我以為必可蒙他的讚許與鼓勵。那知他當時的情形很古怪，他一見這麼一大堆稿子，面色很不自然，只聽他喃喃地說你寫這麼多！他拿回家去，一擱年餘，無下文。我等得不耐煩，遂往取之，原來他原封未動，一眼未看！這使我很傷心，因為他是我平素最親切最相契的老師；我於閱讀及翻譯懷悌海的《自然知識之原則》與《自然之概念》兩書時（譯稿存山東家中，後被共黨燒毀），他對於我有很大的幫助。我不知他何故如此冷淡！後來我慢慢知道了。原來他已經左傾了，他大講唯物辯證法，他說函數就是辯證法，他主張羅素、馬克思、孔子三位聖人並重。他去活動政治去了，已不再從事學問矣。他使我啼笑皆非，我不能再親近他了。這不是我不尊敬老師，乃是他自己變了；不是弟子有負於老師，乃是老師愧對弟子了。可是到現在我仍然感念他，讀者看我譯的《名理論》可知。他屬第三黨，崇拜鄧演達。後來毛共首先整的就是他那第三黨。

這部書一出世首先遇見了上說的兩步厄運。可是同時也有些重視中國哲學的老先生卻反而喜歡我這部稿子。李證剛老先生講虞氏易，講不通，拿我的稿子去參考。林宰平老先生很稱讚我這部稿子，他說是部好書，最好能印出。李林兩位老先生都是熊先生的熟友。我在北大三年級時剛遇到熊先生。他說我把胡煦發掘出來確有大貢獻，胡煦確是一位哲學家的頭腦。你們可說這些老先生都是不通西方哲學的人。我寫這部稿子是在數理邏輯以及羅素、懷悌海、

維特根什坦的思想背景下進行的，當然有可以刺激人處，使人耳目一新。尤其當看到有許多懷悌海的詞語時，你可說大多是附會。可是當時剛回國的沈有鼎先生卻也說了一句很新奇而又似乎很公正的妙語，他說這部書是化腐朽為神奇。縱使有附會，也附會得很妥貼，不乖錯、不離譜。觸類旁通是可允許的。

此書在當時要想找書局出版是很困難的，幾乎可以說根本不可能。醞釀了好幾年，始於民國廿五年，我的北大同學兼同鄉王培祚先生資助我當時的三百元託大公報社排版印出，分贈友好，說不上著作，藉資保存而已。事後想想，若不印出，這部稿子必不能保存；若存在山東家中，必被共黨燒毀。此稿之得付梓而流行於今日，皆同鄉兼同學王先生之功也。據我後來流浪的生活及學思的發展而言，我必不會再回頭看這些書。你現在若把李道平的《周易集解纂疏》，及清胡煦的《周易函書》與焦循的《易學三書》，拿來教我看，我未必能看得懂，也未必能耐心讀進去。試看看這五六十年來，無論哲學界或國學界，有這樣整理漢易的嗎？有講胡煦《周易函書》的嗎？有講焦循《易學三書》的嗎？吾未之見也！可見把這部稿子保存下來，不算無價值。付印時，請張東蓀先生寫一序。張先生非讀中國哲學者，但只以讀哲學者之興趣而俯充不辭以示對於後進之提攜，故吾對於張先生終身感念也。

由此一微末不足道而卻發之於原始生命的充沛想像之青年作品實足占當時學術思想界之分野，並可卜六十年來吾之艱困生活之經過以及學思努力之發展。此是一生命之開端起步，其他皆可肇始於此也。讀《易經》是我自己之私下工作，當時無人知者，亦無人指導，亦無授此課者。但是讀邏輯，讀羅素，卻有師承。這一方面

的鑽研是我離校後仍繼續不斷的工作，經十餘年之苦思困學，結果便是《理則學》與《認識心之批判》兩書之寫成。此爲吾之學思之第二階段。此後便是自三十八年來台後直至今日之第三階段，如吾數十年之所努力者，此爲大家眼前所能習見者。

此書旣只是吾之學思之開端起步，故只能算是青年不成熟之作品。它所展示之理境是青年人所可及者，亦是青年人所可喜歡者。它的價值在整理漢易並介述胡煦與焦循之易學。漢易是通過卦爻象數之路以觀陰陽氣化之變。至清初康熙年間胡煦崛起仍是走此路，不過講的更自然、更妥貼、更通貫。從此方面講，他們所展示的理境是卦爻象數下中國式的自然哲學，而兼示出人事方面之許多道德函義。至焦循則是直接由卦爻象數之關係（大中而上下應之）而建立其「旁通情也」的道德哲學（與戴東原爲同一思路的達情遂欲的道德哲學）。就《易經》卦爻象數而言，漢易與胡煦所達成的自然哲學（通過卦爻以觀氣化）是正宗，而焦循所達成的道德哲學是工巧的穿鑿，但穿鑿得很一貫，故吾亦有興趣展示之。其所建立的道德哲學，若視作人們所希望的生活境界則可，若當作一種道德哲學，認爲可以解決道德分解中的諸基本問題則非是。（戴東原誤解孟子詬詆朱子，焦里堂假託《易經》卦爻象數之關係，建立其道德哲學以依附並證成戴東原之浮說，皆陷於此種非是）。

於《易經》，吾當時所能理解而感興趣的就是通過卦爻象數以觀氣化這種中國式的自然哲學（生成哲學）。至於就經文而正視《易傳》，把《易傳》視作孔門義理，以形成儒家的道德形上學，這是吾後來的工作，此並非吾當時所能了解，且亦根本不解，故亦無興趣。就《易經》之卦爻象數而講成自然哲學是往下講，雖講至

本書第 V 部〈易理和之絜合〉，亦是往下講（此一套中國式的自然哲學或生成哲學頗類懷悌海那套宇宙論——亦是自然哲學，此兩套有可類比處。懷悌海自己亦說他的思想——《歷程與眞實》中所表象者，某義上大體是東方型的，不是西方型的）。但就作爲孔門義理的《易傳》而講儒家的道德形上學，則是往上講，此眞所謂「絜靜精微易敎也」。

吾在當時旣不能往上講，故本書第 II 部講王弼的易學與朱子的易學亦不明透。不但不明透，而且直可說最淺陋。王弼只對於象數之批評有價值，對於《易經》本身之了解無價值（無貢獻），而以道家之玄理解易尤不相應。但吾當時旣不解道家之玄理，尤無知於王弼之以道家玄理解孔門之義理之非是。朱子對於《易經》已知歸於儒家矣，但其根據《易經》而講太極，以及講理氣之關係，其全部意義，吾當時亦不能有明透之了解，只略知一二，但我已知戴東原之批評朱子爲非是。總之，吾當時對於儒釋道三敎並無所知，對於宋明儒亦無所知，對於西哲康德更無所知，只憑道聽塗說，世俗陋見，而亂發謬論，妄下論斷。吾當時所習知者是羅素、懷悌海，以及維特根什坦之思路；於中國，則順《易經》而感興趣於漢人之象數，更發見胡煦與焦循易學之精妙，並發見這一套中國式的自然哲學（焦循除外）可與懷悌海那一套相比論，且亦根據實在論之心態來處理戴東原、焦里堂與朱子間之糾結，居然全始全終，終始條理，成一完整的一套，以爲天下之理境可盡據此而斷之，遂視其他如無物。此是此書之總相也。

此書中所表現的一套自然哲學固可成一完整的一套，固亦可爲青年心態之所喜，然據此而謬斷其他，則是青年人之狂言與妄論，

故吾後來甚悔之，幾不欲再提此書，亦無意重印之。對於此書，六十年來吾從未一看。在台所僅存之一本亦是王谷老先生所帶來者。王老先生太原人，精研《易經》，晚而彌勤，將吾此書親帶來台，居台中，將吾此書放在手邊，隨時作參考。民四十五至四十九這四年間，吾在東海任教，得遇王老先生，他將此一孤本歸還於我。他對於《易》，亦有成一家言之著作。他那時已甚衰老，常自慨嘆，無力付梓。吾勸他可求助閻錫山，他說與他無關係，不願找他。後來吾轉香港大學任教，此後即無消息，亦不知其書究出版否。但由於王老先生這一因緣，此書得存於台。近來諸同學屢言此書有值得重印之價值，並謂亦不須作修改，只須作一序，聲明爲青年舊作即可。自念《易經》不能不算中國哲學之一重要古典；而漢易與胡煦及焦循之易學，從研讀方面看，並非容易，亦不能不算是一種專學，而自民國以來，哲學界與國學界卻從來無人觸及，甚可慨歎；如是，遂覺吾之此書，縱有許多謬妄不諦之論，幼稚不雅之辭，卻亦有闡幽顯微，使古德之思想流傳於世之微功。如是，遂決定交文津出版社重印，並由楊祖漢、王財貴兩同學負責校對。吾最後閱一遍，隨文將錯誤者、荒謬者、妄論者、幼稚者、時風中不雅者盡皆刪之，使較潔淨，略減汗顏之愧恥，然亦不影響原文之組織與結構也。讀者若覺仍有不諦處，則請以其爲青年期之作品而諒之，而吾所以不欲再改動者亦只欲存之以誌吾過並以勵來者也。

　　本書原名《從周易方面研究中國之玄學及道德哲學》，嫌冗長，今改爲《周易的自然哲學與道德函義》。

民國七十七年（1988年）三月三日

牟宗三 誌於台北青田街師大宿舍

張　序

　　有人說中國沒有形而上學（即玄學或元學），這句話實在是錯了。中國的形而上學實在很古。但中國的形而上學與西洋的卻大不相同。西方的形而上學有兩個特點。一個是可以亞里斯多德爲代表。他撥開一切現象而專求本體。所以他的「本體」概念是：That of which the others are predicated, while it is itself not predicated of anything else。這就是說一切云謂都表現這個本體，而本體卻不能表現其他的東西。後來這個意義更深一層，便演爲斯披諾剎的「絕對」了。這樣一來，形而上學的主要部分乃是本體論（ontology）而非宇宙論與知識論以及人生論。此爲西方形而上學特色之一。其次便可以康德爲代表。大家都知道康德是不講形而上學的，但他卻很巧妙，乃是以不講爲講。換言之，卻是他以知識論爲出發。從知識論上表明形而上學的性質究竟是什麼。雖不直接講形而上學，然卻亦等於講形而上學。這又是一個特色。這兩個特色都爲我們中國所無。所以有人說中國沒有形而上學。其實中國不是沒有形而上學，乃只是沒有像西方那樣的形而上學罷了。但是這句話亦不能說。最近有懷特海德（Whitehead）的哲學出現。他和亞里斯多德不同。和康德更不同。詳言之，即亞里斯多德以本體的有

無問題為出發點而講形而上學；康德以知識的可能問題為出發點而講形而上學；而懷特海德則以宇宙的結構問題為出發點而講形而上學。懷氏的這種態度頗和中國的形而上學相彷彿，自然精粗有不同，那是時代的關係。友人牟宗三素來喜歡研究懷氏哲學，把他的舊作與新書通統讀完，不像有些講懷氏哲學的人只知道《歷程與實在》一書。牟君有了這樣的學養，然後回頭來再研究中國的形而上學，遂發現《周易》一書有許多可寶貴的道理，乃寫定以成此書。我對於《周易》是外行，不願多說。惟以為惟有牟君這樣的研究古籍方法始足為「哲學的」。而現在一班關於中國哲學的著述，其實質是考據，所以是「史學的」，並不是「哲學的」。所以我對於牟君此書極願意廣向學術界有一言以為介紹。

民國二十四年五月五日張東蓀序

自序一

1.吾非專解析《周易》本文者。因為（i）《周易》一書帶有歷史性，而非一人或一時之產物；（ii）即解《易》注《易》者亦隨時隨人而異，宗漢者斥宋，宗宋者排漢，盧山眞面礙難定其歸屬。以此二故，吾如解析本文就不能不引後之注《易》或解《易》者之言辭，即或不引，亦不能不受其影響。如其引人之言而解《易》，反不如就人之意而論中國思想。

2.本書定名曰：「從周易方面研究中國之元學及道德哲學」。名雖冗長，亦頗允合。其主要含義有二：一非注解，二非史述。中國思想，自非一支，然最佔勢者，厥為《周易》。故如其說「從周易方面研究」，倒不如直謂「中國之元學及道德哲學」。

3.研究中國思想者常發生系統問題，即中國思想有系統乎？無系統乎？一般之感想，大都以為中國思想之系統不如西洋遠甚。然試思所謂不如者，只是作法無嚴密之邏輯組織而已；而普通心目中所意想之系統亦不過指作法之組織而言。然無此組織之系統，未必即無思想之條理，故馮友蘭氏遂謂中國思想雖無形式系統，然猶有實際系統也。所謂實際系統又不可只認為言之成理持之有故已也，要必指出此系統之何屬。其系統不屬哲學，雖或言之成理，亦不得

謂之爲哲學系統。先秦諸子能屬哲學系統者甚少，然則中國思想中究有哲學系統乎？究無哲學系統乎？曰有。不過因中國思想缺乏形式系統，故第一先必抽繹而出，爲之組一嚴密之邏輯次序，以補形式系統之不足。第二此系統究何所屬乎？曰一屬玄學，一屬道德哲學。換言之，中國思想中，其所論者亦常涉及哲學中之兩支焉。不過哲學總屬知的問題，而非行的問題。然而中國先哲卻每欲以知附行。是以有人常謂中國思想爲人與人之關係，而非人與自然之關係；常注意人與人之倫理的行的問題，而不注意人與自然之物理的知的問題。此或亦爲顯然之事實，但深刻求之，亦非全無對於自然與人生之理解或說明，此蓋非求之於《周易》一支不爲功。故本書極力從行的實踐抽繹其知的理論，此理論一屬自然之理解曰玄學，一屬人生之理解曰道德哲學。本書最大目的在確指中國思想中之哲學的系統，並爲此哲學的系統給一形式系統焉。

4.提倡科學只言實驗言證據，尚爲不夠，故在中國提倡墨子，在美國求靈杜威，以期科學之有成，似皆不可能。其必經之路當追蹤於《周易》一支。《周易》一支所蘊藏者除上言兩系統外尚有（ⅰ）數理的，（ⅱ）物理的，（ⅲ）純客觀（即道觀或物觀）三觀點。這三種成分結合起來，即能有科學。西方以此而成功，吾人亦當以此而爲法，此非效顰，實乃事有必至，理有固然也。

5.希臘時期，科學與哲學尚未分離，然其思想則是科學的，同時也即是哲學的。從泰利士（Thales）起，到希拉克利圖斯（Heraclitus）及巴門里第（Parmenides）止，其見地即是物理的；至畢塔哥拉斯（Pythagoras）則是數理的。從此以後，就算樹立了西方思想之骨幹，猶如董仲舒樹立中國思想之骨幹一樣。後人

鮮能出其圈套。繼之第孟克利圖斯（Democretus），奠定物理自然說之基礎，柏拉圖（Plato）奠定數學自然說之基礎，亞里斯多德（Aristotle）又異軍突起，創發機能自然說，而奠定進化論之基礎。經中世紀，文藝復興，以至最近，在科學世界的第一原則上，仍未能脫離那三大骨幹之支配。這一段發展的線索，可參看以下兩書：

（i）諾滋洛圃（Northrop）：《科學與第一原則》（*Science and the First Principle*）

（ii）白特（Burtt）：《現代物理之玄學基礎》（*The Metaphysical Foundation of Modern Physics*）

6.科學家之玄學大半都是哲學家之問題。故科學與哲學在西方始終是糾纏於一起。然則其所以有科學與哲學者非無故矣。故欲使中國有科學，當亦不外乎此。作中國哲學史及提倡科學的人不可不注意及之。然數十年來，某某主義，某某思潮，都已談過，究何補於中國學術界？時至今日，尤屬浮誇，陳腐者抱殘守缺，重返故我；炫新者口頭亂嚷，唯我獨尊。長此以往，吾將見中國文化之必趨於淪亡也！

7.本書之作，不在宣傳方法，不在宣傳主義，不拘守倫理人事，不喧嚷社會基礎，但在指出中國純粹哲學與純粹科學之問題，列而陳之以轉移國人浮誇之磽風。

自序二

象數義理辯

1.談《易》者有象數義理之分，互相詆斥，儼若水火。學者習而不察，遂以此似是而非之見認爲當然。須知象數與義理固無衝突，即象與數亦不可同日而語。此在本書中已詳細指示。今再簡論於此。

2.象之含義有三：（ⅰ）現象之「象」。此在《周易》中並無明白規定，近人稍知一二新名詞，遂以爲《周易》論象即現象論之象，殊屬皮相之至。（ⅱ）方法上的取象之「象」，此爲《周易》中之本義。按此義即象徵類比之義。（ⅲ）法象之「象」。此即垂象取法之義，與佛家之「法相」又不相同。蓋此義即由方法上的取象之象而引伸出，故此義亦爲《易》中所原有。

3.〈繫辭〉上下傳論象者不下十餘處，無一非取象之義，而於現象之義無與焉。試列之於下：

（ⅰ）「聖人設卦觀象，繫辭焉而明吉凶。」言藉卦以觀其所象，復繫之以辭以說明之。

（ ii ）「是故吉凶者失得之象也，悔吝者憂虞之象也。」言由失得憂虞可類知吉凶悔吝也，或曰吉凶悔吝乃失得憂虞之徵號。

（ iii ）「彖者言乎象者也。」言由彖以說明所取之象也。

（ iv ）「成象之謂乾，效法之謂坤。」言由乾垂象而可爲坤所效法也。

（ v ）「聖人有以見天下之賾，而擬諸其形容，象其物宜，是故謂之象。」此即「設卦觀象」之意。「象」之爲類比象徵，於此最明。

（ vi ）「是故法象莫大乎天地，〔……〕縣象著明莫大乎日月。」此由類比而至效法。

（ vii ）「天垂象，見吉凶，聖人象之。」「易有四象，所以示也。」垂象示象，以至象之、則之，皆象徵取法之義。

（ viii ）「聖人立象以盡意，設卦以盡情僞。」言不盡意，由象而盡之。情僞難言，由卦以示之。

（ ix ）「八卦成列，象在其中矣。」即「設卦觀象」之意。

（ x ）「夫乾確然示人易矣，夫坤隤然示人簡矣。爻也者效此者也，象也者像此者也。爻象動乎內，吉凶見乎外，功業見乎變，聖人之情見乎辭。」由示而象，由象而見。象徵類比，於此益明。

（ xi ）「於是始作八卦，以通神明之德，以類萬物之情。」無象無示，通與類皆不可能。以下十二「蓋取」，皆是此意。故總結象之重要與意義曰：

（ xii ）「是故易者象也，象也者像也。」言全部《周易》無非言「象」，而「象」無非「像似」之意。「見乃謂之象，形乃謂之器。」此「見」即（ x ）條中「見乎外」，「見乎變」，「見乎

辭」之「見」，非現象之「現」也。由某之爲象即因某而見。有所見即有所象，有所象斯有是「器」。不但器物之作由於象，即知識之成亦由於「象」。設無「像似」「類比」之用，則「通神明之德，類萬物之情」皆將爲不可能之事，而「天下之賾」， 其形容，其物宜，皆不可擬不可象，而吾人對外界之知識亦必至無所措手足矣。此豈聖人作《易》之意哉？

　　4.如是，象果可忘也？果煩瑣而討厭也？義理與象果可離也？是必不然矣！象既如此，數復有異。數者序也理也，關係也次第也。此乃物界之條理，更不可以術數觀之。象爲思想所取，數爲物界所具。一主觀，一客觀，本不可同日而語，且象之所以可能，唯由物界之有數也。無數無理，無同無異，無次第，無關係，雖欲用象，不可得也。是反象數者，固不知象數之功能，且也不知象數之意義，更復不知象數之不同及其關係也。二千年來，無人能道之矣！

　　5.象數既不可忘，既無可與義理分離之勢，然則象數與義理果無不同乎？是又不然。義理在晉宋人眼中又有特別意義：（i）先立乎大者，求客觀一貫之理；（ii）免除計較比量，採用靜觀體會之法。照此而論，則義理之學似可與象數之學分離，如柏格森所謂以直覺識本體者是也。此種認識方法，固無取乎象徵類比。然此推而至於其極，勢不言語道斷不止。如有所說，便不離象，即無所說而有會於心，亦不離象。如是，象者乃運思言語之必具，不可忘不能忘也。柏格森不明此理，乃有反科學之舉，如義理反象數正同。認取本體，即或有需於直覺體會，然神而通之，類而明之，仍須取用乎象，象數義理之關係如此而已。

目　次

導　言

A.　《周易》之結構

A1.　就現在所流傳的看來，《周易》確是中國創作界的一部早期的莊嚴偉大的宏構，它最有系統，它的條理清楚，它的結構周密，它的內容博大而豐富，它所顧及的問題也是多方面的：所以它能支配了中國的思想界。

A2.　它結構的中心是六十四卦，而六十四卦是一層跟一層而有序理的。所以〈序卦〉就因之而起。

A3.　六十四卦兩相對照，而交互錯綜；故〈雜卦〉亦因之而起。〈序卦〉是從時間的層疊上看；〈雜卦〉是從空間的關係上看。合起來，即是表象具體世界底辯證現象。

A4.　〈序卦〉與〈雜卦〉是看六十四卦間的關係，或說是解析六十四卦所表象的動的現象間的生成關係。但從另一方面看，又可以從六十四卦中找出八個來以作根本範疇。由此八卦可以變出其他。此八卦表象八種根本原素以爲世界構成之材料。所謂〈說卦〉即解析此八卦之根本品德。

A5.　八卦又可以攝諸乾坤兩卦之中，乾坤表象陰陽。陰陽是兩種不同的氣，相反而相成的氣。故八卦所表象的八種原素，又都可以歸諸陰陽兩氣之中。以陰陽兩概念統馭一切現象；所以陰陽就是終極原則。陰陽，據歷來所解，不是一種「東西」，乃是兩種相反的「氣」，不是「靜的體」，而是「動的用」。於動中見之，不能於靜中識之。

A6.　乾坤表象陰陽，陰陽是終極原則；故於乾坤兩卦中，特作〈文言〉兩篇以解析陰陽之內在品德。故〈文言〉雖特附於乾坤兩卦，其實是解析陰陽之本性。六十四卦無非陰陽所變，亦無非陰陽之氣。故於六十四卦不必皆有〈文言〉。

A7.　六十四卦皆由陰陽之參伍錯綜而成，故有一錯綜之相即有一卦之成。錯綜變，卦亦變，而其所象所表者亦變。有一卦即有一卦之特殊表意，亦即有一卦之特殊品性。一個卦即是一幅圖象，它表象一定的事實之結聚。結聚表示出一定的意義。而此意義由那個圖象昭示之。解析此圖象所昭示的意義者為〈彖傳〉。「彖」字頗有異解。然重要者當為兩見：

（i）普通所解：即於音讀為「團」之去聲，於義訓為「斷」。言判斷此卦之總性也。自王弼以來皆從之。

（ii）阮元之考證（註）：據他所考，「彖」與「彖」本屬兩字。音不同而意亦異。他以為「彖」音讀若「弛」，近於「才」，而意則為「分解」「材成」之意，取〈繫辭傳〉：「彖者材也」以為證。他以為「此乃古音訓相兼」，此考甚確，故從之。但即便如此，「分解」「材成」與判斷亦無大差。（古才、財、材、裁皆相通。）

　　A8.　「彖」以斷卦象之表意，「象」以徵卦之所之。解說卦象之所之者爲〈象傳〉。「彖」可說是斷其「內在品德」；象可說是徵其「外在品德」。「彖」是「界說」或「定義」；「象」是其「暗示」、「表徵」、「類推」、或「舉例」。有了「彖」與「象」，則世界始可解說，知識始可能。

　　A9.　由上所說，可知《周易》全是以「卦象」或「符號」來表象世界。卦象間的關係即是表示世界的關係；解說卦象即是表示吾人對於世界之知識。所以於此所見當有三義：

　　（ⅰ）以圖象表象世界；

　　（ⅱ）圖象之關係表象世界之關係；

　　（ⅲ）圖象之「解說」或「表徵」即表示吾人對於世界之知識。

　　A9.1　以上所論是一段落，至於〈繫辭〉則爲另一段落。〈繫辭〉總論全經而發揚其意義，作爲一最後的解析，解析天理人事及其關係。至此，全書的結構始完成。吾人讀之實覺此爲一有組織的傑作，在今日的創作界，還沒有這樣有機有神有理的美構！

B.　《周易》的主要含意

　　B1.　由以上的全書之結構看來，我們當知《周易》一書實含有三方面的意義：

　　（ⅰ）物理的；

　　（ⅱ）數理的；

　　（ⅲ）倫理的。

物理方面的原則是「陰陽」，是「變易」，是「生成」：我們可以「易」字表之。數理方面的原則是「序理」，是「系統」，是「關係」：我們可以「序」字表之。倫理方面的原則是「意謂」，是「價值」，或由「象」所表徵的「倫理意謂」或「價值意謂」：關此，若從此「意謂」所從出的地方看之，則可以「吉凶悔吝」表之。

B2. 物理的世界即是陰陽變化的世界。數理的世界即是陰陽變化間的條理或關係。這兩方面的絜合，可以稱為「數理物理」。「參天兩地而倚數，觀變於陰陽而立卦」。這即是說陰陽全倚於數，立卦盡表陰陽之變。這也即是數理物理之意。

B3. 卦表陰陽之變；故每一卦，即是表示陰陽之關係或結聚。陰陽之關係或結聚，即是物理事實之關係或結聚。一個卦即表象這種事實的結聚。故每一個卦即是一個「邏輯命題」。它表象一定的結聚，它昭示一定的意義。事實關係中的「關係者」，以物理事實充之，即陰陽是，卦中的「關係者」以卦畫充之，此名曰「爻」，即表象陰陽者。事實變，其關係或結聚亦變；爻變，其卦亦變。故卦有一定的意義，爻亦有一定的意義。卦有一定的表象，爻亦有一定的表象。卦可以是一個邏輯命題，爻亦可以是一個邏輯命題。卦是複合命題，爻是簡單命題。命題之合仍為命題。從這方面看，是謂「數理邏輯」，或「記號邏輯」。

B4. 說明此卦及爻所表示之一定意義者為「彖」及「象」。「彖」定其界說、定義或內性；「象」徵其暗示、類推、或外性。「彖者材也」；「易有四象，所以『示』也」，「象也者像此者也」；這即是「彖」「象」的解說。有了「彖」，我們可以知此卦

爻自己之特性;有了「象」,我們可以從此已知卦爻之特性暗示其他,或類推其他。觸類旁通,皆賴此「象」。「彖者言乎象者也」,即言由「象」以定象之意義或界說藉以爲根據而象徵其他,或類比其他。「設卦觀象」、「八卦以象告」,皆是由卦之內性而觀其外性之意,亦即「像此」之意,故「象」爲「動詞」或「動名詞」,而決不是「名詞」,更不是普通所謂「現象」之「象」。「是故吉凶者,失得之象也」,言由失得而象徵吉凶也。「悔吝者憂虞之象也」,言由憂虞暗示悔吝也。「變化者進退之象也」,言進退而類比變化也。「剛柔者晝夜之象也」,言由晝夜而昭示剛柔也。由失得可以知吉凶,由憂虞可以知悔吝,由進退可以知變化,由晝夜可以知剛柔:無非象徵之意。象之「法象」之意,亦由此推出,在可知的世界裡,一切物事都可爲「象」,都有其「象」。

B5. 「彖」有彖之「辭」,「象」有象之「辭」。辭即是「言」,即是解說或闡明,即用來說明「彖」所判斷的內性,並說明「象」所徵照的外性。具體言之,即用來說明卦爻之內在品德,以及其表徵品德。彖與彖辭不能分離,象與象辭亦不能分離,其辭之解說有異,故區之以彖與象。有彖之「示」,故有辭之「告」。有彖之「斷」,故有辭之「定」。

B6. 由「彖」「象」之分述卦爻,則對於外界之知識始可能,世界始可說。同時,倫理意謂由此起,道德基礎由此立。所以彖象之解說卦爻當有兩方面的作用:

(i)知識方面:由「彖」可以知卦爻所表象的特體之性德;由「象」可以得此特體之性德的普遍化、歸類化。此只限於科學知識或邏輯世界而言。關此,《周易》無詳細發揮。此中國之所以無

知識論也。然觀其由「彖」以「材」以「斷」以「定」，由「象」以「示」以「告」以「像」，在在皆可以暗示出一種知識論來——或者可說是一種「實在論的知識論」。

（ii）道德方面：由彖以知性德，由象以知吉凶悔吝。由卦爻之變化而知進退；由卦爻之序理而安其居（「君子所居而安者，易之序也」）。「居則觀其象而玩其辭，動則觀其變而玩其占」。人生之一舉一動，殆無不可由彖象而昭示出。是故倫理意謂、道德基礎皆由此出。這是中國倫理哲學的特性，《周易》全在此處發揮。此可謂實在論的價值論，或說是「超越的內在」之價值論，即以實在或物理世界為基礎，而卻不即是實在；但亦不是超越的外在於此世界。康德、維特根什坦可說是超越的外在論者。

B7. 由上所述，歸結其含義如下：

（i）數理物理的世界觀，即生生條理的世界觀。

（ii）數理邏輯的方法論，即以符號表象世界的「命題邏輯」觀。

（iii）實在論的知識論，即以彖象來界說或類推卦象所表象的世界之性德的知識論。

（iv）實在論的價值論，即由彖象之所定所示而昭示出的倫理意謂。

B8. 關於這四個含意，（i）及（ii）漢清易學皆能詳細發揮；（iii）則無人繼承；（iv）為晉宋易學所發揮，焦循尤能盡其極致。吾研《周易》，循此而進；吾書命名，亦職是故。不把握住此四含意，不能明《周易》，或甚至可說不能明中國思想。

C. 《周易》時代之規定

C1. 《周易》一書，其來源甚早，其形成很晚，其間的過程，無從考其準確。所謂時歷三聖，早已被人駁過。據一般人的考據及見解，則知《周易》一書當形成於戰國末年、西漢初年，只能晚乎此，決不早於此；但晚也不能晚過西漢。

C2. 歐陽修的《易童子問》，葉適《習學記言序目》，及趙汝楳的《周易輯聞》，皆曾懷疑十翼不是孔子所作。姚際恆的《古今偽書考》也以為《易傳》是偽的。關此可參考各人的原書，茲不贅引。近人馮友蘭先生也以為孔子並沒有作《春秋》及《贊易》，這可參看他的〈孔子在中國歷史中之地位〉一文（《燕京學報》第二期）。

C3. 顧頡剛在他的〈周易卦爻辭中的故事〉一文得到這樣的一個結論：

「……《易經》（即卦爻辭）的著作時代在西周，那時沒有儒家，沒有他們的道統的故事，所以它的作者只把商代和商周之際的故事敘述在各卦爻中。《易傳》（即是〈彖傳〉、〈象傳〉、〈繫辭傳〉、〈文言傳〉、〈說卦傳〉、〈序卦傳〉、〈雜卦傳〉的總名）的著作時代至早不得過戰國，遲則在西漢中葉；（《論衡》云：「孝宣皇帝之時，河內女子發老屋，得逸《易》、《禮》、《尚書》各一篇奏之，宣帝下示博士，然後《易》、《禮》、《尚書》各益一篇」，有人說這一篇即是〈說卦傳〉）那時的上古史系統已伸展得很長了，儒家的一套道統的故事已建設得很完成了，

《周易》一部書新加入這個儒經的組合裡，於是，他們便把自己學派裡的一副衣冠罩上去了，作者的時代越後，本書的時代越移前，《周易》因此就改換了它的原來的筮書的面目」。

他的結論是如此，我們且就他的幾篇作品中的材料，逐一證之如下。

C4. 古史的系統的開展。據顧先生的考證古史的系統越後越完整，中國的上古史，一代一代的排下來，全是由於漢、新之間所造出來的。所以系統的完成就在漢、新之時。這是因爲作皇帝的在五德終始說下的環境中各欲找其歷史的根據以備受命改制的。古史系統的出現始於《國語》，而完成於《世經》。《世經》以前的古史系統可分前後期。《國語》、《五帝德》、《帝繫》、《呂氏春秋》、《史記》中之所載爲前期；《淮南子》、《莊子》、《易傳》、《戰國策》中之所載爲後期。《世經》就根據這兩期而完成了古史系統。而前後期諸書又都是秦漢間的產物，而《易傳》又在後期中，可見爲漢人所作無疑了。這是據《易傳》中所記載的古史系統而斷其不能早於漢的。這可參考顧先生的〈五德終始說下的政治和歷史〉（《清華學報》第六卷第二期）一文。

C5. 《易林》是漢人作的筮辭與《易經》卦爻辭同其作用；但《易林》之形成在古史系統完成之後，所以其中所引的故事與古帝王的名字皆與《易傳》同，《易傳》中所說的，《易林》中幾乎都有，可見《易傳》與《易林》的歷史觀念是相同的。故《易傳》亦爲漢人所作（參看顧氏的〈周易卦爻辭中的故事〉《燕京學報》第六期）。

C6. 《周易》卦爻辭中沒有堯舜禪讓的故事，但《易傳》中

有之，《易林》中有之。卦爻辭作於西周初葉，古史系統尚在虛無中，故無此等觀念；但到了漢時，古史系統完成了，禪讓的故事也很風行，所以《易林》《易傳》就說得那樣起勁！故《易傳》之作是不能早於西漢的（參看同上）。

C7.　〈繫辭傳〉中講古聖人觀象製器的故事，而《世本》的〈作篇〉亦是言古聖創作的故事；但《世本》與〈繫辭傳〉，所記的制作的東西雖差不多，而制作的人名則完全不同。在〈繫辭傳〉中有伏羲神農黃帝堯舜以及後世聖人之創作；在《世本·作篇》中有句芒、垂、祝融、共鼓、貨狄、胲、相士、奚仲、雍父、揮、牟夷、禹、詛誦、蒼頡等人之創作。人名是完全不同，因此顧先生立了兩個假設：

（i）〈繫辭傳〉的話全為誣妄，故不為《世本》的作者所承認；

（ii）作《世本》時尚無〈繫辭傳〉，故僅錄其自己的傳聞，而當時所傳聞的都不是〈繫辭傳〉所說的那一套。

而結果顧先生是承認第二假設，即作《世本》時，尚沒有〈繫辭傳〉，故《世本》上所說的與〈繫辭傳〉上完全不同，《世本》言伏羲，採《帝係》，當是秦漢間人所作，已是夠後的了，而〈繫辭傳〉乃更在其後，所以〈繫辭傳〉上的創作，《世本》完全不知，不但《世本》不知，即戰國諸子也不曾提起古聖人觀象制器一類的話，所以《世本》當先出，《易傳》後出；《世本》秦漢人所作，《易傳》為漢人所作自無疑矣（參看同上）。

C8.　《世本》既在前，〈繫辭傳〉為何不倣之而作呢？曰：〈繫辭傳〉不倣《世本》而倣《淮南子》，《淮南子·氾論訓》上

有一段話與〈繫辭傳〉大同小異，即與〈繫辭傳〉上的「蓋取之大壯」、「蓋取諸益」、「蓋取諸渙」……等十二「蓋取」文相似，不但意同，即文字亦多相同，關此顧先生也立了兩個假設：

　　（i）《淮南子》襲用〈繫辭傳〉；

　　（ii）〈繫辭傳〉襲用《淮南子》。

　　而結果顧先生也證明了第二假設為真，即〈繫辭傳〉仿《淮南子》而作的，果然如此，《易傳》不但在《世本》之後且在《淮南子》之後了（參看同上）。

　　C9.　《周易》卦爻辭由來已久，「只供卜筮之用，所以在《國語》（包《左傳》）所記占卜的事中引用了好多次；但那時的筮法和筮辭不只《周易》一種，故《國語》所記亦多不同，此書初不為儒家及他家所注意，故戰國時人的書中不見稱舉，到戰國末年，纔見於《荀子》書，比了春秋的初見於《孟子》書中還後得多。」（參看同上）由此可見《周易》之完成必在西漢。

　　C9.1　顧先生的目的是在證明卦爻辭的產生是在西周的初葉，而《易傳》則在漢之中葉，吾以為《易傳》成於漢，固不成問題，即卦爻辭也不是那樣整齊地形成於西周，一直傳下來俟漢人為之作傳，因為其系統那樣整齊，與《易傳》的配合那樣有 unity 性，似乎不知經過了幾番刪改與修正，其面目也不知變過幾次哩！所以必是西漢儒者根據傳下來的材料而重組織起一部有系統有 unity 性的書來。點滴零星，從古已有，謂之成於西周，本不算錯；但謂64卦的卦爻辭即形成於西周，而不改舊觀地傳下來以至於漢，這恐怕不可能。

　　C9.2　再從文章的作風上看來，《周易》的形成也當在西

漢。傅斯年先生曾有幾個標準以區別西漢與晚周的作風之不同，我覺得很可取。其標準是：

（ i ）就事說話的是晚周，做起文章來的是西漢；

（ ii ）研究問題的是晚周，談主義的是西漢；

（ iii ）思想成一貫然不爲系統的鋪排是晚周，爲系統的鋪排是西漢；

（ iv ）發的議論對於時代獨立即不反映著時代的是西漢，而就事論事的卻不只是晚周；然而晚周卻也沒有憑空成思的方術家。（《國立中山大學研究所週刊》第一集，第五期〈與顧頡剛論古史書〉）。

《周易》一書正恰合乎西漢的作風。

C9.3　他以此標準規定《禮記》中的〈中庸〉也當爲西漢儒者所作，（參看同上）。按此，我們可說《禮記》中的〈樂記〉〈中庸〉〈大學〉等篇都與《周易》的《易傳》之時代，相差不能很遠，因爲它們的問題話頭，及道理都是差不多的，或者簡直就糾纏一塊去了，所以後來言《易》的或是講《中庸》的都願把它們互相拉在一起。

C9.4　《周易》中的觀念（ notion ）很多，幾乎把以前所有的都組於其中，儼然成了一部集大成的書。玄學（ metaphysics ）、物理、倫理、五行、天文、律歷、數學皆集於其中，而且作者很富於調和性，把這些不同的概念全都融合起來而統馭於陰陽原則之下。五行說之形成始於騶衍，也是戰國末年的產品，到了《周易》的〈說卦〉中也把它加入了。所以漢人的解《易》，純以五行來講，這是怪不得的；因爲根本就有這種概念在其內。

C9.5　漢人的科學思想很發達，天文、律歷、數學、都有長足的進展，而《周易》一書就全充滿了這種意味，數學尤是其中的主要角色，藉著它把時序、律歷、天文都配合起來，所以漢易的象數也是無法批駁的。〈繫辭傳・大衍〉一章全是一套數學，即「大衍求一法」是，這在本書論焦循時當詳述之，故《易傳》無論如何不能早於西漢。

C9.6　總之，西漢的儒者承太平之世，繼以往諸觀念諸學說，而應大統一的國家之要求，於是，關起門來，眞要大做起文章，力事系統的鋪排，而不關利害地對於宇宙對於一切應用的科學都要作徹底的研究，周密的考察，參考以往融會諸端而大事其調和，於是就形成了現在所流行的《周易》。我們不要以爲它駁雜就不研究它，它的駁雜正是其有價值的綜合；也不要因爲它形成的時代很晚而不顧它，它的形成之晚正是它的所以有價值之處；也不要因爲它的原形它的本相是卜筮就鄙視它、討厭它，它的本相至其形成之時早已改觀了；也不要因爲它所論的是陰陽是五行是八卦，所以就討厭它，因爲陰陽、五行、八卦是中國的根本思想之托足地，並且陰陽五行八卦正是中國人對於具體世界科學的考察，哲學的研究的雛形；它們是對於具體世界所發現的三套自然律（natural law），《周易》把它們熔一爐而冶之，以陰陽而貫之。所以我以爲解析世界的起於漢，邏輯地、系統地述叙亦始於漢。科學的開始、哲學的發端亦始於漢；中國民間的思想之形成亦種因於漢，漢人是繼往開來的總關鍵，中國之所以爲中國者定於此。傅斯年先生以爲「漢朝人的東西多半可說是思想，而晚周的東西總應該是方術」，這話大半是對的。

D. 本書的使命及著者的態度

D1. 本書是想藉著《周易》以及研究《周易》者之著作而抉發中國的玄學思想與其道德哲學的，其目的不在解析《周易》這本書，所以不是為讀《周易》者而作的入門書，乃只是吾近來研究西洋思想時而留意到中國思想所欲說的話，如其能對於同好者供以若干樂趣，則目的已算達到。

D2. 在上段說過《周易》是集大成的作品，其中所含本是多方面的，所以後來的解析便也有許多分歧，並且按著後來居上的原理，所以又有更深邃的發揮。吾並不想指示出《周易》的本相，也並不想判斷誰能得著《周易》的真相，只是想順著這條路而顯示出中國的思想。一種主張若為後人所析，不能不有所誤解；可是這誤解也許就是特別發揮吧！

D3. 相對論發出以後，有多少派的解析呢？啟發出多少新鮮的思想呢？所以雖不都是愛因斯坦的信徒，然實在是思想的開展，智慧的擴大。《周易》的情形亦然。因著它足以啟發出好多的高深思想；雖然它的由來的原形是淺陋的，然而後人的解析卻高明了。這也是思想的開展，智慧的擴大。

D4. 中國的思想，從周秦起至明清止，可以說有兩大支：一是孔孟的動的思潮；一是老莊的靜的思潮。《周易》的情形亦是如此。漢清的易學是動的、科學的、物理的、象數的；晉宋的易學，受佛老之影響，則是靜的、玄想的、倫理的。

D5. 本書即從漢清、晉宋兩大分野上討論中國的物理後學

（metaphysics）及倫理後學（meta-ethics）。並想於其中解釋出中國的純哲學思想及科學思想，指示出中國的道德哲學之特性及其缺點。由前者可以抉發吾民族的科學思想、哲學思想；由後者可以認清吾民族的人生哲學之基礎。

D6. 本書共分六分。第一分講漢易。漢人的思想在中國佔一重要位置。在 C 段中業已提及。所以他們的易學，雖多烏煙瘴氣，也不惜爲之詳論。第二分講晉宋易。晉易忘象，宋易談理，漢人的瘴氣一掃而空。獨闢蹊徑，轉入倫理的討論。第三與第四是講清易。第三分講胡煦，胡煦是中國的最大哲學家，且在中國，除公孫龍外，唯有他始足稱「哲學」這個名目。公孫氏講知識論，胡煦講物理後學，都不涉倫理範圍。第四分講焦循，焦氏的通釋能力很大。以經解經，宛轉自如。他的數學，亦很好。所以他很能以數理物理爲基礎而闡發其倫理之象徵。所以他很能合乎 B7 條中的（iv）之結論。第五分講易理和之絜合。即物理、數理、機體之絜合是。其中以「數」爲關鍵。第一論《周易》中數學之應用，討論到數與曆的結合；第二論樂律中數學之應用，討論到數與律的結合。律曆都純粹是科學的學問，藉著數的觀念而歸攏於《易》中，以找其玄學之基礎，換言之即於物理世界中找其基礎。就因爲樂律曆數都能於物理世界中找基礎找解析，所以易理和之絜合始有可能。還有一段論〈樂記〉中的易理和之絜合，比較偏於哲學，非如論律曆時之多屬數學解析。第六分是最後解析。解析中國的玄學思想、科學思想、倫理思想，以及其方法與態度諸方面之特性、缺點、長處及其對於世界思潮上之貢獻。

（註）參看阮元《揅經室一集》卷一〈釋易象音〉篇，及〈釋易象意〉篇。

I 漢之天人感應下的易學

A. 天人感應的根本思想

A1. 漢人的思想一切都系統化、具體化、切實化；他們沒有神秘，一切都予以解析，漢時的天人感應觀就由這種根本特性而產生出。

A2. 有了此根本特性，還不足以言感應，必須有以下三個根本原則，感應說始能建設起來。此三原則是：

I. 宇宙條理。

II. 天人同情。

III. 天人合一。

這三個原則實在說來是分不開的，舉一可以賅三。

A3. 漢人講感應，講天人關係最力者爲董仲舒。我們即述叙他的思想以奠定本書所論的思想線索之基本原則。他在《春秋繁露》一書中，處處表現出這三個原則來。先從原則 I 起。

〈五行之義〉篇

天有五行：一曰木，二曰火，三曰土，四曰金，五曰水。木五行之始也，水五行之終也，土五行之中也。此其天次之序也。木生火，火生土，土生金，金生水，水生木，此其父子也。木居左，金居右，火居前，水居後，土居中央，此其父子之序，相受而布。是故木受水，而火受木，土受火，金受土，水受金也。諸授之者皆其父也，受之者皆其子也。常因其父以使其子，天之道也。是故木已生而火養之，金已死而木藏之；火樂木而養以陽，水剋金而喪以陰；土之事火竭其忠：故五行者乃孝子忠臣之行也〔……〕

五行之隨各如其序；五行之官，各致其能。是故木居東方，而主春氣；火居南方，而主夏氣；金居西方而主秋氣；水居北方而主冬氣。是故木主生而金主殺；火主暑而水主寒。使人必以其序，官人必以其能，天之數也。土居中央爲之天潤。土者天之股肱也。其德茂美，不可名以一時之事，故五行而四時者，土兼之也。〔……〕

〈官制象天〉篇：

王者制官，三公、九卿、二十七大夫、八十一元士，凡百二十人而列臣備矣。吾聞聖王所取儀於天之大經，三起而成，四轉而終。官制亦然者，此其儀與！三人而爲一選，儀於三月而爲一時也；四選而止，儀於四時而終也。三公者，王之所以自持也。天以三成之，王以三自持。立成數以爲植而四重之，其可以無失矣。備天數以參事治，謹於道之意也。此

百二十臣者，皆先王之所與直道而行也。

是故天子自參以三公，三公自參以九卿，九卿自參以三大夫，三大夫自參以三士。三人爲選者，四重自三之道以治天下，若天之四重自三之時以終始歲也。一陽而三春，非自三之時與？而天四重之，其數同矣。天有四時，時三月；王有四選，選三臣。是故有孟有仲有季一時之情也。有上有下有中一選之情也。三臣而爲一選，四選而止，人情盡矣。人之材固有四選，如天之時固有四變也。〔……〕

何謂天之大經？三起而成日，三日而成規，三旬而成月，三月而成時，三時而成功。寒暑與和三而成物；日月與星三而成光；天地與人三而成德。由此觀之，三而一成，天之大經也。以此爲天制。是故禮三讓而成一節，官三人而成一選。〔……〕凡四選三臣，應天之制凡四時之三月也。

是故其以三爲選，取諸天之經；其以四爲制，取諸天之時；其以十二臣爲一條，取諸歲之度；其至十條而止，取之天端。

何謂天之端？曰：天有十端，十端而止已。天爲一端，地爲一端；陰爲一端，陽爲一端；火爲一端，金爲一端，木爲一端，水爲一端，土爲一端；人爲一端：凡十端而畢，天之數也。天數畢于十，王者受十端于天，而一條之率，每條一端以十二時，如天之每終一歲以十二月也。十者天之數也，十二者歲之度也。用歲之度，條天之數，十二而天數畢。〔……〕

A3.1 以上，關於〈五行之義〉篇所引的，有以下的意義：

（i）宇宙之生成是有條理有秩序的，這種普遍的宇宙條理可以五行象之。

（ii）五行間的關係，便是人間的關係。人間的關係由五行的關係昭示之。

（iii）五行之隨各如其序；五行之官，各致其能。其間的因果關係，連結的是很緊嚴的，是很有自然而必然之性的。

（iv）所以人間的條理與五行的條理，可以說都是自然生成的。既非人造，亦非神造。這種自然生成之條理可以叫做「宇宙條理」。

A3.2 關於〈官制象天〉篇，有以下的意義：

（i）一歲之運行過程實是一極有條理之波動或節奏。此波動即是一個始、壯、究之波動。

（ii）一歲四時，一時三月，都是按著這個波動而定的。故四時三月乃為自然而必然之條理。

（iii）這種波動之三分觀，也可以說是宇宙之條理。故曰：「三而一成，天之大經也。」

（iv）人間之官制關係也是自然而有這種條理，非象天而使其然也。故曰：「人之材固有四選，如天之時，固有四變也。」

（v）這種三起四變之波動節奏觀，也可以說是宇宙之條理，可以盡一切之變動與關係。

（vi）由這個條理，可以把天人攏在一起。所以天人同情，天人合一，也就含於其中。

A4. 我們再從「天人同情」這方面看。

〈王道通三〉篇：

〔……〕夫喜怒哀樂之發，與清暖寒暑，其實一貫也。喜氣
爲暖而當春，怒氣爲清而當秋，樂氣爲太陽而當夏，哀氣爲
太陰而當冬。四氣者天與人所同有也，非人所能蓄也。故可
節而不可止也。節之而順，止之而亂。人生於天而取化於
天。喜氣取諸春，樂氣取諸夏，怒氣取諸秋，哀氣取諸冬：
四氣之心也。

〈天辨在人〉篇：

〔……〕喜怒之禍，哀樂之義，不獨在人，亦在於天；而春
夏之陽，秋冬之陰，不獨在天，亦在於人。〔……〕故曰：
天乃有喜怒哀樂之行，人亦有春秋冬夏之氣者，合類之謂
也。

〈爲人者天地〉篇：

〔……〕人之形體，化天數而成；人之血氣，化天志而仁；
人之德行，化天理而義；人之好惡，化天之暖清；人之喜
怒，化天之寒暑；人之受命，化天之四時。〔……〕天之副
在乎人，人之情性有由天者矣。

A4.1　由上所引，可以看出以下幾種意義：

（ⅰ）由氣化流行之宇宙條理而顯示出種種情勢，種種色相。

（ⅱ）由此宇宙條理，現於自然界，則爲四時之凊暖寒暑；現於人類，則爲心理之喜怒哀樂。

（ⅲ）故四時之氣，心理之情，根本是氣化流行之自然表現，而且也是互相契合的。

（ⅳ）由此「天人同情」亦可見出「宇宙條理」與「天人合一」。

A5. 再從「天人合一」方面看。

〈人副天數〉篇：

〔……〕天地之符，陰陽之副，常設於身。身猶天也，數與之相參，故命與之相連也。天以終歲之數，成人之身；故小節三百六十六，副日數也；大節十二分，副月數也。內有五藏，副五行數也；外有四肢；副四時數也。乍視乍瞑，副晝夜也；乍剛乍柔，副冬夏也；乍哀乍樂，副陰陽也。心有計慮，副度數也；行有倫理，副天地也。〔……〕

A5.1 此段言由天人之數合，天人之用合，天人之情合，以至天人之行合，及至「行」合，則倫理界與事實界之合始可言，而道德之基礎亦成立矣。中國之道德哲學全尋此路走，而自然界與道德界之諧和，亦由此著眼。

A5.2 宇宙條理與天人同情可說是自然事實方面的合一，而天人合一可說是由事實之合一爲基礎而至價值界也。

A6. 天人同情一條，須不可認爲是「擬人說」。因爲他以爲

這是自然流行之所顯，非人所創造，非人所賦與，全是客觀存在的。

A6.1　宇宙條理一條，須不可輕視。至少，這是中西思想的不同處，或甚至也即是經驗派與理性派的思想不同處。承認宇宙條理，或不承認宇宙條理是哲學界最重要的分水嶺。

A6.2　中國人沒有一個不承認氣化流行而具有生生之條理的，這個條理是自然之所有，是自然之所以為自然處。「歸於必然而完其自然」即是生生之條理。

A7.　這三個原則一方面形成了天人感應的根本思想，一方面奠定了中國思想之大計，後人或精或粗、或深或淺，皆不背此。

B.　孟京費三派之分野

B1.　孟氏五家。

B1.1　據歷來所傳，自孔子起，《周易》的授受如下：

孔子──商瞿子木──魯橋庇子庸──江東軒臂子弓──燕周醜子家──東武孫虞子乘──齊田何子裝。至齊田何已入於漢。秦時禁書，相傳《易》為卜筮，獨不禁（這也可見秦漢之際，《易》必非現在之本）故授受不絕。漢之言《易》者皆自田何始。

B1.2　張惠言《易義別錄》曰：

漢興言《易》者自田何，田何之傳：王同、周王孫、丁寬、服生，各著《易傳》。楊何受王同，蔡公受周王孫，亦各為傳。田王孫受丁寬授施讎、孟喜、梁邱賀；施、孟、梁邱各

爲章句。施氏之後：有彭宣 、戴崇作《易傳》，景鸞作《易說》；孟氏之後：有注丹作《易通論》，袁良作《難記》；梁邱之後：有五鹿充宗作《略說》。田何所傳著述盡是矣。永嘉之亂，諸家盡亡，而孟氏闕佚之書幸存。

B1.3　是自田何至孟喜又爲一段落，故現在要述孟氏。孟氏字長卿，東海南陵人，其闕佚之著述，據《漢書藝文志》載：

（i）《易章句孟氏》二篇；

（ii）《孟氏京房》十一篇；

（iii）《災異孟氏京房》六十六篇。

我們在此可以看出從田何到孟喜之間，必是《周易》尚未完成之時，此時吾想正是大家各樹旗號之時，且正是災異卜筮之見。假若《周易》已完成而爲大家之公共標準，決不會有那麼多的不相干之烏烟瘴氣。關於孟氏所傳的零文碎意，專段述之。

B1.4　此後宗孟氏者有姚信、翟子元、蜀才以及虞翻共孟氏而爲五家。

（i）姚信：《釋文叙錄》云：「姚信字德祐，吳興人，吳太常卿，注《易》十卷。」又引《七錄》云：「十二卷，字元直。」《隋書志》亦十卷，《吳興志》有姚德祐文集，輯《易注》爲一卷。

張惠言《易義別錄》：「〔……〕最晚乃讀姚氏注，其言乾坤、致用、卦變、旁通、九六、上下，則與虞氏之注若應規矩，元直豈仲翔之徒歟？抑孟氏之傳在吳，元直亦得有舊聞歟？〔……〕」

（ⅱ）翟子元：《易義別錄》曰：「陸德明云：『荀爽《九家集解》有翟子玄』。子玄不詳何人，爲《易義》；《釋文》雖時引翟文，而叙錄不列子玄《易義》，則知德明未見其書。特就《九家集解》引之。李鼎祚《集解》有翟元，翟元蓋即子玄。〔……〕其所集亦自《九家》。可知二書之外，未見有引子玄《易》者。」

相傳荀爽宗費氏者，子玄在荀爽《九家集解》中，是亦當爲費氏派，何列孟氏中乎？《易義別錄》又曰：「觀子玄諸文皆與荀義相近，則其採自《九家》又益信。然子玄之《易》蓋孟氏非費氏。何以言之？荀氏有卦變，無爻變，今子玄於〈泰〉則云：『五虛無君，二上包五』，於〈姤〉則云：『九五遇中處正』，此皆虞氏之義與荀氏殊，故知子玄爲孟氏《易》也。」

其實這種證明並不充足；但爲簡易起見，亦不妨從之，故仍列於孟氏派，橫豎他們零字碎文無甚可據。

（ⅲ）蜀才：《七錄》云：「不詳何人。」《釋文》、《叙錄》、《隋唐志》皆云蜀才《易注》十卷。今亦亡。《易義別錄》云：「蜀才之《易》大約用鄭虞之義爲多，卦變全取虞氏」；但其中略有不同。

（ⅳ）虞翻：這是孟氏派中之有跡可循者，後專段論之。

B2.　京氏三家。

B2.1　（ⅰ）京房：漢《易》家有兩京房：太中大夫京房者淄川楊何弟子梁邱賀所從受《易》者也。無書。元帝時之京房字君明，東郡頓邱人，受《易》梁人焦延壽（即著《易林》者，即今所謂京氏《易》者之京房也。《釋文叙錄》：《京房章句》十二卷，《隋書志》云十卷。京氏《占候書》，《隋志》：十種，凡七十三

卷;《唐志》:五種,二十三卷。記載頗不一定。其見於史傳有遺文者曰:《易傳》、《積算》、《飛候》、《易占》、《易妖》、《易數》,以及《風雨占候》諸書。清王保訓集其存者為《京氏易》八卷,其目為:《周易章句》一卷;《易傳》一卷;《易占》上下兩卷;《易妖占》,《易飛候》為一卷;《別對災異》、《易說》、《五星占》、《風角要占》為一卷;《外傳》一卷;《災異後序》、《周易集林》、《易逆刺》、《律術》為一卷(載於《木犀軒叢書》中,清李木齋編)大都不關易旨,烏烟瘴氣的占卜話。

相傳焦延壽從孟喜問《易》,京房即以延壽《易》為孟氏《易》;但孟氏之徒翟牧白生不肯,皆曰非也。及劉向典校書,考《易說》,以為諸家皆祖田何,惟京氏為異。於是就疑惑這是焦延壽獨得隱士之說,托之孟氏,故不與同。其實什麼是隱士,也無所謂獨得,乃只是當時的學風如此,言災異言感應最起勁的時候,誰注意關於這方面的術數,誰就托之於《易》;誰得些占卜的話,也托之於《易》,都以為是傳聖人之《易》者,都以為是說《易》者。其實《周易》尚在未完成之時,或正在完成而未流行於世之時,零字碎文,殘缺不完,說什麼?傳什麼?注什麼?故所謂獨得者,也是自己獨得,而不必得諸隱士,其獨得之說,也是自己之說,而不必是用來以解析《易》者。所以當時能有很多怪妄之論,而與《易》不相應者出現。

B2.2 張惠言《易義別錄》曰:

> 自君明長於災異,《易》家世應、飛伏、六位、十甲、五星、四氣、六親、九族、福德、刑殺,皆出京氏。然嘗推求

> 漢唐以來，引京氏言災異者皆舉其《易傳》，而未嘗及《章
> 句》。至陸德明李鼎祚往往引京氏之文，率與《易傳》大
> 異，蓋出於《章句》。將非京氏自以《易》說災異，而未始
> 以災異說《易》，後世之言京氏者失其本耶？

以《易》說災異固不錯，以災異說《易》也是有的。漢人說《易》
大半是以《易》外的其他理論來解析，何況孟京之時正在《周易》
草創之候乎？京氏《易》義後段再論。

　　B2.3　（ⅱ）陸績：後宗京氏者，又有陸績與干寶二人。今先
述陸績。績字公紀吳人，《釋文敍錄》：陸績《周易述》十三卷；
又引《七志》云：錄一卷。《隋經籍志》云：注十五卷，又與虞翻
同撰《日月變例》六卷。明姚士粦採《釋文集解》合以京氏《易
傳》之注爲陸氏《易解》一卷。即今四庫本是也。

　　B2.4　張氏《易義別錄》曰：

> 公紀注京氏《易傳》，則其《易》，京氏也。余嘗以爲京氏
> 既爲《易章句》，又別爲《易傳》、《飛候》之書，以謂
> 《易》含萬象不可執一隅；然則《積算》之法，殆不用之
> 《章句》。以《易傳》、《飛候》求《易》者，爲京氏者之
> 末失也。今觀公紀所述，凡納甲、六親、九族、四氣、刑
> 德、生剋，未嘗一言及之。至言六爻發揮旁通卦爻之變，有
> 與孟氏相出入者。京氏自言其易即孟氏學，公紀儻得之耶？
> 京氏《章句》既亡，存於唐人所引者，僅文字之末，不足以
> 見義，由公紀之說，京氏之大恉庶幾見之。

漢人言《易》雖分許多派別，然意義則大致相同，派別者蓋門戶之見也。凡與虞氏義相同者，皆於論虞氏時述之。

B2.5　（iii）干寶：字令升，新蔡人。晉元帝時爲著作郎。其注易十卷，見《釋文敘錄》，《隋志》又有《爻義》一卷。

B2.6　干氏言《易》多以史事附之，張氏《易義別錄》對之頗爲不滿，今錄之如下：

> 史稱寶好陰陽術數，留心京房夏侯勝之傳，故其注《易》盡用京氏占候之法以爲象，而援文武周公遭遇之期運，一一比附之。《易》道猥雜，自此始矣。蓋嘗論之，《易》者象也，象也者象也；《易》以陰陽、往來、九六、升降、上下而象著也。陰陽以天地日月進退次舍而象生焉。故曰消息。鄭氏之言爻辰用事，荀氏之言乾升坤降，虞氏之言發揮旁通，莫不參互卦爻，而依〈說卦〉以爲象。其用雖殊，其取於消息一也。令升則不然，其所以爲象者，非卦也，爻也；其所取於爻者，非爻也，干支也。由干支而有五行、四氣、六親、九族、福德、刑殺，此皆無與於卦者也。故乾之爲甲也，震之爲庚也，離之爲己也：此見於經者也。干支爲卦象也，以甲壬名乾，以乙癸名坤，見辰戌名艮，見巳亥名兌，則卦爲干支象也。以甲子爲水而乾象淵，以庚辰窮水而震象姦邪。顛倒乖舛，〈說卦〉之義盡謬矣。京氏之義其本在卦氣消息，其用在爻變，考之其〈傳〉及章句遺文可知；令升曾不之察，而獨取其所以占候者以爲象。然則令升之爲京氏《易》者非京氏也。昔韓宣子見《易》象與《魯春秋》曰：

「周禮盡在魯矣」。故《易》者文王考河洛應圖書，革制改物，垂萬世憲章，周公鑑之以制作者也。鄭氏知之，故推象應事周官典則，一一形著於《易》；故曰「制而用之謂之法，舉而措之天下之民謂之事業」。若乃應期受命，革而用師，商周之所以興廢，固亦見焉。今令升之注，僅存者三十卦而又不完；然其言文武革紂，周公攝成王者十有八焉。至於禮樂政典，治亂之要，蓋未嘗及，則是以《易》爲周家紀事之書，文王所以自旌其伐也。且文王作卦辭，而蒙托成王遭周公，未濟托祿父不終，微子爲客，則是《易》爲讖數之言，妖災之紀也。故京氏以《易》陰陽推後世災變，令升以《易》辭推周家應期；故曰：令升之爲京氏者，非京氏也。〔……〕

B2.7　他這段批評似乎感情用事。他以爲（ⅰ）不當以《易》爲周家紀事之書，（ⅱ）不當以《易》爲讖數之言，妖災之紀。這兩種「不當」本是正見；但要知這兩種「不當」，不獨令升爲然，即京房孟喜亦然，即全體漢《易》皆然，即甚至《周易》本身亦然也。不過令升特專門發揮這方面而已。豈得以京房、鄭玄、荀爽、虞翻爲例外而特指令升乎？令升之所以爲此，皆其前輩有以導之也。京氏全盤是災異，孟氏的卦氣，鄭氏的爻辰，皆是災異感應下的論理。〈說卦〉一篇即是預備作災異感應論的幾個先行公理，也即是災異感應下的產物。

B2.8　《論衡、正說篇》：「孝宣皇帝之時，河內女子發老屋，得逸《易》、《禮》、《尚書》各一篇，奏之。宣帝下示博

士，然後《易》、《禮》、《尚書》各益一篇。」

益的是那一篇呢？《隋書經籍志》云：「及秦焚書，《周易》獨以卜筮得存，唯失〈說卦〉三篇。後河內女子得之。」

可見〈說卦〉是漢宣帝時出現。誰作的呢？康有爲《新學僞經考》云：「《法言問神》篇：『易損其一也，雖憃知闕焉』，則西漢前易無〈說卦〉可知。〔……〕〈說卦〉與孟喜卦氣圖合，其出漢時僞托無疑。」以康氏之見，是作於孟氏派之手。這大概可信。

B2.9　《漢書儒林傳》贊曰：「初《易》唯有楊，孝宣世復立施、孟、梁邱《易》。元帝世復立京氏《易》。」孟氏《易》，宣帝時立於學官，京氏《易》元帝時立，而顧頡剛先生以爲《繫辭傳》「庖犧氏之王天下也」一章的觀象制器的故事，其基礎是建築於〈說卦〉上的以及建築於《九家易》的互體或卦變之上的。〈說卦傳〉據上條是宣帝時孟氏派之所作，《九家易》是京房派的易學。所以他以爲觀象制器這一章是京房派參考〈說卦傳〉而作的。這也可能。孟氏派能作〈說卦傳〉，因而於宣帝時立於學官；京房派也作〈繫辭〉中之一章，故於元帝時也繼續地立於學官。在宣元之時，災異感應的空氣正在濃厚，所以〈說卦〉就脫不了時代的影響，何況又是善言災異感應的孟京諸學派之所作。《周易》本身一起也捲在災異感應的漩渦中，孟京豈能超然乎？令升之附會，正是他們的感應原理之應用。豈得專以令升爲非也？

B3.　費氏九家。

B3.1　費直是古文《易》，徒以〈彖〉〈象〉〈繫辭〉〈文言〉解說上下經，無章句。《七錄》有費氏《章句》四卷，蓋僞托，不足信，是費氏義已無從考矣。傳之者前漢王璜，後漢陳元鄭

衆，皆無著書。有書自馬融始。相傳宗費氏者有八家：馬融、宋衷、劉表、王肅、董遇、王廙、劉瓛，此外還有鄭康成、荀慈明，後專段論之。茲先略述前六家。

B3.2　（ⅰ）馬融：他為《易傳》授鄭康成，康成為《易注》，於是費氏遂興。張氏《易義別錄》曰：

> 陸德明以為永嘉之亂，鄭注行世，而費氏之《易》無人傳者，豈以偽托之《章句》為費氏耶？荀爽亦注費氏《易》者，其義又特異。或者費氏本無訓說，諸儒斟酌各家以通之。馬鄭荀各自名家，非費氏本學也。鄭《易》之於馬，猶《詩》之於毛然。註《詩》稱箋，而《易》則否，則本之於馬者蓋少矣。今馬傳既亡，所見僅訓詁碎義，就其一隅而返之，大抵以乾坤十二爻論消息，以人道政治議卦爻。此鄭所本於馬也。馬於象疏，鄭合之以爻辰；馬離於人事，鄭約之以《周禮》，此鄭所以精於馬也。

B3.3　（ⅱ）宋衷與劉表：《三國志》註：劉表為荊州牧，開立學官，博求儒士，使綦母闓，宋衷等撰《五經章句》，謂之後定。《釋文叙錄》及《隋書經籍志》皆有劉表《易章句》五卷。《釋文》又引《中經簿錄》云：注《易》十卷；《七錄》云：九卷，錄一卷，疑即所謂後定者也。而宋衷復自有著書，《釋文叙錄》云：宋衷《易注》九卷，字仲子，南陽章陵人。

B3.4　張氏《易義別錄》云：

虞仲翔表云：「北海鄭元，南陽宋衷，雖各立注，衷小差元；而皆未得其門。」今以殘文推之，仲子言乾升坤降，卦氣動靜，大抵出入荀氏，虞君以為差勝康成者或以此。景升〔劉表〕《章句》尤闕略難考。案其義於鄭為近，大要兩家皆費氏《易》也。

B3.5　（iii）王肅：字子雍，魏王朗之子。《釋文叙錄》云：「王肅《易注》十卷。」又云：「作《易音》而無卷數。」《隋經籍志》有《易注》而無《易音》，或《音》與《注》合為十卷也。

B3.6　張氏《易義別錄》：

肅著書務排鄭氏，其托于賈馬，以抑鄭而已。故於《易》義，馬鄭不同者則從馬；馬與鄭同者則并背馬。故鄭言《周禮》，則肅申馬，「禴為殷春祭」是也。鄭言卦氣本於馬，則肅附〈說卦〉而棄馬，「西南陰方，東北陽方。」用馬注而改其《春秋》之文是也。馬鄭取象必用〈說卦〉，是以有互有爻辰，則肅并棄〈說卦〉，剝之以坤象牀以艮象人是也。然其訓詁大義則出於馬鄭者十七；蓋《易注》本其父朗所為，肅更撰定，疑其出於馬鄭者朗之學也，其掊擊馬鄭者肅之學也。〔……〕王朗父子竊取馬鄭，而棄其言禮言卦氣爻辰之精切者；王弼祖述王肅，而並棄其比附爻象者；於是空虛不根，而道士之圖書作矣。

B3.7　（iv）董遇：字季宣，宏農華陰人。《釋文叙錄》：董

遇《章句》十二卷。又引《七志》《七錄》並云十卷。《集解》不引董遇，則遇書亡於唐蓋可知。遇著書在王肅前，故無與肅合者。其與鄭荀則多同義，雖不可考，要之為費氏《易》也。其隻字片言見於《釋文》《正義》兩書。

B3.8　（ⅴ）王廙與劉瓛：王廙字世將，晉琅邪臨沂人。《釋文叙錄》：《易王廙注》十二卷。又引《七志》，《七錄》云：十卷。《隋志》唯有三卷，殘闕。劉瓛字子珪，沛國相人（南北朝時），《釋文叙錄》引《七錄》云：劉瓛作《繫辭義疏》；《隋志》有劉瓛《繫辭義疏》二卷，又《周易乾坤義》一卷。齊時鄭義甚風行，史稱子珪承馬鄭之後，一時學徒以為師範。但其義則無從考耳。

B3.9　孟京費三派的分野，既如上述，則可知漢《易》之人物及其流傳大概如是。由西漢到魏晉這四五百年間的《易》學，其特性全是災異感應下的產物。其間有跡可循者只有孟京荀鄭虞五人耳。其餘則只在歷史上有名而為漢《易》之附庸，不足述。考自田何到孟喜再至虞翻是漢《易》之正宗。京氏後起，且無可述之傳受者；費氏本人無訓說，則雖鄭荀據相傳為費氏《易》，然亦直是鄭荀已耳。是故傳漢《易》之衣缽者，厥為虞翻。

B3.9.1　以下仍按照上三派而分述五中堅人物：

（ⅰ）孟喜──→虞翻──→孟氏派；

（ⅱ）京房──→京氏派；

（ⅲ）鄭，荀（代費氏）──→費氏派。

雖屬三派，《易》義並無若干差別；雖互相有出入處，其精神其觀點則相同。以序先述孟、京，次述鄭、荀，再及虞翻。

B3.9.2　我們看了這時間的《易》學，便知中國民間的風俗之所由來，同時也可知以後的中國思想皆由這煙火味很大的時期生長出來。

凡本分所論，其取材概本以下諸書：

(1)張惠言：（ⅰ）《周易虞氏義》；

　　　　　　（ⅱ）《周易鄭氏義》；

　　　　　　（ⅲ）《周易荀氏九家易》；

　　　　　　（ⅳ）《易義別錄》。

(2)李銳：《周易虞氏略例》。

(3)惠棟：《易漢學》。

(4)鄭注：《乾鑿度》。

(5)李道平：《周易集解纂疏》。

(6)方申：《易學五書》

C.　孟喜與京房

C1.　孟喜的卦氣說。

C1.1　卦氣者即以64卦匹配一歲之時序或氣候也。每一時每一氣必有一卦之性以應之，換言之即用卦表象時序之謂。這也是一種宇宙條理觀。漢易皆宗之。其源出於《易緯·稽覽圖》。《周易集解纂疏·諸家說易凡例》：

卦氣之說出於《易緯·稽覽圖》。其書首言「甲子卦氣起中孚，六日八十分之七（鄭注云：「六以候也，八十分為一

日，之七者一卦六日七分也」以算式表之，為$6\frac{7}{80}$。）而從
四時卦，其一辰餘而從坎，常以冬至日始效，復生坎七日，
消息及雜卦相去各如中孚。」考其法以坎、離、震、兌四正
卦為四時方伯之卦，餘60卦分布十二月，主6日7分，又以自
復至坤十二卦為消息，餘雜卦主公、卿、侯、風雨、寒溫、
以為徵應，蓋即孟喜京房之學所自出也。

C1.2　由此可知卦氣說實是天人感應的一個很好的根本原
理。時序氣候人事階級一切的一切皆配成一個大條理，以表示其間
的徵應。可是《易緯・稽覽圖》也不是很早的東西，正是西漢時候
讖緯感應最盛的環境之下的產品，或許也就是孟京等人作的也未可
知，或至少，其產生的時間，也要與孟京相左右。

C1.3　孟氏《易章句》曰：

「自冬至初，中孚用事，一月之策，九、六、七、八，是為
三十。（9＋6＋7＋8＝30）而卦以地六，候以天五（「五六
天地之中和，卦以地六，每卦六日七分，舉成數言之；候以
天五，每五日一候。七十二候六十卦而成歲」張惠言氏註
語），五六相乘，消息一變，十有二變，而歲復初。坎震離
兌二十四氣，次主一爻，其初則二至二分也，（《稽覽圖》
云：「『冬至』坎初六，『春分』震初九；『夏至』離初
九，『秋分』兌初九。」）坎以陰包陽，故自北正，微陽動
於下，升而未達，極於二月，凝涸之氣消，坎運終焉。『春
分』出於震，始據萬物之元為主於內，則群陰化而從之，極

於南正，而豐大之變窮，震功究焉。離以陽包陰，故自南
正，微陰生於地下，積而未章，至於八月，文明之質衰，離
運終焉。仲秋陰形於兌，始循萬物之末爲主於內，羣陽降而
承之，極於北正，而天澤之施窮，兌功究焉。故陽七之靜始
於坎，陽九之動始於震，陰八之靜始於離，陰六之動始於
兌。故四象之變，皆兼六爻，而中節之應備矣。」)《唐書歷
志一行六卦議》。及張惠言，《易義別錄》俱引)。

C1.4　此正本《稽覽圖》6日7分而以四正卦周運而成歲之
意。四正卦爲一歲之四大段落，其中之氣候則以其他60卦填之。於
是時序之變化即成爲繼續（continuity）的了。

C1.5　惠棟《易漢學・孟長卿易上》曰：

孟氏卦氣圖以坎離震兌爲四正卦；餘60卦，卦主6日7分，合
周天之數。內辟卦12，謂之消息卦。〔……〕四卦主四時，
爻主24氣。12卦主十二辰，爻主72候。60卦主6日7分，爻主
365日4分日之一〔即365 1/4〕。辟卦爲君，離卦爲臣，四
正爲方伯；二至二分，寒溫風雨總以應卦爲節。〔……〕

C1.6　這全是一種正齊底好奇心配合起來的，蓋不如此不足
以言感應也。自然界與人間組織全沒於這一個大條理中，其間的關
係，自然是很密切的。這種卦氣說，是漢《易》的重要見解，其本
即爲〈說卦〉及《易緯》兩書。

C2.　京氏《易》的性質。

C2.1　《漢書・京房傳》：「房治《易》，事梁人焦延壽，其說長於災變，分64卦更直日用事，以風雨寒溫爲候，各有占驗，房用之尤精。」

王充《論衡・寒溫篇》：「《易》京氏布64卦於一歲中，6日7分，一卦用事，卦有陰陽，氣有升降，陽升則溫，陰升則寒，由此言之，寒溫隨卦而至，不應政治也。」這是王充反對人主的喜怒致寒溫，以及政治的刑賞寒溫而引的。

C2.2　《隋書・五行志》：

> 《易》以八卦定吉凶，〔……〕《書》以九疇論休咎，
> 〔……〕《春秋》以災祥驗行事；〔……〕漢時有
> 〔……〕京房之倫，能言災異，顧盼六經，有足觀者。

《唐一行六卦議》：

> 十二月卦出於孟氏《章句》，其說《易》本於氣，而後以人
> 事明之，京氏又以卦爻配期坎離震兌，其事自『分』『至』
> 之首皆得80分日之73。頤、晉、井、大畜皆5日14分，餘皆6
> 日7分。自《乾象曆》以降皆因京氏。惟《天寶曆》依《易
> 通統軌圖》。〔……〕（《易漢學》卷一載）

C2.3　由上四段文字，可知京氏《易》的性質及其力量。他言災異言感應全托足於《易緯》及〈說卦〉，由此兩書建設根本原理配合時序的流行，曆法由此出，而感應亦有據矣。可見他們這種

系統的配合，固然由於想像，而大部分也是由於觀察自然事實而湊合的。

C2.4　晁說之《京氏易說》曰：

> 自古《易》家有書而無師者多矣。京氏之書，幸而與存者，才十之一，尚何誰之師哉？辨三易，運五行，正四時，謹24氣，悉72候，而位五星，降28宿。其進退以幾而爲一卦之主者謂之「世」；奇偶相與，擄一以超二而爲主之相者謂之「應」；「世」之所位而陰陽之肆者謂之「飛」；陰陽肇乎所配而終不脫乎本以隱賾佐神明者謂之「伏」；起乎「世」而周乎內外，參乎本數以紀月者謂之「建」；終終始始極乎數而不可窮以紀日者謂之「積」；合於中而以四爲用，一卦備四卦者謂之「互」。乾建甲子於初，坤建甲子於上。八卦之上乃生一世之初，一世之五位乃分而爲五世之位，其五世之上乃爲遊魂之世，五世之初乃爲歸魂之世；而歸魂之初，乃生後卦之初。〔……〕蓋其可言者如此。（王保訓《京氏易論證》中引）

C2.5　由此段可知京氏有幾個根本觀念，即（i）「世」底觀念：每一「世」有一主爻而爲一卦之主，有主必有副，主爲焦點（focus），其餘爲附庸。兩者相合爲一「世」。用現在的話說，也可稱爲層次，即一世爲一層，一層自成一整體。

（ii）「應」底觀念：由此之單純，往彼之複合而爲之主，是謂「應」底關係，即往而應之之謂。應而爲之主，則彼複合

（complex）即變成一「世」。是「世」之形成由「應」之關係而定。

（iii）「飛」底觀念：在一世定位之處，若其中的陰陽爻有實現（actuality）者或「顯露」（disclosure）或「爆炸」（explosive）者，則此爻即叫做是「飛」。「飛」即「爆炸」之謂，也即是「實現」或「顯露」之謂。

（iv）「伏」底觀念：「伏」正對「飛」而言。用亞里士多德的用語言，則「伏」可謂潛蓄的（potential）；而「飛」即是實現的（actual）。乾坤坎離震巽艮兌相「伏」，〈說卦〉：其「究」爲「躁」卦。相「伏」之時，即是潛蓄之時或可能之時，其「究」即是其「成」，「成」爲躁卦，即是爆炸或實現而非潛伏。由「伏」可以預定，由「飛」可以證實。「飛」中含有「伏」，以便成將來之「飛」也；「伏」中含有「飛」，以定 此「伏」之不永伏也。「飛」成之時即是一世之形成，是此「世」必含伏於其以前之「世」也；由此世可以伏將來之世，則是將來之世即含伏於現在之世，而由飛以成之者也。現在、過去、未來即由飛伏之物實而成，推之，則時序（time‑order）亦由此而成也。

（v）所以有「建」底觀念：「建」即是「構造」（construction）。即由此飛伏之相續而形成的層層之「世」以紀年月。則是年月之時，皆爲建，皆爲構作，皆由具體事實之生成中顯示出。

（vi）「積」底觀念：具體事實之飛伏，自是不斷地飛伏下去，並沒有截然可斷的清楚界限，它只有終終始始，不停地流；要使其成爲有用的時間，則非「建」不可；但「建」是脫不了人爲力

的，人為的目的在其有整齊性；但事實上是不能如此之整齊的。它
有跡可尋，因此跡可以構作時間；但時間不即是那跡。它可以用數
學來紀取；但數學之所紀不足以盡之，即不即是那自然之生成跡。
所以結果非有「積」不可，「積」即人為之整齊與自然之不整齊相
遇時所發生的必有現象。「積」即時序上之所謂「閏」。「積」或
許也即是「繼續」的重要原因。這是由具體世界的飛伏生成之跡
（route）為模胎（matrix）而建築時間架格的，這觀點是對的。

　　（vii）「互」底觀念：即一卦之中含有很多可能的小卦體
者，即謂之「互」。即此三畫，在此觀點中，可互成某某卦；彼三
畫，在彼觀點中，可互成某某卦。凡互成一卦，即有其特自之意義
或表象。一個互卦成一特殊體（particular entity），故在一個複合
體（complex entity）中，含有無數的簡單體（simple entity）之可
能。一體成一「層」成一「面相」成一「世」。「世」底觀念由此
顯。好多「世」或「層」組成一整體即一卦。則此卦即叫做是一個
「層級」（hierarchy）。由「世」底觀念，時間即構造起。是時序
之系統完全建基於「世」之上，而「世」之形成則由「應」底關
係，「飛」底關係，「伏」底關係而起。

　　C2.6　每一卦有六世，換言之，有六世之變即可形成一卦
體。京房《易積算法》云：「孔子《易》云：有四易，一世二世為
地易；三世四世為人易；五世八純（俗作「六世」訛）為天易；游
魂，歸魂為鬼易。」（惠棟《易漢學》卷四：〈京君明易〉上）。

　　地易、人易、天易為實易；鬼易為虛易。實易生息也。鬼易消
返也。在鬼易可以繼續，可以生生不息，可以消息往復。關於六世
之變，晁說之說的簡單，不清楚，今按照李道平的《周易集解纂

疏‧諸家說易凡例》所畫之圖表解之如下。

C2.7　以乾（☰），坤（☷），坎（☵），離（☲），震（☳），巽（☴），艮（☶），兌（☱）八卦爲八純世在上，變各卦之初爻爲一世，二爻爲二世，直至五爻爲五世，餘上爻不變。四爻反而爲游魂，即曾變爲四世時，今仍其本象而不變。四爻以下皆反復過來而歸其未變時之本象即爲歸魂。純世加五世再加游魂與歸魂共爲八易，每易成一卦，八易成八卦，八卦各按此法而變，結果成爲64卦，一卦統屬七卦，即此七卦皆由其所屬之純世卦凡七易而成者也。八宮統屬法，即由此世應法而演出。

C2.8　由此世應之變易而成64卦，即以之表象一歲之時序或氣候，簡約之，即可以六世之卦表象一歲之十二月。

胡一桂《京氏易起月例》曰：

> 一世卦：陰主五月，一陰在午也；陽主十一月，一陽在子也。二世卦：陰主六月，二陰在未也；陽主十二月，二陽在丑也。三世卦：陰主七月，三陰在申也；陽主正月，三陽在寅也。四世卦：陰主八月，四陰在酉也；陽主二月，四陽在卯也。五世卦：陰主九月，五陰在戌也；陽主三月，五陽在辰也。八純上世：陰主十月，六陰在亥也；陽主四月，六陽在巳也。遊魂四世所主與四世卦同；歸魂三世所主與三世同。（《易漢學》卷五；《京君明易下》）

C2.9　六世即可主完了十二月，遊魂與歸魂乃是終而有始之

意，終終始始之關鍵。時序既由具體世界中之飛伏生成爲根據而建設起來，於是，再以64卦表象之，再加上倫理價值的意謂，而應用於人間階級倫理。如是，一切的一切皆配入其中；而天人感應的基礎，這樣，即被建築起來了。

C2.9.1　要知這種世應說也是由於《易緯》而來的，《乾鑿度》曰：

> 三畫成乾，六畫成卦，三畫以下爲地，四畫以上爲天。易氣從下生；動於地之下，則應於天之下；動於地之中，則應於天之中；動於地之上，則應於天之上；初以四，二以五，三以上，此之謂應。

這與〈說卦〉「二與四同功」的那一段是相同的，這種應法，後來成爲大家所公認的幾條先行公理（antecedent axioms），或解卦體的根本觀念（primitve ideas）了。

晁說之曰：「自古《易》家有書，而無師者多矣。」本來這正是些創作者，何用於其師？〈說卦〉《易緯》皆是同時代的產品，他們就以此爲基而建設時序律曆之系統。不料後之言《易》者所口口聲聲讚嘆的聖人乃正是他們所冷嘲熱罵而瞧不起的幾個言感應言災異者，而並非他們心目中所意想的伏羲、文王、周公、孔子！記得懷悌黑（Whitehead）曾說過：近代的科學是建基於中世紀的宗教的爭論之上的，我也可說中國的科學及眞正哲學，是含蘊在漢人的感應思想之中的。關於此點，我於本分之末，還要細說。

D.　鄭康成的易學

D1.　易之三義。

D1.1　鄭氏之學，立於學官，自漢魏六朝數百年來無異義者；唐貞觀中孔穎達撰《五經正義》，《易》用王輔嗣，《書》用孔安國，二經鄭義遂亡，今傳者唯《三禮》、《毛詩》而已。然北宋時鄭《易》猶存，〈文言〉〈說卦〉〈序卦〉〈雜卦〉四篇載於《崇文總目》；故朱漢上震及晁嵩山說之俱引其說。至南宋而四篇亦佚。於是宋王應麟始裒群籍而爲《鄭氏易》一卷，明姚士麟又增入25條，清惠棟因其撽采未備，復取而補正之，每條下注明原書出處，釐爲三卷。較王氏原本共多92條，又作〈十二月爻辰圖〉，及〈爻辰所值28宿圖〉，以闡明鄭學。

D1.2　鄭《易》既殘缺不完，故今述其義，多藉助其所注之《乾鑿度》以相參考。所述之序則參考張惠言及惠棟二人的書。今依此述而明之如下。

D1.3　鄭氏〈易贊〉曰：

> 易之爲名也，一言而函三義：簡易一也；變易二也；不易三也。故〈繫辭〉云「乾坤其易之蘊耶？」又曰：「易之門户耶？」又曰：「夫乾確然示人易矣，夫坤隤然示人簡矣；易則易知，簡則易從。」此言其易簡之法則也。又曰：「其爲道也屢遷，變動不居，周流六虛，上下無常，剛柔相易，不可爲典要，唯變所適。」此言從時變易，出入移動者也。又

曰：「天尊地卑，乾坤定矣；卑高以陳，貴賤位矣；動靜有常，剛柔斷矣。」此言其張設布列不易者也。據此三義而說易之道廣矣大矣！（本贊見《世說新語》，又見孔穎達《周易正義》序中。）

D1.4　關於自然界的變易問題，在西洋思想中只有二義：（i）變（change）；（ii）不變（permanent）。因此又引申出「一」（one）與「多」（many）的問題。即主張「變」者大凡皆主張「多」；主張「不變」者大凡皆主張「一」；但從未有「簡易」一義。中國思想中有之，其意是什麼呢？據我看又進於神秘中了。鄭氏三義原於〈乾鑿度〉。且引它的解析如下：

D1.5

易者易也，變易也，不易也。管三成為道德苞籥。易者以言其「德」也。通情無門，藏神無內也。光明四通，儆易立節，天地爛明。日月星辰，布設八卦，錯序律歷。調列五緯，順軌四時，和粟孽結。四瀆通情，優遊信潔；根著浮流，氣更相實；虛無感動，清靜炤哲；移物致耀，至誠專密，不煩不撓，淡泊不失：此其易也。

變易也者，其氣也。天地不變，不能通氣。五行迭終，四時更廢；君臣取象，變節相和；能消者息，必專者敗。〔……〕此其變易也。

不易也者，其位也。天在上，地在下；君南面，臣北面；父坐子伏。此其不易也。

D1.6　「簡易」一義，並不是普通所謂「簡單」與「容易」之意，或轉到這兩層意義上，至少也要轉很大的圈子，費很大的解析。即第一步先承認「變」；「簡易」是觀察變易之「性德」而引出的。故〈乾鑿度〉說：易者以言其「德」也。「德」即是「性德」（virtue）或曰「品德」（character）或曰「本性」（nature）。即他們觀察「變易」的結果而得出其「本性」是「簡易」的結論。「簡易」即是「變易」的「內在品德」（intrinsic character）。這是注重「變易」本身的意義而引伸出的一種意義。

D1.7　再看「簡易」是甚麼呢？〈繫辭〉，以乾坤為易之「蘊」，為易之「門戶」，為易之「簡」，為易之「易」。是「簡易」由「乾坤」推出，而「乾坤」是易之「蘊」，此「蘊」在英語可以「essence」一字當之，此字可釋為「精蘊」或「本質」。於是則所謂「蘊」者，即「精蘊」、「本質」之謂。「蘊」是易之「本質」，是易之「精蘊」，即是易之「蘊」，而非「不易」之蘊。但是這種「蘊」名曰甚麼？在〈繫辭〉，名曰「乾坤」。乾坤既為易之蘊，而蘊也即是「本性」，則是乾坤即為易之本性。「簡易」亦為易之本性，則是「簡易」即是「乾坤」了。

D1.8　此所謂「簡易」即是「乾坤」，乃是意謂「簡易」指「乾坤」而言，即是說易之本性是「簡易」者乃從「乾坤」這方面觀察之謂也。乾坤何以能是「易簡」？曰：乾坤之所象者陰陽也。陰陽兩相反之氣。其混然之「用」（function）即「易」也。從渾然一用而看，則名曰「易」；從其致「易」之相反的「兩」而看則為「乾坤」，為「陰陽」。因為不能見「體」只能見「用」，所以說是「易」之「蘊」。如是，所謂易之蘊者，即指相反之「兩」而

言也。易之精蘊即是「相反」，沒有「相反」則無「易」。故《繫辭》說「乾坤毀則易或幾乎息矣」。即是此意。

D1.9 但是由乾坤之蘊，何以能推出簡易之義來呢？曰：這即是無所不在，無處不包，當下便是，滲透了宇宙全體而精純不雜，誠淨焀晢，徹上徹下，而無所不通，無由一毫介塵爲之隔膜之謂也。一切的一切，皆由它而成：天地之所以爛明，八卦之所以布設，律歷之所以錯序，五緯之所以調列，四時之所以順軌，無非由這點乾坤之蘊而成。其所以爲簡易，即孔子所謂「仁遠乎哉，我欲仁斯仁至矣」。亦即老子所謂「爲學日益，爲道日損」之意。損而又損，簡而又簡，結果即只剩下了一點精純而普遍的道。所以「道」本來是簡單的。乾坤簡易，亦即如此。法乾而行，則化難爲易，精誠健行故也；法坤而行，則化繁爲簡，序理不雜故也。到這一步，就有點神秘性在。後來所謂「一旦豁然貫通」，「滿街都是聖人」諸美談，皆由此而起。這是使中國思想之所以爲中國思想處：故「簡易」一義特爲所有。

D1.9.1 「不易」「變易」是自然界之生成之所顯，有「易」無「恆」即是只有「生」而無「成」；有「恆」無「易」，即是只有「成」而無「生」。所以不能執持一端。Plato對此都承認而沒有調和起來，Aristotle以生成進化論調和之；而周易的調和，也正如此。即在生成過程中，既有「變」之顯示，復有「恆」之常住。「恆」者成其「變」者也，「變」者生其「成」者也。由變到恆，即是由生到成，這是一個「始終」，一個段落也即是一層。照顧到京房，也就是一「世」，從《周易》本身看起來，也即是一卦體。

D1.9.2　變易者其「氣」也，不易者其「位」也，「氣」即是「物、實」（actual entity）即是「事情」（event），用Aristotle的老話說，即是「材料」（matter）；「位」即是「關係」即是「結構」（structure）即是「序理」（order），即是「基型」（type），用老話說，即是「形式」或「法」（form），用新話說，即是位置學（topology）所研究的東西。

D1.9.3　氣是永變的，是只有「成為」（becoming），是其所是，時其所時，而處其所處。只有現實，沒有可能。位即是氣間的關係所成的形式，所成的結構。這種「形式」是有永恆性的，是不變的，知識之依托即在此形式，所知的大半也即是形式。天不必在上，地不必在下；在上者不必是天，在下者不必是地。然而「上下」這關係，這形式，這結構，卻是不變的。氣變了，事情變了，他的形式不必變，即是說，好多的不同的事情，可以適合於同一的形式。每一新的事情，給此不變的形式以新的意義新的解析。變的事情，因不變的形式而定其形即有其成；不變的形式，因變的事情而具體化而新奇化，這樣，事情與形式融合了。

D2.　太極，兩儀，四象，及五行生成之數。

D2.1　上段言氣是變的，茲再言氣變之過程及其變時之條理，即是說氣變之間是有數學性的。

〈繫辭〉：「易有太極。」注云：「極中之道，淳和未分之氣也。」即是渾然一體未分化之時。

至於「兩儀四象」則易注缺，其義存於〈乾鑿度〉，〈乾鑿度〉曰：

「易始於太極」。注云：「氣象未分之時，天地之所始也。」

「太極分而爲二」。注云：「七九八六。」此以兩儀爲七八九六也。

「七往六來，八往九來」。注云：「易有四象，文王用之焉。布六於北方以象水；布八於東方以象木；布九於西方以象金；布七於南方以象火。」茲又以四象爲七八九六也。於是可得兩結論：

（ⅰ）以七八九六象兩儀：此意謂由太極分化至兩儀間的過程也，即以七八九六表象氣變之微盛的段落也；

（ⅱ）以七八九六象四象：兩儀判，天地分，即空間成，方位定，而以七八九六之數分象四方也。

前者是從動的過程看，後者是從靜的已成看。茲分述如下。

D2.2　兩儀之七八九六：〈乾鑿度〉：

「有太易，有太初，有太始，有太素也。太易者，未見氣也；太初者，氣之始也；太始者，形之始也；太素者，質之始也。」

「易變而爲一」。注云：「此則『太初氣』之所生也。」

「一變而爲七」。注云：「此則『太始氣』之所生者也。」

「七變而爲九」。注云：「此則『太素氣』之所生也。」

「九者氣變之究也，乃復變而爲一」注云：「此一則元氣形見而未分者。夫陽氣內動，周流終始，然後化生一之形氣也。」此「一」可以英語「unity」一字當之。言至此始成一統一之整的形體也。

「一者形變之始，清輕者，上爲天」注云：「象形見矣。」

「濁重者下爲地」注云：「質形見矣。」是自成爲一之後，始有形質之分化也。兩儀之判，即由此而成，一七九之變，只是到「形變之始」之「一」（unity）的先行跡。

「物有始、有壯、有究，故三畫而成乾」注云：「象一七九也。夫陽則言乾成者，陰則坤成可知矣。」即以一七九象始、壯、究之過程也。由始、壯、究，而成為乾或坤，則乾或坤即「一」也。亦即一個整的統一形體也。形變之始以此。此即由太極變為「一」之生長過程也。但這只言了一七九，二六八怎樣呢？二六八指陰而言也。無偶必無變，陽之所以成其一七九之變，二六八之陰為之也；陰之所以成其二六八之變，一七九之陽為之也。陰陽合，則成變，變之過程，陽則一七九也，陰則二六八也。並非陽獨變為一七九，陰獨變為二六八也。由陰陽所合之共變，始成為形變之始之「一」unity 也。此「一」在實際上，並非純陽之「一」，其成為純陽者，乃解析上的分析也。設以⊃代表含蘊，則：

過程一七九⊃過程二六八＝「一」unity

或過程二六八⊃過程一七九＝「一」unity

此意鄭氏亦有，但表示的不甚清楚。〈乾鑿度〉下又云「易變而為一，一變而為七，七變而為九，九者氣變之究也，乃復變而為一，一者形變之始，清輕者上為天，濁重者下為地」。文與上引同，由一至九這是氣變之究極；氣之究極即成為形變之始，此形變之始即「一」unity 也。此「一」非「易變而為一」之「一」，乃是成為統一形之「一」。由此「一」始能分化成上天之形，及下地之形。特言一七九者，以陽為例也；其實內自含二六八。〈乾鑿度〉義本甚明，故只云「復變而為一」不言「復變而為二」也。但鄭氏就沒弄清楚這點，他注云：

易太易也，太易變而為一，謂變為太初也。一變而為七，謂

變爲太始也。七變而爲九，謂變爲太素也。乃復變爲一，一變誤耳，當爲二。二變而爲六，六變而爲八，則與上七九意相協，不言如是者，謂足相推明耳。九言氣變之究也，二言形之始，亦足以發之耳。又言乃復之一，易之變一也。太易之變不惟是而已，乃復變而爲二，亦謂變而爲太初；二變爲六，亦謂變而爲太始也；六變爲八，亦謂變而爲太素也。九陽數也，言氣變之終；二陰數也，言形變之始，則氣與形相隨此也。

循鄭氏意則一七九爲氣之始、壯、究，爲氣之「太初」「太始」「太素」；二六八爲形之始、壯、究，爲形之「太初」「太始」「太素」，則是以陽爲氣，以陰爲形耳。故云氣形相隨。其意可表之於下：

氣之過程一→七→九→形之過程二→六→八。
　　　　始　壯　究　　　　　　始　壯　究

殊不知這是錯的。他說「氣形相隨」看起來似乎是「氣形不離」；但也只是「不離」而已。並未說到氣形不但不離，而且相含蘊也並且他以爲陰是形。這是錯的。故由他的「氣形相隨」而引出的「氣形含蘊」當改爲「氣與氣含蘊而成形」，再至「氣形相含蘊」就清楚了。此意可以式表之：

陽一⌐陰二→陽七⌐陰六→陽九⌐陰八→「形一」‧⊃‧形⊃氣。由此「形氣相含」之「形一」（unity）即能變而爲兩儀，即天地由此判矣。歷來把天看成是氣，把地看成是形，由是推到，陽是氣，陰是形。這是由於兩儀象天地之錯誤的意謂而引出的。殊不

知兩儀象天地，是象天地之氣，而非象天地之形也。即是象陰陽之
兩氣，而非象天地之定形也。故兩儀之七八九六者，乃是解析從太
易至天地判分之過程也。此一段過程，即爲兩儀之形成，兩儀之所
以成，由七八九六之陰陽氣的始壯究之合和而分化出也。故此所謂
七八九六，亦即是陰陽二氣演變兩儀之謂。

　　D2.3　四象之七八九六：兩儀立，天地分，空間成，方位
定。是兩儀剛分之時，即是四象已成之時，四象成即是四方成。故
以兩儀之七八九六而象四方以爲四象也。

　　〈乾鑿度〉下注云：「〔……〕一變而爲七，是今陽爻之象；
七變而爲九，是今陽爻之變。二變而爲六，是今陰爻之變；六變而
爲八，是今陰爻之象。七在南方象火，九在西方象金；六在北方象
水，八在東方象木〔……〕」

　　以七八九六象四方，方必有時，即空間必有時間，故七八九六
所表象的氣之流行而成爲四方，同時也成爲四時。是七八九六象四
方，同時亦象四時也。七在南方象火，于時爲夏；九在西方象金，
于時爲秋；六在北方象水，于時爲冬；八在東方象木，于時爲春。
四時與四方相應，而各有其特殊之內性，即五行是也。如是，春與
東之空時合而其內性爲木；夏與南之空時合，而其內性爲火 ；秋
與西之空時合，而其內性爲金；冬與北之空時合，而其內性爲水。
土居于中而周布。於是，四方、四時、五行，皆陰陽之氣之流行的
始壯究之顯示也。其流行之始壯究以七八九六象之，而四時四方亦
由流行而成也，故亦可以七八九六而象之，七八九六表象流行之始
壯究也，故七八九六所表象之四方四時亦有始壯究之性，即終而有
始，循環不息之性。兩儀之七八九六，固是動的過程，四象之七八

九六，亦由七八九六之流行而演成也。前者自縱的方面看，後者自橫的方面看。橫對縱而言，似有靜意，然從其運行方面看，亦是動也。即是說先以七八九六之運行，而成爲四象，復以此七八九六，象彼已成之四象也。故結果這兩套七八九六，只是流行的始壯究之顯示。不過兩儀之七八九六以兩儀未判以前到兩儀已判之時而言也；四象之七九八六從兩儀已判以後之流行而言也。

由此七八九六所象之始壯究，而爻即被推出，卦亦因之而成。是一卦即表象七八九六之始壯究，換言之，一卦即是始壯究之一幅圖象，有一始壯究即可有一個卦爲之圖象。故64卦也者即表示一切現象，一切變遷之始壯究之過程的些圖象是也。故這種理論，可以叫做是符號邏輯，或叫做是命題邏輯（propositional logic），即以命題表象一件事實之始壯究也。這種邏輯是解析世界之生成的，故可以叫做是「玄學上的命題邏輯」（propositional logic of metaphysics）。言異於爲思想規範之 logic 之意也。

D2.4　我們再看五行生成之數。由陰陽之七八九六的流行生出五行：始於水，火次之，木次之，金次之，土爲後。故五行非最後的本體原素，乃只是由七八九六之始壯究而流成。且五行亦並非五種物質，乃只是陰陽之始壯究的不同的宣示。故一切東西之生成，仍由陰陽之氣之組合，而非由於五行之組合也。五行是陰陽流行的不同的五種特性。董仲舒云：「五行猶言五行歟？」《春秋繁露‧五行之義》篇即五種不同性質之行動也。根本點還是用，故不是五種物質。這是在《周易》的陰陽自然律統馭之下的五行觀。這樣，陰陽五行八卦，所謂三條自然律者，在《周易》眼光中，只是一條陰陽律之所演，即融洽於陰陽中而改觀了。

D2.5　由五行之生成而大衍之數立。〈繫辭〉云：「大衍之數五十，其用四十有九。」注云：「天地之數五十有五，以五行氣通。凡五行減五，大衍又減一，故四十九也。〔……〕天一生水於北，地二生火於南；天三生木於東，地四生金於西；天五生土於中。陽無偶，陰無配，未得相成。地六成水於北，與天一幷；天七成火於南，與地二幷；地八成木於東，與天三幷；天九成金於西，與地四幷；地十成土於中，與天五幷。大衍之數五十有五，五行各氣幷，氣幷而減五，惟有五十。以五十之數不可以爲七八九六，卜筮之占以用之，更減其一，故四十有九也。」

D2.6　這是鄭氏的大衍解，解大衍者莫若焦循，至第五分中再論。鄭氏的這樣解法，且不管它對不對，只指出五行是由天地之數生成出這意思而述之即足。所謂天地之數者即是一七九二六八之數也，簡約之，即是七八九六之數也。由天地之數之生成而與四方四時之空時合，則五行即生出，並且分布於其生成之之數所歸屬的空時合一格中。這樣，空時生成數及五行皆各有其相應，因而配成一個很整齊很有統一性（uniform）的系統。

D2.7　天地以七八九六生五行，而五行即以七八九六佐天地而生成萬物。

〈繫辭〉云：「精氣爲物，遊魂爲變。」注云：「精氣謂七八也，遊魂謂九六也。七八木火之數，九六金水之數。木火用事而物生，故曰精氣爲物；金水用事而物變，故曰遊魂爲變。〔……〕木火生物，金水終物。〔……〕」

此即五行以其生之之數而佐天地生終萬物也。如地八天三生木成木，而木復以那生成之之數即八與三以生物，火亦然，故曰木火

用事而物生。即遇於木火之數即是生物之處，故木得以其生成之之數而佐天地化生其他物也。天九地四生金成金，而金復以其生成之之數，即九與四，以成物，水亦然，故曰金水終物。即遇於金水之數，即是終物之處，故金得以其生成之之數而另成其他萬物也。

D2.8　但為何木火生物？曰木火於時為春為夏，萬物正生之時；於空為東為南之位，陽氣始於東而盛於南。因此，故可以木火為生物之行。木火之數為七八，正在始壯之時，故亦為生物之意。木火之所以為生物之行，以其由於空時在春、夏、東、南也。而春夏東南之所以為生物之意，是由於七八所象之始壯也。故最後乃是由於觀察自然生成之始壯究而得。即由始壯而名為七八，而名為春夏，而名為東南，而名為木火。始壯是生之象，故木火亦引而為生物之行也。故問木火為何為生物之行，乃只能歸因於始壯。始壯以七八象之，故只能歸因於七八，故木火以七八而佐天地生萬物也。

D2.9　金水終物亦同上論。即金水於空時為秋多西北。秋多西北是收藏之時，歸藏之方，有終之意，故金水終物。九為老陽，六為老陰，象生成壯究之時，故金水終物歸因於九六，而九六象壯究，故只能歸因於壯究。故金水以九六之數佐天地而終變萬物也。

D2.9.1　一切皆由數成。故〈月令〉注云：「數者五行佐天地生物成物之次。」即生成之次序也。由生成之次序而見出數，則數即是自然之條理也。天地之數，即是天地生成之條理。我們界說「數」即可由「生成之次」而界說之。數即表象此生成之次，與其說兩儀四象五行以及一切萬物，由數而成，不如說他們是由自然生成之次序而以數表象之這情形而成。簡言之，自然之生成是有秩序

的有數學性的，故皆可以數表之；故數不能致生（generate）萬物，而數由自然生成之次序而引申出也。這一點似乎比希臘哲學家畢太哥拉斯（Pythagoras）以數爲根本存在爲一切之模型的學說高明得多了，即中國人以生成爲根本觀點，即注目於具體的事實，而畢太哥拉斯則以抽象的數爲根本觀點，而注目於抽象的形式。但這顯然是誤置具體之錯誤。（the fallacy of misplaced concrete）。

D3.　一卦之生成及其中之公理與關係。

D3.1　一卦之生成即是由七八九六之始壯究之過程而決定者也，即一七九含蘊二六八之統一的生長整體也。由其生長之層次一一上數，至終究之時，即是生長完成之時，如是一件物實，即由始終而決定焉。六畫而成卦，其實即是三畫而成卦，三畫表象生長之始壯究也。故六畫也仍是表象生長之始壯究。這六畫間的公理依次述之如下。

D3.2　三才六位。〈乾鑿度〉曰：「易有六位三才：〔……〕初爲元士，二爲大夫，三爲上公，四爲諸侯，五爲天子，上爲宗廟。」這是以人間的階級表象六位的，從初到上成一「層級」（hierarchy），這種層級在物理世界上說只是由簡單到複雜，由微幽到彰著，並沒有什麼價值意謂的。那種元士宗廟的表象，乃是宗法社會下的特殊倫理之舉例，打倒了宗法社會的倫理，並不能打倒了層級的物理事實。

六位如此，何謂三才？〈繫辭〉云：「六爻之動，三極之道也。」鄭注云：「三極三才也。」乾卦注云：「二於三才爲地道，三於三才爲人道，五於三才爲天道。」鄭氏說的太簡單，照普通的公認，初二兩爻爲地，三四兩爻爲人，五上兩爻爲天，天地人是爲

三才，但也只象始壯究耳。

D3.3　中。中有三義：（ⅰ）以二為中；（ⅱ）以五為中；（ⅲ）以四為中。如〈復〉六四注云：「爻處五陰之中，度中而行。」在一卦之中，普通皆以「二」與「五」為中，以四為中，則看特殊情形而定也，故中亦非絕對的乃是指相對的而言。

D3.4　得位失位。〈家人〉注云：「二為陰爻，得正乎內；五陽爻也，得正乎外。」二為陰爻是謂得位，五為陽爻亦得位，既中且得位即為正，失位即為不正，六爻正不正之標準，以既濟卦䷾為定。凡爻之合於此式者即為正，為當位。

D3.5　應。〈乾鑿度〉云：「三畫以下為地，四畫以上為天，〔……〕動於地之下，則應於天之下；動於地之中，則應於天之中；動於地之上，則應於天之上。初以四，二以五，三以上，此之謂應。」

此即既濟卦之公式，凡應者必當位，凡當位者必有應。下與下應，中與中應，上與上應，即始壯究之應始壯究也。取既濟式者，一陰一陽之意也。一陰一陽而正其位是謂應。

D3.6　上所述列皆為一卦之根本公理。簡約之如下：

（ⅰ）六爻之位各有所象而成一層級性，是謂「六位」公理；

（ⅱ）六位分為上中下即象天地人，是為「三才」公理；

（ⅲ）二五居卦之中，而為一卦之焦點或主座，是謂「中」之公理。

（ⅳ）六爻成為既濟式者，是謂「當位」公理；

（ⅴ）凡當位之爻初四，二五，三上各相應者，是謂「相應」公理。

這是五個根本公理，一切變通皆以此爲準。且爲言易者所共許。以下再述卦中之關係。

D3.7　據，承，乘。

（i）陽爻在陰爻上者爲「據」，〈困〉九二注云：「二據初」，是謂「據」之關係。

（ii）陰爻在陽爻下者爲「承」，是爲「承」之關係。例如：

〈坎〉六四注云：「上承九五」；

〈明夷〉六二注：「欲承九三」；

〈損〉：「四與五承上」；

〈姤〉：「一陰承五陽」。

（iii）陰爻居陽爻上者爲「乘」，是謂「乘」之關係。例：

〈坎〉：「上六乘陽有邪惡之罪。」

在物理世界上說，一切變遷皆由此等關係而成；在倫理世界上說，一切善惡正邪之意謂皆由此等關係而成。一卦是事實的一個普遍的符號，代表任何東西，而不拘於某一特定的東西。其取象或所象者皆其舉例耳。

D3.8　互體。互體者即由互底關係而成者也。或由其他關係所成。在鄭氏互卦有二例：

（i）〈蒙〉（䷃）注云：「互體震」；〈同人〉（䷌）注云：「卦體有巽」；〈頤〉（䷚）注云：「自二至五有二坤」。此以三爻爲互者也。即由三爻發生互底關係而成爲一整體也。

（ii）〈大畜〉（䷙）注云：「自九三至上九有頤象」。此以四爻爲互者也。即以四爻發生互底關係而成爲一整體也。

此外當有五爻之互，但鄭未具。發生互底關係，即成為一個「互體」。互體亦自成一個「結聚」（nexus）而有其特殊的表意，也有其特殊的符象。漢易即以此互體為助而解析全經，其所以為象數者在此。於是，繼續 D3.7條中之 i、ii、iii，由此 D3.8可以得出。

（iv）互底關係，由此而成互體。

D3.9　爻體。爻體者即由一爻而定卦體也。由此主爻而定之卦體，亦由互底關係而成，此主爻因其所在之位而得以決定其所互之卦為何。鄭氏有二標準：

（i）陽爻在初四則震體，在二五則坎體，在三上則艮體。例如：〈萃〉（䷬）注云：「四本震爻」；〈井〉（䷯）注云：「九二坎爻」；〈中孚〉（䷼）注云：「二五皆坎爻」。

（ii）陰爻在初四則巽體，在二五則離體，在三上則兌體。例如：〈賁〉（䷕）注云：「六四巽爻」；〈頤〉（䷚）〈損〉（䷨）注云：「二五離爻」。三上缺，但可以例推。

我們由上兩原則，可知爻體雖可由互而成；但互體之範圍，卻比爻體廣。即非二五亦得互坎互離，非初四亦得互震互巽，非三上亦得互艮互兌也。但這只是互而非爻體也。爻體只能在二五始能互坎互離。初四，三上依此類推。照此而言，亦可以把它看成是一個公理；質實說來，亦可以把它看成就是互體中之一種。

D4.　卦氣消息。

D4.1　在 C 段述孟喜的卦氣時，可知他是本於《易緯·稽覽圖》，以四正卦為四時方伯，餘60卦分布十二月，12辟卦謂之消

息。可知他有三套自然律，一層複雜起一層，都各是表象一周之時序的：

（ⅰ）以坎離震兌為四正卦象四時，以其24爻主24氣，則一歲之時序，亦完全表象出了；不過粗略一點。

（ⅱ）12辟卦主12辰，其72爻主72候，則一歲之時序，亦可由此而完全表象出來。

（ⅲ）60卦，每卦主6日7分，其360爻主周天之日數。這也可以完全表象一歲之時序。

最後這三個公式融而為一，把時序完全表示出了。

D4.2　今再述鄭氏的卦氣消息。他也有兩套：

（ⅰ）復卦注云：「建戌之月，以陽氣旣盡，建亥之月，純陰用事。至建子之月，陽氣始生，隔此純陰一卦，卦主6日7分，舉其成數言之，而云7日來復。」這是以十二辟卦，主十二月，以表象時序之消息也。

（ⅱ）臨卦注云：「臨自周二月用事訖其七月，至八月而遯卦受之，此終而復始，王命然矣。」

這是以臨遯兩卦，終而復始，以其十二爻表象一歲之時序。此說不見《易緯》。但也說得過去，因為臨遯也是十二辟卦中的。以十二辟卦主月，則隨乾坤走，乾坤十二爻而周一歲。若分論其卦，則臨至遯而消，遯至臨而息，自有相受之意，十二爻陰陽消息，亦可表象十二月之時序。按此而言，則凡姤（䷫）復（䷗），泰（䷊）否（䷋），大壯（䷡）觀（䷓），剝（䷖）夬（䷪）皆可自成消息，而主十二月以象四序。故言卦氣者，雖各有不同，然皆不

相背，以其根本觀點同也。即皆以乾坤12爻表象一歲之陰陽消息也。乾六爻象六陽生，坤六爻象六陰生，有此十二爻之所象，則十二月因而建立。所以乾坤兩卦，亦自是表象一歲之時序的。乾坤12爻，即是時序變遷的一幅圖象。以乾坤爲準，而變出12卦，則12卦也是表象陰陽之消息，也是時序的一幅圖象。推之，以姤復兩卦12爻，表象亦然。故卦氣說我可以名之曰「大宇宙公式」（macroscopic formulae），即你可以說一卦之成，是由觀察一歲之時序而定的；但也可以叫它是「小宇宙公式」（microscopic formulae）即一卦之成無非是由表象一件事情之始壯究，即表象一件事情之始終微盛的。故一個卦若是大宇宙公式，即知其是表象一歲之時序的，即成功爲卦氣說；若是小宇宙公式，即知其表象任何一件事情之始終微盛的，即成功爲本體論上的根本公式了。大宇宙的卦氣，是由小宇宙的根本公式推演出的，換言之，即是小宇宙公式的擴大。其作用根本是相同的。

　　D5. 爻辰律。

　　D5.1　上言「卦氣說」是小宇宙公式的開展，茲所謂爻辰律，更是卦氣說的放大。爻辰律者，即十二爻十二辰十二律相配合者也。十二爻表象時序之消息，十二辰爲時序之記號，十二律可以說是時序的含意，這又入了擬人說的範圍中了。即是說：十二律有不同的意謂，由此不同的意謂因而賦與十二時而成爲十二時的含意；但你也可以說時序是由陰陽之消息，事物之變遷而引申出的，所謂時序之含意，也不過就是事實世界的生成之不同的節奏而已。由前之意，是純粹擬人說；由後之意，則是自然生成說。中國人都是自然生成說的，也可以說是天人同情的自然生成說。即這種不同

的含意雖是由人的意謂，然也是實緣世界的自然生成之顯示。十二時就有其十二時之含意，由此含意即生出十二種意謂或節奏的律呂。也可以說十二律全由十二時之生成情勢而生出；也可以說十二律自然與十二時之生成情勢合拍。但據我現在看來，這究竟是一種擬人說。自然生成只是是其所是，時間是生成的歷史跡（historical route）並沒有什麼意謂的。但無論什麼，一映入中國人的眼簾，便加進意謂去了。但在他們看來，這種意謂是客觀的，是自然生成的。

D5.2　這種爻辰律之配合，其原出於三統。《漢書‧律曆志》載劉歆說三統以為是「天施地化人事之紀也。十一月，〈乾〉之初九，〔……〕故黃鐘為天統；〔……〕六月〈坤〉之初六，〔……〕故林鐘為地統；〔……〕正月〈乾〉之九三（宋祁云：三當為二），〔……〕故太簇為人統。〔……〕其於三正也：黃鐘子為天正；林鐘未之衝丑為地正；大簇寅為人正」。

三統三正即以爻、辰、律相配合，故爻辰律三者自可相配。

D5.3　鄭氏《周官‧太師》注云：「黃鐘初九也，下生林鐘之初六。林鐘又上生太簇之九二，太簇又下生南呂之六二。南呂又上生姑洗之九三，姑洗又下生應鐘之六三。應鐘又上生蕤賓之九四，蕤賓又下生大呂之六四。大呂又上生夷則之九五，夷則又下生夾鐘之六五。夾鐘又上生無射之上九，無射又上生中呂之上六」。

韋昭《周語》注云：「十一月黃鐘乾初九也」。「十二月大呂坤六四也」。「正月太簇乾九二也」。「二月夾鐘坤六五也」。「三月姑洗乾九三也」。「四月中呂乾上六也」。「五月蕤賓乾九四也」。「六月林鐘坤初六也」。「七月夷則乾九五也」。「八月

南呂坤六二也」。「九月無射乾上九也」。「十月應鐘坤六三也」。

　　意與鄭同。這樣，月辰爻律很整齊地配合起來了。鄭注《易》，爻辰取象者很多，茲不贅，明白了這種配合就是了。

　　D5.4　但這還只是時間的配合，空間成分還沒加進去。如是又有了八卦之方位，十二辰之方位，以及八風之位，天文學上的28宿之方位。（可參看《史記・律書》，言之甚詳）。這些空間方面的次序與時序方面的條理一一配合起來乃就成功了一幅大宇宙的圖象。宇宙的本象完全攝入其中。

　　D5.5　鄭氏《易》大概述完。我們看出不過就只是兩原則可以盡之。即所謂「大宇宙公式」及「小宇宙公式」是也。大宇宙公式，我可以名之曰「宇宙論上的原則」（cosmological principle），即解析宇宙之生成進化的原則；小宇宙公式，我可以名之曰「本體論上的原則」（ontological principle），即解析宇宙的根本存在（ultimate existence）間的諸關係諸變化也。自然這兩種原則是互相出入的。全部漢《易》可以這兩原則馭之。孟喜的卦氣說，即是宇宙論上的原則，京房的「世」「應」「飛」「伏」即是本體論上的原則，他的「世應」「四易」便是宇宙論上的原則。鄭氏的「據」「承」「乘」「互」諸關係是本體論上的原則，而他的卦氣消息爻辰十二律之配合，便是宇宙論上的原則。以下講的荀虞也不過就是這兩方面而已。

　　此外鄭氏還言禮象，即取象於人間倫理而已，無甚意義，故不述。

E.　荀慈明的易學

E1.　乾升坤降。

E1.1　〈乾文言〉注云：「乾升於坤曰雲行，坤降於乾曰雨施。乾坤二卦成兩旣濟，陰陽和均而得其正」。又曰：「坤五之乾二成離，乾二之坤五爲坎」。乾性常升，坤性常降，按其升降，始有所成，始能各正性命。

E1.2　〈坤彖〉注云：「乾二居坤五爲含，坤五居乾二爲宏；坤初居乾四爲光，乾四居坤初爲大。」則所謂「含宏光大」皆由乾坤升降而成。

E1.3　〈繫辭〉注云：「陰升之陽，則成天之文也；陽降之陰，則成地之理也」。「幽謂否卦，變成未濟也。」；「明謂泰卦，變成旣濟也。」

是天地之文，幽明之故，皆由升降而來。所謂升降者，不必指乾爲升，乾爲降也。特交互感應云耳。故陽性本升，而陰性亦可升；陰性本降，而陽性亦可降。

E2.　終始。

E2.1　在荀義始終有二義：（ⅰ）泰否始終；（ⅱ）坎離始終是也。坎離終始即含於泰否終始之中。坎離爲乾坤之小始終，泰否爲乾坤之大始終。〈乾彖〉「大明終始」注云：「乾起坎而終於離，坤起於離而終於坎。」此以坎離爲乾坤之始終也。

E2.2　〈繫辭〉「天尊地卑」注云：「謂否卦也。否七月，萬物已成，乾坤各得，其位定矣」。「卑高以陳」注云：「謂泰卦

也」。

「安土敦乎仁故能愛」注云:「安土謂否卦,乾坤相據,故安土。敦仁謂泰卦,天氣下降以生萬物故敦仁。生息萬物故謂之愛也。」

「是故知幽明之故」注云:「幽謂天上地下,不可得睹者也,謂否卦變成未濟也。明謂天地之間,萬物陳列著於耳目者,謂泰卦變成既濟也」。

此言泰否兩卦為生成之始終也。

E2.3　蓋乾坤相易以泰否為終始之端(end),以坎離為舍,既未濟為用。姤復兩卦是乾坤始終之端(end)。泰否者乾坤相易後之始終端。相易即升降之謂。乾由復起,坤由姤始。由復至泰,為天地之交,陽息而升之時。大壯一陽升,夬二陽升,乾三陽升,聚於午。由姤至否,天地不交,陰消而降之時,姤一陰降,遯二陰降,否三陰降,天地正,乾坤定,陽將降則為未濟物終矣。陰消而升,觀一陰升,剝二陰升,坤三陰升,群於子。復一陽降,臨二陽降,泰三陽降,以高下卑,以貴下賤,天地通,陽將升,則為既濟物之始也。自泰至否,乾升坤降,以定萬物之列,至於成功,故曰「著於耳目謂之明也.」。自否至泰,天地之交,默相交孕以生萬物,故曰天上地下,不可得睹者謂之幽也。幽明只是相對的,非絕對的有無。只是陰陽氣之漸行消息,生成流行之歷史跡也。

E3.　消息。

E3.1　所謂消息者即是乾坤姤復泰否之流轉也。〈繫辭〉:「變化者進退之象」注云:「春夏為變,秋冬為化,息卦為進,消卦為退。」息卦自復至乾也;消卦自姤至坤也。

〈繫辭〉：「往來不窮」注云：「一多一夏，陰陽相變易也，十二消息陰陽往來無窮已」。十二消息即乾坤姤復十二消息卦也。

E3.2　荀氏《易》與九家《易》同派。故九家《易》亦包在內。他們言消息與虞義不同。虞義乾息則吉，坤消則凶。荀氏派則不然。《九家》注云：「陽稱息者起復成巽，萬物盛長也。陰言消者，始姤終乾，萬物成熟，成熟則給用，給用則分散，故陰用特言消也。」然則息是陽之生，消是陰之用了。並無所謂吉凶，吉凶者人事倫理之意謂也。在自然界並無此等意謂。故荀氏之消息正是自然的演化（natural evolution）。坤消乾正所以成乾，所謂地道無成而代有終，非以坤爲積惡而弒父弒君也，只是始終微盛之生成已耳。

E4.　據，乘，征，求，貞，諸關係。

E4.1　據。凡爻義，陽莫善於「據」陰。〈井九三〉注云：「不得『據』陰，喻不得用，」〈師彖〉注云：「謂二有中和之德，而『據』群陰；上居五位，可以王也」。

凡發生關係，都是陰陽間的關係，而陰陽間的根本關係，吾以爲即是「感」，也即是咸卦之「咸」。「感」在此可以英語「feeling」一字當之。「feeling」在此非「感情」之意，而只是一個動名詞，「情」由「感」而起。「天地感而萬物化生，聖人感人心而天下和平，觀其所『感』而天地萬物之『情』可見矣」。所謂「情」即是感的結果，感的表意（significance）。有感而後有關係，有關係而後有情有表意。感不同，關係亦不同，而表意也不同。由陰陽間的諸關係，也可以見出陰陽之本性來。例如說：陽據陰而後有用，則是陽有據陰之性，而陰有被據之情也。蓋陽性進

燥，健行不息，創進不已，不可捉摸，只有流轉，而無常住，故無陰以據則必無所施用。陰性方，靜，永恆終成之意，故被陽據，則陰陽化合，而後有形可定，有成可指也。故陽據陰即是一個「滿足」（satisfication），即成為「定形」（definite form），成為「客觀化」（objectification），成為一個統一體（unity），成為一個「終始」，成為一個「交互作用底界範統一體」（terminal unity of mutual operation），實現其理想（realize its ideal），成為具形化（concrescence）：此時即能有用，用柏格森（Bergson）的話說，此時即是「空間化」（spatialized），蓋陰靜而方有空間性也。此於講胡煦時再論。

E4.2　承。凡陰之義莫大乎「承」陽。

〈乾九三〉注云：「日以喻君，謂三居下體之終而為之君，承乾行乾，故曰乾乾。」這是以陽「承」陽。「承」即是相承（sequent），有承的關係，始有續的關係。

〈坤文言〉：「坤道其順乎？承天而時行。」注云：「承天之施，因四時而行之也。」這是以陰承陽，即承續陽而時行。陽據陰而能空間化，陰承陽而能時行，時行則不息，不息即是創進不已。即陰承陽而時時行其實現也，時時行其滿足也。陰承陽而能有新奇（novelity）；陽據陰而能具形化。陰靜而方，設無陽以據之，則永無新奇之形；陽動而直，設無陰以承之，則永無具形施用之時。是陰陽相互為用，據承同濟，則能有定而新奇也，即且變且常也。

E4.3　乘。凡陰比而加陽為乘。

〈屯上六〉九家注云：「上六乘陽，故班如也。下二四爻雖亦乘陽，皆更得承五，憂解難除；今上無所復承，憂難不解，故泣血

漣如也。」

　　這是言乘承關係，並且就物理事實而加上以倫理的意謂。凡陰乘陽必同時有所承才可。因爲陽有首而無尾，必以陰承爲其尾；陰無首而有終，必以陽據爲其首。設只乘陽而不承陽，則無首也。無首即無始，無始即無終，如是則繼續爲不可能矣。凡繼續（continuity）之成必由以下諸關係而成：

　　（ i ）陽據陰，即陽擴及陰或包含陰；

　　（ ii ）陰承陽，即陰含連於陽而隨其後；

　　（ iii ）陰再乘陽，即陰雖連於陽而亦可爲將來之陽之先行；

　　（ iv ）陽復據陰，即陰乘陽爲先行復承陽而爲後繼也。

　　總之「承」「乘」「據」三關係即可組成繼續。

　　E4.4　征。凡爻往而應之謂「征」。

　　〈革六二〉注云：「〔……〕謂五已居位爲君，二乃革意去三應五。〔……〕上行應五，去卑事尊，故曰『征』吉無咎也。」此言二往而應五謂「征」，這是由相承關係而引申出的。往而相承陽五，自然爲首之尾而征吉也。

　　〈革九三〉注：「三應於上，欲往應之，爲陰所『乘』，故曰『征』凶。」

　　〈恆九三〉注云：「〔……〕與上相應，『欲往承之』爲陰所乘。」

　　這是以陽應陰爲陰所乘；但其陰無所承，而無首，故「征凶。」這雖然在倫理價值上言吉言凶，而其實在物理事實上必爲有承之乘始爲有首之尾，有乘之承始爲有尾之首。蓋必如此始能生生不息終而有始也。在數理物理上，必如此才能成系列（series）成

層級也，時空亦由此構成。

「承」「乘」之間的作用，即為「征」。有征的關係而「承」「乘」始可能也。

E4.5　求。「求」與「征」意同，即往而求之之謂，〈蠱彖〉曰：「利涉大川，往有事也。」《九家》注云：「〔……〕陽往求五，陰來求二，未得正位，戎事不息，故有事。」

求即是由不正往而求之正也。往而求之正。即無論陰陽爻皆有所承乘。皆有所承乘，即為既濟定，即為正。是征也求也，目的皆在有所承乘也，即是皆在使其自己成為實現也。在未實現以前，總是要有「成為」（becoming）的。成為即是由不正至正，即是承乘間的動轉關係，承乘間的過程。

E4.6　貞。「貞」即是保合太和乃利貞之「貞」，正居其所不須往應之謂。

〈否初六〉注云：「〔……〕貞者正也，謂正居其所則吉也。」

這是貞吉，貞吉即是正，即是定，即實現之謂。

〈革九三〉注云：「〔……〕若正居三，而據二陰，則五來危之，故曰貞厲。」

這是貞厲，貞厲雖正居其所而環境惡劣。故結果皆必有所承乘才可，即是「己立立人，己達達人」，「盡人性，盡物性」之謂；也即是「各正性命」之謂。故環境不貞，自己雖貞，而亦不吉也。並且所謂「貞」者，只是一個「站態」（stationary）而已，即沒有永遠的「貞」絕對的「貞」也。故結果是變動的，是生成的，是相對的。沒有永貞之吉，亦沒有永貞之厲。吉可以吉而又吉，是續

吉也；屬可以征而爲吉，是由屬變吉也。但也可以說這個「貞」即是絕對的，不過在不同的意義上而已。假設沒有這點絕對的貞，則「靜止」「位置」諸觀念即不可能。故此所謂「貞」雖不能永遠的貞，固定的貞；但當其貞正之時，即可以說它是絕對的。

E4.7　就一爻說，貞即是一個爻的實現，由不正之正之間，即是一個過程（process）至其成爲貞之時，則即是一個物實（actualentity）。就一卦而言，貞即是一個卦的實現，由不正之正，其間也是一過程。這一過程可以說是複雜的，其成爲物實，也是一個複雜的結構，即由好多小物實而結聚成的。其間的過程至於實現，至於各正性命，則是繼續的；及其貞也，則成爲一整體，成爲一個有限的定體，此則爲不繼續（discontinuity）。由繼續至不繼續是爲實現；由不繼續再爲繼續，是爲消息。有不繼續，則其消息有段落；有繼續，則其段落非截然兩途。繼續與不繼續，即是世界的本相。

F.　虞仲翔的易學

F1.　清張惠言最精虞氏《易》，最佩服虞氏《易》。《周易虞氏義・序》有以下的話：

「翻之言《易》以陰陽消息六爻發揮旁通升降上下歸於乾元用九而天下治。依物取類，貫穿比附，始若瑣碎，及其沉深解剝，離根散葉，暢茂條理，遂於大道，後儒罕能通之〔……〕」

「〔……〕又古書亡而漢魏師說可見者十餘家，然唯鄭荀虞三家略有梗概可指說，而虞又較備，然則求七十子之微言，田何楊叔

丁將軍之所傳者舍虞氏之注其何所自焉〔……〕」

　　而其《周易鄭氏義・叙》上又說：

　　「〔……〕虞氏考日月之行，以正乾元；原七九之氣，以定六位；運始終之紀，以叙64卦；要變化之居，以明吉凶悔吝；六爻發揮旁通，乾元用九，則天下治，以則四德；蓋與荀同原而闊大遠矣〔……〕」

　　然實在說來，虞氏《易》並沒有特別發明，不過其書時代晚而又保存下來而又「較備」已耳，不過拾取前人諸說而綜括之已耳。所謂消息者，前人有之；所謂卦氣者，前人亦有之；所謂五行生成之數者，前亦有之；所謂互體者，前人更有之矣。總之虞氏之所言皆為前人所已言，其不同者，乃梢末耳；其根本觀點根本精神則相同，並且亦不矛盾。其特所發明者旁通卦變已耳。不過旁通卦變，也是由於京房等人的世應法及八宮統屬法而引申出，非特創也。

　　F2.　日月為易。

　　F2.1　〈繫辭傳〉上：「唯神也故不疾而速不行而至」。注云：「神謂易也，謂日月斗在天，日行一度，月行十三度，從天西轉，故不疾而速；星寂然不動，隨天右周，感而遂通，故不行而至者也。」

　　〈繫辭傳〉下：「易者象也」。注云：「謂日月在天成八卦，縣象著明，莫大日月也。」

　　F2.2　以日月為易，其解析雖屬具體，然究屬不根本不清楚。以日月象陰陽，但為何不以陰陽為易而以日月為易呢？陰陽不是更普遍更徹底嗎？日月不是較特殊較後起嗎？若說「易」字從「日」「月」；但我們是解析事實，而不是訓詁字。古義不必對，

不必比後人強。

　　F3.　日月在天成八卦。

　　F3.1　既以日月爲易，則日月在天變易，自能成八卦。

　　〈坤彖〉：「西南得朋，乃與類行；東北喪朋，乃終有慶」。注云：「此指說易陰陽消失之大要也。謂陽月三日變而成震出庚，至月八日成兌見丁。庚西丁南，故西南得朋。〔……〕二十九日消乙入坤，滅藏於癸。乙東癸北，故東北喪朋。」

　　〈蹇彖〉：「蹇之時用大矣哉！」注云：「謂坎月生西南而終東北。震象出庚，兌象見丁，乾象盈甲，巽象退辛，艮象消丙，坤象窮乙，喪滅於癸，終則復始，以生萬物，故曰大矣。」

　　〈繫〉上：「在天成象」注云：「謂日月在天成八卦：震象出庚，兌象見丁，乾象盈甲，巽象伏辛，艮象消丙，坤象喪乙，坎象流戊，離象就己。故在天成象也。」

　　〈繫〉上又云：「縣象著明莫大乎日月」。注云：「謂日月縣天成八卦象：三日暮震象出庚，八日兌象見丁，十五日乾象盈甲，十七日旦巽象退辛，二十三日艮象消丙，三十日坤象滅乙，晦夕朔旦，坎象流戊，日中則離，離象就己。戊己土位，象見於中。日月相推而明生焉，故縣象著明莫大乎日月者也。」

　　〈繫〉下：「八卦成列，象在其中矣」。注云：「乾坤列東，艮兌列南，震巽列西，坎離在中。故八卦成列，象在其中。」

　　〈說卦〉：「水火不相射」注云：「謂坎離〔……〕水火相通，坎戊離己，月三十日一會于壬，故不相射也。」

　　F3.2　今依其所解，列圖如下：

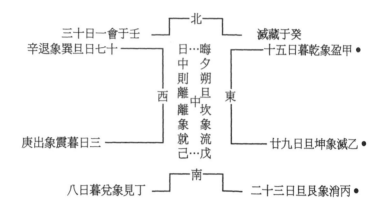

F3.3 怎麼解呢？李銳〈《周易》虞氏略例〉云：

三日暮。暮即月令所謂「昏」。推步家以日入二刻半為
「昏」。〈士昏禮〉鄭目錄云：「日入三商為昏」是也。
其時日在西，月在庚，月向日三分之一，生光在下，象震
初陽爻。背日三分之二，無光在上，象震二三陰爻。故曰
震象出庚。

八日暮：日在西，月在丁。月向日三分之二，有光在下。
象兌初二陽爻。背日三分之一，無光在上，象兌三陰爻。
故曰兌象見丁。

十五日暮：日在西，月在甲。日月相望。月三分皆有光，
象乾三爻皆陽，故曰乾象盈甲。

十七日旦：旦亦謂之明。推步家以日出前二刻半為明。其
時日在東，月在辛。月背日三分之一，無光在下，象巽初
陰爻。向日三分之二，有光在上，象巽二三陽爻。故曰巽

象退辛。

二十三日旦：日在東，月在丙。月背日三分之二，無光在下，象艮初二陰爻。向日三分之一，有光在上，象艮三陽爻。故曰艮象消丙。

二十九日旦：日在東，月在乙。日月同度，月三分，皆無光。象坤三爻皆陰。故曰坤象滅乙。

晦夕朔旦：以陽通陰，象坎上下二爻陰，中一爻陽。

日中則離：以陰通陽，象離上下二爻陽，中一爻陰。故曰坎象流戊，離象就己。

F3.4　這只是曆法上所紀的時序，而虞氏用之以配合八卦。與鄭氏的爻辰律之配合同。此可以名之曰卦辰日之配合。換言之，即以卦表象時間空間也。此說亦有所由。且成為普遍的曆法觀。《參同契》亦曾言之，所謂納甲之說亦是如此。只是一種時序上的配合，茲不贅。我們所要注意的，是這種時序的基礎，即怎樣能產生出這種時序觀？在此要注意那小宇宙公式本體論上的根本原則，而不只注意這種大宇宙公式，宇宙論上的原則。

F4.　以日月所成之八卦配合五行。

F4.1　〈繫傳〉：「五位相得，而各有合。」注云：「謂五行之位，甲乾乙坤，相得合木，謂天地定位也。丙艮丁兌相得合火，山澤通氣也。戊坎己離相得合土，水火相逮也。庚震辛巽相得合金，雷風相薄也。天壬地癸，相得合水，言陰陽相薄而戰于乾。故五位相得，而各有合，或以一六合水，二七合火，三八合木，四九合金，五十合土也。」

F4.2 虞氏以八卦與十天干五行配合在一起，但他這種配合與「一六合水」那一套顯然是不相融的。即虞氏的五行合得之數，與「一六合水」的五行數，是兩套配合律，相衝突的。

張惠言曰：「水一六，火二七，木三八，金四九，土五十，甲一乙二，丙三丁四，戊五己六，庚七辛八，壬九癸十也。」（《周易虞氏義》）這是想把兩套律合而爲一，但須知不可能。

F4.3 一六合水這一套配合數是鄭康成與楊子雲的《太玄經》所主持的。《太玄經》曰：「一與六共宗，二與七爲朋，三與八成友，四與九同道，五與十相守。」這即是一六爲水，二七爲火，三八爲木，四九爲金，五十爲土是也。也即是後來陳摶等人所傳的《洛書》是也。虞的配合不與此同。

F4.4 但由〈繫傳〉「天一，地二」一章之注看來，則虞氏又想把這兩套合而爲一。今列如下：

> 「天一」注：水（天一生水於北），甲（日行青道，甲一乙二）；
>
> 「地二」注：火（地二生火於南），乙（甲乾乙坤，相得合木）。
>
> 「天三」注：木（天三生木於東），丙（日行赤道，丙三丁四）；
>
> 「地四」注：金（地四生金於西），丁（丙艮丁兌，相得合火）。

> 「天五」注：土（天五生土於中），戊（日行黃道，戊五
> 　　　　己六）；
>
> 「地六」注：水（地六成水於北，一六合水），己（戊坎
> 　　　　己離，相得合土）。
>
> 「天七」注：火（天七成火於南，二七合火），庚（日行
> 　　　　白道，庚七辛八）；
>
> 「地八」注：木（地八成木於東，三八合木），辛（庚震
> 　　　　辛巽，相得合金）。
>
> 「天九」注：金（天九成金於西，四九合金），壬（日行
> 　　　　黑道，壬九癸十）；
>
> 「地十」注：土（地十成土於中，五十合土），癸（天壬
> 　　　　地癸，相得合水）。

F4.5　這明是兩套律，怎能配在一起？括弧中的注解是張惠
言的。凡注為五行之名者，即水火金木土等是，及括弧中之生成字
樣者，皆為鄭氏等人的五行生成數；凡注為十天干者，及括弧中
「相得合……」字樣者，皆為虞氏的五行生成數。結果乃不相融，
然兩派生成數雖不同，但五行所居之方位則同。今就上條之所列，
圖表如下。

一
冬水北合
六

四　　　　　　五　　　　　　三　　　　　鄭康成《太玄經》
秋金西合　　土中合　　　木東合春　　　及《洛書》之所
九　　　　　　十　　　　　　八　　　　　主。

二
火南合夏
七

癸壬
冬九北十
水合

辛庚　　　　　己戊　　　　　乙甲　　　　　虞氏主之。
秋八西七　　六中五　　二東一春
金合　　　　　土合　　　　　木合

丁丙
四南三夏
火合

F4.6　他們這種配合，誰得誰失，且不管它，主要的是他們的秩序的信仰，條理的觀念。無論其他方面若何不同，而這種條理思想根本是同的，秩序的觀念根本是共的。總之是時間空間的相配而以卦象表之，這是大宇宙的表象法，至於這種時空觀怎樣建設起來，則於虞氏注中無所取材。我們於論京房及荀慈明時幸已有所指述了。但下邊論虞氏的半象互體等觀念時，也能間接地引申出。

F5.　消息。

F5.1　消息者即以乾坤所變之十二卦為消息卦以象一歲之時序與氣候的。即由復（☷☳）→臨（☷☱）→泰（☷☰）→大壯（☳☰）→

夬（☰）→乾（☰）是謂陽息之卦，即表象陽氣之生息也。由姤
（☰）→遯（☰）→否（☰）→觀（☰）→剝（☰）→坤（☷）是
謂陰消之卦，即表象陰氣之生息也。謂之曰消謂其逐漸消滅陽也。
其實就是陰生。不過中國人歷來把陰陽看成有價值的意謂，所以就
把陰看成消把陽看成息了。十二消息卦是表象時序之氣候的變遷
的。事實的變遷是沒有價值意謂的。所謂陰陽不過就是現實世界的
生成之物情（physical states）而已。我們觀察此種不同的物情，
所以就用陰陽二字以別之。其實陰陽不是兩個東西，也不是兩個分
離而相反對著的東西。它們是永遠互相含蘊（implies），互相出
入，或掩蓋或流過（overlap）的。它們就是生成的過程，過程之
起始，名之曰陽；過程之將終，名之曰陰。所以陰陽之名是用來記
物情之節奏的。可是一落言語中，便弄成整齊一定而孤獨。但若不
為文字所拘，直觀察事實，則沒有這樣直截了當的齊整而相反的陰
與陽。其為齊整而一定，文字拘之也。所以我們只要經驗自然事實
間的些關係或情勢即足，陰陽即是人對於這些關係或情勢所下的意
謂判斷而予以記號的。而消息也即是表示這種關係或情勢的。

    F5.2　可是他們所謂十二卦消息乃並不是小宇宙公式的根本
表象，而只是大宇宙公式的擴大表示。例如：以復象十一月；臨象
十二月；泰象正月；大壯象二月；夬象三月；乾象四月；姤象五
月；遯象六月；否象七月；觀象八月；剝象九月；坤象十月；這全
是時間已建起，卦象已作起而互相配合的，且是大宇宙的配合，並
沒有進到這種時間從何構起，這種卦象因何而形成，以作根本的分
析。那就是說並沒有指出它們的顯微無間來。這不能不有待於胡煦
了。

F6. 卦變。

F6.1 卦變者即某卦從某卦變來之謂也。藉此卦變，可以把六十四卦的關係找出來，並藉之以解經文。可是他這種卦變，包含許多不同的原則，並沒有取一原則以貫通之。虞氏雖言消息，但他並未以消息一概念以貫通六十四卦。張惠言緒虞氏未竟之作，而概以「消息」貫之。此誠學術界之一進步；然虞氏既未言之，故張氏所言自難爲據。掛此漏彼，歧例百出，此固虞氏《易》之本相也。故反不若分端以舉之。

F6.2 消息。

F6.2.1 此上段已言之。蓋以陰陽從一至六之逐漸生息所生之卦而名之也。陰消六，陽息六，故其陰消陽息所生之卦，即名曰十二消息卦。此外不得謂之消息。

F6.3 例卦。

F6.3.1 例卦者；即從消息卦中之爻例而來之卦也。其中只有六卦可言，而於此六卦中，又可分爲三組。列舉如下。

（Ⅰ）從臨（䷒）觀（䷓）來者爲四陰二陽之例，共九卦。

(1)明夷（䷣）虞注云：「臨二之三」。

(2)升（䷭）虞注云：「臨初之三」。

(3)解（䷧）虞注云：「臨初之四」。

(4)震（䷲）虞注云：「臨二之四」。

以上從臨來。

(5)晉（䷢）虞注云：「觀四之五」。

(6)萃（䷬）虞注云：「觀四之上也」。

(7)坎（䷜）虞注云：「觀上之二」。

(8)艮（䷳）虞注云：「觀五之三也」。

(9)蹇（䷦）虞注云：「觀上反三也」。

　　以上從觀來。

（Ⅱ）從否（䷋）泰（䷊）來者爲三陰三陽之例共十六卦。

(1)隨（䷐）注云：「否上之初」。

(2)噬嗑（䷔）注云：「否五之坤初」。

(3)咸（䷞）注云：「坤三之上成女，乾上之三成男」。

(4)益（䷩）注云：「否上之初也」此有特解見下。

(5)困（䷮）注云：「否二之上」。

(6)渙（䷺）注云：「否四之二」。

(7)漸（䷴）注云：「否三之四」。

(8)未濟（䷿）注云：「否二之五也」。

　　以上從否來。

(9)蠱（䷑）注云：「泰初之上」。

(10)井（䷯）注云：「泰初之五也」。

(11)賁（䷕）注云：「泰上之乾二，乾二之坤上」。

(12)歸妹（䷵）注云：「泰三之四」。

⒀恆（☳☴）注云：「乾初之坤四」。

⒁節（☵☱）注云：「泰三之五」。

⒂損（☶☱）注云：「泰初之上」此有特解。

⒃旣濟（☵☲）注云：「泰五之二」。

（Ⅲ）從遯（☰☶）大壯（☳☰）來者爲四陽二陰之例，共十二卦。

⑴訟（☰☵）注云：「遯三之二也」。

⑵无妄（☰☳）注云：「遯上之初」。此有特解。

⑶離（☲☲）注云：「遯初之五」。

⑷家人（☴☲）注云：「遯初之四也」。

⑸革（☱☲）注云：「遯上之初」。

⑹巽（☴☴）注云：「遯二之四」。

以上從遯來。

⑺需（☵☰）注云：「大壯四之五」。

⑻大畜（☶☰）注云：「大壯四之上」。

⑼大過（☱☴）注云：「大壯五之初，或兌三之初」。

⑽睽（☲☱）注云：「大壯上之三」。

⑾鼎（☲☴）注云：「大壯上之初」。

⑿兌（☱☱）注云：「大壯五之三也」。

以上從大壯來。

F6.3.2　但於這三組之中，亦各有例外。

（Ⅰ）從臨觀來者之例外，即有些卦亦為四陰二陽，但卻不從臨觀來。

⑴屯（䷂）注云：「坎二之初」。是由坎來也。

⑵蒙（䷃）注云：「艮三之二」。是由艮來也。

⑶頤（䷚）注云：「晉四之初，與大過旁通。〔……〕反復不衰，與乾坤坎離大過小過中孚同義，故不從臨觀四陰二陽之例」。是由晉來也。

⑷小過（䷽）注云：「晉上之三。當從四陰二陽臨觀之例；臨陽未至三而觀四已消也〔……〕故知從晉（䷢）來」。是亦由晉來也。

此為一種例外，皆有其特殊之理由與意義，但理由卻並不甚充足。可參看原書。

F6.3.3　（Ⅱ）從否泰來者之例外，即有些卦亦為三陰三陽，但卻不從否泰來。

⑴豐（䷶）注云：「此卦三陰三陽之例，當從泰二之四；而豐三從噬嗑（䷔）上來之三，折四於坎獄中而成豐」。此由噬嗑來。

⑵旅（䷷）注云：「賁初之四否三之五，非乾坤往來也。與噬嗑之豐同義」。此由賁或否來。

此種例外亦有其特殊之理由。

F6.3.4 （Ⅲ）從否泰者，復有一種例外，即損益兩卦是也：

(1)損（䷨）注云：「泰初之上損下益上，以據二陰。」此明爲泰三之上，言泰初之上者，指明「損下益上」之義也。爲此特殊之「損」字之意義而破壞其通例。

(2)益（䷩）注云：「否上之初也。損上益下」。此明爲否四之初。言否上之初者，指明「損上益下」之義也。此爲一特殊之「益」字而破壞其通例。

F6.3.5 （Ⅳ）從遯來者之例外，即雖爲四陽二陰，但不從遯來。此只有一卦：

中孚（䷼）注云：「訟（䷅）四之初也。〔……〕此當從四陽二陰之例；遯陰未及三而大壯陽已至四，故從訟來」。此理由與小過之由晉來同。

F6.3.6 （Ⅴ）從遯大壯來者復有一種例外，旡妄與大過兩卦是也。

(1)无妄（䷘）注云：「遯（䷠）上之初」。張惠言解曰：「依例當三之初，此上之初者，消卦之始特正乾元。與否上成益同義。」此條例外與例外（Ⅲ）之損益兩卦同。

(2)大過（䷛）注云：「大壯五之初，或兌（䷹）三之初」。張惠言解曰：「或兌三之初者，坤盡於夬。至大過而生姤（䷫）夬兌，下成巽，坤之始終也。」此又爲一特殊之意義而更改其例者！

F6.3.7 由上觀之，「例卦」一類即有此五種例外，其駁雜

不一致可知，其無通則以貫之亦可知。並且其所謂「例卦」，據何理由而言某從某來，虞氏亦無定則，若云從四陰二陽，或三陰三陽等理由，則此根本即不成爲理由，況亦有不遵此之例外乎？故「例卦」之變可謂毫無理由。即便承認「例卦」是一理由；但某從某來又爲毫無定則可尋。若謂某卦中之某爻不正當變；然亦有正而變者，亦有正而變爲不正者，亦有不正而不變者。並且按歷來定則，爻之正與否以既濟（䷿）定爲則；其變亦有定則即二與五，初與四，三與上相變是也。今此「例卦」之變既不以既濟定爲則，復不以二五，初四，三上爲規，其某從某來，又無卦象間的必然因果關係，或義理的連帶關係，於是，則例卦之卦變，實是隨意而變，並無充足理由於其間也。其所以如此者，亦正有故，後邊再論。

　　F6.4　乾坤坎離之變。

　　F6.4.1　此例即由乾坤以變八卦也，乾坤直接變六子，不必消息與例卦也。

　　F6.4.2　坎（䷜）注云：「乾二五之坤」；離（䷝）注云：「坤二五之乾」。〈繫辭〉上：「是故剛柔相摩，八卦相盪」。注云：「乾以二五摩坤成震、坎、艮。坤以二五摩乾成巽、離、兌。故剛柔相摩，則八卦相盪也」。〈繫辭〉下：「剛柔雜居，而吉凶可見矣。」注云：「乾二之坤成坎，坤五之乾成離。故剛柔雜居。艮爲居離有巽兌，坎有震艮，八卦體備故吉凶可見矣。」

　　F6.4.3　乾二五之坤成坎，坎（䷜）二至四體震，三至五體艮。坤二五之乾成離，離（䷝）二至四體巽，三至五體兌。是由乾

坤一交,藉互體之法,而坎離、震巽、艮兌盡出矣。此八卦爲一種變法。但坎離、震巽、艮兌亦可由「例卦」變來。參看例卦條自知。

F6.5　旁通。

F6.5.1　虞氏之「旁通」並不普及於六十四卦。有旁通者,有不旁通者。吾意虞氏之旁通,一方可以說有特殊之義例,一方也可以說無多大用處。無用者言其不能以旁通而貫串六十四卦之變化也。有義例者,即李銳所謂「皆有義例可尋者」是也。其言旁通之卦只二十一,茲據李銳所解,列之於下。

F6.5.2　據李銳所解,旁通之唯一根據,在於各旁通卦之有坎離象。坎離爲旁通之本。故有坎離象之各卦亦當旁通。故曰:「乾二五之坤成坎,坤二五之乾成離。坎離者旁通之本也。」(李銳《周易虞氏略例·旁通第七》)。

E6.5.3　他又說:「虞於師(䷆)比(䷇)謙(䷎)豫(䷏)四卦不以剝復一陽五陰爲例;小畜(䷈)履(䷉)同人(䷌)大有(䷍)四卦不以姤夬一陰五陽爲例。蓋此八卦皆以乾之坤,坤之乾而成,皆有坎離象。〔……〕此八卦皆有坎離象,則皆與坎離同義。坎離旁通,故此八卦皆從旁通,不從卦例也。」(同上)

此八卦之互相旁通,因有坎離象,故雖一陰五陽或一陽五陰亦不從例卦來。然此理甚牽強。若藉互體之法,則六十四卦何者無坎離象乎?何以不皆謂之爲旁通乎?

E6.5.4　又「其非坎離及此八卦亦有云旁通者。復姤夬剝四

卦以一陽五陰，一陰五陽之卦皆相與爲旁通，故此四卦亦相與爲旁通也。」（同上）

　　復姤夬剝之爲一陽五陰，或一陰五陽，亦皆有坎離象，故亦皆可旁通。

　　F6.5.5　又：「革（☲）鼎（☲）二卦。以坎（☵）初至五體蒙（☶），二至上體屯（☳）；離（☲）初至五體革（☲），二至上體鼎（☲）。離旁通坎，故革鼎旁通蒙屯也」。（同上）

　　是革鼎蒙屯之旁通，亦由於坎離爲媒介。

　　F6.5.6　又：「頤（☶）卦，以大過（☴）體復一爻，潛龍之德。大過初至五體姤（☴）震陽入伏巽陰下，所謂龍蛇之蟄也。頤初至五體復，頤一爻，即復一爻。復旁通姤，故頤旁通大過也。」（同上）。

　　藉復姤爲媒介，即是藉坎離象爲媒介。

　　F6.5.7　又：「大畜（☶）。以豫（☳）四至坤初爲復，復小故名小畜（☴）。萃（☱）五之復二成臨（☷）。臨者大也。故名大畜。小畜旁通豫，故大畜旁通萃也。」（同上）。

　　「臨卦則以經八月有凶。周八月夏之六月，於消息爲遯，故旁通遯也。」（同上）

　　「蠱（☶）恆（☳）二卦以終變成隨、益，故旁通隨（☱）益（☴）也。」（同上）。

　　此三條旁通之理由，簡直不成理由。尙有何例可尋乎？

F6.5.8　由上而觀，其「旁通」之說，亦很牽強，並無大用。此所謂「旁通」，張惠言名之曰「消息卦」。他說：「蓋乾坤十二辟卦爲消息卦之正。其自臨，遯，否，泰，大壯，觀生者，謂之爻例。自乾坤生者，不從爻例；每二卦旁通則皆消息卦也。消息卦皆在乾坤相合之時，則剝復夬姤否泰之交也」。（《周易虞氏義‧消息》，〈八卦消息成六十四第六〉）。據此，有十二辟卦；有爻例，即吾所謂「例卦」；有「消息卦」，即李氏所謂「旁通」。不從「爻例」及「辟卦」者，概爲「消息卦」。但李氏所謂「旁通」只有二十一卦。張氏之「消息卦」則即多了。即虞氏未言旁通者，張氏亦代爲補之，而盡歸於消息卦中。於是，李氏之所解與張氏盡可相通。並且李氏爲旁通所找之理由，並不充足，故反不如張氏所謂「消息卦」爲當也。張氏以爲：「消息卦皆在乾坤相合之時」；李氏以爲：「坎離及旁通八卦，乾之坤，坤之乾也」（《周易虞氏略例‧旁通第七》）。「乾之坤，坤之乾」即是「乾坤相合之時」。故張李所解並不衝突。但即便認旁通歸於消息卦，虞氏亦不能以「消息」一概念很有系統地貫通六十四卦也。夫「乾坤相合」乃一很泛之意義。每一卦皆爲乾坤之所合。並不因言乾坤相合即可解析卦變也。必須於其相合之時，尋一通則，以統馭之，使其「變」爲有規則之變，爲有統系之變。然而虞氏不能也。誠如張氏所言，則六十四卦皆有所旁通，爲何不使之皆成旁通？爲何不使之皆成爲消息卦？此皆由於有「例卦」及其特例使然也。例卦之存在，即是虞氏卦變之致命傷。因爲有這許多的雜例於其中，故不能以「旁通」一概念貫之，復不能以「消息」一概念貫之。

F6.6　震巽特變。

F6.6.1　震巽雖可由「例卦」變來；但震巽本身又有特變。即震巽不屬旁通，而互相「伏見」以成其變。此當與蠱注合觀。

F6.6.2　蠱（䷑）：「先甲三日，後甲三日。」注云：「謂初變成乾，乾爲甲；至二成離，離爲日。謂乾三爻在前，故先甲三日，賁時也。變三至四體離，至五成乾。乾三爻在後，故後甲三日。无妄時也。」虞氏以賁卦配八月，无妄配九月，故以先甲三日爲賁時，後甲三日爲无妄時。關此可參考賁无妄兩卦注，及李銳《周易虞氏略例、十二月卦第十四》。

巽（䷸）九五：「无初有終」。注云：「震巽相薄，雷風無形，當變之震矣，巽究爲躁卦，故无初有終也。」

巽：「先庚三日；後庚三日」注云：「震庚也。謂變初至二成離，至三成震。震主庚，離爲日，震三爻在前，故先庚三日，謂益時也。（虞氏以益爲正月卦）。動四至五成離，終上成震。震爻在後，故後庚三日也。巽初失正，終變成震，得位故無初有終吉。震究爲蕃鮮白，白謂巽白。巽究爲躁卦。躁卦謂震也。與蠱先甲三日，後甲三日同義。五動（謂巽五也）成蠱，乾成於甲，震成於庚，陰陽天地之始終，故經舉甲庚於蠱象巽五也」。

〈說卦〉：「震其究爲健爲蕃鮮。」注云：「震巽相薄，變而至三，則下象究（謂初二三三爻成巽），與四成乾（謂二三四三爻體乾）。故其究爲健（即乾）爲蕃鮮（即巽）。巽究爲躁卦，躁卦則震。震雷巽風無形，故卦特變耳。」

〈說卦〉：「巽爲近利市三倍」。注云：「變至三成坤，坤爲近；四動乾，乾爲利；至五成噬嗑，故稱市。乾三爻爲三倍，故爲

近利市三倍。動上成震，故其究爲躁卦，八卦諸爻，唯震巽變耳。」

F6.6.3　由以上注語，李銳歸結於下曰：

> 乾天坤地，坎月離日，艮山兌澤，六者皆爲有形，唯震雷巽
> 風無形，故卦特變。恆巽下震上；蠱初至五體恆，亦有震巽
> 象。蠱終變成隨，恆終變成益，注皆云旁通。此旁通以震巽
> 特變爲義，蓋旁通之變例也。〔……〕旁通云者兩卦各居一
> 旁，兩相通易也。〔……〕然則乾居一旁，坤居一旁，乾二
> 五之坤，坤二五之乾，兩旁相通，而成坎離，坎仍居一旁，
> 離仍居一旁，故謂之旁通。至震巽特變：震變爲巽，巽見於
> 上，則震伏於下；巽變爲震，震見於上，則巽伏於下。兩卦
> 重疊而不居兩旁，徒以六爻皆變，亦謂之旁通。故曰旁通之
> 變例也。（《周易虞氏略例·震巽特變第八》）

F6.6.4　如是，震巽特變乃實是藉互體之法以看之耳；而互體之法，即含有六爻俱變之可能，不俱變不足以言體也。而互體之法亦即含有「伏見」之可能，不伏不見，則震巽不能重疊。可是，如此，則六十四卦，恐無一不可作互體觀，作伏見觀也。然則震巽特變，實不過看六十四卦之變之一特法已耳，不必只拘於震巽也。至若雷風無形，故云特變，是乃皮相之理由，何足爲據？

F6.7　反。

F6.7.1　「反」即是以上爲下，以下爲上，六爻俱倒之謂。此又爲卦變之一種看法。

F6.7.2　泰（䷊）注云：「反否也」。否（䷋）注云：「反泰也」。觀（䷓）注云：「反臨（䷒）也。」明夷（䷣）注云：「反晉（䷢）也」。漸（䷴）注云：「反成歸妹（䷵）。」此外很多。不必盡舉。

F6.7.3　〈序卦〉曰：「剝窮上反下」；〈雜卦〉曰：「否泰反其類也。」虞氏之言「反」蓋即本於此。但此所謂「反」實不過「旁通」之另一種看法，不能盡別於「旁通」也。

F6.7.4　李銳曰：

> 同人注云：同人反師。此反謂旁通，與六爻俱倒義別。六十
> 四卦反亦旁通者，隨、蠱、漸、歸妹是也。反亦兩象易者，
> 需、比、訟、師、同人、大有、晉、明夷是也。旁通亦兩象
> 易者，咸、恆、損、益是也。反亦旁通亦兩象易者，否、
> 泰、既濟、未濟是也。（《周易虞氏略例・反第九》）

此可知「旁通」，「反」，與「兩象易」原可互通。

F6.8　兩象易。

F6.8.1　此又為一種卦變之看法。即一卦中之上象易為下，下象易為上，而成另一卦者也。

F6.8.2　〈繫下〉：「易之以宮室，蓋取諸大壯」。注云：「无妄（䷘）兩象易也」。即由无妄之兩象易而成大壯（䷡）。

又：「易之以棺椁蓋取諸大過」。注云：「中孚上下易也」。

此即由中孚（☲）之上下兩象易而成大過（☲）也。

又：「易之以書契蓋取諸夬」。注云：「履（☲）上下象易也」。

此即由履之兩象相易而成夬（☲）也。

F6.8.3　注又云：「大壯，大過，夬此三蓋取直兩象上下易，故俱言易之」。果如此言，則所謂「易之以宮室，以書契，以棺椁」皆由于卦之兩象易矣。但即便如此，則一卦之兩象果可隨便易乎？其易之原因為何？其易之目的為何？此皆為虞氏所未道者也。

F6.9　最後的批評。

F6.9.1　統觀以上虞氏卦變之說，共有七種，而其間仍然例外層出，邈無統屬，實缺一貫之則。其所持之理由，皆似是而非，可有可無。窺溯其原，不外以下幾點：

（i）拘於象數太甚。每字每句都要取象以解之，故自然需求多例以盡之。此即王弼所謂「互體不足，遂及卦變；變又不足，推致五行」者也。象數固不可忘，但太拘象數，則失統屬。

（ii）卦變之例，每就一卦之特殊意義或理由而建立之，故自然名目百出，而不能用一原則以統之。

（iii）因此，故其卦變，多為無理。此即胡煦所謂「剜肉填補」之謂也。

F6.9.2　虞氏集漢《易》之大成，各家點滴，聚於一人，他未能融化而材成之，所以雜然紛列，毫無統屬，然漢《易》之弊在此，漢《易》之長亦在此，漢《易》之所以為漢《易》者亦在此。

對於這種象數的漢《易》不能有點滴修改，他就是這末一個套數與風味。故後之王弼全然忘之，程朱亦全然捨之。晉宋主義主理，是自有故。至若清之《易》家，如胡煦，如焦循，皆知重「象數」，然亦截然與漢《易》不同。是故對此漢《易》，非全然忘之，即根本改之，不容有點滴取捨也。

F6.9.3　普通把「象數」二字混爲一談（即吾亦不免，如上條是），其實有分別之必要，漢《易》的總觀點是在「象」字。「數」是《易經》主要觀點根本精神。「象」是解說世界所用的方法。漢《易》把握住這個「象」字，以解析經文，這也是原於《周易》。即沒有「象」不能有所解說，也不能有知識。漢《易》很了解這一點。晉宋之忘象忘數，是另一方面的發展。胡煦是捉住了本體論這一方面，對於解析這個本體的方法，他沒有什麼注意，但他於解析經文時，也能用一個原則以貫通之，即他所謂「主爻體卦說」是也。焦循很能注重數。他是藉數學的方法，用三個原則以貫通六十四卦而解析經文的，他的目的是在道德哲學之建設。

F6.9.4　所以漢《易》之「象」是繼承了《周易》之方法論的，推廣地說，是發展了《周易》中所啓示的知識論的。所以他用了《周易》本身所用的方法，即象，還而解析《周易》本文。至於卦變互體不過是「象」之先例而已。

F6.9.5　晉宋《易》則是拾取了《周易》中的幾句玄學上的或道德上的名言而發展之。

普通似乎有一種誤解，以爲《周易》之卦爻即是「象」。須知卦爻之「象」只可說是「符號」或「圖象」，與《周易》中所用的「象」意義不同，與漢人之「象學」亦不同。明乎此，則象數不至

於混，對於淸《易》始能了解。胡煦不言象，但未始不重數；焦氏不言象，亦未始不重數。

F6.9.6　如是，我們可說漢《易》重象，淸《易》是重數的。唯其重象，故取類滋多；唯其重數，故秩然條理。至於經文之解析，則在乎原則之一貫，不在乎重數與重象也。淸《易》比較一貫，所以淸《易》則比較解得通一點。

F7.　卦氣。

F7.1　虞氏卦氣，純照〈說卦〉而言。即以八卦定八方而應十二月配二十四節以言生物之次序，是謂八卦布散用事之序。這種配合與〈乾鑿度〉有關。〈乾鑿度〉有以下的話。

「八卦成列，天地之道立，雷風水火山澤之象定矣。其布散用事也：震生物於東方，位在二月；巽散之於東南方，位在四月；離長之於南方，位在五月；坤養之於西南方，位在六月；兌收之於西方，位在八月；乾制之於西北方，位在十月；坎藏之於北方，位在十一月；艮終始之於東北方，位在十二月。八卦之氣終，則四正四維之分明，生長收藏之道備，陰陽之體定，神明之德通而萬物各以其類成矣。」

F7.2　此明與〈說卦〉中之所言相同，以此，亦可證明〈說卦〉與〈乾鑿度〉之產生時代相左右矣。漢人每以〈乾鑿度〉解《易》，蓋即從〈說卦〉而找其關係也。漢《易》言象數，言互體，言卦氣，皆從〈說卦〉方面著眼，皆以〈說卦〉為本而與其他同時代的作品相連結，蓋〈說卦〉即產生於〈說卦〉味濃厚之時代也。所以他們言之頗為起勁！

F7.3　可是他們這種配合，似乎究嫌不整齊。以八卦象空間

之八方，象時間之八月；但空與時，是不能分離的，那四個月，豈
不空無所象嗎？但這也是沒辦法的。因為要與八卦八方配合起見，
所以就把那四個月遺漏了。十二消息卦配十二月，但又無十二方以
配之，所以只得不配。結果，四正卦有四方四時以配之，八卦有八
方以配之；至於十二消息卦，有十二時以配之，而無十二方。至二
十四節，72候則只有時間而無空間了。但也可說無論幾節幾候，皆
含於八方之中，所以就用不著再分八方為十二方，二十四方，七十
二方了。如是，時間與空間，仍是相合的。

F8.　半象。

F8.1　半象也是互體之一例。需（䷄）九二：「小有言」。
注云：「大壯（䷡）震為言，兌為口，四之五震象半見，故小有
言」。

訟（䷅）初六：「小有言」。注云：「謂初四易位成震言，三
食舊德，震象半見，故小有言」。

小畜（䷈）「密雲不雨」。注云：「需坎升天為雲；墜地稱
雨；上變為陽，坎象半見，故密雲不雨」。

〈說卦〉：「兌為澤」。注云：「坎象半見，故為澤」
。

F8.2　李銳曰：「復（䷗）象注云：『先王謂乾初』。是一
爻稱乾也。晉（䷢）象注云：『君子謂觀乾』。觀乾即臨乾。是兩
爻稱乾也。〔……〕於算術三分之一為少半，三分之二為大半。是
一爻二爻皆得稱半。緣六子之卦，一爻不足以見象，故以兩爻為半

象」。(《周易虞氏略例・半象第十一》)。

F8.3　大概在乾坤,一爻兩爻皆可爲象。在六子卦,則一爻不足以見象,故以兩爻爲半象。蓋一爻爲純陽純陰,對於六子可能性小,必須兩爻交雜,可能性始大也。故兩爻雖不完全成一體,但可預定其概然。此因一卦只有三畫,今數過半,自有可能。但亦只能言可能,究非完全實現,故云半象,故只有「可能」只有「概然」(probablity),結果只能說「小有言」而不即說爲「言」也。不要忽略這點,這也含有歸納原理在,即:

(i)要於「有限」範圍中取象,即以三畫爲準,三畫是一有限數,其變象皆在此三畫範圍之內,不能超出此三畫以外,或者其變象不能在無限範圍內。有此情形,歸納的預斷就有可能,這種原則在鏗尼斯(Keynes)叫做是「種變有限原則」(The "principle of limitation of variety")。這是歸納的基礎,推理的基礎,預斷的基礎。

(ii)所謂以兩畫取象,即過半數者,這乃即是足夠例數(sufficient number of instances)原則。唯因此,則歸納或預斷,始有可靠性,妥當性。

F8.4　完全實現之體,只有現在之一切,只有是其所是者,所以全按實現體,則必無知識之可言,必不能解析變的世界。所以你可以以實現體爲根本原素,爲根本範疇,而後藉助於互體半象以解析一切現象,則是一切現象,皆由互變而成者也。惟其互,故不定,故有變;但當其成爲互時,則即成爲一定的結構,而有幾近於一定的表意。將來的事情,不能預定其必然,只可推測其概然,就是爲此。《周易》中占的意義由此出。

F9. 體。

F9.1 此所謂「體」，也不是實現之體，仍是指互體而言。於一卦可包含很多可能的互體，很多可能的半象。這樣看成爲此，那樣看成爲彼。這即是具體世界中既一且多的現象。自其整處看則爲一；自其部分看則爲多。自其實現處看則爲一；自其可能處看則爲多。一多問題，由卦中之互體顯示出。

F9.2 虞氏言體可分三組列之。

（i）三畫之體或曰三才之卦。

〈乾九五〉：「飛龍在天」。注云：「謂四已變，則五體離。離爲飛」。四變則三四五三爻體離卦。

〈乾彖〉：「雲行雨施」。注云：「已成既濟。上坎爲雲，下坎爲雨」。既濟（䷾）二三四三爻爲下坎。

（ii）六畫之體卦，或曰體六畫之卦。

蒙（䷃）「匪我求童蒙，童蒙求我」。注云：「二體師（䷆）象」。初二三三爻成坎，三四五三爻成坤。坎下坤上爲師。

〈蒙彖〉：「蒙以養正」。注云：「體頤（䷚）故養」。二三四三爻爲震，四五上爲艮。震下艮上爲頤。

師（䷆）象：「君子以容民畜衆」。注云：「五變，〔……〕有頤養象，故以容民畜衆矣」。五變，則二三四三爻爲震，三四五三爻爲艮，震下艮上爲頤。此以二三四五四爻體一卦。

小畜（䷈）象：「君子以懿文德」。注云：「初至四體夬

（䷕）爲書契」。此亦以四爻體一卦者。

泰（䷊）九三：「無往不復」。注云：「從三至上體復象」。此亦以四爻體一卦者。

（iii）體與半象合。即由半象而互成體卦也。

需（䷄）象：「君子以飲食宴樂」。注云：「二失位，變體噬嗑（䷔）爲食」。二變則初至五體噬嗑，初二震象半見。

同人（䷌）九四：「乘其墉弗克攻」。注云：「變而承五體訟（䷅），乾剛在上，故弗克攻」。四變則二至上體訟，五上乾象半見。

豫（䷏）：「利建侯行師」。注云：「三至上體師象」。三至上體師（䷆），五上坤象半見。

隨（䷐）上六：「王用享於西山」。注云：「有觀象故享」。二至五體觀（䷓），二三坤象半見。

蠱（䷑）象：「君子以振民育德」。注云：「體大畜須養故以育德也」。二至三體大畜（䷙），二三乾象半見。

豐（䷶）上六：「豐其屋」。注云：「三至上體大壯屋象」。三至上體大壯（䷡），三四乾象半見。

F9.3　其餘例甚多，茲不多舉。虞氏云體即鄭氏等人所謂互體。看其所互而解其意義，互不同，意義也不同。即其意義隨其結構而變也。

F9.4 四時象具。

F9.4.1 這也是互體之一種，不過多從其變的方面看而已，四時象即是一卦具有四正卦之謂。凡卦有六位：初至三爲一象，四至上爲一象，二至四爲一象，三至五爲一象。凡有四象。此四象中備有坎離震兌者，是謂四時象具。

F9.4.2 〈乾文言〉曰：「後天而奉天時」。注云：「乾三之坤初成震，震爲後也。震春兌秋坎冬離夏，四時象具，故後天而奉天時，謂承天時行順也。」

大有（䷍）〈彖〉曰：「應乎天而時行」。注云：「謂五以日應乾而行於天也。時謂四時也。大有亨比：初動成震爲春，至二兌爲秋，至三離爲夏，坎爲冬，故曰時行〔……〕。」李道平疏云：「〔……〕大有亨比者，亨當作通，言旁通於比也。〔……〕言大有旁通於比，比初動成震，震東方卦爲春；息至二爲兌，兌正秋也；至三互離，南方之卦爲夏；體坎，北方之卦爲冬，故曰時行。〔……〕」（《周易集解纂疏》）。

豫（䷏）〈彖〉曰：「而四時不忒」。注云：「動初時震爲春；至四兌爲秋；至五坎爲冬；離爲夏。四時爲正，故四時不忒。」

觀（䷓）〈彖〉曰：「而四時不忒」注云：「臨，震兌爲春秋；三上易位，坎冬離夏。日月象正，故四時不忒也。」

恆（䷟）〈彖〉曰：「四時變化而能久成。」注云：「變至二離夏；至三兌秋；至四震春；至五坎冬。故四時變化而能久成。」

革（☲☳）〈象〉曰：「天地革而四時成」。注云：「震春兌秋；四之正，坎冬離夏，則四時具。」

F9.4.3 由上諸例，可見四時象者，皆由互或變而成者也。即此爻既可爲震春之象又可爲兌秋之象也。並且也可知一個複雜的整體中能含蘊很多其他簡單的互體。並且就因此好多互體之變樣（alternative）而解析經文，就其變樣所顯示的意義而解析一切現象。這種觀點是正當的。確是就自然界的變動或結構而說話的。

G. 漢易之綜結與評價

G1. 今提出三點來綜結漢易：

（i）京房之「世」「應」「飛」「伏」與荀爽之「據」「承」「乘」「征」等根本關係，由此等根本關係可以建設起時序與方位，換言之即能構造成時間與空間，再換言之，時間與空間，即由此等根本關係而成。

（ii）即他們所謂互體（mutual entity）是也。卦中之互體，即表象世界「事體」（atomicfacts）之結構與變遷及其多元性。實說來，這些互體也不過就是那些根本關係所結成。

（iii）即他們所謂卦氣爻辰消息等宇宙論的諸規律之配合是也。這種大宇宙公式，乃仍是建基於上兩點之上的；換言之，乃是上兩點之放大或擴展。此點即是由根本關係與互體爲根本基礎而建設的時間與空間，並且也即這樣建設起來的時間與空間始與事實之生成相配合。

G2. 這三點是漢《易》的中心點，是漢《易》的精華。第一

點是討論爻體卦之所以生成，乃是對於具體世界的根本考察。這一點在此不再細述，因爲漢人對此只是略顯端倪，至胡煦始有專門的討論，故至論胡煦時，再爲細述，至那時，則漢人的大宇宙條理觀，便有了基礎。第二點與第三點是漢人最起勁的地方，故再藉淸方申（端齋）的《易學五書》（載《南菁書院叢書》中）而作進一步的綜述。

G3. 方氏在他的《易學五書》中的《周易互體詳述》一卷裡把漢人言互體者列成九例。今條陳如下：

（ⅰ）鄭氏蒙（䷃）〈象〉注云：「互體震」；同人（䷌）〈象〉注云：「卦體有巽」；恆（䷟）九三爻注云：「互體爲乾」；困（䷮）〈象〉注云：「互體離」：此二三四三畫互卦之法也。

（ⅱ）鄭氏觀（䷓）〈象〉注云：「互體有艮」；大畜（䷙）六四爻注云：「互體震」；離（䷝）九四爻注云：「又互體兌」；損（䷨）〈象〉注云：「互體坤」：此三四五畫互卦之法也。

（ⅲ）虞氏大畜（䷙）九三爻注云：「謂二已變，二至五體師象」；睽（䷥）初九爻注云：「四動得位，二至五體復」；豐（䷶）初九爻注云：「五動體姤遇」：此中四畫互體之法也。

（iv）虞氏蠱（䷑）六四爻注云：「四陰體大過」；無妄
（䷘）象注云：「體頤養象」；小過（䷽）六二爻注云：
「得正，體姤遇象」：此下四畫互卦之法也。

（v）虞象大畜（䷙）六五爻注云：「三至上，體頤象」；
豐（䷶）上六爻注云：「三至上，體大壯屋象」；兌（䷹）
〈象〉注云：「三至上，體大過」：此上四畫互卦之法也。

（vi）虞氏豫（䷏）〈象〉注云：「初至五，體比象」；萃
（䷬）〈象傳〉注云：「五至初有觀象」；歸妹（䷵）六三
爻注云：「初至五體需象」：此下五畫互卦之法也。

（vii）虞象蒙（䷃）〈象傳〉注云：「二至上有頤養象」；
大有（䷍）九三爻注云：「二變得位體鼎象」；明夷（䷤）
上六爻注云：「謂三體師象」：此上五畫互卦之法也。

（viii）虞氏需（䷄）九二爻注云：「大壯震爲言，四之五
震象半見」；訟（䷅）初六爻注云：「三食舊德，震象半
見」；小畜（䷈）〈象〉注云：「需坎上變爲陽，坎象半
見」：此兩畫互卦之法也。

（ix）鄭氏賁（䷕）六四爻注云：「六四巽爻也」；萃
（䷬）〈象〉注云：「四本震爻，五本坎爻，二本離爻
也」；井（䷮）九二爻注云：「九二坎爻，九三艮爻也」：

此一畫互卦之法也。」（《周易互體詳述・自序》）

G4．　第（ix）條即所謂爻體是，我在講鄭氏時已說過這即是互體之一種，今方氏亦有同見。至於虞氏所謂半象，所謂體，皆都只是互體，故方氏亦皆一律視之。

按此九例，我可以歸納成五例：

（ⅰ）一畫互，即爻體是，只能互成八卦，64卦中皆有所互；

（ⅱ）二畫互，即半象是，只能互成八卦，64卦中皆有所互；

（ⅲ）三畫互，即互成完全的整體是，只能互成八卦，64卦中皆有所互；

（ⅳ）四畫互，即互不完全的六畫卦是也，不只互成八卦，64卦中皆有所互；

（ⅴ）五畫互，亦爲互不完全的六畫卦是，不只互成八卦，64卦中皆有所互。

G5．　綜之，除去六畫卦以外，皆可爲互，六畫卦是現實的完全整體（actual perfect totality）。三畫卦在六畫卦中，故亦可爲互，但也是實現的完全整體。因本來三畫即足成卦也。一畫，兩畫，三畫，四畫，皆互成非現實的不完全整體；故可成爲可能的整體（possible totality），即其成爲某某卦體者在可能之列，而未實現也；故其預測亦爲「概然」（probability）而非「實然」（actuality）。

G6．　於這些互體中，可以見出：

（ⅰ）以陰陽爲根本元素（ultimate elements），或名之曰 “actual entity” 即「物實」是，每一物實是一過程（process）而

具著原子統一性（atomic unity）。謂其爲過程者，言其只是動的用的生成的者也；謂其爲原子統一性者，言其自成一整體有始終有微盛有究極而爲有限之統一體者也。言其爲過程，言其繼續性也；言其爲原子統一體，言其跳躍性也。故陰陽不是兩個相反的絕對的自我獨立體，而只是生成的形相。這一點很重要。

（ii）物實間的根本關係是「感」（feeling），由「感」而有結聚（nexus），每一結聚是一整體。

（iii）「互體」也是由感而成的。每一「互體」也是一個「結聚」。

（iv）以爻體，即一畫互，爲簡單的結聚（simple nexus），或者說下層結聚（basic nexus）。其決定此互體者，爲此互體之主座（seat）或焦點或主宰原素（dominant element），以此主宰原素所居之時位（space－time）而定其互體之爲何。但其可能性小，而概然性大。

（v）以半象，則二畫互，爲較複雜的結聚，其互體之實現底可能性更大一點。它也有其所以成爲互體者之主宰原素。

（vi）以三畫爲互者，雖在六畫卦中，然也可名之曰實現的完全結聚。

（vii）以四五畫爲互者，可以名之曰不實現的不完全的較複雜的結聚。故仍爲概然，而非實然。

（viii）至六畫則不爲互，而成爲一實現的完全的結聚了。

（ix）於是，從下層到上層，一層複雜起一層，一層實現一層，至六畫成爲最後的完全實現，於是此一過程，此一終始，即告一段落。並且這樣的層層實現，即能組成一個層級（hierarchy）。

所謂最後者，乃只是此層級之最後形相，而非絕對的永遠的最後形態也。如是，故生生不息而無止境，步步向上，即步步實現。

G7.　這種互體原則可以叫做是「根本存在之範疇」（the cate-gories of ultimate existence）。世界的形式、結構、關係，即可以這些範疇概括而解析之。漢人之解易，即以這種範疇來解析。全以爻的結構關係（即互體）來解析全經。就此，我們可知，他們雖然解析經文，而其實是注目於事實之變化。這種爻的互體結構即是表象事實之結構的圖象。

G8.　每一互體之結聚，顯示一特殊的意義。故結聚變更，意義也變更；故很複雜的現象，皆可由結聚象之，皆可由結聚所顯示的意義盡之。所以沒有固定的性質，只有結聚的表意。每一結聚自成一內在關係，或曰自成一「緣構」。每一結聚或緣構，與其他結聚或緣構成外在關係。結聚與結聚若在一整體中（以整卦象之）則成內在關係，即又合成一「緣構」。舉例來說。昆明湖自成一結聚，或緣構；山坡諸宮殿自成一結聚或緣構；偕趣園又自成一結聚或緣構。三者間的關係是外在的；但在頤和園這一個整體中，三者間即成了內在關係。即頤和園之所以爲頤和園，就在以那三個緣構爲原素而相稱地適當地配合成者也。因爲有外在，所以顯示其有自相；因爲有內在，所以顯示出有統一性（unity）。

G9.　「互體」（mutual entity）或「實體」（actual entity 或云物實）既成，但怎樣把這些「互體」與「實體」連結起來呢？換言之，如何把那些「實體」連結成網狀世界呢？再進一步說，即實體間的些關係是什麼呢？方申在其《易學五書》中的《周易卦變舉要・自序》中將互體、實體間的些關係，分成六項，而他總名之曰

卦變，今條陳如下：

（ⅰ）〈乾文言〉曰：「六爻發揮，旁通情也」。陸績注云：「乾六爻發揮變動旁通於坤。」此「旁通」之法所由昉也。

（ⅱ）〈乾文言〉又云：「反復其道」，〈復彖〉云：「反復其道」。此「反復」之法所由昉也。

（ⅲ）〈繫下〉第二章云：「易之以書契蓋取諸夬。」虞注云：「履（☰）上下象易也。大壯（☳），大過（☵），夬（☱）此三蓋取，直兩象上下相易，故俱言易之。」此「上下易」之法所由昉也。

（ⅳ）〈說卦〉第六章云：「然後能變化既成萬物也。」虞注云：「謂乾變而坤化」。此「變化」之法所由昉也。

（ⅴ）蹇六四爻辭云：「往蹇來連。」荀爽注云：「欲往之三，來還承五。」此「往來」之法所由昉也。

（ⅵ）〈乾文言〉云：「雲行雨施，天下平也」。荀注云：「乾升于坤曰雲行，坤降於乾曰雨施。」此升降之法所由昉也。

G9.1 此六種關係方氏又歸成三種：

（ⅰ）是故六爻改易者爲「旁通」，一爻改易者爲「變化」，則「變化」可附於「旁通」焉。

（ii）六爻移易者爲「反復」，一爻移易者爲「往來」，則「往來」可附於「反復」焉。

（iii）六爻交易者爲「上下易」，一爻交易者爲「升降」，則「升降」可附於「上下易」焉。

由此三種關係又引出三個概念：

（i）京房《易傳》以八宮分統64卦，即以爻變之次第爲卦名之次第；故『變化』門內必兼及某宮第幾卦焉。

（ii）〈繫上〉第十一章云：「往來不窮謂之通」。荀注云：「十二消息陰陽往來無窮已」。故往來門內，必兼及陰陽之「消息」焉。

（iii）〈繫下〉第九章虞氏注云：「乾六爻二四上非正，坤六爻初三五非正」。荀氏〈坤象傳〉注云：「乾二居坤五謂含，坤五居乾二爲宏，坤初居乾四爲光，乾四居坤初爲大也」。故「升降」門內必兼及「當位」「不當位」焉。〔……〕

G9.2　如是由「互體」或「實體」表象世界之變化而解析全經之含義；由卦變而鉤通了實體間的關係，以使世界成互相聯絡的網狀，換言之，即鉤穿了64卦成爲統一的結構而表象世界的統一結構。如是，既分且合，體系完成，世界本象即這樣被表象出來。

G9.3　可是，若只注意於「變化」，「往來」及「升降」這三個原則本身，還可以無病可尋。若一用於「卦變」，則不免遇見

虞氏所犯的困難。方申並沒有用這三個原則來應用於實際之卦變，只取其意義而發揮之。若至解析經文，仍如漢人之所謂卦變，則其為卦變仍無道理。京房的八宮世應法倒很有統系，很能一貫；然他只玩此六十四卦而已。他也並沒有用之解析經文；或有，現亦佚亡，我們亦不得而知。所以所謂卦變，只剩下有文可尋有例可見的虞氏卦變。他把它應用於經文；但他就是一個無統屬的卦變者。

G9.4　胡煦能以「主爻體卦說」為總原則而解通全經，其餘諸關係，皆可在此原則之統屬下而得其解；然而漢《易》之卦變不能也。焦循能以「旁通」「時行」「相錯」三原則而解通全經，其餘諸關係，亦可由此而得其解；然而漢《易》之卦變亦未能也。漢《易》之卦變，即是胡焦二人所有的諸關係，如往來交易等；但它沒有一個總原則為根據以貫通之，所以顯得無理可尋。它的卦變又不按一定的規則而變，所以顯得全是假變。在具體世界，變即是變；但在卦畫中，則似乎當有一定的合理規則為準。

G9.5　因為事實之變是是其所是，只有因果可尋，它並沒有什麼以外的理由為其「變」之根據。它也並沒有「必」按著這個原則而去變。可是在卦畫上就不然了。它是人造的符號，它的關係，由人之思想以規定之。有這樣幾個一定的規定原則或公理，而推演其他。其中有邏輯性，數學性，是不得不然的。並不是可以隨便來變。因為它既由一定的思想造出來以為解析世界之方便工具，它便不得不按照那已定的思想原則而變。不然，它即是自毀其系統，或跳入另一系統；斷不會無所歸宿而胡亂變化。反觀漢《易》諸家之卦變正缺乏這個認識。他們的卦變中的樣法，固然是些原則；但這些卦變之原則，是按照什麼規則或公理而變，他們沒有明白地合理

地一貫地規定出來。

G9.6　可是，若我們不管它們的合理與否，只照其所謂而觀之，則所謂「卦變」也很能表示出他們是在注重世界之關係或聯絡的。復次，設若不問其不合理之卦變，則所謂變化、往來、升降這三個原則之卦變，也很足以藉之而解析世界之關係，及表示互體間之關係。

G9.7　卦變之意義既定，再進而敘述其作用，及由之而引出的三個概念。我曾名「互體」曰「本體論上的原則」，或「根本存在之範疇」，今再名「卦變」爲「宇宙論上的原則」（cosmological principle）或曰「解釋範疇」（categories of explanation），即「解釋互體或實體間的關係或生成變化之範疇」也。有如彼之互體論，即必有如此之卦變論，這是息息相連而相關的。

G9.8　由卦變中之諸關係，我們可以看出有以下幾點：

（i）從「變化」或「旁通」中有「類」（class）的概念，即「宮屬說」是也；

（ii）從「往來」或「反復」中，有「繼續底次序」（the order of continuity）之概念，即「消息說」是也；

（iii）從「升降」或「上下易」中有「正貞」與否底概念，即當不當時也。當者正者，其升降之目的即爲達到，即因此升降而成爲實現，成爲定體，成爲滿足而各正性命者也。

（iv）於「類」或「宮屬」底概念中引出「非繼續」（noncontinuity）底概念；但其中也有「繼續」或「消息」性；是類中即包含「繼續」與「非繼續」之概念也。

（ⅴ）於消息中，每一消（陰長之卦）或一息（陽長之卦）即可當作是一個原子的統一性，或量子的整體，是「繼續」中亦有「非繼續」即「跳躍」之特性也。

（ⅵ）當不當或定不定底概念即是「繼續」與「非繼續」的標準，或說就是「站態」與「動態」的關鍵。定即貞即站即成而爲一原子統一體，不定即動即流行即爲一個過程而成爲繼續。

（ⅶ）故由已貞定之體，到其他之貞體，是謂「轉變」（transaction）；其間的動流關係，過程顯示，即謂「繼續」或「節奏」（rhythm）。

（ⅷ）於是，無論是宮屬或消息，皆可以繼續與非繼續盡之。

G9.9　漢《易》的三點，即（ⅰ）陰陽間的根本關係，（ⅱ）互體之結聚或變化，（ⅲ）互體間的聯絡，是漢《易》的精華，而於後兩點又言之特別起勁。第一點是後二點的基礎，他們沒有清楚的顯示，沒有細心的討論，所以在此亦不多說，至講胡煦時再細述。因爲不甚注意這點，所以顯得不根本，因而也就有了互體卦變的觀念。我們若總合胡煦與漢人的思想，則對於世界，許有相當滿意的解析。這是後話。

G9.9.1　這三點中含了一個中心思想，即「條理」是也。這是漢《易》的特色，也是漢人思想所特別顯示的地方。條理是最根本的東西，歷來思想家都要對付它。在世界中究竟有沒有條理呢？此問題在西洋發生，而中國人則從未發生這個問題，這個問題大半是從知識論上起的。中國人的知識論，似乎比較欠缺，所以也沒有發生這等疑問。可是在西洋，承認世界有條理的，自不必提，即不

承認者，也必爲之找一根據，即不承認在世界中，也必返而求諸
心，即於內界求其基礎。因爲條理是最根本的，是一切之基礎，科
學是要建基於其上的。沒有條理，根本就不用說話。條理秩序與因
果律是一個。歸納科學建基於其上，沒有了它，科學似乎有點危
險。

　　G9.9.2　中國人對於條理，似乎是無條件的承認，即「自然
是有的，不成問題」的神氣，這種無條件的承認，你也可以說是秩
序底本能信仰，或者說是觀察自然而得出的。西洋思想始終是建築
於這觀點之上的。從希臘哲學家如從畢太哥拉斯的「數」論及柏拉
圖的「理型」論起，至中世紀唯實論與宗教思想之融合，便完全是
這種秩序信仰的表現。近代科學就因這種心理而訓練出。以爲不如
此，總覺得生活上不安定，所以近代科學，乃實與其所反對的宗教
思想，有根本的相通關係。假若沒有這種心理的陶養，科學的研究
必因而沮喪，科學家徹底追討的心理必無著落。

　　G9.9.3　在西洋的思想系統下可說是本能的信仰；但在中國
思想系統下，似乎就用不著這樣說，根本就是自然界所本有。這種
態度或者可說是不徹底的常識見解；但這種常識見解最後也許就是
最透徹的見解。西洋人太徹底了，結果是太固執了。徹底到什麼東
西都不信，只信一個「我」，而結局由此可信之我，推演到什麼都
信，笛卡兒（Descartes）是也。徹底到自然界是混雜的無常的無序
無理的，虛幻的，因而另找一超自然界的有理有序而永恆的世界，
柏拉圖（Plato）是也。徹底到物也不信，心也不信，神也不信，
條理仍是不信，而結果只承認些零碎的感覺或印象，休謨
（Hume）是也。徹底到外界無條理，而把條理歸之於內界的先天

範疇，康德（Kant）是也。他們太徹底了，所以最後有唯心唯物
之分，有理性經驗之分。中國人對於條理或秩序沒有這樣徹底，沒
有費這麼大的力氣去研究它，所以結果也沒有那些分別。（近代一
般研究中國思想者，也都喜歡用唯心唯物來解析，其實這是錯
的。）東西思想的根本不同點，就從對此根本問題的態度之不同而
顯示之。

G9.9.4　這種徹底而固執的態度走不通了。所以近代的思
想，就大改舊觀。如「唯用論」的以徹底經驗爲本，以用爲標；羅
素的反對因果律的以往之意謂（根據近代科學），及其以「構」代
「推」（inference）之解析世界；懷悌黑的細胞的通關有機論，一
切都承認，一切都是眞的，一切都在一條船上，自然就是感官之所
發見；以及近代思想唯心唯物的泯沒，理性經驗的融洽，而趨向於
生成的自然界的這種思想之主潮：在在都可以見出以往的固執與徹
底是走不通了。有人說近代西方思想，稍傾向於東方味，吾意傾向
者，乃即是傾向於無條件承認自然秩序之態度也。即只有解析世界
發見世界，而用不著懷疑世界了。「六合之外，聖人存而不論；六
合之內，聖人論而不議」。這最足以表示近代的態度。東西之相傾
向者在此點。其餘則不敢保，但由此則可以漸趨於一。

G9.9.5　漢人——或甚至說中國人——的自然秩序觀，既如
上述。再就由此觀點所引出的思想而評之，以爲綜結：

（i）條理是自然界中的，人只有發見而解析之。

（ii）自然就是經驗之所對，沒有「初性」與「次性」之分；
沒有本體界與現象界之分；沒有世界與超世界之分：只有一個自然
界，經驗的自然界，經驗以外，聖人存而不論；經驗以內聖人論而

不議。

（iii）自然界是生成的，我們所知的就是我們所知的。生成世界就是世界的真相。

（iv）世界是可知的可解的；世界是是其所是的。

（v）世界是以陰陽為實體（actual entity）為最後的原素。

（vi）陰陽間的根本關係是「感」。

（vii）由感而成結構成結聚成互體實體。

（viii）陰陽的內在品德由關係顯示之，關係是根本的存在。

（ix）由關係而世界成網狀，人們解析之。

（x）爻是表象作為實體的陰陽的符號。

（xi）卦是表象由實體而結成的整體的圖象。

（xii）卦是表象一個整體之生成的始終微盛。

（xiii）一個卦象表象一個整體。

（xiv）一個整體中有無數的小整體。無數的小整體，由卦象中的互體表象之。

（xv）互體是世界的變化之多元性的顯示，其情形卦象表象之。

（xvi）互體間的根本關係，是旁通，是升降，是往來。由此等關係，世界鈎連於一起。

（xvii）互體是本體論上的範疇，往來升降是宇宙論上的範疇。由此而世界的生成變化乃可能。

（xviii）由陰陽間的根本關係「感」而有「據」「承」「乘」的三根本關係。陰陽之性與陰陽之名，就由此等關係而起。如是，陰陽只是事實間的關係之顯示。

（xix）事實是一種，而變化則多元。即一者其性而多者其量也。陰陽不是兩個相反對的絕對東西，故不能說是陰陽二元。

（xx）由「據」，「承」，「乘」三關係，組成一個繼續的系列。時間與空間由此顯。

（xxi）時間與空間是自然事實生成的條理，是生成之顯示。時空是派生的，由事實的生成而派生出。

（xxii）時空與事實之生成的情勢是相融洽的。故時序之天干地支，即表象氣候之情勢；空間之方位即表象事實所生成的情勢之所在。

（xxiii）空時是合一的，此種合一由卦象表象之。故有時、位、卦——即卦氣說——之配合。

（xxiv）此種生成的空時合一，是有節奏的。故有爻、辰、律之配合。

（xxv）干支、律呂、24節、72候，以及爻辰，皆是表象事實之情勢的，即用之以記取事實之顯示的，記取在特殊空時格內的事實之情勢。

（xxvi）故根本是事實。事實之情勢，規定空時而與空時合一。空時是事實間的關係。

（xxvii）一個物是陰陽的始終微盛之原子統一體。物空時是陰陽生成間的結構或關係。

（xxviii）世界的秩序條理，即是這些關係，是自然生成的。這種有秩序的世界，是很美的。中國的民族性始終是陶養在這種自然美的秩序中而形成。

（xxix）這種世界觀，是有機有神而有節奏的。

（xxx）這種世界，是有意謂而可理解的，且以爲這都是自然的都是眞實的。

（xxxi）這種世界觀是天人合一的，唯其是天人合一，故其世界觀是一個，是一色，是在一條船上。那即是說，心理的現象與物理的現象是同一的同情的。旣不是擬人說，復不是外鑠說，乃是根本的中立的自然之生成。

（xxxii）總之這種思想是：(a)注目於自然界；(b)自然界是有條理的；(c)天人合一；(d)世界之可理解；(e)事實之生成觀，一切皆由之而派生出。這種根本觀點，在現在看來是對的；這種思想是有出路的，是不固執的；這種態度能產生出科學，能有淸楚而有條理的思想。

以上所論共三十二條，足可爲中國的宇宙論之一大體輪廓。本書以後所論，皆不背此。

II 晉宋的佛老影響下之易學

A. 引言

A1. 漢《易》的觀點是很樸素很具體的。他們的所對是呈顯於感官前的自然界。他們解析這個自然界，並找出它們的根本關係與根本原素及範疇而以象數表示之。總之，他們的工作是科學世界或物理世界之結構底解析。

A2. 自此而後，學風便轉變了。晉王弼是首先起來反對這種固執的繁瑣的象數論者。他受老莊的影響很大；所以他的《易》學有這樣的特性：

（i）觀點：觀照而貫通之法。

（ii）得一：定於一以應無窮。

（iii）忘象：既得此「一」，「象」便可忘。

A3. 所以他的目的是要求一絕對的真理，求一貫通一切的真理；並以為要得此「理」，必須覽照、體認、通其情、識其趣以觀天地之變；並以為此情若通，大道便得，象數可以不要。所以其結果，就走在與漢《易》相反的地位了。他的思想中，暗含有科學知

識的不可能；並且不必去解析世界，只要觀之而得其「意」即可；並且最後有達到莊子的否認一切之可能。

A4. 他這種思想雖不必全對，但他在思想發展史上佔一重要位置。他是思想階段之轉變中的主潮之表示。他是承上而啓下。本分所論的朱子實是這個主潮的最盛時期。

A5. 漢人是奠定中國思想之基礎者。以後的任何變遷都不過是對於這個不變的基礎所加的些看法與說法而已。王弼雖反對漢《易》的象數，然對於第一分 A 段所論的那三個根本原則仍是無條件的承認。所以他的反對象數只有兩方面的啓示：

（ｉ）知識方面的批駁：指示出純依象數得不到眞正的眞實本體。

（ｉｉ）玄學方面的暗示：開引宋儒理學之研究以奠定倫理基礎。（當然，宋之理學不純由王弼開導）。

A6. 第一方面的啓示是很大的，我們由他的批判能引出一種知識論來。第二方面之啓示，在他的思想中很小。他不過是這個主潮中的一個因子而已。實在說來，宋之理學是受整個的佛老之影響。王弼的時代，是反漢之時代，是佛老盛興之時代，生於清談滿天下的晉朝，如何能不忘象呢？

A7. 朱子即是承受這個時代之精神而集理學之大成的。他不作反對象數之工作，他要解剖漢人所對的自然世界，他要打開它而尋出其最後的原則，並由此原則而建立道德之基礎。所以道德之成為哲學，實始於宋之理學而大盛於朱子。

A8. 為「道德」立基礎，則是儒家的精神；使道德「哲學化」而成為道德哲學，則是受了佛老之影響，則是反象數時代的必

然結果。反象數開其端；但理學家卻不必忘象。

A9.　朱子在中國思想上佔一重要位置。他繼承了漢人的根本思想；但他又能進而探討自然界的根本原則，並樹立了道德的基礎。他穩固了中國思想的性質，並確定了思想中的問題。後人不出其圈套。戴東原雖然極力反對他，然仍不出如來佛掌中。

A9.1　如果我們能說漢人的思想是一種「自然哲學」，則我們即可說朱子是入了玄學中了。他這個「玄學」包含「物理後學」及「倫理後學」兩者。他這個玄學並不是什麼神秘的東西，只是把那個具體的氣化流行世界加以解剖與分析而已。王弼本身沒有什麼建設；從其自己的思想看來，他是一個老莊的信徒。從其批駁漢人的思想看來，他能使我們了解：於《周易》方面能得出一種什麼樣的知識論來。於本分末，附論戴東原的道德哲學。

A9.2　朱子的「太極」或「理」，我們已知是由解剖漢人的「自然世界」而得出。由他這種發見可以使胡煦建設一種深粹純淨一貫的生成自然哲學。此將於第三分論之。

B.　王弼的易觀

B1.　晉宋的《易》學無甚可解，因爲他們太乾淨了。故只述其觀點與態度已耳。今先述王弼，分三點論之。

B2.　定於一。

B2.1　〈周易略例〉云：

　　夫象者何也？統論一卦之體明其所由之主者也。夫眾不能治

> 眾，治眾者至寡者也。夫動不能制動，制天下之動者貞夫一
> 者也。故眾之所以得咸存者，主必致一也。動之所以得咸運
> 者，原必無二也。物無妄然，必由其理；統之有宗，會之有
> 元。〔……〕故六爻相錯可舉一以明也。剛柔相乘，可立主
> 以定也。〔……〕故自統而尋之，物雖眾，則知可以執一御
> 也。由本以觀之，義雖博，則知可以一名舉也。〔……〕故
> 舉卦之名，義有主矣；觀其彖辭，則思過半矣。〔……〕品
> 制萬變，宗主存焉；彖之所尚，斯為盛矣。

他由「彖」之一字說明定於一執於一之必要。這是他的總觀點。執
一以應無窮，無論若何變遷亦逃不出「一」的範圍，皆可以「一」
而統屬之。此所謂得其要而執其大者是也。他這個「一」即是璇
璣，即是中樞，與莊子所謂「一」，所謂「莫若以明」，所謂「道
樞」，與老子所謂「天得一以清，地得一以寧〔……〕」之「一」
相同。

　　B2.2　又云：

> 夫少者多之所貴也，寡者眾之所宗也。一卦五陽而一陰，則
> 一陰為之主矣；五陰而一陽，則一陽為之主矣。夫陰之所求
> 者陽也，陽之所求者陰也。陽苟一焉，五陰何得不同而歸
> 之？陰苟隻焉，五陽何得不同而從之？故陰爻雖賤，而為一
> 卦之主者，處其至少之地也。

這種思想全由老莊思想而來。全是一種權術味道。他這種「定於

一」之觀念與論語上所謂「一以貫之」，及〈繫辭上〉所謂「殊塗同歸，一致百慮」之意不同，歷來都解得與老莊同，王氏自亦在其內，殊不知不然。儒家的思想是動的有所通化的，是一種大而化之的味道。所以主張「通」。最後的目標就是「參天地贊化育」，其一貫是「忠恕一貫」，便即是通化。全是眞心的擴大，由核心而向四外擴張，直至人與人、與物，其間全互相滲透而無一毫隔膜爲止。譬如擲石於水，自石落之處水幅向外放大擴張，及擴張至沒有邊界而石落之處亦無所見，這便即是通化，這便即是一貫之道；故全是一種動的觀點，而非如老莊王弼等人所主張的執一以應無窮之「一」也。後人最易混擾，惟焦循分別得很清楚。當於Ⅳ分中介紹之。

B3. 通變。

B3.1 〈略例〉云：「夫爻者何也？言乎變者也。變者何也？情僞之所爲也。夫情僞之動非數之所求也。故合散屈伸，與體相乖。形躁好靜，質柔愛剛。體與情反，質與願違。巧歷不能定其算數，聖明不能爲之典要；法制所不能齊，度量所不能均也。」

他由定於一之觀變出發，推到世界之萬變是不能以數計的，這是反對漢人的象數說之第一呼聲。他看出世界的變不只是量的，且是質的，不只是外的，且是內的。變之所以爲變，及其所以難以數計者，全在這種內外質量之交互之歧異之駁雜而不一致齊同。既合且散，既多且一，既屈且伸，既外且內。其形體本躁，然而他偏喜歡靜；其性質本柔，然而他偏愛剛。這就叫「體與情反，質與願違」。實在說來，具體世界本是如此。王氏見到這一層，確是善於通變者矣。並且他以情僞明變，實在是注意到「內性」

（intensity）而不只是「外性」（extensity），即注目於內部的緊張，而不只是物質的廣袤，換言之，是力的而不只是量的。故難以數計，因數只能適用於量，適用於外範也。

B3.2　數既不能明變，然則如何而後可？曰：

> 近不必比，遠不必乖。同聲相應，高下不必均也；同氣相求，體質不必齊也。〔……〕投戈散地，則六親不能相保；同舟而濟，則胡越何患乎異心？故苟識其情，不憂乖違；苟明其趣，不煩強武。能悅諸心，能研諸慮。睽而知其類，異而知其通，其唯明爻者乎？〔……〕是故情偽相感，遠近相追，愛惡相攻，屈伸相推，見情者獲，直往則違。故擬議以成其變化，語成器而後有格，不知其所以為主，鼓舞而天下從，見乎其情者也。〔……〕是故卦以存時，爻以示變。

結果是在明爻以觀變，明爻即能研諸慮悅諸心而通其情識其趣。通情識趣則世界之變即不煩不憂而得之於心矣。從事象數勞而無功也。

B3.3　一爻有體有情，有量有質，即有外性並有內性。所謂難以數求，即在乎此二者之兼備。明數者只顧其「外性」（extensity）；明情者只見其「內性」（intensity）。故結果截然為二。殊不知只有內性亦不能顯示出屈散合伸之歧異也。只有外性，以為宇宙皆可以數表，這也是一偏之見。純主內性，結果是神秘而反科學，如柏格森（Bergson）是也。純主外性，科學有所托；而對於具體世界亦將必有所漏而不能明變。故結果，內性外性是不能

各走極端的，只能說有外性亦有內性，某種學問適合於外性，某種學問可以解析其內性。蓋具體世界本有此兩方面也。有此兩方面才足以言變。王氏見出這兩方面，並且也見出變之所以複雜者也在乎此。但因數不能表變，所以完全刪去數而用研慮悅心的靜觀方法以明之，這是因噎而廢食。所以結果只走上了老莊的抱一而終。

B3.4　爻以示變，變必有時。時者卦之所存也。故〈略例〉又云：

> 夫卦者時也。爻者適時之變者也。夫時有否泰，故用有行藏。〔……〕故卦以反對，而爻亦皆變。是故用無常道，事無軌度，動靜屈申，唯變所適。故名其卦則吉凶從其類，存其時則動靜應其用。尋名以觀其吉凶，舉時以觀其動靜，則一體之變，由斯見矣。夫應者同志之象也。位者爻所處之象也。承乘者逆順之象也。遠近者險易之象也。內外者出處之象也。初上者終始之象也。是故雖遠而可以動者得其應也。雖險而可以處者，得其時也。弱而不懼於敵者得所據也。憂而不懼於亂者得所附也。柔而不憂於斷者，得所御也。雖後而敢為之先者，應其始也。物競而獨安靜者，要其終也。故觀變動者存乎應，察安危者存乎位，辨逆順者存乎承乘，明出處者存乎內外。遠近終始，各存其會。〔……〕觀爻思變，變斯盡矣。

B3.5　一個卦即表象一特定時系（a given time-system）。在此時系內，就有其爻之特殊的變動，即爻之變按時而變也。時不

同，其變亦異。變之各種情勢或花樣，據王氏此意，乃皆由於時異而致也。但一片時是怎樣構成的，這卻為王氏所不曾注意。王氏此意即隨時而變之謂也。這本是不曾受過批評的常識見解。但王氏既以卦而存時，則要問此卦因何而來，由何而成？吾知一卦必非天外飛來，乃是由爻而成的。但爻之組成卦也，並非爻之雜拌，乃是由初至上之一段有終有始之生成過程也。於是，則所謂卦以存時，乃即是爻之生成之歷史跡所形成之時間也。於是，所謂爻適時而變者，乃即是爻變而成時也。這卻為王氏所未料及。但若不進討時之形成這一層，則所謂「卦以存時，爻適時而變」究非根本之論。及卦之已成，你可說此卦即由爻之變而形成，及其成而象以特定時間，你可說此時即是由爻變而成。爻之由此時而再生成變動，你可說其變也必適合此特定之時，於是，乃即是爻之變必取有時，凡時必有位以配之而為爻動所顯也。若只云以卦象時，爻之變隨時而動，則是無卦即無動了。並且彼卦之所以形成亦無著落了，故時與變之關係及時間之觀念，在王氏還未有確切的見解。

B3.6　據云：爻之變既隨時而動，故其情勢亦自是變化多端。其關係不同，其情勢亦隨之而不同。要明其變，其不同之情偽，則即要觀爻而思變。觀爻者觀其間之相互關係也。思變者，思其由相互關係而變之理也。觀其爻之關係而思其變之道理，則可謂盡變矣。此論點有兩種意義：

（ⅰ）盡變不能以數計，只可觀而思之。

（ⅱ）變之盡，由觀爻而得，是所以識變盡變者在乎爻也。

B4.　忘象。

B4.1　〈略例‧明象〉曰：

夫象者出意者也；言者明象者也。盡意莫若象；盡象莫若
言。言生於象，故可尋言以觀象；象生於意，故可尋象以觀
意。意以象盡；象以言著。故言者所以明象，得象而忘言；
象者所以存意，得意而忘象。猶蹄者所以在兔，得兔而忘
蹄；筌者所以在魚，得魚而忘筌也。然則言者象之蹄也，象
者意之筌也。是故存言者，非得象者也；存象者非得意者
也。象生於意而存象焉，則所存者乃非其象也；言生於象而
存言焉，則所存者乃非其言也。然則忘象者，乃得意者也；
忘言者乃得象者也。得意在忘象；得象在忘言。故立象以盡
意，而象可忘也；重畫以盡情，而畫可忘也。是故觸類可爲
其象；合義可爲其徵。義苟在健，何必馬乎？類苟在順，何
必牛乎？爻苟合順，何必坤乃爲牛？義苟應健，何必乾乃爲
馬？而或者定馬於乾，案文責卦，有馬無乾，則僞説滋漫，
難可紀矣。互體不足，遂及卦變；變又不足，推致五行。一
失其原，巧愈彌甚。縱復或值，而義無所取，蓋存象忘意之
由也。忘象以求其意，義斯見矣。

B4.2　這是王氏的忘象主義。這種思想，一方可說是破天荒
的洞見；一方可說是不了解「象」的作用。一方可說是對於泥於象
數者的當頭棒喝；一方也可以說是趨於極端，流於過分，而有所
偏。

B4.3　他的忘象的動機是：

（i）打破漢人的互體、卦變、五行等拘泥於象數的滋漫見
解。

（ii）要得眞理，必須忘象，必須以求意爲終極目的，象特工具耳，特蹄與筌耳。它不過是一種舉例，以此舉例爲眞理自不能得其會通，自必流於瑣碎滋漫，故忘象在得一貫之理。

B4.4　他的忘象的論證是：

（i）立象以盡意，象並不就是意，故可得意而忘象。其舉例是得了魚可以忘筌。

（ii）立言以盡象，言並不就是象，故可得象而忘言。其舉例是得兔而忘蹄。

（iii）忘言是取消了言詮或解說；忘象是取消了象徵或類比。

（iv）「義苟在健，何必馬乎？類苟在順，何必牛乎？」只要明白「健義」，則「馬」象可以取消；只要明白「順類」，則「牛」象可以取消。

（v）馬、牛特取來以例證乾健坤順，不必乾定爲馬，不必坤定爲牛，除馬、牛而外，任何東西都可以作例證不必拘也。正因象爲例證，不能拘，故可忘也。

B4.5　他的忘象論的好處：

（i）使人認識眞本體，不要以思想上的方便取象或例證作爲實有。

（ii）使人知道零碎的例證只是工具，不是目的。

（iii）使人知道固執於例證或象徵並不能助我們得著眞理，得著完全的知識。

（iv）使人知道唯有超脫了象數的簡單、拘執，或孤獨，始能得著貫通之理。

B4.6　他的忘象論的壞處：

（ i ）他的壞處，就在他的「忘象」。

（ ii ）象是有壞處的；但卻忘不了。

（ iii ）他只能指出象的缺點；但他不能指出象的必須。

（ iv ）他只能指示知識之眞妄的來源，概然的來源；他不能指示出知識之本性，知識之成立，知識之不可少的條件或成分。

（ v ）他只能揭穿了「象」的毛病；他不能救住這個必須的「象」。

B4.7　王氏旣揭穿了「象」的缺點，我們即可在此規定象的性質，及其在知識中之必須，及其不可忘，不能忘的理由。他作破壞的工作，我們作建設的工作。這樣，他所反對的並不像他所說的那末蠢，而他自己的主張也確有其獨創的發見。

B4.8　先規定「象」的性質。

（ i ）在本書導言 A8，B4，B5，B6，四條中我們知「象」與「彖」是分不開的。

（ ii ）又知「彖」是界說、定義，用來規定一卦之內在品德；「象」是暗示、象徵，或類比，用來表示一卦之外在品德。

（ iii ）又知由「象」可以得此特體之性德的普遍化、歸類化。

（ iv ）所以「象」始終是「類比」「像此」之意。〈繫辭〉所謂「天垂象，見吉凶」，那個「垂」字最妙，即是「暗示」「類比」之意。

（ v ）〈略例〉亦說：「夫應者同志之象也。位者爻所處之象也。承乘者逆順之象也。遠近者險易之象也。內外者出處之象也。初上者終始之象也。」（〈明卦適變通爻〉）。

（ vi ）由「同志」可以推知「應」；由「爻之所處」可以推知

「位」；由「逆順」可以推知承乘；〔……〕可見「象」即是「相似」「類推」或「類比」之意。

（vii）由這一件「事體」可以象徵出其他事體，這件事體，所以，也就可以作為其他事體之「符號」。因此，其他事體也就與這件作為他的符號的事體發生連帶關係、相似關係。

（viii）由這種相似關係，我們始可以「類推」。我們的知識始可以「歸類」，始可以有普遍性。「類」之構念始可成立。

（ix）「彖」是據以往的相像經驗，即象之作用，而有的現在的歸納。「象」是由「彖」所歸納的結果而類推其他。歸納、演繹不可分；「彖」與「象」亦不可分。「彖」是「象」的普遍化、歸類化；而「象」是「彖」的類推化、特殊化。

（x）羅素說：「一切東西皆可為其他東西之符」（All sorts of things may be signs of other things.《哲學大綱》85頁），即是「象」之意。

B4.9 「象」在知識中之必須。

（i）離了「象」，我們的知識成立不了。

（ii）離了「象」，我們沒有「比較」，沒有「相似」，沒有歸類。

（iii）只有當前的直接經驗，知識是不可能的。只有感官之直接所與（given），知識也是不可能的。

（iv）有了「象」，我們始有歸納、始有類推、始有相似、始有比較。

（v）至於「相似」是外界所固有，還是思想之運用，《周易》中沒有接觸到這個問題，我們也不必去討論它。只注意「象」

是不可缺的分子即足。

（ⅵ）即便王弼的「意」也得由「象」而表徵出。「象」與「意」固然是兩會事；但離了「象」即不能有「意」。「意」就是由「象」之互相例證類比而發生出。得了「意」而忘「象」是忘本的事。

（ⅶ）須知乾健固不必是馬，也不必只有馬是乾健；但這個乾健之意卻也正由「象」互相比出。「馬」不過其中之一例證耳。漢人雖執，不至以馬爲乾。「義苟在健，何必馬乎？」但象徵健義，又何必不必馬乎？

（ⅷ）須知我們的知識即是由於「象」之「互相意謂」，「互相爲符」而成。去了象，那個「意」是沒有的，也是得不著的。

（ⅸ）王氏有見漢人之固執象數，出來作一當頭棒喝。其聰明在此，其謬誤亦在此。他是未能深明象之本性及其必須的。

（ⅹ）據吾所見，漢人的象數是不能忘；王氏的批駁亦有相當之道理，亦值得注意。

B4.9.1　由王氏的批駁，可以暗示出以下的一種知識論來：

（ⅰ）知識中的成分問題，即一方是經驗的直接所與（immediate given of experience），一方是「象」，或「象」。「象」或「象」即是一種「概念的解析」（conceptual interpertation）。

（ⅱ）由王氏的批駁，我們知純拘於「象」是有毛病的。

（ⅲ）但是由他的批駁，我們也可知「象」是知識中的必須成分。

（iv）由他的批駁，也可知我們的知識是「概然的」（probable）。

（v）並也可知吾人的知識是不完全的、不可靠的。

（vi）並也可知不用象不行，只知象仍不行。

（vii）象是知識的成立之必須條件，也是真妄之源泉。

（viii）規定了「象」的性質及其位置，我們就算救住了「象」。

（ix）這種知識論由胡煦的反對卦變更加顯明。

B4.9.2　由這種知識論，可得以下的世界觀：

（i）因為世界一切東西都可為其他東西之符，故此世界是可理解的世界。

（ii）因為世界一切東西都可互相例證、互相表徵，故此世界是有意謂的世界。中國的道德哲學即建築在這個有意謂的世界上。

（iii）只有這末一個可理解的世界，有意謂的世界；除此而外，並無其他。

（iv）知識對著「理解」；道德對著「意謂」。

（v）理解，意謂俱由「象」起。

B4.9.3　可是這個「象」並不就是具體世界的實體。它是事體間的關係之相像的表意。那即是說，不可認它為「現象」。「見乃謂之象」，但「見」不就是「象」。此點當分別清楚。

（i）「天垂象，見吉凶」，「天」可以說是自然界，或具體世界，或現象界。「象」乃是由天之「垂」與吾之「見」而生起的。

（ii）天之「垂」是外在條件（external condition）；吾之

「見」是內在條件（internal condition）。「象」就是這兩種條件合約而成的。

　　B4.9.4　明章潢很注重象；但卻不曾徹底了解。文氣滔滔，言語雄壯，列舉七端以明象不可忘；但就因為文章氣太大了，所以弄不清楚。

（i）〈繫辭〉曰：易者象也。豈聖人以己意為之象哉？蓋天垂象，見吉凶。聖人象之，乃法天之學，一皆因其自然以通神明類物情。故六十四卦三百八十四爻皆象教也。

（ii）曰：八卦以象告。豈法象莫大乎天地，縣象著明莫大乎日月而已哉？夫象聖人有以見天下之賾，而擬諸其形容，象其物宜，是故謂之象。所以八卦成列，象在其中，凡天地、雷風、山澤、水火、變化云為，百物不廢，莫非象也。

（iii）曰：鼓天下之動存乎辭。觀其辭思過半矣。觀象玩辭，豈無別哉？蓋聖人設卦觀象，繫辭焉而斷吉凶，所以彖者言乎其象，而辭亦象也。

（iv）曰：天地之數，五十有五，此所以成變化而行鬼神也。象豈足以該其數哉？蓋參伍以變，錯綜其數。通其變，遂成天地之文；極其數，遂定天下之象，而數亦象也。

（v）曰：以制器者尚乎象，象不滯於器乎？蓋形而上者謂之道，形而下者謂之器。道器本不相離；而備物致用，立成器以為天下利，孰謂象非道也？

（vi）曰：以卜筮者尚乎占，故占事知來。而吉凶悔吝亦可

謂之象乎？蓋吉凶者得失之象也，悔吝者憂慮之象也。
〔……〕所以爻象動乎內，吉凶見乎外。孰謂吉凶悔吝專屬
之占而非象也？

（vii）曰：易之爲道也屢遷，變動不居，周流六虛，不可爲
典要，何定象之可見乎？蓋闔闢變通，見乃謂之象。所以聖
人立象以盡意，設卦以盡情僞，繫辭以盡言。否則易不可
見，則乾坤幾毀矣！周流變動孰非可見之象也？（《周易象
義·學易大旨》）

B4.9.5　他這七條，可歸之於最後一條，「周流變動，孰非
可見之象？」這簡直是把「象」當作「現象」了，須知這是錯的。
故在此當注意以下幾點：

（i）象不就是現象。

（ii）象是現象間的關係之相似的表意。

（iii）象是內外合約而成的。

（iv）有了象，世界始可理解，世界始有意謂。

（v）然不能說有了「象」，這個世界始成爲現象世界。

（vi）現象世界是「周流變動」，是「天」；「象」是天之所
「垂」，人之所「見」。

（vii）除消了「象」，也不就因之而除消現象界，也不因之
而更有了一個非現象界。

（viii）章潢的錯誤是在「天垂象」，因之即把象認爲天；
「東西互爲符」，因之即把「符」認爲「東西」。

C.　朱子的易觀

C1.　晉《易》主忘象而存意，老莊成分大；宋易主忘象而言理，這由其所謂理學而來。故可說晉易是老莊影響下的《易》學，比較簡單一點；宋《易》是佛老影響下而又歸宗於儒的《易》學，故複雜得多了。

北宋程伊川著有《易傳》一書。他的觀點是：

〔……〕吉凶消長之理，進退存亡之道，備於辭。推辭考卦，可以知變。象與占在其中矣。君子居則觀其象而玩其辭，動則觀其變而玩其占，得於辭不達其意者有矣，未有不得於辭而能通其意者矣。至微者理也，至著者象也。體用一源，顯微無間。觀會通以行其典禮，則辭無所不備。故善學者，求言必自近，易於近者，非知言者也。予所傳者辭也。由辭以得其意，則在乎人焉。〔……〕

這種觀點便是所謂字面的疏解之謂。即按字意而解析經文是也。其他一概取消，這也許可說是一種乾淨的見解，但也沒有新的發明可述。故對於程氏《易傳》無所論焉。

南宋朱子集理學之大成。其注《易》見解與伊川同。亦是循字面而解其意。不過又加上了兩種意義：（ⅰ）以《易》為占；（ⅱ）將邵堯夫的〈道士易圖〉置於《周易》之首。以《易》為占這是朱子過於反古之意。其初之為占也固無疑，但即使主之亦無意義。故

無可述。〈道士易圖〉者即由陳摶一流人傳下來的先天後天《河圖洛書》之圖也。但朱子只以這幾個圖表示天地之生成，及《易》之起源而已，仍未以象數解經也。他所主重的圖，仍亦不過闡明他所謂先天的普遍的理而已。故這幾個圖直是與《易》成爲兩截，不相干已耳。況且這種道士《易》早已被胡渭的《易圖明辨》逐出《易》之圈外了。故在他們諸人的範圍中無所陳述（所謂他們者，乃指將來述胡煦時還要論之，不過在胡煦手裡的河洛即改變意義了。）且也不過即是漢《易》所配合的天地五行生成之數而已。

宋《易》既無可述，所要述者便即是他們所本於《易》而言的「理即太極」之「太極」及理氣之關係耳。如是就轉到理學的範圍中了。同時，也即進入道德哲學之範圍中了。宋儒大半本「易有太極」一語而大肆其發揮以爲天地萬物之本體且爲道德之基礎。其以之爲一切之本體者副也，蓋藉之以明其普遍性而可爲德道現象之先天基礎也。故以道德哲學爲主。所以我說這是由物理後學變而爲倫理後學了。朱子是集大成者，在中國思想史上最有勢力，且也最易誤解，尤其是戴東原，故於此先述朱子而附論戴氏以資比較。

C2. 理與氣。

C2.1 朱子的整個系統可分四個問題來講：（ⅰ）理氣問題，（ⅱ）形而上與形而下的問題，（ⅲ）太極問題，（ⅳ）義理之性與氣質之性的問題。現在我們先講理氣問題。對於理氣的認識也可分四步來看：（ⅰ）理氣之本性，（ⅱ）理氣之關係，（ⅲ）理之顯發，（ⅳ）理氣之善惡。這四步雖然說是對於理氣之認識，其實也是對於朱子的整個系統之認識；所以關於理氣的四個問題，也常散見於其他三項目中。

C2.2　我們先引幾條朱子的語錄，然後再作綜結。《朱子全書》卷49，〈理氣一〉：

「天下未有無理之氣，亦未有無氣之理」。這是就事實而言，在實緣世界裡，理氣總是互相含蘊而分離不開。但須不要以爲他這理氣是西洋思想中所謂「方式」與「質料」之分。它的意義甚多，且與「方式」「質料」大異其趣。

「問：理在氣中，發見處如何？曰：如陰陽五行錯綜不失條緒便是理。若氣不結聚時，理亦無所附著。」

在朱子，氣即是氣化流行，這是形而下；所以能氣化流行者必有原因，這個所以使氣化流行的原因，便是理，這是形而上。故理可以說是氣化的「動因」。他這個理只是「所以如此」的「所以」，並不是外於氣、上於氣、離於氣。

由此「所以然之故」之理能使氣化流行，錯綜不失條理，這便是「生生條理」。這個「生生條理」便是「所以然之故」之理顯發而在外者。亦即有物有則，無或爽失是也。

理之顯發在外者可分兩方面說：（ⅰ）顯發而爲世界一切現象之生生條理，此或可謂物理之理；（ⅱ）顯發而爲人倫間的關係之至當，即所謂發而皆中節之和者，此或可謂倫理之理。此顯發之理與所以然之故之理，乃徹頭徹尾，互相滲透，所謂顯微無間者是也。

C2.3　我們再看理與氣之先後問題。

問：先有理，抑先有氣？曰：理未嘗離乎氣，然理形而上者，氣形而下者，自形而上下言，豈無先後？理無形，氣便

> 粗有渣滓。

這只是看法上的先後，並非事實上的先後。

> 理氣本無先後之可言，然必欲推其所從來，則須說先有是
> 理。然理又非別爲一物，即存乎是氣之中。無是氣，則是理
> 亦無掛搭處。

理氣之先後是在意義上、解析上、說話的方便上，而不在空時
上。因理無形迹故也。此先後問題甚爲重要，若不得其理解，便易
有誤會。戴東原之攻擊朱子大半由於這個先後的誤會上發生出。近
人亦多犯此弊，所以在此甚願詳爲解說，庶幾無誤。

C2.4

> 要之也先有理，只不可說是今日有是理，明日卻有是氣。也
> 須有先後。

這就是意義上的先後，解析上的先後，而非空時上的先後。這
一點很重要。對於他這種先後的意義往往被人當作是空時上的先
後，其實大錯。因爲理不是物實，只是那所以然之故，是不會有空
時上的在先的。歷來把他這意義上的在先，爲了省事，即當作是空
時上的在先，這是對於朱子未曾體貼入微的。即便朱子自己，也難
的了不得，左不是，右不是，結果只顯得神秘味大，也沒找出一個
適當的名詞以意謂他這種在先之意，其實即是意義上的先後，解析

上的先後。

C2.5

> 問：有是理而後有是氣，未有人時，此理何在？曰：也只在
> 這裡。如一海水，或取得一杓，或取得一擔，或取得一椀，
> 都是這海水。但是他為主，我為客；他較長久，我得之不久
> 耳。
> 〔……〕未有天地之先，畢竟也只是理。有此理，便有此天
> 地；若無此理，便亦無天地，無人無物，都無該載了。
> 〔……〕。

此兩段是言有一特定之物，此理固在其內，即無此特定之物，此理
也是有的。有此人，理固宿於其內；無此人，也不即是沒有了其
他，即此人而外，還有別的，故此理仍是遍宇宙而永存。未有天
地，但天地以外還有其他（otherness），並不是說沒有了天地便即
一切皆無，故結果仍是「有」（being），此理即內宿於「有」
中。所謂「無」者，只是沒有一特定之物而已。譬如「真空」，據
懷悌黑（Whitehead）的解析，乃只是沒有特定之物（a given
object）而已，並非連事（events）都沒有了。

　　他這理若對特定之物而言，可以說是空時的在先而復居於此特
定之物中。若對氣化流行而言，則其在先是意謂的在先、內在的在
先，而非外在的在先、空時的在先也。這種意思即是意謂宇宙之無
始無終，並非有個起始，在此以前。故其理皆非如西洋所謂 God
者然。這點至論太極時更顯明。

C2.6

> 問：先有理後有氣之說。曰：不消如此說，而今知得他合下
> 是先有理後有氣耶？後有理先有氣耶？皆不可得而推究。然
> 以意度之，則疑此氣是依傍這理行，及此氣之聚，則理亦在
> 焉。

這正是朱子最難說的地方。在解析上，這氣是依理而行；所謂依理
而行即是行事有理而已。並非有一個理懸在彼處以為鵠的，以備氣
去傍之。譬如一個人作一件事很有次序，自然而有，並非有所勉
強，這種自然而有序的行動，就是依理而行，就是行事自然合理。
氣之傍理而行，亦正是自然如此。不過在解析上你可以說是理在先
而為氣所傍，其實在事實上，是沒有的。世上每以他這種解析上的
在先當作是事實上也在先，如何能對？故又說：「理搭於氣而
行。」「〔……〕理便在氣中，兩個不會相離。」

　　C2.7　理之所以能有在先之意，即在其普遍於全宇宙滲透於
全宇宙而無處不在無時不在也。其所以是內在的在先而不是外在的
在先者，即在其只能普遍於「是宇宙」「有宇宙」而不能普遍於
「非宇宙」「無宇宙」也。照邏輯說，它是周延，它是全體，而
氣則是部分，是不周延，所以它有在先意。但是它這種全體性仍是
在氣中，仍在對特殊之氣而言，所以它是內在於氣中而不能外於
氣。結果它是邏輯上的在先，而不是事實上的在先。事實上是理⊃
氣而氣⊃理。互相含蘊結果是相等，用懷氏的話說，是擴力
（extensive force）相等。即它擴及它，它也擴及它。所謂邏輯的

在先者即是亞里士多德所謂「主詞」是也。在亞氏以為主詞是本體，在事實上，沒有離開屬性或謂詞的主詞，也沒有離開主詞的謂詞；但在邏輯上，不妨以主詞為先。朱子的理也是本體。他這個在先的本體也就是邏輯上的主詞之在先。主詞是周延的、是其所是的、完全的、純粹的、未分化的；而一說到謂詞便歧異了、駁雜了、不完全了、不純粹了、分化了。朱子認為氣是不純的粗有渣滓，即是指歧異分化駁雜對待而言。並非有倫理的善惡之意也。這是當然而易見的。他這個理即是本體論上的理，以為其倫理上的理之基礎也。所謂倫理後學即指此而言。但在事實上，全的理即在歧的氣中，而歧的氣也即在全的理中。即每一有限含一無限，每一部分含有全體；而每一無限即在一有限中顯之，每一全體即含於一部分中而超越之。互相擁抱，互相攝握，互相含蘊，而永不會離。

C2.8

> 蓋氣則能凝結造作，理卻無情意無計度無造作。只此氣凝聚處，理便在其中。且如天地間人物草木禽獸，其生也莫不有種，定不會無種子，白地生出一個物事，這個都是氣。若理則只是個潔淨空闊底世界，無形迹，它卻不會造作，氣則能醞釀凝聚生物也。

理是：是其所是，純而不分化，全而不偏歧，故無造作。而氣則有分化、離散、凝聚、雜異，故能凝結造作，而生成也。而其所以凝結醞釀之「故」則即是理。理雖為一切發散之「故」，但也不會離了那個發散之氣。

C2.9

> 人之所以爲人，其理則天地之理，其氣則天地之氣。理無跡
> 不可見，故於氣見之。

即於氣之所以爲氣者見之，那所以然之故，即是理，故理也可以說
全是抽象出的，推出的，不要認爲有具體之迹可尋也。

> 所謂理與氣決是二物；但在物上看，則二物渾淪，不可分開
> 各在一處；然不害二物之各爲一物也。若在理上看，則雖未
> 有物，而已有物之理，然亦但有其理而已。未嘗實有此物
> 也。〔……〕。

所謂二物者是邏輯地分析而得之，並不能相爲分離。雖由分析抽象
而來，但亦不害其爲二也。所謂二物者也只是二而已，其實理不是
一個物或東西。言語的毛病即在此，一切爭執也許大半由言語而
起，故所謂主詞謂詞之喻者，也不要眞認爲是與亞氏意同。亞氏的
主詞可以是世界中存在的東西，而朱子的理則只是一個普遍的所以
然之故，不是東西，但也存在。故其爲主詞也不過只是邏輯地如此
說而已，不要拘泥，認爲有迹。

    C2.9.1 「〔……〕要之，理之一字，不可以有無論，未有
天地之時，便已如此了也。」「故理不可以偏全論」。「理固不可
以偏正通塞言」。「理不可以聚散言」。「理則純粹至善」。

    （i）理不可以有無論，以理無形迹故也。

（ⅱ）理不可以偏全論，以理爲絕對的完全，絕對的普遍，絕對的周延故也。

（ⅲ）理不可以偏正通塞論，以理普遍全宇宙而滲透全宇宙也。

（ⅳ）理不可以聚散論，以理無造作而不分化故也。

（ⅴ）故結果它是純粹至善。所謂純粹者不歧異不駁雜之謂也；所謂至善者即是無對之謂也，並非倫理判斷中之善惡也。

C2.9.2　理之本性及其與氣之關係概如上述，今綜括之於下：

（ⅰ）理之本性：(a)理是所以然之故，故不是東西，故無形迹。(b)理是自存（self-existent）即理用不著問所以然之故。(c)理是自因（self-cause），即自己如此而用不著外於他者以決定之。(d)理是絕對而普遍。(e)理是完全而純粹。(f)理無分化無聚散無造作無通塞。

（ⅱ）理氣之關係：(a)在事實看，理氣互相函蘊，有理馬上同時就有氣，有氣就有理在其中，無先後可言。(b)就其意謂上解析上總之邏輯上，則有先後，即理先而氣後。(c)理是內在的先於氣而非外在的先於氣。因爲它不能在宇宙之外，故內在；因爲它是絕對而普遍故有先意。那即是說：全體必含部分故有先意；但部分必顯示全體，即全體必顯於部分中，故爲內在。(d)理是所以然之故，有根源之意；但它無造作無計度，故其爲根源而無力致之意，即是自然的。例如種子自然會發散，並不是它力致其發散。氣是依理而行；但不是以理爲鵠，照著它行，也不是以理爲外在之模，做著它行。故非勉強而是自然的行之有序。(e)故結果理氣無始無終而互相含

蘊。

（iii）理之顯發：：(a)理為所以然之故，即內在的在先而為萬化之源，此可曰本體論上的理。(b)由所以然之故之理顯發於外而成為生生條理使氣化流行間的關係為正當不失之則，這也是理，此可曰物理上的理。(c)由所以然之故之理顯發於外而為人間倫理關係之至當，這也是理，此可曰倫理上的理。(d)前一者為後兩者之基礎，後兩者為前一者之顯發，三者互相滲透，顯微無間，因理不可以偏全通塞論也。

（iv）理氣之善惡：(a)在本體論上講，理是純粹至善，故在倫理上說，即有善之可能；氣是駁雜而歧異，故在倫理上說，即有惡之可能。(b)在本體上只可說是純粹完全，駁雜歧異，而不能說是善惡。(c)發之於倫理，即在性與情上，則有善惡可言。(d)性之能發為善是絕對的，完全的；但情之發為惡則卻不是絕對的完全的。故善是全稱肯定命題，而惡則是特稱肯定或否定，沒有全稱否定命題。性之完全之善由於理而來；情欲之不定由於氣之歧異而來。這種善惡問題是後話，在此不多述。

以上是理氣之總結，以下所論自然要與此相連結相照顧。

C3. 形而上與形而下。

C3.1 討論此問題，大半據〈繫辭〉：「一陰一陽之謂道，」「形而上者謂之道，形而下者謂之器，」及〈說卦〉：「立天之道曰陰與陽，」三處而已。朱子對此三條根據其理氣之見解都有一貫的說明。今依此說明之。

C3.2 《朱子語類·卷七十四易十》：「陰陽是氣不是道；所以為陰陽者乃道也。若只言陰陽之謂道，則陰陽是道。今曰：一

陰一陽，則是所以循環者乃道也。〔……〕」

仍本其「所以然之故」而意謂道。看此，不能不佩服朱子眞是費過相當的體認與深思。其主重於這個「一」字，道之所以爲道即在「一」上昭示，即以「一」爲其樞紐。只執陰陽，不能算道，以其有固執靜定之意也。一陰一陽乃是從其流動方面看，看其所以流動之故，這「故」字就是「道」。例如，只說「水」與「波」，有固執靜定之意；若說「水波起伏」，則動意完全顯露出來，道字就從這個「起伏」上看出。水波非道也。這種體認，不能不說是精透。

C3.3 「……此與一闔一闢謂之變相似。陰陽非道也；一陰又一陽，循環不已，乃道也。只說一陰一陽便見得陰陽往來循環不已之意，此理即道也。〔……〕」

朱子講「化而裁之謂之變」最好。他說：「化是逐些子挨將下去，變是折轉處。」化是絪縕，絪縕到相當程度，便會起變。只說裁不算變，蓋變即有繼續不已之意。充繼續之責者「化」是也；充不繼續即跳躍之責者「變」是也。變必由化而成，化必由變乃顯。這所謂「化」字才是所以「變」之故，即是所謂道。闔闢只說了固執的折轉，只說了裁，不算變；一闔一闢的「一」字即有「化」字的意義，即有「化而裁之」之意，這才算變。「一陰一陽之謂道」也就是「一陰一陽之謂變」，也就是「化而裁之謂之變」，蓋朱子的思想無往不一貫也。

C3.4 「道須是合理與氣看，理是虛底物事。無那氣質，則此理無安頓處。易說一陰一陽之謂道，這便兼理與氣而言。陰陽氣也；一陰一陽則是理矣。猶言一闔一闢謂之變。闔闢非變也；一闔

一闢則是變也。蓋陰陽非道，所以陰陽者道也。〔……〕」

「或問：一陰一陽之謂道。曰：〔……〕從古至今，恁地滾將去，只是個陰陽，是孰使之然哉？乃道也。〔……〕」

道、理是一個，全從所以然之故上說。他得這「道」的步驟是：（i）從流動上看；（ii）從流動的所以然上看，即從何以會流動不息上看；所以結果（iii）道就是那流動不息之所以然之「故」，而不是陰陽。

C3.5　我們再看他的形而上下之論，這頗費解析，有兩個問題要弄清楚：（i）上下的問題；（ii）形器的問題。即上下之間是不是要有一個中為媒介呢？「形」是不是居中之媒介呢？形與器是不是兩截呢？是不是中下兩等呢？形與道是不是上中兩等呢？有時可以按照句子分析，有時不可以。戴東原即是按照這兩句子的構造分析其意義，嫌太執著，不甚妥當，以後再論。朱子沒有這末分析。宋儒最注意于「氣象」及說話的「語勢」，這固然由於體認而來，但也有時很重要，因為言語不是準確的東西，模糊而通俗的很多，即從俗者多，不皆純為專門語，而每一字亦不皆有其適當之含意也。數字連一起作一意也是常有的事，所以不能不從「語勢氣象」上看。但言語不可靠，體認也不是可靠的呵！這是言語與意謂的問題，在此不必管它。

吾意從朱子的思想上貫通地看來，是沒有媒介的。所謂形而上即是：即形即上即道；所謂形而下即是：即形即下即器。「形而上者」中之「形」字與「者」相呼應，在文法上或者可以說是同位，即言「在上的這東西」，即在言語上，把在上的這東西也要具形化，故曰「形而上者」。道雖然不是東西無形迹；但在言語上可以

說它是個東西，不然就無從說起了。「形而上者謂之道」＝「在上的東西就叫做道」。在什麼以上呢？即在氣或器以上，即對氣而言，並沒有個中詞爲之媒介。再「形而下者謂之器」＝「在下的東西就叫做器」。在什麼以下呢？即在道或理以下。那即是說：凡道或理以下的東西都是氣或器。所謂「氣」固是氣化流行，即器也是活潑潑地，不是固執的東西，故在朱子往往把器與氣看成一樣。它所以能活潑潑者，道爲之也。於是，道與氣，形上與形下皆融合於一起而不相離。

　　C3.6　再引朱子的話以作證。《朱子全書·卷三十二易六》：「形是這形質，以上便爲道；以下便爲器。這個分別得最親切。故明道云：惟此語截得上下最分明。又曰：形以上底虛，渾是道理；形以下底實，便是器。」

　　上下分得最親切，形上即是道，形下即是器，沒有中道，只有上下。按朱子不以陰陽爲道，而以一陰一陽爲道，此道即是形而上，陰陽是氣即是形而下。可見只有道氣以比上下，並沒有中間之媒介也。但爲何以形言呢？

　　「問：形而上下，如何以形言？曰：此言最的當，設若以有形無形言之，便是物與理相間斷了。所以謂截得分明者，只是上下之間，分別得一個界止分明，器亦道，道亦器，有分別而不相離也。」

　　此段之意便與上條所解析的同。爲什麼以形言呢？即理亦「有」也，即在上者有在上者之形，而不得遽謂之無；器亦在道中，即在下者有在下者之形，更不得謂之爲無也。是言形者意謂上下之爲「有」而非虛無也，並意謂道器之不相離也。所謂分明者只

是上下分得清楚而無中介耳，這顯然是對的。例如現在以物理後學
（Metaphysics）意謂形而上學，也只是論物理學所研究的自然現
象之根原而已，並未嘗於自然現象與根原之間置一居間也，而且所
謂根原也即是物理現象的根原，故不能與物理現象分離。所不同
者，一研究其外表之現象，一進討其內蘊也。然而在自然界裡，外
表與內蘊是互相含混的。形而上與形而下在朱子為道氣之分，而在
現在就是物理現象與物理根原之分。故物理後學可以代替形而上
學，而張申府先生更以「元學」譯之，是更為適當矣。故朱子之道
學即是元學，道氣之間沒有媒介，而以「形」言之表示其相含蘊
也。這是最根本而清楚的思想，不聊不被了解！

C3.7　「形而上者謂之道，形而下者謂之器。道是道理，事
事物物皆有個道理；器是形跡，事事物物亦皆有個形跡。有道須有
器，有器須有道，物必有則。」

以形言表示物理相含蘊，此處所謂「事事物物」也就是
「形」。即每一個東西皆必有其形上之理與形下之氣，氣與理之含
蘊即形成一個東西或形。形即是兩者之合，那一邊是器性，這一邊
是理性，所以兩者雖有分而永不會離。但要知這「道」、「理」，
或「則」，在朱子，都不是「形式」。說一個東西都有其「形式」
與「材質」，譬如一個桌子有其特殊之形式（form）與其特殊之材
質（matter）。但在朱子以為「桌子」、「形式」、「材質」，都
是「氣」，是「器」，是「形而下」。「理」，或「道」是所以成
此「桌子」之故。「所以然之故」不是「成分」（element）。
「形式」與「材質」是成為桌子的「成分」。不是成分故為無形，
故為形而上；但也就含在這個桌子之中。朱子常說：椅子是氣，

「可坐」就是理。可見他所謂理乃始終不是「形式」之意，他所謂「物必有則」之「則」字亦然。言凡物必有其所以為物之故也。「所以然之故」的形而上學（玄學）神秘玄妙意謂就大了。這是中國所特有的。

C3.8

> 形而上者指理而言，形而下者指事物而言。事事物物皆有其理。事物可見，而其理難知。即事即物，便要見得此理，只是如此看；但要真實於事物上見得這個道理，然後於己有益。為人君止於仁，為人子止於孝，必須就君臣父子上見得此理。〔……〕

這益發顯出「理」不是「形式」。事物可見，這可見之事物，朱子沒有分析它的組成之成分。我們按著西洋哲學，可以分成「形式」與「材質」。即有一事物必呈出一特殊之「形式」與「材質」。形式與材質就是所以可見處。朱子的理，是此有式有質的事物之「所以然」之「故」。在倫理上，就是行為關係間的「適當恰好」的「意謂」，而不即是那「關係」。這最是中國思想的特有。

C3.9　《朱子語類・卷七十七周易十三》：

> 問：立天之道曰陰陽。道理也，陽陰氣也，何故以陰陽為道？曰：形而上者謂之道，形而下者謂之器。〔……〕然器亦道，道亦器也。道未嘗離乎器，道亦只是器之理。如這交椅是器，可坐便是交椅之理；人身是器，語言動作便是人之

> 理。理只在器上，理與器未嘗相離，所以一陰一陽之謂道。
> 曰：何謂一？曰：一如一闔一闢謂之變，只是一陰了又一
> 陽，此便是道。寒了又暑，暑了又寒，這道理只循環不已。
> 〔……〕
> 立天之道曰陰與陽，是以氣言；立地之道曰柔與剛，是以質
> 言；立人之道，曰仁與義，是以理言。

這一解與「一陰一陽之謂道」，「形而上者謂之道〔……〕」完全
一貫了，而朱子的思想也完全一致了。所謂「立天之道曰陰與陽」
者，不是說陰陽就是「道」，乃是說以陰與陽之「器」立天之道
也。主重「立」字，言天之道即建立于陰陽之氣上也。剛柔不就是
地道，以剛柔之質可以立地之道；仁義不就是人道，以仁義之理可
以立人之道。這種精微的體認，惟有朱子辦得到，這雖然不是科學
的分析，然比分析都要細微。

　　C3.9.1　不料這種細微是不被戴東原所了解而同情的。他解
〈繫辭〉與〈說卦〉上的那三句話全與朱子不同，而分析得也很精
微。他以「氣化流行」為道，這與以所以然之故為道者相反了；他
以「形而上下」之「形」為品物，非氣化，這與朱子的品物氣化都
是器都是形而下又不同了；他以形上為形以前，即品物以前，以形
下為形以後，即品物以後，是以品物為道器上下之中間品了，這又
與朱子不同。

　　他說：

　　〔……〕形謂已成形質，形而上猶曰形以前，形而下猶曰形

以後。陰陽之未成形質，是謂形而上者也，非形而下明矣。
器言乎一成而不變，道言乎體物而不可遺。不徒陰陽非形而
下，如五行水火木金土有質可見，固形而下也，器也；其五
行之氣，人物咸稟受于此，則形而上者也。

他的見解，可以表之如下：

$$
\left.\begin{array}{l}形上\\氣化\\道\end{array}\right\} \overleftarrow{\text{以前}} \left\{\begin{array}{l}品物\\形\end{array}\right\} \overrightarrow{\text{以後}} \left\{\begin{array}{l}形下\\形以後\\器\end{array}\right.
$$

C3.9.2　以「氣化流行」為道，也不算錯，以氣化為形以前
也沒大病，只是形與器之分，及形以後為器這兩種見解，卻有了毛
病了。形是已成形質是品物，這是戴氏所已下了定義的；但「器」
是什麼？這戴氏卻沒有解析，我以為這才真是「屋上架屋」、「床
上疊床」哩！器與形質與品物還有什麼分別嗎？戴氏也許只知這種
以前以後的形上形下解，可用之于以前之形上，而不能用之于以後
之形下，故只解析了「陰陽之未成形質，是謂形而上者也，非形而
下明矣，」而卻沒有同樣地再來解析「形以後」之為「形而下」而
說：「陰陽已成形質以後，是謂形而下者也，非品物或形質明
矣。」因為這樣說法，顯然是沒道理的。所以把這層撇開而不言，
但下邊說：「如五行〔……〕有質可見，固形而下也，器也。」是
直以形質為器了。這豈非與以前以後之解不相容嗎？所以以「以前
以後」而以「形」為居間來解析「形而上者謂之道，形而下者謂之
器」是錯的。戴氏解此問題，確沒有朱子解得一貫。戴氏對於〈說
卦〉之「立天之道曰陰與陽」曰：「直舉陰陽，不聞辨別所以陰陽

而始可當道之稱，豈聖人立言，皆辭不備哉？一陰一陽，流行不已，夫是之爲道而已。」照朱子的解析，聖人之辭是很備的，「立」字「一」字皆足以辨別氣與道。而戴氏卻沒有見出，只是渾淪地吞下去了。至於聖人是不是如此，且不管它，可是朱子能解得一貫而自成一系統，這是不能亂批駁的。以戴氏之能，儘可自成一系統；但傳統的思想護道的念頭，常往來於心中，一方面要拘於古聖人之言而以之爲絕對標準，一方面又因爲自己的性格不同而又沒體會得好處，所以往往就有隔外立異的地方，有特意與朱子作對的地方。其實聖人之言，不必皆對，你們不要屈就了。

C4. 太極。

C4.1　在朱子，太極、道、理是一個，今再述太極，更足以顯示其理觀。

《朱子全書・理氣一太極》條：

> 萬物四時五行只是從那太極中來。太極只是：一個氣迤邐分做兩個氣，裏面動底是陽，靜底是陰，又分做五氣，又散爲萬物。

太極只表示一切散殊皆由一氣分化而出，成爲歧異的事物了。

> 〔……〕然動靜無端，陰陽無始，不可分先後，今只就起處言之，畢竟動前又是靜，用前又是體，感前又是寂，陽前又是陰，而寂前又是感，靜前又是動，將何者爲先後？不可只道今日動便爲始，而昨日靜更不說也。如鼻息，言呼吸則辭

順，不可道吸呼；畢竟呼前又是吸，吸前又是呼。

（ⅰ）邏輯上的在先解析上的在先。

（ⅱ）實際上無始無終，故太極不是第一因。

「太極非是別爲一物，即陰陽而在陰陽，即五行而在五行，即萬物而在萬物。只是一個理而已，因其極至，故名曰太極。」

（ⅰ）太極不是「第一因」（first cause）亦不是「最後因」（final cause），而是「所以然之故」，即「根本因」（ultimate cause）。

（ⅱ）陰陽動靜無始，故太極亦無始。

C4.2　「太極理也，動靜氣也。氣行則理亦行。二者常相依，而未嘗相離也。〔……〕其實理無窮，氣亦與之無窮，自有天地，便是這物事在那裏流轉。〔……〕」

（ⅰ）從流動方面看是「氣」，從所以流動方面看是「理」。其實只是互相含蘊的滾。

（ⅱ）氣與理只是抽象的分法，只是兩個概念，在事實上並非實有此分。

「太極未動之前便是陰，陰靜之中，自有陽之『根』；陽動之中，又有陰之『根』。動之所以必靜者，根乎陰故也，靜之所以必動者，根乎陽故也。」

（ⅰ）這種互爲根的「樞紐」就是「太極」，流動不息即因「互爲其根」，故太極就是流動之所以然之故。

（ⅱ）太極＝理＝樞紐＝機動＝內蘊之力。

（ⅲ）但不要認爲這機動之力是有造作的有計度的，乃是自然

的。也不要認為有形可掬，乃只是那互根的樞紐。

（iv）戴氏帶著抽象眼鏡看成其太極「如一物焉」，以為這即是朱子的意思，其實這是自己誤以抽象為具體，朱子不負其責的。

C4.3 「自太極至萬物化生，只是一個道理包括，非是先有此而後有彼；但統是一個大原，由體而達用，從微而至著。」

（i）「從微」內蘊之機動也，「至著」表現之條理也。戴氏只看見了表現之理，而朱子還滲透了內蘊之理，即表現之理之所以然之故。

（ii）可是從內蘊到外表，其間並沒有隔膜的，乃是滲透而大化。故「如一物焉得于天而具于心」的批評是由誤解而至錯誤的。

「原極之所以得名，蓋取樞機之義，聖人謂之太極者，所以指天地萬物之根也。周子而又謂之無極者，所以大無聲無臭之妙也。」

（i）太極是「樞機」是「根故」。

（ii）無極不是一個名詞，是形容詞，或者說是太極的表德，即 C2.9.2 條中所說的「理之本性」是。至于周子的「無極」是否如此，不必管它，可是朱子的意思則很顯明，要不可謂之為屋上架屋也。因在朱子之意，它不是太極上的另一層。既然如此，就不但「無極」可以用，只要能用得著的形容詞都可用，因為這是說明故也。

（iii）故陸象山的一切批駁皆為固執聖人只有太極而無「無極」之事實，可謂不著癢處。

（iv）我以前也很反對他這種無極而太極。可是我那時坦白地說來，實在沒有了解他所謂太極是什麼，無極更不待言。可見對于

一個人的見解最要是先有了解之同情的，然後才有所批評。

C4.4　「太極無方所無形體，無地位可頓放。〔……〕動靜陰陽皆只是形而下者，然動亦太極之動，靜亦太極之靜；但動靜非太極耳。〔……〕」

（i）按著「理之本性」，太極不是東西，故不佔時空之地位，不爲「方所」所限，所以如此者，無形迹故也，「無限」故也。無形迹故不佔空時之位，無限故不爲有限之「方所」所限。

（ii）所謂不是空時的在先者於此益明。

（iii）它只是「純粹根故」之靈用。陰陽動靜皆只是形而下，皆是氣；唯它是形而上。

（iv）這種世界觀，也可以說只是一種氣化流行的物理世界觀；理或太極則所以氣化流行之故耳。它不是東西故不能在世界（氣化流行）之外，它無形迹，不佔空時，故不能成另一世界。

（v）故只有氣化流行之一色的物理世界，及其所以流行之故。如此，歷來目朱子爲善于分，爲理氣二元論者，皆爲不切之評，其弊蓋皆由于認其理爲一物耳。設此種誤解一去，則所謂二元何指？例如笛卡兒（Descartes）的心物爲二元論，試問朱子的理爲其心乎爲其物乎？所以洋名詞不可隨便來用，要用必得加以解析的。

（vi）戴東原自以爲沒有這種分別，其實結果分的更不少。什麼形以前，什麼形以後，這在朱子沒有這種分別的。

C4.5　「才說太極，便帶著陰陽；才說性，便帶著氣。不帶著陰陽與氣，太極與性那裏收附？然要得分明，又不可不拆開說。」

（ｉ）太極是陰陽氣化流行的樞紐，的機動。陰陽氣化就是分化出的歧異駁雜。歧異駁雜故相對；太極則為純而絕對，無可指摘，故至善。

（ｉｉ）在一切為太極，限于人即謂性。性是氣質現象的樞紐，氣質之發動變為知情意也是分化出的歧異與駁雜，故相對；只性是那氣質的所以然之故，故純而至善。

（ｉｉｉ）從氣化流行看出其所以然之故是太極，反過來，故可說每一氣化流行都含有太極。太極由氣化流行看出，故也可說氣化流行就是太極的分化實現；也可以說太極就有分化之可能，那即是說離了太極，就不能分化而流行，就不能化而裁之，就不能一闔一闢，總之是不能有變化。

（ｉｖ）性亦然，至其分化而流行，便是太極與性之實現（或陰或陽，或善或惡），也可以說就是太極與性之所以呈顯而被看出之處。

（ｖ）故太極與陰陽，性與氣，總是含蘊在一塊，因為太極與性根本不是東西，乃只是氣化之故之樞。故離了氣化自無所謂太極，拆開者解說之方便也。

C4.6 「〔……〕太極不兼動靜，太極有動靜。喜怒哀樂未發，也有個太極；喜怒哀樂已發，也有個太極。只有一個太極，流行于已發之際，歛藏于未發之時。」

（ｉ）太極兼動靜是成為一物了；太極有動靜，則是動之時有太極，靜之時亦有太極。動靜原是氣化流行之姿勢，故動靜是動行之所顯，是有時間的。若說兼動靜，則是動靜為同時而並列，為太極一物所兼了。這種絲毫不爽的體貼，唯朱子能之，最不可及。

（ⅱ）已發未發皆有太極，故已發之情不是全惡，乃只是說未發之時是純而未分，及其發也，則歧異而駁雜，故不能謂之全善，亦不能謂之全惡，因相對歧異故也。若發而中節，則是太極的完全實現，是義理之性的完全實現。

（ⅲ）歛藏之時是純而未分之時故絕對，已發之時是歧而已分之時故相對。純之時固是太極，發而中節亦是太極。是太極徹頭徹尾而蘊藏于氣化流行中也，焉得看成爲一物而具于心？

C4.7　「事事物物，皆有個極，是道理之極至。或曰：如君之仁，臣之敬便是極。曰：此是一事一物之極，總天地萬物之理，便是太極。 太極本無此名，只是一個表德。」

（ⅰ）君如其所當仁，臣如其所當敬，便是理之極，即恰當火候之行爲，這是理想之人格。並未有如戴氏所批駁的那樣理學殺人。難道可理想而不使其爲完全無疵乎？

（ⅱ）太極是「表德」（significance），不是東西，是事物間的關係之「至當」之理。所以使其「至當」者，太極之「故」也。然無論「至當」或「故」皆非一物，而乃「表德」。言「表德」者，言其由事物之流行而昭示。

C4.8　「那個滿山靑黃碧綠，無非是太極」。「天地之間，只有動靜兩端，循環不已，更無餘事，此之謂易；而其動其靜，則必有所以動靜之理，是則所謂太極者矣」。

（ⅰ）只有生成變易之世界，是之爲易；

（ⅱ）所以變易之「故」便是太極；

（ⅲ）至其昭著發散而有次有序，這也是太極，故滿山靑黃碧綠無非是太極之昭示。此種世界是有序理的，有意謂的。

（vi）發之于人類的行爲，而成爲至當，這也是太極。

（v）至當之行爲與自然之秩序，在朱子看來，是相同的，都是自然的。這即是一方面成功了倫理上的自然主義（與西洋的自然主義意不同），一方面成功了有意謂的世界（meaning world）之故。

關于理所能說的話，都能應用于太極，故在此不事綜結太極之性。

C5. 義理之性與氣質之性。

C5.1 主要的問題是理氣，關于此問題不想多說。關於理所能說的話，關於性都能說；關於氣所能說的，關於氣質亦能說；關於理氣之關係所能說的，關於性與氣質（或說情欲）之關係亦能說。蓋他的理氣之分即由於觀察一切自然現象而出，既得出之而使其根本化以成爲一切之根本原則，尤其是成爲倫理的根本基礎。義理之性與氣質之性即由此理氣之分而來，換言之即建基于理氣這根本原則之上。其所力述之理氣無非爲倫理之基礎而發。吾前謂其爲倫理後學者即指此而言。

C5.2 義理之性由理而來，其發散也爲仁義禮智之至當；氣質之性（或曰情欲之性）由氣而來，其發散也爲喜怒哀樂之中不中。換言之，義理之性爲理性（reason）；氣質之性爲感性或才性。理性之根基爲純粹至善，其發爲仁義禮智，即是它的實現，仁是惻隱之極致，義是羞惡即當否之極致，禮是恭敬之極致，智是是非之極致。惻隱、羞惡、恭敬、是非是爲四端之良心，這良心在朱子是義理之性，由理而來，故爲純粹至善。故性根本是善的，且是完全的善，絕對的善，其不善也，由于歧異駁雜而相對的「氣」使

然。即因為氣是有限的相對的故有善與不善。變其不善而為善,則不能遂感性之所欲,故必以理性而監督之。其感性之中節,即理性監督之力也。感性之中節即是理性之極致;故感性與理性始終如理氣一樣而不能相分離,然要必有此分而後可以化感性為中節也。

C5.3　是顯然設有兩我:義理之性,理性之我也,大我也,普遍而絕對之我也,無限而純粹之我也;理不能離氣,故氣質之性,感性之我也,小我也,部分而相對之我也,有限而歧異之我也。是此兩我永不相離而互相顯示。每一有限之我必含於無限之我中而時時欲顯之,每一無限之我亦必附於有限之我而時時欲超越之。無限之我其基礎為理,故其發為理性無不至當,且是普遍而無限的至當,即放之四海而皆準也。故大我之實現無不中節無不至當,道德之極致即是這個至當這個中節。怎麼知其至當呢?出於普遍的理性故也。怎麼知這種至當放之四海而皆準呢?有普遍而無限的理為其基礎故也。道德上的至當之行為律之基礎,於焉以立。

C5.4　在一切為理與氣,在人為性與欲。性不離欲,欲不離性。欲為歧異,故其善惡不定,並非意其為全惡也;故理性監督之者,去其惡而使其為完全之善也,即為至當而無不中節者也。那裡是滅欲而復理?假若是滅欲則宋儒所謂中節所謂和皆無意義矣。朱子有見於情欲之每況愈下為至容而且易,故特積極地在理上用功夫,此亦猶如普通所謂壞不用學而即會,善雖學之而難行也。這是與戴氏不同的第一點。朱子有見於所謂中節所謂至當,不是主觀之私見,不是局部之偶然,要其成為普遍而必然,則非尋求一普遍而無限的理為其基礎不可,不然,則所謂至當,究不甚妥當。然而戴氏以為他的理是時空的先在,故隨之即意謂是「得於天而具於

心」,「如有一物」,故更隨之以爲這「理」是「意見之理」。這完全是戴氏的誤解,朱子不負其責。第一他的理不是時空的先在;第二不是一物;第三不是得於天而具於心,第四他是爲倫理找普遍的基礎。吾不知普遍的基礎怎麼會成爲一人之私見?戴氏因爲他的理有毛病,故不找所以然之理,而朱子要找之。這是戴氏與朱子的不同之第二點。這兩點是根本不同,於論戴氏時自見。

C5.5 以吾所見,朱子講理講太極,在理論上,都不算錯。這正是他的偉大處。可是他也有毛病,不過他的毛病非如戴氏所批駁的那理論上的錯誤,乃在實踐之態度上,即所謂體認所謂主敬是已。這是實踐的方法,由于個人的性格而定,其成爲嚴肅的克己的自律的,這是實踐上的個人態度,不能惡其態度而波及其理論也。況且講起道德學來,則克己自律似乎不能不注意一點,不然則所謂道德即等於虛設了。不過太走極端則顯得人間太嚴肅了。但這是個人的實踐見解。道德律可以普遍,但實踐方法不必普遍。可是戴氏就按著這種實踐方法及其流弊爲動機而批駁朱子的理論,這是錯的。戴氏以爲他的理欲之分有三大害處(根據胡適之先生的分法):(i)責備賢者太苛刻了,使天下無好人,使君子無完行;(ii)養成剛愎自用殘忍慘酷的風氣;(iii)重理而斥欲,輕重失當,使人不得不變成詐僞。這三條批評,似乎皆不得當。程朱的人格是戴氏所承認的。(因爲他說:誣聖欺學者,程朱之賢不爲也,蓋其學借階于老莊釋氏是故失之。)程朱怎麼能完行呢?程朱怎麼不剛愎呢?程朱怎麼不欺詐呢?其學本于老莊釋氏,是老莊釋氏足以害人也,程朱最接近之;但爲何沒害了程朱?爲何不曾使朱子成爲剛愎而欺詐?這可見那三大害是不能歸罪于朱子,更不能因之而

歸罪其理論，戴氏作文的動機在救那三大害，難怪對於朱子有所誤解哩！

C5.6　殊不知道德是「當不當」，「宜不宜」的理想，是怎麼作好人的理想。誠如戴氏所言，則可以不必想作一個完全好人了。須知理想是可以最完全最好，至于能達到與否，邪是實踐的問題，豈有人理想而不想其爲完全者乎？不能作到其理想而歸罪于理想是大不可。復次，理論當該最完全不矛盾，而實際不必作到；但不能因爲實際作不到，理論就可以不完全，就可以有矛盾。

C5.7　朱子的思想是由晚周秦漢到清儒的過渡時代，他的精神很偉大很徹底。他要求那最根本最普遍的原則；這是元學的唯一職務，也是思想的必經階段。他是繼往開來的大思想家，他在中國的地位，猶如康德在西洋的地位一樣。

C5.8　述朱子竟，茲附一段以述戴東原以資比較而期與焦循融合以建設中國之新道德哲學，並可藉以觀中國思想的各方面之眞面目。

D.　附論戴東原的道德哲學

D1.　戴氏《孟子字義疏證》一書是他的理學之建設，不過破壞處多而建設處少，即專門攻擊程朱文字多而對于自己之系統沒有什麼嚴密的組織，今抽繹其書而得五結論，以次證明如下。

D2.　他的理也是注重倫理上的理，是行爲之當與否合理與否的理，換言之，即是判斷行爲之標準的理，而不只是物間的條理，不只是物間的關係或形式的理，所以他的「理」常與「理義」或

「禮義」同提，其意義是相同的，行爲之合當而不亂就叫做理。總之他的理是偏重行爲的合理之理而已。

證明2.1 《疏證・理條》云：「理者察之而幾微必區以別之名也。是故謂之分理」。

這即是他所謂理。「精察」、「區別」、「分理」都是活動之意，即皆是智慧的活動。活動的幾微而區以別以至不或爽失，換言之，即活動的恰到火候便即是理。故理是在智慧的活動上顯，而不在物間的關係上顯。固然他也說物之「肌理」物之「則」，或物之條理；但這也是附帶的，不是主題。況且物之條理，在中國人人都承認，戴氏不必在此注目。戴氏的問題是對付朱子，朱子的理注重于倫理，故戴氏也自在同一範圍中論謂也。一般人謂其爲科學的理，殊不爲然。故第一證明先證明他所謂理是智慧的活動（intellectual activity）之至當的結果。

證明2.2 誰能察之而幾微必區以別呢？曰惟有「仁且智」。仁且智即能始條理而終條理。這是孟子贊孔子的話，戴氏即以之爲基礎而解析其所謂理，今見到戴氏時言條理，便以爲是物間的條理，全是誤解而附會。須知戴氏之言條理與孟子之言條理其意相同。爲何孟子孔子不稱其爲科學家，而獨于戴氏稱之？我們從戴氏以仁且智解說條理，便知其所謂理是倫理上的理，即仁且智者始能終始合理也。

天下事情，條分縷析，以仁且智當之，豈或爽失幾微哉？（同上）

仁者，生生之德也。〔……〕。所以生生者，一人遂其生，

推之而與天下共遂其生，仁也。言仁可以賅義；使親愛長養
不協于正大之情，則義有未盡，亦即爲仁有未至。言仁可以
賅禮；使無親疏上下之辨，則禮失而仁亦未爲得。且言義可
以賅禮，言禮可以賅義，〔……〕而舉義舉禮可以賅仁，又
無疑也。舉仁義禮可以賅智，智者知此者也。（《疏證·仁
義禮智條》）

仁且智者無不仁義禮智皆全。仁義禮智相循環，缺一不可，即
互爲條件而不能獨立者也。其智者仁義禮之智也，知仁義禮者也。
是以智爲貫通仁義禮之工具，爲達到仁義禮之必要條件也。但智又
非別智，乃是仁義禮之智，即能仁義禮便算爲大智者矣。可見其智
非只科學上的理智明矣。

自人道溯之天道，自人之德性溯之天德：則氣化流行，生生
不息，仁也；由其生生有自然之條理，觀于條理之秩然有
序，可以知禮矣；觀於條理之截然不可亂，可以知義矣。在
天爲氣化之生生，在人爲其生生之心，是乃仁之爲德也；在
天爲氣化推行之條理，在人爲其心知之通乎條理而不紊，是
乃智之爲德也。惟條理是以生生，條理苟失，則生生之道
絕。凡仁義對文，及智仁對文，皆兼生生條理而言之者也。
（同上）

這可見仁且智與條理之關係了。這也可知他所謂條理是什麼
了。條理乃只是生生不息，天之所以生生不息，在乎天亦有仁義禮

智之四德也;人之能合乎條理,亦在乎有仁義禮智之四德也。人之合乎條理即是生生不息即是各遂其生,是所謂仁且智之始條理終條理乃不過就是《中庸》所謂盡人性盡物性以至於參天地贊化育者也。這是徹頭徹尾的自然主義天人合一的思想。亦即是天行健君子以自強不息之意。天行健,故能生生不息;人當法天行以參天地之化育而贊其生生不息。這樣的行為即是合理的行為,即是理。可見這是倫理上的理明矣。

證明2.3 各遂其生的生生不息即是情不爽失,也即是始條理終條理的理。故曰:「理也者,情之不爽失也。未有情不得而理得者也」。《疏證‧理條》。如是,情不爽失即為情得,情得即理得。情得便是以情絜情,便是各遂其生;理得即是生生不息,即是始終條理。始終條理即為合乎天理,此仁且智者之所當也。故又曰:「情得其平,是為好惡之節,是為依乎天理」(同上)。這種好惡之節,便即是朱子所謂發而中節。於此,我要問:你的「好惡之節」「情得其平」可謂合乎天理,為何朱子的「發而中節」即為滅絕人欲乎?

證明2.4 為何能以情絜情呢?其基礎在什麼地方?戴氏以為是「心之所同然」,這是本於孟子來的。孟子說:「心之所同然者謂理也,義也。聖人先得我心之所同然耳」。戴氏最能體貼孟子,孟子以「心所同然」言理義,而戴氏即以「心之所同然」為「情絜遂生」之基礎,情絜遂生即為理,是心所同然也就是理義之基礎。故戴氏曰:

心之所同然,始謂之理,謂之義;則未致於同然,存乎其人

之意見，非理也，非義也。凡一人以爲然，天下萬世皆曰是
不可易也，此之謂同然。舉理以見，心能區分；舉義以見，
心能裁斷。分之各有其不易之則，名曰理；如斯而宜，名曰
義。是故明理者，明其區分也；精義，精其裁斷也。不明往
往界於疑似而生惑；不精往往雜於偏私而害道，求理義而智
不足者也。故不可謂之理義。（同上）

由「心之所同然」之謂「理」便可推知「非理」之爲「偏私」而
「疑似」也。偏私疑似，不智也；故智而能精斷，精斷是精義矣；
智而能明分，明分是明理矣。精義即爲斷同，明理即爲分同。斷同
分同理義同而爲心之所同然矣。故心之所同然能有理義，且唯有理
義始能實現心之所同然。兩相映照者也。

　　證明2.5　「心之所同然」之謂理，「以情絜情」之謂理。這
是戴氏的「理」論之主要意義。與他所謂「仁且智」所謂「條理」
所謂「各遂其生」皆爲一貫之論。其所以爲倫理之理者就在此。這
是他全部理論的主要貫索，其他一切問題皆以此觀點解析之。可惜
這是適之先生所不能了解的。他在《戴東原的哲學》上有以下的一
段話：

　　這種見解和戴震的哲學頗不一致；因爲戴震論求理，雖然也
　　說「以情絜情」，但他的一貫的主張，卻在「心之明之所
　　止，於事情無幾微爽失」。我們在前章曾指出「以情絜
　　情」，必須假定「一人之欲，天下人之同欲也」。這也近於
　　認主觀的意見爲理。我們曾指出這是戴氏偶爾因襲下來的說

法，和他的根本主張頗有點不一致。焦循相信愚夫愚婦都有
良知，可以感動，所以他竟主張「不論其是非」。如果戴氏
提倡一種新的哲學，認理為事務的條理，而他的效果，僅使
人「不論其是非」，這還算什麼哲學革命呢？「不譴是
非」，豈不早已是莊子的主張嗎？所以焦循的誤解，倒可以
使我們格外明瞭戴氏的學說裏的因襲部分的缺點，我們讀戴
氏的書，應該牢記他的「以情絜情」之說與他的基本主張不
很相容；若誤認「以情絜情」為他的根本主張，他的流弊，
必至於看輕那「求其輕重，析及毫芒，無有差謬」的求理方
法，而別求「旁通以情」的世故方法。〔……〕

細玩他這段話，簡直是以自己的成見以自己的好惡來觀戴氏，簡直
好似沒有細讀戴氏書似的。今細分析其話如下以證其謬：

（i）不統觀全局而斷章取義。

（ii）沒明白他所謂理是什麼？他所謂「智」是什麼？以及他
所謂「條理」是什麼？

（iii）須知他的理即等於條理，而條理即是生生不息各遂其生
的以情絜情而不爽失的合理觀。參看「證明2.2」可知。

（iv）所謂「察之而幾微必區以別」即是情不爽失。

（v）所謂「心之明之所止，於事情無幾微爽失」即是智慧的
活動所得到的以情絜情之情不爽失。

（vi）須知戴氏的「智」是有條件的，即是說，與仁義禮相連
環。單獨分言，「智」是對付「察之而幾微必區以別，是故謂之分
理」的。但戴氏的目的在以情絜情，在生生條理，在情不爽失，所

以只言智是不夠的，必須「仁義禮智」合言。至其連環也，你可以說舉仁可以賅義禮智，舉智可以賅仁義禮。但要知這種「賅」性，正是有條件的智，有條件的仁，離了它的條件不成其為智，不成其為仁也。胡適之斷章取義而以為智慧的活動即是理，錯的！

（ⅶ）他的智是「智慧的活動」不是理；他的理是生生條理情不爽失而各遂其生，不是智。智是得到他所謂理的一個因子，即是說，得到理不只是智。

（ⅷ）適之先生沒有明白了他的用語的一貫，以為「以情絜情」不是他的根本主張，而是沿襲下來的舊思想，他的根本主張在「心之明之所止，於事情無幾微爽失」，這全是一偏之見而沒有根本了解的。

（ⅸ）適之先生以為假若是「以情絜情」，豈不是「一人之欲，天下人之同欲」？豈不是「心之所同然」？這樣，豈不也成了「認主觀的意見為理」嗎？豈不成了一個大奢望嗎？這是我所不喜歡的，所以戴氏也必不如此！但這確是戴氏的明意，沒有辦法，只好說他是沿襲的舊思想，而另取他意以曲解之！

（ⅹ）須知這一曲解，不但智、理、條理等用語不明，即是「心所同然」也不曾明白，須知他的以情絜情之基礎即在「心所同然」，即在「天下之同欲」。把著者個人所主重的所特別注意的，謂之為偶爾沿襲，恐怕太不「察之而幾微必區以別」了，這樣如何能絜情於戴氏呢？

（ⅺ）如是，「絜情」與「察之而幾微」並不矛盾，在戴氏的思想中，非「察之而幾微」不足以「絜情」，不絜情不足以盡其「心之所同然」。「心之所同然」為絜情之基礎，但要實現「心所

同然」，必要「精義」「明理」。「精義」即是「斷」之同；「明理」即是「分」之同。可見心所同然，乃即是在理義之中，而理義足以實現「心所同然」也。實現了心所同然，即是實現了絜情，即是實現了生生條理而各遂其生之情不爽失。精義精斷明理明分之「明」字「精」字即是「智慧」的作用。如是，仁義禮智與「心所同然」與「以情絜情」乃互相連環而互相映照者也。簡言之，一以貫之。參看證明2.4及2.5可知。

（xii）至於他說焦循誤解戴氏的話，我以為乃是適之先生誤解了戴氏，同時又沒明白焦循。在戴氏的主張中，「以情絜情」沒有「不譴是非」「不論其是非」的意思。這乃是適之先生的誤解。至於焦循的意見，乃指現實生活而言，不可一概而論。焦循所謂「說以名分，勸以遜順，置酒相揖，往往和解」。這實在乃是鄉間之實情，實在是就老百姓的關係間之和睦而言，而適之先生竟以之來批駁顯示戴氏的「以情絜情」之誤謬，大錯！這不是正文，不多言。

（xiii）如此，我的結論，我真對不起，我真不能牢記他的「以情絜情」與他的什麼根本主張有什麼不相容處。他的根本主張即是「以情絜情」。．

（xiv）戴氏根本就不是哲學革命者，乃是儒家理論的比較平情者，與朱子的根本不同點也無幾。本分 C5.4條也曾顯示過。至末再比較一下。

D3.　他的理義是根據「心知」之性的。換言之即是理性（reason）而已。心是自覺，知是辨別。理義即由此自覺的辨別而出。所謂精義、精斷、明理、明分者即是心知之明辨也。

證明3.1　他以爲性有血氣心知之分。血氣，五官之感受情欲者也；心知，意識之自覺也。血氣爲五官之感受，故可名之曰「感性」；心知爲意識之自覺，故可名之曰「理性」。這與朱子就相同了。不過朱子的義理之性是由「理」而來，故爲至善，及其發爲仁義禮智仍屬合理，故仍爲「理」。如是，朱子且爲理性找一所以然之故即普遍的理是，而戴氏則不找其所以然而直承認其爲自然之性。這是他們的不同處，即一人言所以然之故，一人不言而言自然如此。這即是他們的根本不同，並且也即是使他們所以沒有什麼根本不同之處。後邊再說。於此，可見戴氏不是純粹經驗主義，還承認有心知之性，並且承認心知有自然之明自具之能。心知之性即是理性，理性是爲經驗主義所不承認的。理性有自然之明自具之能，這所謂自然之明與自具之能，在理性主義，即所謂先驗觀念（apriori idea）或內在觀念（innate idea）是也。這也是經驗主義所不承認的，可見戴氏是不能與朱子有根本差別的，這也就是戴氏之所以不能負革命之責的緣故。總之，中國思想家都是這條路。戴氏不能例外，況且他還是孔孟之信徒哩！

證明3.2

　　明理義之悅心，猶味之悅口，聲之悅耳，色之悅目之爲性。味也，聲也，色也，在物而接於我之血氣；理義，在物而接於我之心知。血氣心知有自具之能：口能辨味，耳能辨聲，目能辨色，心能辨夫理義。味與聲色，在物不在我，接於我之血氣，能辨之而悅之，其悅者必其尤美者也。理義在事情之條分縷析，接於我之心知，能辨之而悅之，其悅者必其至

是者也。(《疏證・理條》)

此言五官能感聲色味，其最所悅感者，即是最美者，這可說得過去，因為美不美，全因各人之感受而定。至於心知之悅理義，其悅者卻不必至是。你說心知有悅之能可，你說他所悅者即是「至是者」則不可。這是顯然的。復次，你說心知能悅「至是」可，但說所悅者即為「至是」則不可，這也是易明的。因為，他所謂理義是精斷明理之理義，是情不爽失生生條理之理義。是「客觀的」「物觀的」「普遍的」「心之所同然的」。故說「理義，在物而接於我之心知」。他這個「物」即是「物觀」之意，並不必是東西。本來中國人用物字並非西洋「matter」之意，乃是指普遍的一切而言，什麼都可用。譬如所謂格物之物字，乃全是指事物而言，或事情而言。戴氏也認為固然，也不曾細細分析。所以他說「情不爽失」，也常說「事情之無幾微爽失」。在此又說：「在物而接於我之心知」，「在事情之條分縷析」。其實意義是一樣的。故他所謂「物」字「情」字「事情」都是相同。它們的無幾微爽失，情不爽失，生生條理，各遂其生，即是理義。故凡理義必是仁義禮智之理義，必是心所同然的理義，必是以情絜情的理義。這樣的理義，自是普遍的，大家所承認的，也自然是為人所喜悅的。但人所喜悅者卻不必是這普遍的「至是」之理義。因為假若如此，則所謂理義必不是仁義禮智之理義，必不是情絜之理義。它當有兩種危險的意義：

　　(i) 主觀的好惡，是真戴氏所謂意見之理也。

　　(ii) 不必有賴於「精義明理」，而所謂「不惑」，「偏私」

也就無意義。因所悅者必至是者故也。

　　須知所悅者不必「至是」。故此處當分別清楚，勿以辭害意也。戴氏意是：由仁義禮智而得的「理義」必是「至是」，必是「可悅者」；但不必有「所悅者即是至是」之意。

　　證明3.3

> 故理義非他，所照所察者之不謬也。何以不謬？心之神明也。（同上）

「心之神明」即是心知自然之明。神明至於極致便會不謬，便是理義。神明之極致，即是仁義禮智之極致。由仁義禮智而得的「理義」必是「至是」，必是不謬，必是「可悅」。

　　證明3.4

> 耳目口鼻之官臣道也；心之官，君道也。臣效其能，而君正其可否。理義非他，可否之而當，是謂理義。〔……〕是故就事物而言，非事物之外別有理義也。有物必有則，以其則，正其物，如是而已矣。就人心言，非別有理以予之而具於心也。心之神明於事物，咸足以知其不易之則。譬有光皆能照，而中理者，乃其光盛，其照不謬也。（同上）

　　（ⅰ）此亦承認有兩個我即理性之我，與感性之我也。理性之我指導感性之我而同歸於當，是謂理義，故理義者兩我合成者也。

　　（ⅱ）故理義只是血氣心知之性之所發，發之可否得當者，故

非別有理以予之。

（iii）事物之則亦然，非別有理以予之。

（iv）他這兩義是反對朱子的。可是誤解了！朱子也承認有物必有則，也承認發而中節即爲理。但他以爲這樣解析不夠。必須要找那「有物有則」的所以「有則」之故；必須找那「發而中節」的所以「中節」之故。即其「中節」、「有則」乃有其普遍的內在的先驗之故的。此故在先而爲之機動，「中節」「有則」即是這個「故」字的實現，所以徹頭徹尾是互相滲透而一貫的，那裡是別有一理而予之？

（v）戴氏誤解朱子的理爲有一物，故反對之以爲有害而自己亦復不言以自戒而異於朱子。

（vi）其實除掉了誤解外，不言朱子之所言而言自然之明者，骨子裡也就是朱子的所以然之故之理。朱子明言之而名爲理以爲一切之機，這個道德的基礎是很堅固的。戴氏不言而言自然，這倒是無條件的承認，其實是遁辭是滑頭是避懶，而倒顯得道德的基礎不妥當不明白不堅固不根本。

（vii）你以「心知之明」爲「理義」的基礎，而朱子就要找「心知之明」的所以然之故；你以「心之所同然」爲「以情絜情」爲「生生條理」之基礎，而朱子就要求這「心之所同然」的所以然之故。復次，你說「生生條理」「各遂其生」是「理」，而朱子就要求你這「理」的所以然之故。

（viii）這所以然之故的「理」與其成爲實現的「理」是沒有隔膜的。不知如何能把它看成別有一物！

D4. 血氣之性固是本有，固是內的；心知之性也是固有，也

是內的。故心知即是良知良心。明辨即是良知良心之良能，即是理性。理義即由此理性而發，故理義自然也是內而非外，故戴氏所謂理，根本上，仍即是倫理上的理，根本即是想證明孟子的內理義（＝禮義）之說。即理義既由內的良知良心而發，並且也由內的良能而辨別。因爲理義既是內的，所以人之所以異於禽獸者即在此。故人之與物，其性之根本性質沒有什麼不同，所不同者，在性所具之內容之多寡耳。人多具一理性，所以即異於物性。告子只知生之爲性爲感性，須知理性也是生之爲性也。感性理性都是內的，所以都是善的。善，據張東蓀的意思，只是「好」而已，並沒有道德上的善惡判斷之意。即他們所證明的善只是性格學上的自然之好，而不是道德學上的當然律理想律。吾意，在中國道德哲學上，只有仁義禮智信可以說是道德律，至於性情才道等字只是性格學上的問題。它們可以作那些道德律的基礎。

　　證明4.1　感性也是善的。「凡血氣之屬，皆知懷生畏死，因而趨利避害；雖明暗不同，不出乎懷生畏死者同也。」（《疏證・性條》）

　　這是「好」的根本原則，這是根本的利己心，利他心非由有此利己心不可；故倫理觀念也即由之而起。懷生畏死的利己心，根本就是趨利避害，就善遷惡，根本觀點在保其生，仁其生，這即是善之端。故根本是善。惡是對他而言，是利他心的不調和，然根本出發點爲善則無疑。利他心也是血氣之屬所同具的，利他心即是同情心。

　　禽獸知母而不知父，限於知覺也；然愛其生之者，乃愛其所

> 生，與雌雄牝牡之相愛，同類之不相噬，習處之不相齧，進
> 乎懷生畏死矣。一私於身，一及於身之所親，皆仁之屬也。
> 私於身者，仁其身也；及於身之所親者，仁其所親也。心知
> 之發乎自然有如是！人之異於禽獸者亦不在是！（同上）

愛其生之者及其所生者，及其所親近者，皆為利他心同情心之表現。然根本觀點在利己心，即為利己心之派生，即為懷生畏死之擴大。然此亦為人物所共具，人之特異不在此，即只有利己與利他是不夠的，人之所以為人雖不外此，然亦不只此。戴氏此說頗與休謨（Hume）相似。然休謨以為道德即為同情心之演進之表現。故休氏成為同情主義。但同情可以為道德之肇端，可以為道德之啟發，而不即是道德。戴氏有見於此，故以為「人之異於禽獸者不在是。」這即是戴氏之所以不是純粹同情主義，進化主義之所在。他還有其他成分，即理性主義之先驗理性（在戴氏自己不曰「先天」而曰「自然之明」與「自具之能」）是。

　　證明4.2　人之所以異於物性者，就在能自覺，有心知之「自然之明」與「自具之能」，能擴充其懷生畏死之根本善性，能監督節制其利己與利他之感性。故人之特異在乎：

　　（i）有理性監督感性；

　　（ii）有理性以擴充感性使其至於以情絜情合於理當於義而各遂其生以成為生生不息之條理。

　　這樣，同情主義與理性主義就融洽了。然要之設有理性之我以制裁感性之我則無疑，道德即由這理性之我之制裁而起。可見純是同情主義進化主義的自然主義是不能說明道德的，這點，中國人似

乎高明。

> 人之心知，於人倫日用，隨在而知惻隱，知羞惡，知恭敬辭
> 讓，知是非，端緒可舉，此之謂性善。於其知惻隱則擴而充
> 之，仁無不盡；於其知羞惡，則擴而充之，義無不盡；於其
> 知恭敬辭讓，則擴而充之，禮無不盡；於其知是非，則擴而
> 充之，智無不盡。仁義禮智，懿德之目也。（《疏證‧性
> 條》）
> 〔……〕使無懷生畏死之心，又焉有怵惕惻隱之心？推之羞
> 惡、辭讓、是非亦然。使飲食男女與夫感於物而動者，脫然
> 無之，以歸於靜，歸於一，又焉有羞惡，有辭讓，有是非？
> 此可以明義禮智非他，不過懷生畏死，飲食男女，與夫感於
> 物而動者之皆不可脫然無之，以歸於靜歸於一，而特人之心
> 知，異於禽獸，能不惑乎所行，即爲懿德耳。（同上）

他這最後的長句子可說就是戴氏的道德定義也就是他的理之定義。
這一見便知是自然的、實在的、素樸的味道。仁義禮智即是由心知
之明之擴充推而至於以情絜情而由懷生畏死之根本觀點以達到各遂
其生而各得其當之「倫理關係」也。這「關係」總名便叫做
「理」。故理即在欲中，而由欲以顯之。欲者欲望也，由此根本之
欲望，「善」之觀念引出了；由心知之明，「理」之觀念引出了。

　　故善與理之基礎即建於自然的血氣心知之上；而胡適之先生以
爲建基於「才」，不知從何說起！再羅根澤先生近來在《哲學評
論》上登載一篇〈孟荀論性新析〉，其觀點以爲孟子利用性善以歆

動,即只證明性善而不足以證明其無惡,荀子亦然。故其論善論惡皆有作用,故為價值論上的。吾意不然,須知他是從自然或說從性格學上證明「性」根本是善而無惡,其為價值論乃因為所討論的是倫理問題故為價值論而非其利用善而為價值論也。

證明4.3 物之不同在乎具形之定性,人具有感性理性二者,故人異於物。戴氏以為理義是性中所有事,而性非理,即理不就是性,理義是由理性引申出來的。故說:「言理義之為性,非言性之為理。」(《疏證‧性條》)此言理義由心知之明而擴充之以至於當也。認理為後起而由自然之明以引之,這也是反駁朱子的。須知朱子所謂「性即理」,乃即是戴氏所謂「自然之明」,這個「明」在朱子叫做仁義禮智之「理」之所以然之故。這個「故」朱子也叫做是「理」,故曰「性即理」。蓋言有此天理之性所以才能發而至於仁義禮智而皆中節也,這個中節之仁義禮智,朱子亦名之曰「理」。其所以中節之故也是「理」。這兩個理原屬相通而參貫不隔膜也。朱子多一周折,戴氏少一周折而直名之曰「自然」。戴氏只見出理性活動之合乎理義引出「理義」為「理」,而朱子卻要進討所以合於理義之「樞機」。這是根本不同處;也即是根本沒有什麼了不得的不同處。

D5. 區別人物性之不同及人與人性之不同,及其何以能由其稟性而發出各如其性的些不同現象之歧異,則在乎「才」。我們由才可以觀性,才不同,可以知性不同。因才者所以發散其特殊之性而呈於外之具者也;也可說才就是那特殊之性之發散呈於外而有質可睹有象可徵者也。朱子所謂「才是會恁地去做底」,意與戴同。

證明5.1

才者人與百物各如其性以爲形質，而知能遂區以別焉。孟子
所謂「天之降才」是也。氣化生人生物，據其限於所分而言
謂之命，據其爲人物之本始而言謂之性，據其體質而言謂之
才。由成性各殊，故才質亦殊，才質者性之所呈也。舍才質
安睹所謂性哉？（《疏證・才條》）

性是指本始而言，有如此之可能；才是氣質，指會如此而言。血氣
心知之性，如其所是而活動以呈出其特殊形狀，這便叫做「才」。
故曰：「才質者性之所呈也」。就人類言，人人都有血氣心知之
性，爲何各自其性而有所不同呢？換言之，同一血氣心知，爲何各
人不同呢？戴氏說：「性者分於陰陽五行以爲血氣心知，品物區以
別焉。舉凡既生以後，所有之事，所具之能，所全之德，咸以是爲
其本，故《易》曰：成之者性也。」如此可知，各人之不同，即自
其本始已成而然矣。即血氣心知雖同，而其成也則不同，換言之，
其質料同（血氣心知）而其配合之形式不同也。因此本始之成之不
同，及其發而呈於外，即完成其個性而成爲特殊，則即是「才」。
如此可說：性者在其本始具此特殊之可能；才者從其發而呈於外而
完成其可能之特殊，以使其不可見之本始之「成性」變而爲昭明之
「才質」。自其本始之未呈言謂之「性」，自其已呈之完成言，謂
之「才」。既不可說：各人之不同，就因性而見，因在其未呈之
時，不可知也；復不可說：各人之特殊即因「才」而完成，因其所
以呈如此之特殊者，「性」之已成爲之也。如此，個性之成，性才
若合符節而完成顯示之者也。故一方面說「才質」爲「性」所呈；
一方面說由「才質」而觀「性」。是互相照映而自然合拍者也。

我們由血氣心知之性同，及所以成其血氣心知之性者之不同看來，則朱子所分的理與氣不是沒道理的。其所以成斯不同者，在戴氏以爲「性」有此之可能而「才」爲之完成，在朱子以爲是氣之駁雜與歧異（注意：所謂駁雜與歧異不必壞，只是分化而已）。在此，吾以爲二人之見又相差無幾。戴氏沒有注意到血氣心知之「性」同，如何能成不同之血氣心知。但只言性爲本始，才爲體質；由才觀性，由性呈才；所以各人因以區別。所謂體質，即是氣質而已，是戴氏亦微露氣爲特殊之意。特因反對朱子而未明言耳。可是我們因朱子之理論越發顯出朱子之根本，戴氏之不徹底。不然則所謂相同之「性」何以能成不同之「性」，究無從解。固然，世間裏沒有離了氣的普遍的「同性」；但從解析上說，是不能沒有這種分別的。不然，則所謂「人人有血氣心知之性」，這話就不能說，而「人人又各有其不同的血氣心知之性」這話亦不能說。淺人之流既不明朱子復不懂戴氏，而妄附戴氏以駁朱子，謬矣！

證明5.2 故「成是性斯爲是才，性善則才亦美」。「才可以始美而終於不美，由才失其才也。不可謂性始善而終於不善。性以本始言，才以體質言也。」（同上）

才何以始美而終不必美？「其稟受之全則性也；其體質之全則才也。稟受之全，無可據以爲言，如桃杏之性全於核中之白，形色臭味，無一弗具，而無可見。及萌芽甲坼，根幹枝葉，桃與杏各殊，由是爲華爲實，形色臭味無不區以別者，雖性則然，皆據才見之耳。成是性，斯爲是才。」（同上）

我們看了這段話，簡直即是朱子理論的變形。所謂「無一弗具而無可見」那不就是朱子所謂「理」所謂「性」是什麼？所謂

「性」始終是善，而「才」不一定，則不是朱子所謂理氣之分是什麼？不過朱子說的話太多了，周折太多了，解析的太清楚了，滲透的太入微了。故顯得麻煩神秘不可捉摸而易誤會。

我們再解戴氏的話。性以本始言，始之稟受無不全，故性無不善（可見所謂善即等於其本全之好而已）。既稟以全性，即具以全質，故體質之才，其始也，亦為善為美。性有其所以為桃所以為杏之可能。桃如其所為桃，杏如其所為杏，無不全善，性也。及其實現以後，各如其性而完全，無一毫欠缺，即桃是其所是桃，杏是其所是杏，這雖由「性」而如此，然發揚之者則「才」也，據之而見者「才」也。即據此「才」以見其「性」。設此「性」之實現為完全也，則「才」為美，斯為「踐形」，斯為「盡其才」。設或發育之不完全，「性」不得如其所是而完全實現，則「才」為不美。是為「不盡其才」，是為「不踐此形」，但「性」自若也。即完全至實現固為桃為杏，不完全而實現亦不能變桃為杏，變杏為桃也。故性始終是善，而完全之與否，其責在才，以才據體質言故也。並且所謂實現之完全與否者亦只是體質之謂也，即只能由體質而見也。故「才之美惡與性無所增損。」只能於體質之實現有完全與否耳。完者為美才，否則為不美。故「才」始為美而終則不定。這也與朱子論「氣」一樣。即「性」是全稱「肯定」，而「才」則是「特稱肯定」或「否定」而不能為「全稱否定」也。

證明5.3　所謂「才」不美者，言不能節制感性而使其歸於至當也，然其才則儘可以有能使其歸於至當之可能。孟子說：「乃若其情，則可以為善矣，乃所謂善也。若夫為不善，非才之罪也。」非才之罪據戴氏意，即是「非天之降才爾殊」，即才之始稟

亦無不完全而美也。及其不美而為不善，則非天之降才有所不同而特使其為不善也。故曰：「體質戕壞，究非體質之罪」（同上），即非才之罪也。「非才之罪」據此解亦可通。但有一疑問：是誰的罪呢？這點戴氏未顧及，可以焦循之意補充之。

焦循以為「非才之罪」即是孟子所謂「不能盡其才也」。即你本有此才，而你不能盡之，故罪在人之不能盡上。此意亦不歸罪於「才」。焦循此解把「非才之罪」，「非天之降才爾殊」，及「不能盡其才也」，講得甚為一貫。吾意亦非三句合解，不能得其意。

戴氏解「非才之罪」曰：「卒之成為不善者，陷溺其心，放其良心，至於梏亡之盡，違禽獸不遠者也。」這是歸罪於陷溺其心了。但要問罪不在才，何以能陷溺其心？陷其心，罪歸於何？歸罪於物欲嗎？但物欲是不能罪不可罪的，這至少戴氏的態度是如此。故勢必以焦循之意，而歸罪於不能盡其才。這點可補戴氏之不足。但是總有點丟圈子，好好的，怎麼就會不能盡其才呢？這有兩個原因：（i）先天的根本缺陷，這點戴氏有很好地說明：「又譬之人物之生，皆不病也，其後百病交侵，若生而善病者。或感於外而病，或損於內身之陰陽五氣勝負而病。指其病，則皆發乎其體；而曰天與以多病之體，不可也。」即先天的不足，足以使你不能盡才，然亦不是「才」之罪也。（ii）是後天的影響或環境的影響。戴氏也有很好地說明：「人之初生，不食則死；人之幼稚，不學則愚。食以養其生，充之使長；學以養其良，充之至於賢人聖人，其故一也。才雖美，譬之良玉成器而寶之，氣澤日新，久能發其光，可寶加乎其前矣。剝之蝕之，委棄不惜，久且傷壞無色，可寶減乎其前矣」。這是環境的影響，可以使你不能盡其才。然亦非「才」

之罪也。

　　然亦不可全歸於先天後天之自然。因先天之不足，可以用後天之環境以改變之，這是近代生物學所已證明的，而後天之環境亦可用個人之毅力以抵抗之也。焦循之歸罪於不能盡其才，就在使人不要爲環境所屈服，要打破環境，要衝出去，此歸罪於自己而不歸罪於人也。吾所以謂焦循有理想之希望者，此亦一端。然不能純以自定與否解析「不能盡其才」。故最好戴焦合觀，即一方注重環境，一方注重意志。兩者都壞，即足成不能盡其才。兩者皆好，即能盡其才。要使不能盡其才變而爲盡其才，在道德哲學的立場上，當注重於內心的意志之自定。因道德之根本含義即在理想，理想者對於環境之反抗也。

　　D6.　由自然之血氣心知之性盡其才而完全實現之以歸於仁義禮智之至當之「必然」而完成其「自然」，是爲「合理」，是爲「絜情」，是爲「各遂其生」，是爲「生生之條理」，是爲「自然之極致」。

　　證明6.1

　　　　陰陽五行，道之實體也；血氣心知，性之實體也。有實體故
　　　　可分，惟分也故不齊。〔……〕（《疏證・天道條》）
　　　　物者指其實體實事之名，則者稱其純粹中正之名。實體實
　　　　事，罔非自然；而歸於必然，天地人物事爲之理得矣。
　　　　（《疏證・理條》）
　　　　善者稱其純粹中正之名，性者指其實體實事之名。一事之
　　　　善，則一事合於天。成性雖殊，而其善也則一。善其必然

也，性其自然也。歸於必然，適完其自然。此之謂自然之極
致。（《疏證‧道條》）

我們於此三段中，可以看出有以下幾條特色。

（i）道之實體是陰陽五行，可名之曰「物理實體」
（physicalentity），此種實體不是固定的顆粒性的，而是流動的有
節奏的，是可分的，不是實在是分的，這是他的天道觀，宇宙觀。

（ii）因為可分，故分而定於一即成一整體，則性即成。故戴
氏最喜歡《大戴禮記》：「分於道，謂之命；形於一謂之性」這幾
句話。由分於陰陽五行之氣化流行之道，就叫做命，命者定也，定
而形於一，其性成。性之實體是血氣心知，此種實體可名之曰「心
理實體」（psychological entity）即心理現象是。

（iii）於此我們可以看出：物理實體與心理實體都是由根本的
自然界而分化出，都是些自然實體（natural entity），總之即叫做
物實（actual entity）。

（iv）也可以看出：心理實體是由物理實體的凝聚或結聚而
成。這是從客觀到主觀的分化形成。也即是從普遍的流行到特殊的
個體之轉化。其形成一整體，自其外延（extension）而言，便即是
物，自其內含（intension）而言，便即是心。自其凝聚而具形也，
便是一個幾何體（geometrical entity）。由此體而發生些特殊現
象，即是心態。

（v）如是，心與物全是根本的物理實體即氣化流行之所成。

（vi）這是中國人的傳統見解，也許就是一種對的見解，所以
沒有心物的爭論，因都是自然的生成。也可以說心理實體即心態是

物理實體的突創品即是突發的（emergent）。即由氣化流行之結聚而自然發出，自然生成出。照朱子的意見，所謂血氣心知也仍是氣，換言之，即仍是陰陽五行之氣化。

（vii）所以在中國沒有心物的問題發生，只有一個氣化流行的物實世界。道或理，在朱子，是氣化流行的所以然之故，也是氣化流行的自然條理。所以道或理只是氣化流行的顯示，而不能另成一世界外於氣化流行。在戴氏道或理即是氣化流行的生生條理，即是氣化流行的完成者。

（viii）氣化流行是自然，條理是必然。必然適完其自然，也是自然之極致。

（ix）必然是則，自然是**實體實事**。「則」，在天道，即是氣化流行之條理，即是生生條理。沒有則，即沒有必然，不能成其生生，不能完其自然。不能完其自然，是不能生生而不息也。故生生不息必有條理，唯條理始能成其生生不息。換言之，自然之極致，必歸於必然；唯必然始能成其自然。自然與必然非二也。

（x）在人道，「則」即是禮義或理義，或「理」。故戴氏所謂理，注重點是在人道上，故為倫理上的理。其言天道之「則」者，為其基礎也，為將來與天合一，與天地參之張本也。

（xi）「則」為純粹中正，普遍言之也；「善」亦為純粹中正，限於人道而言也。故「善」即是「則」即是「理」。「善」是心態之性的發散之極致，即自然之必然。自然之性盡其才而發揮之擴充之完全之實現之，則即是歸於必然之善，也即是歸於必然之理。是此必然之理也即是自然之完成也。有此必然之理，始能以情絜情生生條理而各遂其生，這即是自然的實現。故無「必然」不足

以成其「自然」，無自然無所謂實現之「極致」。自然與必然，在人道，亦非二也。正是絜情遂生之顯示也。

（xii）如是，善或理，全是自然之性之自我發揮或擴充，而非外鑠。這是從玄學上證明性善。即是說，從分於氣化流行而具形以成自然之性起就有懷生畏死的根本善念，自然之明自具之能的良心良知，由此而擴充之，便是善之完全或實現，也即是自然之極致或歸於必然。這是由自然的生成上而證明，決非利用善之說也。

證明6.2

> 有天地然後有人物，有人物而辨其資始曰性。人與物同有欲，欲也者，性之事也。人與物同有覺，覺也者性之能也。欲不失之私則仁，覺不失之蔽則智。仁且智非有所加於事能也，性之德也。言乎自然之謂順，言乎必然之謂常，言乎本然之謂德。天下之道盡於順，天下之教一於常，天下之性同之於德。性之事配五行陰陽，性之能配鬼神，性之德配天地之德。（〈原善〉卷上）
> 物不足以知天地之中正，是故無節於內，各遂其自然斯已矣。人有天德之知，能踐乎中正。其自然，則協天地之順；其必然，則協天地之常。莫非自然也〔……〕。（〈原善〉卷中）
> 〔……〕明乎天地之順者，可與語道；察乎天地之常者，可與語善；通乎天地之德者，可與語性。（〈原善〉卷上）

於這三段話中可以貫串了戴氏的整個思想之系統。

（ⅰ）天地之順，自然也，道也，氣化流行也。協其順者，人物之性也。血氣心知之性自然也。

（ⅱ）天地之常，必然也，不易也。協其常者，人性之善也。以常爲必然爲善是早期的〈原善〉所多出的概念。

（ⅲ）天地之德，本然也，本有其德以歸於必然也。協其德者，人性中之仁且智也。仁且智爲性之德，由此德而能完其自然之性以歸於理義也。

（ⅳ）「必然」之「常」與「本然」之「德」這兩個概念在《疏證》中就歸併而爲一了。即所言之「必然」是也。在〈原善〉中是有此分別的。

（ⅴ）言其順故「自然」也。言自然之性有仁且智之良端，故曰「德」，此德爲內所固具非由外鑠，故「本然」也。由此本然之德能協於天地之「德」，協於天地之「常」，而成其各遂其生之條理，此條理與常便是「必然」。

（ⅵ）如是，由自然歸於必然而完成其自然，其間以「本然」之「德」爲媒介者也。自然，本然，必然而咸得，「善」之至也，「則」之至也，「理」之至也。

（ⅶ）由仁且智之德擴而充之，即能合於理義，即能始條理而終條理，即能以情絜情而各遂其生，即能協於天之生生不息之條理。

（ⅷ）仁且智斯爲盡其才，不仁且智即爲私爲蔽。是仁者由內向外之激動也，智者指導其向外之激動也。人之好生活，即是被仁所激動被智所指導。其最後的結果便是始終條理各遂其生。仁且智是內的本然之德，可見始終條理之理便是倫理上的「理」無疑

了。

　　（ix）結果，戴氏的道德哲學只是「仁且智而始終條理」一語
盡之。

　　證明6.3

> 天下之事，使欲之得遂，情之得達，斯已矣。惟人之知，小
> 之能盡美醜之極致，大之能盡是非之極致。然後遂己之欲
> 者，廣之能遂人之欲；達己之情者，廣之能達人之情。道德
> 之盛，使人之欲無不遂，人之情無不達，斯已矣。（《疏
> 證·才條》）

這即是始終條理的註解。這是戴氏的達情遂欲的道德哲學。這是最
後的結論。

　　戴氏徹頭徹尾以仁且智始終條理爲貫索，而胡適之先生竟謂其
爲偶爾的沿襲！豈不怪哉？

　　D7.　綜結及與朱子之比較。

　　D7.1　綜結：

　　（i）以自然之性出發，感性爲懷生畏死，理性爲心知之明，
而都是內具的自然之善，爲本然之德。故爲自然主義同情主義良心
主義或曰理性主義直覺主義。

　　（ii）由自然之性擴而充之成爲自然之極致而歸於必然之善。
故爲擴充主義而非進化主義。

　　（iii）必然之善即是達情遂欲，各遂其生，故爲功利主義快樂
主義結果主義。

（ⅳ）達情遂欲之至善便是理，故「理」爲倫理上的理。

（ⅴ）總之他的道德哲學可謂爲「唯理的情通主義」。

（ⅵ）他的「仁且智而始終條理」的道德觀，這比較是容易接近的，也實在是自然主義的系統。

D7.2　比較：

（ⅰ）朱子進探「所以然」，找一普遍的先驗的基礎；而戴氏只言「自然」。

（ⅱ）朱子偏重於其所謂「理」而忽略了「情欲」，以爲理得，情欲即能達而中和，故比較是靜的後返的。戴氏偏重於情欲之達遂而忽略了他所謂自然之明的探討，以爲情達欲遂即是理。這是兩人的注重點不同。其實未嘗不可合作的。

（ⅲ）再就是兩人的性格不同。朱子偏於嚴肅主義克己主義理性主義；戴氏偏於良心主義擴充主義同情主義。

（ⅳ）求學的態度不同。朱子得著一個理，解說的結果，神秘性大，不可說，叫人體認。戴氏許就因著此點謂其爲釋爲禪！其實眞理是一層，實踐的態度又是一事。天地間不能說沒有神秘；但也不能因爲神秘就一概目之爲佛爲老。有神秘即有求神秘之方法，但不能因爲其態度其方法是求神秘的，也就一概目之爲佛爲老。並且也許就因爲他的理神秘性大，所以才不能目之爲「如有一物」吧。

III 清胡煦的生成哲學之易學

引 言

胡煦字滄曉河南光山縣人，康熙年間的進士。官至禮部侍郎。

胡氏採取邵堯夫等道士派所畫的《河圖洛書》而改其觀以作爲他解析世界的基礎。他有一貫的系統，他的假設很少，他從幾個根本觀念以推演全部的理論。他是解析具體世界的，所以沒有朱子那樣神秘；他進一步追求本源，所以很精深而不浮淺。

《周易函書》李去侈序：「大抵先生之於易也，豁達而不流於曠渺，精深而不泥於訓詁，博採而不役於方技。〔……〕」這評論是對的。

假若漢人的思想可說是科學的，則胡煦將即是科學底哲學，即他要給漢易樹基礎。所以我說胡煦是中國的最大之純粹哲學家 。

於是，他論《易》的觀點是：（i）反對晉宋所言的神秘的義理；（ii）注重於以圖象所表象的自然事實，而不拘於人事。

關於第一點，《周易函書》胡氏自序云：

〔……〕《周易》止卦爻之設，而圖象實括始終本末之全。
會圖徵象，而至理斯存，未有棄圖置象而孤標至理者也。夫
圖象猶形也，理猶影也。影即形而存，無形而影於何起？圖
象猶日月也，理猶光明也，光明即日月而具，無日月而光明
何生？〔……〕

這即是眼光轉到具體事實之明徵，義理在胡氏以為不過是具體事實
間的關係之表意而已。這是對的，這是實在論的看法，這是解析世
界所應有的態度。

關於第二點，《周易函書·凡例》云：

《周易》之理全在象中，象則高視遠寄包含無盡。據人事而
言理，止論得一端耳。故遺象而言理，非易之理也。
《周易》之卦全是文王開先天大圖而得之者，故置圖而言
卦，非卦之理也。
《周易》之卦全是先天，執後天圖而解卦，非卦之理也。
《周易》之〈象傳〉全是解文王卦辭，故置卦而別言人事，
遽就吉凶利害之說，非象之理也。
《周易》之爻全由卦出，置卦而言爻，非爻之理也。
《周易》之〈小象〉全是解析爻辭，置小象而言爻，非爻之
理也。
《周易》之爻有既象以天時，又象以人事者。至於小象或止
釋天時一邊，或止釋人事一邊，為爻辭中天時人事原有合一
之理。不知此義，竟將天時人事說作兩開，非爻辭之旨也。

總結所言不外以下幾點：

（ⅰ）《周易》之理是普遍的，不是局部的。

（ⅱ）《周易》是以圖象表象事實之生成的，故其所象也是普遍的，是隨便什麼（any）而不是某些特定（some given）。

（ⅲ）最根本的圖象是〈先天圖〉，〈先天圖〉是表象事實的分化之過程的。

（ⅳ）卦就是表象分化之段落的，所以卦皆由根本圖象而出。所以卦也都是先天的。

（ⅴ）爻是表象一卦中之小段落的，也全是從分化中出。故爻卦不相離。

（ⅵ）彖象是解析卦爻的，故也兩不相離。

A.　先天後天

A1.　先後天是胡氏的出發點，所以也應是先決問題。他的先天是含蘊是合圓；他的後天是分化是拆散。這與邵朱及西洋所謂先後天意義都不同了。

這種先後天觀也是本河洛而來，可是畫法解法全不同。他也取〈繫辭〉上所謂「天一地二〔……〕」表象陰陽生成之數。今為簡便起見，以 x 代替陽，x_1 代替一陽，其餘類推。以 y 代替陰，以 y_2 代替一陰，其餘類推。按原圖畫之如下：

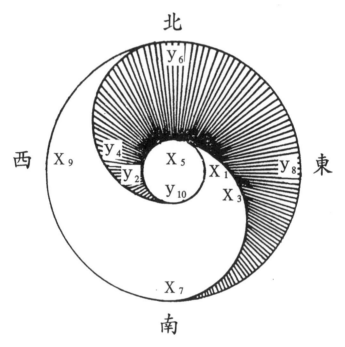

此為先天圖之含蘊合圓，也是生成之表象。今以同樣法再畫後天圖以象分化歧異與凝聚。

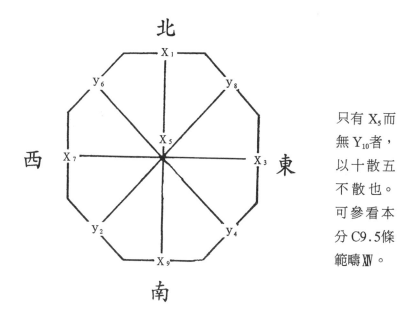

只有 X_5 而無 Y_{10} 者，以十散五不散也。可參看本分 C9.5條範疇 XIV。

A2. 以 X_1 代表陽一者，表示陽有首（begining）也；以 X_9 止者表示陽無尾（end）也。以 Y_2 爲陰之起始者，表示陰無首也；以 Y_{10} 終者，表示陰有尾而爲終也。X_5 居中者，表示周蘊普遍於一完成實體中也。所謂以 X_1 爲始，並非說 X_1 以前就什麼都沒有了。原來生成流行無始無終，所以才有繼續。而所以必有始者，解析之方便也。解析一個生成之始終微盛以至完成必有起點，生成之始，我們即以之爲起點，而以 X_1 表象這個起點。因爲它表象這個起點，所以就說陽有首，其實何爲首何爲陽？不過即是生成過程之顯示耳。以 Y_2 爲陰之始者，並非 Y_2 以前就無陰無陽了。所以從 X_1Y_2 到

X_9Y_{10}乃不過表象生成之始終微盛之實現的完全段落而已。全是從流動方面看,其流動之跡(route)成一個系列,X_1Y_2就是把這系列(series)打開而使其成為兩個系列以表象生成之始終微盛之波動的。這種打開的工作,全是抽象的解析之方便,其實乃是合圓周匝而不分的。然而其生成有段落跡可尋,所以就有系列可成。以X_1Y_2象之而不以X_1Y_1象之者即表示這種波動式的生成而並非有兩個相對立的靜體以備相抵抗也。

A3. X_1Y_2這兩個系列結果是相等的。按著羅素與懷悌黑的算理(*Principia Mathematica*),則兩個抽象組(abstractive sets)若互相覆及(cover)則兩組等,或曰覆力相等,在懷悌黑名曰「擴力相等」(equal in extensive force)。X_1Y_2這兩個系列即是兩個抽象組。譬如 A_1是 X_1中的一個份子,B_1是 Y_2中的一個分子而被含於 A_1中,A_2又是 X_1組中的另一分子,而被含於 B_1中,B_2又是 Y_2組中的另一分子而被含於 A_2中,這樣互相包含直至無窮。結果這兩個組即是相等。簡言之,即是 X_1包含 Y_2,Y_2包含 X_3,X_3又包含Y_4……至 X_9包含 Y_{10}是為一個整體。其含力是相等的;所以 X 為五,Y 亦為五也。

A4. 我們再看胡煦的解析。

> 河圖之象,不獨生成合也,而奇偶悉合;洛書之象,不獨生成分也,而奇偶亦分。〔……〕無洛書之分,則無以顯河圖之合;無河圖之合,則無以顯洛書之分。〔……〕(《周易函書約存·卷首上原圖約》)

> 河圖既為先天,先天所配,即屬未發之中。則看圖之法,但

當玩其渾淪周匝，萬理靜涵，合而未分，全無倚著，與未發相似，然後可耳。豈宜動作絲毫如拆補之說耶？今觀河圖，不過自一至十之數耳；然數一也，而奇偶殊矣；奇偶易察也，而多寡辨矣；多寡易詳也，而奇偶所列，各各相因，內外相箝，各各不同矣。又且生成之數各有合而不分，生成之象各有居而無缺矣。〔……〕（同上）

因爲其中含有奇偶多寡之數，內外相箝之勢，所以就有分化歧異之可能。64卦就要表象這種由之而分化出的些實體。當其含而未分也，即爲先天，及其化而歧異也，即爲後天，是後天即先天之開展而顯發也。

A5.　胡氏以爲先天圖有兩個根本要義，即：（i）成數附於生數；（ii）生數在內，成數在外。總之是由內往外擴張，一層擴一層，一層範圍大起一層，層層擴大，每一層擴大即是一層實現，每一層之實現，其內爲生數，爲部分，其外即爲成數爲全體。全體成數由部分而來，而生數部分又爲全體成數所覆及者也。

（i）須知成數，各各附於生數。〔……〕兩儀附於太極，而遂居其外，蓋兩儀由太極而成，太極則所以生兩儀者也。〔……〕四象附於兩儀而遂居其外，蓋四象由兩儀而成，兩儀則所以生四象者也。〔……〕八卦附於四象，而遂居其外，蓋八卦由四象而成，四象則所以生八卦者也。〔……〕生者在內，成者在外，是即內爲生數，外爲成數，而體用殊時，內外異等之象也。〔……〕是即成數必附於生數，生數

即含成數之象也。〔……〕（同上）

（ii）須知奇偶各各相連。蓋一奇生於北內，三奇長於東內，七奇盛而出於南外，九奇盡於西外。二偶生於南內，四偶長於西內，六偶盛而出於北外，八偶盡於東外。凡生而未盛者皆在內，已盛而就終者皆在外，是亦生數在內，成數在外之義也。其中有奇偶相連之妙，有內外微盛之象，有上下定位之祕，有根陰根陽之旨，有循環不息之機。〔……〕（同上）

A6. 由此兩義可知：

（i）以太極為最內之核心，為最內之生數。

（ii）由太極之生數出現而為兩儀之成數。

（iii）生成即為一層之實現。故可名之曰「層化」。

（iv）其生成為圓盤似的外擴，故可名之曰「盤化的層化」。

（v）一層之實現即為一整體。

（vi）所成之層對於由之而成的那生層之關係為外附。

（vii）生層對於成層之關係為內屬。

（viii）故每一成層必包含其以往之生層而為一整體。

（ix）生層為因，成層為果。成層對於另外一成層又變為生層，是每一生層皆可為成層而每一成層亦可為生層也。惟太極為生之核心，不得為層。

（x）以生層為主，則成層即為外附；以成層為主，則成層即為外包或覆蓋，而生層即為內屬。溯其因也，成果必附於生因；察其果也，生因必屬於成果。

（xi）故由生至成即是一串因果線（causal line）是爲互相箝連。一個因果線即是一層或一體。

（xii）始終微盛內外上下諸關係即是生成線的顯示。由那些關係即可以見出一個生成之完全實現。

（xiii）卦爻即是表象那生成間的些關係的。

（xiv）所以生成層即是始終微盛的顯示。

（xv）先天圖是表象生成之始終微盛的。

（xvi）故此所謂盤化的層化乃是指始終微盛的一個生成過程而言。一個過程即是一個實體。

（xvii）所以一個過程即是一個卦，一個卦含有好多層，即爻是也。

（xviii）所以一個卦之諸層即是始終微盛許多截段（section）的象徵。

（xix）所以他這種盤化的層化論與現在所流行的突發進化論（emergent evolution）意義不相同。突發進化論以爲（ⅰ）突發之層不能以下層來解析；（ⅱ）突發之層雖由其下層出現但上層能支配下層，而下層卻不能支配上層；（ⅲ）目的論計畫論的；（ⅳ）承認有最高層如心靈神聖等，按照（ⅱ）條，則心靈只能支配其下層，而下層反不能影響於上層之神靈。換言之，其總觀點，所生出之上層決定下層，而下層成爲被動，即「包容」與「上屬」是。

（xx）但這種思想，在胡氏是沒有的。他以爲下層生上層，上層即外附於下層，而以下層爲中心。言「包容」言「上屬」亦可；但沒有上層支配下層之意。其意倒是偏重於下層即生層，或者至多能說互相含箝。他亦沒有「最高」的意義，他所謂內外生成即

是後邊 D 段所論的初上，即只是生成界限而已。

A7. 後天《洛書》即表象分化之已成。

《洛書》中，陽數居正，而陰數居隅，以萬物生於陽而成於
陰也。其生成相間而各居，則內外之體別矣。其奇偶亦相間
而各居，則陰陽之體又別矣。凡皆於分處示之象也。然非有
渾淪相合之《河圖》立乎其先，亦何由而知爲既分者乎？
（同上）

所以《洛書》之分即是《河圖》之始終微盛內外上下之盤化的分化
歧異與定形。由《河圖》之合到《洛書》之分即是自然的分化
（ diversification of nature ）。兩儀太極四象八卦即自然之分化而成
者也。然都是由先天圖之始終微盛之互相箝合而成。故《河圖》之
合最爲重要。

A8. 胡氏以爲看《河圖》有三道：（ i ）不當攙入卦爻道理，
不當攙越後天絲毫。（ ii ）宜向渾淪圓轉活潑流通處看之。（ iii ）
宜向內外分合處看之。則既分且合而互相含蘊。

所謂《河圖》之合者，並非如無紋無理之大理石是也。乃只言
其分合相含而流轉也。至於《洛書》乃純分化之定形也。本來《洛
書》即含於《河圖》之中，用不著特殊提出。

《河圖》先天，《洛書》後天，伏羲則而畫之，既有先天之
圖，亦應有後天之圖；而今無之者，蓋在內有兩儀之合，便
是則圖之合；在外有八象與64象之分，便是則書之分。今觀

> 《洛書》，初未離《河圖》之數，而已一奇一偶相間，散布
> 於四方四隅。小圓大圓亦皆一陰一陽相間，而分布於外。故
> 有先天，便已兼得後天也。（同上）

小圓即是八卦圓圖，大圓即是64卦圓圖。於此，分合具備於先天一圖之中。《洛書》只是表象已成之形而已。所以在胡氏看來，卦爻都是先天的，蓋因其皆由《河圖》之始終微盛而出也。太極兩儀四象八卦以至64之分合含蘊奇偶相連即則河洛之分合而畫出也。換言之，即皆表象《河圖》之始終微盛而分成者也。只言分乃是抽象的解法，其實分自是相連箝，而合中亦自有分。所以分化合圓原是一個。欲表而出之，則分而爲二耳。所以每一卦皆是表象始終微盛，而始終微盛乃是循環不息，故象之之卦亦皆互相鈎穿而有因果關係。

A9. 總結先天後天之義：

（ⅰ）先天合圓後天分化。

（ⅱ）先天靜而函蘊，後天動而布散。

（ⅲ）先天活潑而流轉，後天歧異而定形。

（ⅳ）先天爲生，後天爲成。

（ⅴ）先天配未發之中，後天配已發之和。

（ⅵ）先天因後天而顯其合，後天因先天而顯其分。

（ⅶ）分合相箝而有生成有分化。

B. 自然之分化

B1. 此所謂分化乃全是指自然事實而言。並非唯用論所主張的徹底經驗（radical experience）以爲由經驗可分化出心物來，由經驗可以製造出本體和眞理來。亦非如康德等人所謂漆黑一團糟但用先驗理性去打開，始有分明條理之可言。這也非如懷悌黑所謂「自然之分歧」。他所謂自然之分歧是從經驗上起的，即從覺知經驗打開自然界之整個而解析其間之關係發見其實體之複合的組織，所以他雖不似唯用論康德派的說法，然都從主觀的經驗上起，則無疑。中國人的思想不是如此的，純從普遍的自然事實本身說起，即它自己如此分化，它自己如此生成。全是自然的客觀的，並不必靠人之經驗。中國人雖沒有科學，然思想卻比較客觀。

B2. 胡煦只用「分合」一觀念即把自然的分化表象出來，所以他的「分化」即是生成。生成是自然界事實的生生不息。分化即是生成的歧異，生成的結果。

> 文王有後天小圓，而獨鮮後天大圓者，以文王未嘗畫卦，其用以作《周易》者，皆本先天大圓，開而爲卦，以表彰圓圖中所寓精蘊。孔子象中所以有內外往來上下終始之說，無非發明圖中之旨，非如後世所云卦變者也。卦爻既出先天，則非如後天之卦可以形參而體拘矣。故不用更立後天大圓圖也。（同上）

所謂先天大圓圖即由太極以至64卦之圓圖也。此圓圖即是表象自然之內外、往來、上下、終始、之分合凝一的分化。文王由此大圓開而爲64卦，是爲後天之分。是圓圖者表象自然之本象也，文王所開，解析自然之圖象也。（注意：這些圖皆是胡氏所作，不必信爲伏羲文王作也，蓋託古之餘韵耳。）其爲圖象，所以爲定而體成，爲分散而不相連。其爲自然事實，所以爲分合凝一。故一者具體事實也，不相連者抽象之分析也。而抽象之分析無非就具體事實之分化的痕跡而拘定之耳。故要明「分」之爲何，必須明「合」之爲何。分由合出也，後天由先天出也。

B3. 分由合出，分即是成，合即爲蘊。故分合即生成之顯示耳。原不可分。故一切圖象之所拘定皆非實有。

> 今觀揲著求卦，分二卦一，揲四歸奇，究其所得，止有多寡之數，四等而已。聖人因數有多寡而分別動靜，然後有太陰太陽少陰少陽之目，又本此四象，擬爲重交單拆之畫，豈有實象卓然植立於此耶？不過欲於太極兩儀中，探討將動欲動之機緘，以觀將來之吉凶得失，所預呈之朕兆焉爾。必待事體既成，吉凶得失，判然不爽，此時方是後天，此時始有定體；故曰全部《周易》卦爻皆是先天。（同上）

故所謂後天即是決定之謂，即是完成之謂。然其完成非突然而出，乃由內生而外擴之所成。故其成必與生相含。故一切卦爻所象之實體皆由生而來與生而合，換言之，即象自然之生成所完成之定體也。

B4. 於是後天之成必蘊於先天之生中。「由中之太極而兩儀四象八卦以及重儀重象而至於64卦，無有一爻不函有太極者，是分之必由於合，達道之必原於大本也。倘由此加至無窮，皆未有離太極者也。」（同上）

太極為一切之蘊，為一切成之生，為一切分之合。每一卦有一太極，每一爻亦有一太極；故每一具形之體已成之形亦莫不具有太極而即蘊於太極之中以顯其合圓而周匝。

B5. 從太極之內生到一體之完成，是謂定體之成就，或曰「具形化」（concretion），即一體之完成實現也。這一個實現就是一個「滿足」（satisfaction）就是一個「定體」。從內生到外成即為一個實現之過程（process）。此過程即是波動式的內外盛衰之顯示。這一過程是有始有終的，即是有限的（finite），及其成也，即為一定之實體。故每一定體具形一個過程而使其成為原子性，每一過程構成一個定體而使其有繼續性，即由生成而來。從生到成，其間的過程關係，在胡氏名之曰「始終微盛」或曰「內外盛衰」。所以一個過程之間也是有段落可尋的，也是有痕跡可拘的。這種段落或痕跡是有生成之節奏（rhythm）的，是佔有一定之時期的，故也可以叫做是「期程」（periodic process）。這個「期程」是一個整全（as a whole）。用羅素的話說：即是一條「因果線」（causal line），或叫做是「內在因果律」（intrinsic causal law）。故一個定體即是一條「始終微盛」線，也即是一條「因果線」。或說即是一條「偶起的因緣波」。

然64卦各一其體，一定不移，以有六加之上爻在也。故曰其

上易知。各成一體則有定而易見，所以又謂之彰往。
〔……〕又當太極初生，陰陽肇端之始，故曰其初難知。于
難知之處，而求其所由以成者，所以有察來之說。因六加之
上爻爲成卦之定體，居上而易知，故此卦之性情遂由此爻而
立。〔……〕卦各六爻，除上爲定體，自五至初五爻耳；故
上之一爻遂與太極相對，是專精而不分者也。亦猶一之與萬
對也。凡數之成莫不與一相對；故凡爻之上莫不與太極相
對。太極在中，上爻在外，太極隱而上爻顯。因太極無可名
言，兩儀既判，所有之爻，悉由此生，而初則最居其先；故
以爲其初難知，其上易知也。（同上）

太極即是初生之機動，即是內生之含蘊，也即是生成之開始。開始
之時，難以拘定，故曰難知。生成至上爻是謂實現之時，完成之
時，滿足之時，即體之已成之時，故爲顯而易見，呈而易知。所謂
上者即言其生成之盛終也，並非先懸以上爲目標而趨赴之。上是表
象生之已成，不是按著上而成。

內外、往來、上下、終始、微盛、隱顯，皆由太極之內生到定
體之完成之過程而顯示出。也可說它們就是一個定體之規定者。往
來關係是胡氏的根本觀念，一切皆由此觀念去解析。而往來關係也
不過就是用來解析內外始終之過程的。

B6. 故曰：

〔……〕彰往言圖之在外者顯於有象，則明白而易見，所以
謂爲其上易知。察來言圖之在內者，根始太極，則幽隱而難

察，所以謂爲其初難知。此四字分內外而言。微顯則引外而
入內，闡幽則推內而出外。此四字合內外而言。其既分釋
之，而又合釋之者，所以明體用一原，顯微無間之妙。
〔……〕（同上）

顯微無間體用一原即是分合凝一，即是互相通徹，互相滲透，其間
無一毫隔膜。這也即是先天後天之合一。言先天可以含後天，只言
後天只意謂已成之分也。

B7. 於是我們再看胡氏論合分凝一。胡氏本其先天後天之
義，《河圖洛書》之分，作了好多圖，皆表示分由合來，拆由聯
出，而方亦由圓立；故分與方與拆之所以成皆由先天之含蘊圓轉而
來，而分方同時亦即含於合圓中也。故八卦既可拆而分之，復可聯
而合之；推之64卦亦然。故大圓小圓其中皆有方象，而開出之後天
之分亦即由圓而分出以成爲方者也。故方圓分合本爲凝一而不分
離。在圓中爲象，開而出之即爲卦。卦之爲方爲分爲後天即由於表
象已成之定體也。

入方圖於圓圖中者，所以明大小圓圖，乾坤雖定位於上下，
其中全是流行之氣，原自具有相交之妙，所以謂爲先天。伏
羲懼人將上乾下坤認作一定不移，而不知渾淪圓轉，上下交
通之故，因作方圖，顛倒乾坤，納之於中，以明天之體位
上，而其氣未嘗不可以下交；地之體位下，而其氣未嘗不可
以上交。故以相交之義，寓於方圖，而以下乾上坤示之象。
今觀天地，自開闢迄今，何嘗不各安其位，孔子〈繫傳〉所

由曰：天地定位也。此便是外面圓圖所示之象；然天地雖安
其位，而其化育流行，何嘗不兩相交通？故乾之分而坤至
之，坤之分而乾至之，而資始資生，變化各正者，悉無能出
乎其外。此所以納諸天地定位圖中而不於外面別立一圖者，
職是故也。孔子〈繫傳〉於天地定位之下，山澤曰通氣矣，
雷風曰相薄矣。非從流通處看出立圖精意，安得有通氣相薄
之說乎？對待不移，又何能相爲流通乎？〔……〕由此看
來，則是天地交泰，便具於天地定位一語之中，自來認爲對
待不移者，皆誤也。夫天地之化育，流行圓轉，闔闢聚散於
中，究未能出乎其外，此相交之方圖所由納於圓圖之中而無
能出乎其外者，伏羲早有以窺造化之精而深識其由然之故
也。夫天地既已相交，則萬物之體，將可成矣；故方之，以
明有形之朕兆，於此而始。然猶在方交之時，非萬物資生之
候；故於入圓圖之中而亦命爲先天，此伏羲立圖之本意也
〔……〕。（同上）

這一段話，無非表示分中有合，方中有圓，常中有變，定中有交而
已。換言之，循環不息之圓轉中即含有交雜分歧之象；往來終始之
圓融中即含有錯綜成結之網狀。沒有圓轉之合，其交雜分歧只有拆
散而無聯；沒有錯綜成結之分，其圓轉之合亦不過是無條無理無斑
無點之一色的大理石而不能成爲萬花鏡般天地之文，結果亦不過是
返于神秘而亦無所顯其合。故合中有分，分中有合，合分凝一，自
然之分化始能成功。蓋所謂分合者乃是從生成之過程而顯示出。故
其根本觀點是生成，分合即是生成之顯示，反過來說，也可說是生

成之必然的範疇。即唯有分合始能言生成也。生成即分化，漢《易》只論已成之體，而未能說明體之由何而成；只說到分散之定體，而未能抉發其根本以聯結圓化與分散之體也。胡氏從根本探討，這是他的偉大處。

B8. 以上從分合上論根本的分化。再論由之而引申出的三種自然分化觀：（ⅰ）乾坤六子之運行的分化；（ⅱ）坎離終始的分化；（ⅲ）六象運行的分化。這三種分化觀無疑地即是一種內外、往來、始終、微盛的分化，不過從不同的三方面說明之而已。先說第一種。

B9. 乾坤六子之運行即一卦之生成過程其間含有八卦之象也。

> 有初生在內之陰陽，由微而趨盛；有既盛出外之陰陽，由盛而就衰。是盛衰之等，由內外之殊而別，而乾坤之位遂由盛衰之等而定矣。上下之位既正，又可識居中而運行者，皆六子之化也。卦之初爻言微，二五言中，末上言亢，是即初微中盛末衰之旨。然非置乾坤于上下，則六子之微盛，不可得而辨矣。（同上）

是由生成之始終微盛而顯示出八卦之象，即一個整結構、整過程中含有無數的小結構、小過程之意。這即是乾坤六子之運行之所分化也。蓋溯其根本，則所謂八卦由根本的生成分化出，及八卦已成，則八卦之運行亦可構成其他卦體也，換言之即一切卦體或一切實體無不具有八卦運行之象也。故稱這種分化為引申的為後起的為派生

的而漸趨于複雜之分化也。他這種分化觀與漢《易》的互體相似，不過漢人沒有從根本上作有系統的說明，而胡氏則卻始終本其分合之自然生成觀而解析之。這是徹頭徹尾的有系統的一貫論。而胡氏之所以能成為大哲學家者即在此。

B9.1　再論坎離終始的分化觀，坎離終始者即以坎離為乾坤之生成終始而相交之象也。換言之，乾之生成終始與坤之生成終始相交而適成坎離，是坎離即為乾坤相交之象，相交是根本關係中之一，有相交而後有分化，故坎離為終始之樞紐，為分化之機運也。

> 有震艮（☳，☶）之一始一終而純坤之體定；有巽兌（☴，
> ☱）之一始一終，而純乾之體定，是乾坤之位由終始之序而
> 定，而終始之序，實由東西之徑而分。但置坎離於東西，而
> 各以附乾坤之二卦比而併之，其妙自見。蓋日月運行，即天
> 地之大用所自出，乾坤天地，坎離日月也。坎離當陰陽升降
> 之徑，正乾坤交接之際，雖未至於化生萬物，而絪縕構精之
> 妙，於此二象，亦已昭然。蓋萬物俱由天地既交而生，坎離
> 實具天地中交之象，此正天地之大用所由始者，坎卦所以獨
> 言時用也。〔……〕（同上）

由此可知，乾坤由震艮巽兌之一始一終而成，而震艮巽兌又為陰陽之生成過程所顯示出。而坎離又為陰陽的生成過程間的相交關係而成。故八卦之分化乃仍由陰陽之生成終始及其間之相交關係而成。生成終始純乾純坤之所成也；其過程之微盛節奏，震艮巽兌之所成也；其過程間之相交，坎離之所成也。故坎離終始也是自然之一種

分化觀，與第一種之八卦運行觀正相似，不過說法不同耳。而根本關係仍是內外往來終始微盛之生成過程耳。

B9.2　最後是六象運行的分化觀，這又是一種說法而意義與前兩種亦相同。即以坎離爲用不得成爲體，而以他六卦爲六象藉坎離之用以行其流轉圓化之生成也。

> 先天止有八卦一圖，今復減去坎離而爲六卦圖者，蓋因月窟六候，歲令十二辟卦，其見於《周易》所可按候而稽者，皆止六象故耳。今觀日月交光，其朔日之震爲一陽，上弦之兌爲二陽，望日之乾爲三陽：是升陽之候止有震兌乾三象也。其十六之巽爲一陰，下弦之艮爲二陰，晦日之坤爲三陰：是降陰之候止有巽艮坤三象也。又觀歲令，其爲復爲臨爲泰，升陽之內三候，止有震兌乾也。其爲壯爲夬爲乾，升陽之外三候，止有震兌乾也。其爲姤爲遯爲否，降陰之內三候，止有巽艮坤也。其爲觀爲剝爲坤，降陰之外三候，止有巽艮坤也。比諸先天八卦，其先後之次不殊，而均少坎離，以坎離非坎離也，止是天地中交之象而已。緣聖人畫圖作易，無非發明天地間化育之所自起，與化育流行之妙耳。圖非實有是圖，皆內外體用之象也。卦非實有是卦，皆萬物化生之象也。〔……〕（同上）

坎離止是用，止是相交之象，止是化育之所自起。其他六卦亦非實有，只是表象化生之不同形態而已。故結果，所謂八個根本元素的八卦觀，在胡氏手裡，冰消瓦解，而歸成表象根本的生成關係了。

即不過是生成過程的波動節奏之所顯示而已。八卦即象此波動的節奏之顯示，故八卦只是生成事實的一幅圖象，非實有八個不同的根本卦，分離對待，以表象八個不同的分離對待的孤獨實體也。由此推之，則所謂64以至無限，也不過是表象事實之生成已耳。胡氏的生成哲學自此開其端，胡氏的注目於具體世界亦於此而益顯，而歷來「圖象」「事實」之混合不清至此而分開矣。這是一切思想的光明之路。

B9.3　我們由分合凝一之根本分化起，進而探討引申的三種分化觀，在此過程間，我們可以看出其根本義乃只是生成之始終微盛，由此種始終微盛之生成，則一切事物統皆被分化出來。八卦就是表象其生成過程間的些**姿勢**之圖象。每一姿勢即是一個面相或形態，每一形態即是一段過程所構成的體，此體與彼體之間有差異，故表象它們的圖象亦隨之而異，換言之，每一形態有其一形態之圖象。此圖象即表象那個形態的全部過程，即始終微盛是。每一形態與其他形態有因果關係，故所謂八卦即表象一個大過程間的些段落即小過程而已，並非八個根本原素也。

今再引胡氏一段話，作本段之總結。

> 圖稱先天，必有先天之妙，今爻爻拆之以觀其內外分合之秘，則兩儀四象既明，而則圖之義著矣。又復爻爻聯之，以觀其左右上下，圓轉流通，則陰陽相依根陰根陽之妙既著，而循環不息之機寓矣。又復立〈乾坤六子圖〉以別陰陽之上下微盛；又復立〈坎離終始圖〉，以別陰陽之純離始終；又復立有〈六卦圖〉，減去坎離，以觀一陽二陽三陽，一陰二

陰三陰，一氣流轉，循環不息之妙。而八卦一圖，庶有以發
其秘矣。〔……〕（同上）

爻爻拆之以見其分，爻爻聯之以見其合。本此分合而引出三種分化
圖，今胡氏又把它們熔冶於一爐，而成為循環太極圖。茲畫之如
下：

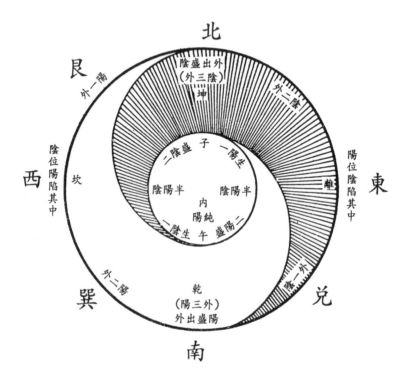

B9.4　胡氏解之曰：

此圖陽之初生，必在子中，及返而就消，即在子初。陰之初
生，必在午中，及返而就消，即在午初。既分位不移以定其
上下之體；又陰陽之生，皆必在內，及盛而就消，乃始外
出。〔……〕

此圖內外三分之，則可以配三畫之卦；內外六分之，則可以
配六畫之卦。

有卦象之圖，亦內外三分之，謂聖人立卦之法，以三爻爲一
卦，六爻爲重卦，由此圖出也。其陰陽之始而終也，固有三
候三位；其陰陽之生而盛也，有在內之三候三位，其陰陽之
盛而消也，有在外之三候三位。與此圖準也。

有歲令之圖，即十二辟卦，則內外六分之者也。由復而泰爲
在內之三候，故復曰見心。由壯而乾爲在外之三候，故壯曰
見情。此爲在東升陽之六候。又有姤遯否，觀剝坤，爲在西
降陰之六候。皆與此圖準也。

有月窟之圖，亦內外三分之。除坎離爲日月，由震而兌而
乾，此升陽之三候也。由巽而艮而坤，此降陰之三候也。與
此圖準也。（同上）

B9.5　由此解析，可有三個根本點，用現在的話說，即是：

　　（ⅰ）一個循環的終始，即是一個體之形成，即柏格森
（Bergson）所謂「生命內浪反覆循環而成爲物質」（élan vital
relapses into matter）是也。

（ii）由這種循環的始終微盛之生成方面，時間即顯示出了。即胡氏所謂三候是也，三候即初中末。故時間由生成而顯示出。

（iii）由這種循環的生成之擴延方面看，空間即顯示出了。即胡氏所謂三等是也。三等即上中下。故空間亦由生成而顯示出。

物質、空間、時間皆由一個根本的生成而派生出分化出。其生成是一種循環的盤化的，總之是曲線的而非直線的形態。這種生成形態可名之曰「螺旋式的生成」。如是：

（i）物質或實體即是由一個生成的螺旋系列而輻輳成。

（ii）時間即是由生成的螺旋系列之「時擴」（temporal extension）方面的一個系列而顯示出。

（iii）空間即是由生成的螺旋系列之「空擴」（spatial extension）方面的一個系列而顯示出。

這三個問題，在中國方面只有胡煦顧及到，他自成一系統，他由中國式的傳統思想而深入。自是另具一幅面目。他的解析，據現在看來，其根本觀點是對的。我們以下就要說明他關於這三方面的解析。

C. 生成的根本範疇

C1. 範疇 I 太極。「太極」是中國思想中的傳統物，如西洋之「神」（God）一樣，幾乎每一哲學家都要提到，胡氏也不能例外，不過他所謂太極與神之意甚不同，沒有西洋人所描寫的那麼偉大。在胡氏手裡，太極有特殊的意義，特殊的功用。

〔……〕極之爲言即謂此陽極生陰，陰極生陽之極；動極生
靜，靜極復動之極也。若使太極中原未有陰陽之極，亦何憑
而指此爲陰極之極，陽極之極，動極之極，靜極之極而生此
陰陽兩儀哉？因陰陽俱由極處而生，今既已生出陰陽，則方
生之始，必先有極至之道理存焉，故因其後之所生，而命先
焉者之爲極耳。〔……〕（〈原圖約卷首上〉）

他這太極觀與朱子之意相似；但沒有朱子解析的詳細，形容的盡
致。他這太極之設即備內外往來之說而有的。故他所謂太極即是內
生之蘊而已。是承前啓後的樞紐，前之生已極而終，後之生即由此
極終之內而發動。故生皆自內，自內便是自極。故「極」不是東
西，只是「極至」之理。用懷氏的話說，它是一切發動之「根源」
（primordial），無時的偶起（non-temporal accident），無動的機
動者（unmoved mover）。因爲它不是一個東西，所以「無時」，
即不佔時間之波流；因爲他是「有」，所以說「偶起」。因爲不是
一個東西，所以說「無動」；因爲是一切之「根源」，所以說是
「機動者」。胡氏之意即與此同，但此所謂「根源」，在一生成之
過程中，不能永存，它只是從那一過程到此一過程之關鍵之樞紐。
至此過程開始其內生，則生此過程之內生的那前過程之極，即無
了、消失了、不可睹了。本來天地間只是事實之生成，並沒有一個
間隙爲容納太極而有。故太極只是樞紐，只能在轉關處顯之。不能
認其爲實有此物也。故胡氏說：

〔……〕方陽之極也，本未始有陰，逮於陰之既生，而迴視

乎生陰之陽極，已夐乎其不可睹也。方陰之極也，本未始有
陽，逮於陽之既生，而迴視乎生陽之陰極，已夐乎其不可睹
也。〔……〕（同上）

由此可見中國人之所謂「太極」與「神」不相同了。

C2. 範疇Ⅱ 生數與成數。生數居內，成數居外；生數自內
而長，成數由長而完成。以「數」名者，謂生成之過程皆可以數計
也，換言之，即皆有數學性也。關於數之構成，後邊要提到。生成
之數在 A 段已有論及。茲再引胡氏的話以明之。

玩《河圖》者，須向合處留神，其以在內爲生數者，謂其中
包羅含蓄，不可限量，後此無窮作用，隨所成就者，皆由此
生，故以成數附於其外。外則事體既成，可見之象也；然必
附於生數而兩不相離。明事物所成，其始必各函有生機，保
合太和正由此出也。夫成似非先天所有，而《河圖》有之，
明能成之理，即具生理中。〔……〕乃生數各隨成數而附之
者，謂無一事之成，不即此生機而具，即天向一中生造化，
萬物各具一太極之象。總以見能成之妙即能生之理所由該，
能生之機即能成之用所由著。〔……〕（《約存》卷一）

生成互相依附。成顯生，生該成。生成合聚，即爲先天。合聚
（togetherness）即「一」（one）之謂。生成散處，即爲後天。散
處（disjunctive diversity）即「多」（many）之謂。多與一的觀念
由此顯。多是生成的「分歧」；一是生成的「絜合」。

C3.　範疇Ⅲ　陽生陰成。概括地言之，陽主生，陰主成；陽在內，陰在外。然實在說來，兩不相離，陽生之中亦有陰成，陰成之中亦有陽生。無陰之成，陽不得顯其生；無陽之生，陰亦不得成其成。換言之，有一步生即有一步成隨之而使其成爲一定之形態；有一步成即有一步生隨之而使其成爲新奇之創進（creativity of novelty）。

> 陽主生，陰主成。然生數亦有陰〔二四也〕，成數亦有陽〔七九也〕者，所以象陰陽之交也。生數陽多陰少，而陽包陰於中，象陰之交於陽而爲陽所裹，故象天。成數陰多陽少，而陰包陽於中，象陽之交於陰而爲陰所含，故象地。凡天下有形有體之物，雖云質之具也成於地，莫不各含保合之太和，以自有其生。若所得之生氣既盡，則其物亦歸於無有。凡皆陽附於陰，爲陰所箝，而始成其體，故於成數象之。卦之論爻，但稱九六，亦言其爻之成體者而已。若所由以生之始，其形未肇，亦烏得而言之？象天，故生之始終皆陽〔一五也〕，而陰不先陽以生；象地，故成之始終皆陰〔六十也〕，而陽不先陰以成。（《約存》卷二）

陰陽即是生成間所顯示的兩種不同的情勢（states）或「物實」（actual entity）或「實事」（actual occasion），不是兩個絕對相反的自足體，只是一種過程的顯示。陰陽間的關係是相配入而互爲成分的（cogredient）。假設陽多陰少，此關係即爲「裹」或曰「蓋」（cover）。假若陰多陽少，此關係即爲「含」或曰「含

蘊」（implication）。總之是全體對於部分的關係。凡一體之成，陽必附於陰，為陰所箝。陽性發動而四散，故必附陰始能成其生；陰性凝聚，故陽附之而為所箝，始能成其合聚而為一也。故於此我們可說陽性是「創進原則」，陰性是「絜合原則」。有創進故有新奇；有絜合故有合聚。陰能絜合而凝聚，故曰陰主成；陽能創進而新奇，故曰陽主生。陰陽就是由實事的生成中絜合創進而抽出的兩個概念或原則。

C4. 範疇Ⅳ　生成過程——元亨利貞。胡氏以為生成之過程有四步，即（ⅰ）元；（ⅱ）亨；（ⅲ）利；（ⅳ）貞。由此四步一個定體即完全成立。元是靜蘊之體；亨是通透之用；利是由亨而向外達；貞是由達而各正性命。由含蘊到正貞，一定的具形體即算客觀化。

〔……〕元者乾之靜也，蘊也，體也。亨者元之動也，用也。〔……〕利貞皆亨中事也。利如利刃，自我之及物而言，非如利益，自人之加我而言也。〔……〕貞成也，定也，正也，即一元既亨，賦畀已定，各正其性而各成其體也。〔……〕」（〈乾卦〉注）

這四步的過程皆指陰陽之交而言。故又曰：

〔……〕此四德者，唯「元」字，乾所獨有。自亨以下，皆由交坤而見。因乾道健行不息。非得坤靜正之位，則必無駐足托跡之地，遂無由昭賦畀之能，而利貞之用，亦莫由以

見；故乾之四德，由亨後説出利貞，便是全向交坤時説出道
理。〔……〕乾首物，故重元亨；坤成物，故重利貞。
〔……〕（同上）

可見生成乃全指陰陽之交而言，純陰純陽無所謂生成也。言純陰純
陽乃是抽象的分析。事實上，一個具形物之完成，非陰陽合一不
可。自其動之端而言即爲元亨；自其成之終而言，即爲利貞。元亨
利貞即是陰陽氣的互相含蘊之生成過程。

C5. 範疇Ⅴ　每一生成都具太極。此所謂太極與範疇Ⅰ之太
極意稍不同，但亦是由之而引申出。此處的「太極」即是核心、焦
點、主座之意。即每一生成必有一核心爲其主宰或主位。此核心即
是使那個生成可以成爲一個整體的理由，也是生成之所以有段落而
互相不同而各有其形態的緣故。這意思胡氏隨處表示，故不引。

C6. 範疇Ⅵ　連斷。連斷即是既連續又間斷。這是繼續與非
繼續的問題。

「連者一三七九之相因，二四六八十之相因也。斷者一九爲四
六所間；二八爲三七所間。其升降上下內外，止有三等，如一北七
南，而三則居中；二南六北，而四則居中。又如一始九終，而七之
盛者居中；二始八終，而六之盛者居中是也。故畫卦止於三，重卦
止於六，而不得增也。」（《約存》卷一）。

此段可以圖表之。以○代陽，以●代陰。

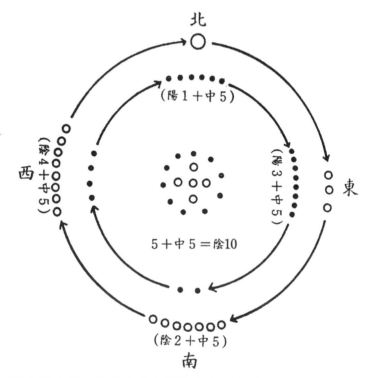

五居中爲太極。其他生成之數皆由之而配成。一三七九相因，連
也，繼續也；二四六八相因，亦繼續也。但其相因之中必有與之相
反者以間之而成爲斷。例如一爲六所斷，而六者一與中五之所成
也。故一之數與中五相合而成爲六，則六即成一整體而將一與三與
七與九之因便隔斷了。換言之，兩氣相交便有一時空交切點，此交
切點便是間斷。其餘依此類推。陽之交切點爲陰，陰之交切點爲
陽。每一交切點皆有一太極爲中心。言其相因即是循環不息的生
成；言其間斷即是生成過程間的形態。

C7.　範疇Ⅶ　內外。內為生，外為成，前已言之。

「內者，一三初生之陽，二四初生之陰，皆內也。外者七九已盛之陽，六八已盛之陰，皆外也。內外別而初上分，重卦立矣。〔……〕」（同上）

一三陽之生，二四陰之生。生數與中五相合而得成數，即間斷之交切點也。故外成即是一個時空交切點，即是一個具形體。內生則其前蘊也。

C8.　範疇Ⅷ　分合。分即是歧異即是多；合即是絜合即是一。

分者，一不與六同數，不與二同位是也。又奇與奇連，偶與偶連，絕無混雜，皆分象也。合者一與六同位，二與七同位是也。知分之義，而內外上下，不必從同，卦爻所由有應與？知合之義，而父母六子不嫌並域而居，所由有先天未斷之圖也。然生數始于一，至五而復歸于中；成數始于六，至十而復歸于中。所謂天向一中生造化。《河圖》之謂先天，以始之終之，皆相涵而渾合者也。不以初生之奇偶由中而起，而以垂盡之奇偶建中而居，是循環不息之理，貞下起元之義也。初生之陽涵于盛陰之內；初生之陰，藏于盛陽之內。是陰陽之互根，亦莫非循環之奧也。（同上）

具體事實既分且合，既連且斷。唯其有斷故可分；唯其有連故為合。然事實上乃是相涵而渾合，循環而不息，並非實在是分，其分者言其有可分之勢也。其可分之勢即由中心、連斷、內外、相

交，及生成過程之形態諸痕跡而成，總之皆由生成所顯。

C9. 範疇 IX 微盛。微即爲內生，盛即爲外成。

「微者一三二四之方始；盛者七九八六之就終也。〔……〕」（同上）

由微而盛即是由內而外由合而分，由元亨而利貞。故微盛也是可分之跡。微盛是自然之生成，故可分之跡也是自然而有。非如柏格森所謂智慧的分割也。

C9.1 範疇 X 始終。始即爲微爲內，終即爲盛爲外。

> 陽始一而終九，故謂陽無尾；陰始二而終十，故謂陰無首。乾始坤終即是此義。然始而終，終而始，其在圖中，生成之數既終，而復歸于中，定乎始生之位，是徹始徹終，相連無間之義也。〔……〕（同上）

一個始終即是一個生成，即是一個形體。然此終非永終也；故其終復歸于中以成爲始，是終而有始之終，始而有終之始。故所謂間必含于連中，而分必含于合中，非實是其分也。一個始終即是一個生成過程，也即是一個因果線，此種因果線即是由「內具因果律」（intrinsic causal law）而來。終成之數復而歸于中以成爲下過程之始，這種因果關係可以叫做是「外在因果律」（extrinsic causal law）。內具因果線是一個過程；外在因果關係是一種轉變（transaction）。故所謂始終者非絕對之謂也，乃是一方爲自成之必須，一方爲動變之關鍵也。

C9.2 範疇 XI 初上時位與九六之數。

　　一卦即是一個過程，過程之始為何不言「九一」或「六一」而獨言「初九」或「初六」呢？過程之終為何不言「九六」或「六六」而獨言「上六」與「上九」呢？胡氏以為初即是動之始，即是「原始」（prime）而不成其為數也；故不以數計。「一」是一個「單位」（unity）是一個統一體，是一個「類」，而原始只是生成之初動耳。假若其動者為由陰極而來之陽，則即名之曰「初九」；若為由陽極而來之陰，則即名之曰「初六」。過程之終即是上，即是動之最盛者也。故上即是「反原始」（anti-prime），最後之盛終仍不是數，故仍不可以數計而名之曰「上」也。假若其終盛者為陽即名之曰「上九」；若終盛者為陰，即名之曰「上六」。上者言無復可加而即止此也。若有加不得為上。初以「時」言，重其為生成之源也；上以「位」言，重其有成體可拘也。初上之間之段落，則以「數」記之，以其非初非上也。

　　〔……〕故凡爻皆兼時位，而擬爻之法，止有八字，初，上，九，六，二，三，四，五是也。〔……〕然就此上下六爻觀之，亦各有參差不齊之義，卻總不離時位二者。初言時，上言位也。如一之言初，六之言上，為卦爻初生，將有成爻之義，尚無爻之可見，此際時重于位，故于將成之爻，命名為初。謂其時已至，將成爻也。若爻之既成，則當先言九，而不當先言初矣。上之一爻，獨論位者，以爻至六位，無復可加，故以上之一字截之。若此一爻，尚有在其上者，則此爻不得謂為上矣。欲定一卦之終，故位重于時，遂稱為上。〔……〕然初雖言時而位在其中，故象曰「陽在下」；

上雖言位而時在其中，故象曰：「盈不可久」。其中四爻，不言時位，言二三四五者，以天地間萬事萬物，莫不各有時位，而時位二者莫不各有數存焉。〔……〕又欲使人知時位二者原無終窮，故前不以數始，後不以數終也。〔……〕（〈乾初九爻〉注）

于上所述外，還可知：

（ⅰ）時位是合一的，這一點是胡氏的特見。

（ⅱ）初雖言時未嘗無位；上雖言位未嘗無時。

（ⅲ）言初言上者指其終始微盛而足成為一特體也。

（ⅳ）每一爻皆兼時位，即佔有時空交切點是也。

（ⅴ）每一時空交切點即是一個單位，一個間斷，一個統一體；故可以數記之。

（ⅵ）數之觀念由此出。即皆可由生成而顯出。

關於此條之意下邊還要細論。在此只指出以初上時位定生成之始終微盛即足。

C9.3　範疇 XII　形氣。內之生數為氣，外之成數為形。「氣」可以說是實事的過程；「形」可以說是過程的物觀化。「氣」是實事之生生；「形」是有定之「法相」（formal object），即將生生之實事而具形化之，滿足化之，而使其成為有「相」可掬以為一個「原子統一體」（atomic unity）是也。

「一二三四五，氣之生也；六七八九十，形之成也。生者在內，而握機；成者在外而具體。〔……〕」（《約存》卷一）。

C9.4　範疇 XIII　大太極與小太極。

大太極即是範疇Ⅰ之太極，小太極即是範疇Ⅴ之太極。用現在的話說，大太極是大宇宙，小太極是小宇宙。大之而太極統一切；小之而太極統極微。

> 有體統之太極，有流行之太極。一為太極，數之元也。一加一而成二，二加一而成三，三加一而成四，四加一而成五，莫非此一之流行，此體統一太極之象也。五者五其一，四者四其一，三者三其一，二者二其一，則流行之太極，萬物各具一太極之象也。〔……〕（《約存》卷一）

因為有太極所以流衍而至無窮；因為有太極所以能各成其一體而與他殊。成一體者有限也，即胡氏所謂流行之太極是；有限是謂間斷。流衍而至無窮者無限也，即胡氏所謂體統之太極是；無限是謂繼續即相因相連是。體統之太極放之而瀰漫于宇宙以成為循環不已之無窮或不息。流行之太極縮之而主宰于個體以成為間斷可分之勢。然無論大太極與小太極皆為一切之主座或核心則無疑。

　　C9.5　範疇ⅩⅣ　十散五不散。五為永久之核心，絕對之核心。在《河圖》中十之歸于中而為核心者取其終而有始之意也。然在《洛書》中，則十可散而五永不散，五散則體散矣。

> 《河圖》五十居中，《洛書》獨缺十數，非缺也。明十為成數之總，今已散處四方，故對待取之，合成四「十」，以見其各有所成耳。曰：《洛書》既為後天，十數既已散矣，五數何為不散？曰：五者生氣之靜涵者也。萬物之成，必有能

> 生者以爲之根，如所云保合之太和是也。生機若散，先已無
> 主，何由能成？故生數必無可散之理。〔……〕（《約存》
> 卷二）

五爲生數之終，終而歸于中仍爲生數之機，是五爲核心必無可散之
理也。生機之五散，則無成，無成亦無生。十爲成數之終，在《河
圖》中，十終而歸于中以爲終而有始之機。然在分散之《洛書》
中，體爲一定，形爲已成。不自其循環不息處看，而自其完成一定
處看；不自其終而有始處看，而只注目于其成終之處；故十之核心
在此可散也。由此我們可得兩個核心之結論如下：

（ⅰ）五之核心，爲生成之樞機，不可散。

（ⅱ）十之核心，爲終而有始之轉關，故當言其終時爲可散。

今圖表如下：

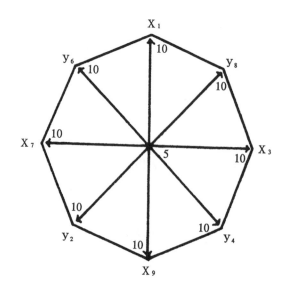

據以上的解析，此圖即表示「十」散「五」不散。五為陽五即圖中之 X_5，陽五不散，故居于中而為各已分化成之體之核心之根據或主宰。十為成數之總，終成之義。今此圖即為〈洛書分化圖〉。分化言各體之已成。圖中分居于各對角上者即表示分化散殊，各成特體。各有所成即各有「十」義。故河圖中之「十」今隨洛書之分化而消散也。消散者言散而成分化之個體也。故每一個體，皆以「十」（即圖中之「10」）標誌之。言其成而有「十」之義也。非云該個體即為「十」。

在此圖中，十散有兩種表示：

（ⅰ）各對角之成體之陰陽數相加皆為「十」。

（ⅱ）各對角之成體皆有「十」義，故皆以「10」標誌之。

由此兩種表示，又可得以下之含義：

（ⅰ）「十」雖散處而無不在。故「散」非云「無」也。

（ⅱ）分而觀之，則「十」散；若合而觀之，則「十」仍與「五」同其作用，同為生成之支持或根據。五為生數，十為成數。生成皆為各體所不可缺；故在河圖中，「五」與「十」皆居中而不散。

（ⅲ）《河圖》中之不散從積極方面表其「有」，表其「作用」；《洛書》中之散從消極方面表其「有」，表其「作用」。但從「成」上看，則《洛書》中之「十」又是積極的了。

（ⅳ）《河圖洛書》實表象對於具體事實的分合之兩種看法，也即是生成的抽象看法，分離看法。並非實有此圖。

（ⅴ）由此兩圖，則生成之妙理完全表現出來。全部生成哲學即要說明這個生成之妙理，而以上之十四個範疇即解析這個生成之

過程者。

D.　時位爻

D1.　時位之本性。

D1.1　此所謂「時一位」即是「時一空」（time-space or space-time），分開說即是時間空間。但此所謂時位卻不是指抽象的時間與抽象的空間而言，乃實在是指「空一時」凝一的合一體而言。抽象的時間與空間之構成胡氏也有見解，下邊再述。他此處所謂「時」是表示物實的動的過程方面的，即表示物實的「久延」（duration）是，換言之即是物實的「時動方面」（temporal aspect）而已。所謂「位」是表示物實的靜成方面的，即表示物實的「擴延」（extension）是，換言之，即是物實的「空擴方面」（spatial aspect）而已。在胡氏，那所謂時動方面的性質即是陽，即以陽代表物實的流行不息這方面；那所謂空擴方面的性質即是陰，即以陰代表物實的貞靜而形成這方面的。所謂時即表示陽所代表的；位即表示陰所代表的。如是，所謂時位乃全是一個物實或物事的流轉之兩方面的顯示。這見解是對的，胡氏在其《易》學須知上用11條以區別之。條陳如下。

D1.2

（i）須知周公之命爻，孔子之觀象皆必考諸時位者，無非乾坤動靜之義。

這是總觀點，乾坤動靜即是物事之動靜，動靜即是生成，物事之生成，顯示出「時一位」，所以即可用「時一位」來考定其生成。

D1.3

> （ⅱ）須知時之爲義，出於天運之流行不息，是乾道也。位之爲義，出於地勢之高下不齊，是坤道也。何非陰陽之義也？

所謂陰陽即是物事之生成，爲簡便起見故用陰陽，此點要注意，以下倣此。

D1.4

> （ⅲ）須知天道流行不息，原不可定諸其位，止可考諸其時。地道靜鎭有常，故不待徵諸其時，已可證諸其位。

時是表示創新，位是表示永恆。但以時考創新並不是只有時而無位；以位考永恆，並不是只有位而無時。

D1.5

> （ⅳ）須知乾以神氣爲用，流行不息，烏得而窺？故止可考之以時。地以形器呈能，高下不齊，人所共見，故均可正之以位。

乾坤也是陰陽，也是物事之生成，以下倣此。

D1.6

（v）須知爻之位定於卦中，而時則流行於六爻者也。

時即是六爻之生動，只一爻無所謂時，故時根本是六爻生生之所顯。六爻之成，即爲一卦，而每爻之位即定於卦中。總之，從一卦之流行方面而言，即爲時；從卦中之成分而各有其定所而言，即爲位。位定於卦中即是位定於時中，時流行於六爻，即是時流行於位中。換言之，時由六位之生成而顯，而位即定於其所顯示之時中，那就是說時位是合一。從單一位言，無所謂時，也就無所謂位；從單一時言，無所謂位，也就無所謂時。如是，時位必從物事的衆多關係間顯示之。

D1.7

（vi）須知時之氣行於爻中，而位則因時而成定者也。

一個爻即是時位之合一，反過來說，時位即是爻之所顯，即每一爻都呈顯一特殊之時位，此時位即所以定此爻者也。這是由物事之生成解析時位，即時位由具體事實而構成。

D1.8　（vii）「須知初命爲初，便以時之義定於將欲成卦之始；上命爲上，便以位之理，定於六爻既成之時。」

由「初」而生長，便有「時」之觀念在；由「上」而既成，便有「位」之觀念在。由初到上是一個完全的整體，位之定於「上」者，言此卦即由此而成也。卦成即位成即體成。此體此位是一個全的，其中包含許多小體小位，這些小體小位對此全體而言即是部

擴延與久延相配。胡氏所謂相配即是陰陽相配，即是物事相交而相配非指時位之相配也。故相配關係是相交關係的引申，用來說明具體事實之生成也。

　　D2.1.3　相交而能生生爲用者有兩種交法：（ⅰ）爲中交；（ⅱ）逆交。中交者陰陽各交其中爻也；逆交者陰陽逆其本性而交也。先說中交。

> 後天者，先天既交之象，如乾因坤交，虛而爲離；坤因乾交，實而成坎。〔……〕（《約存》卷二）
> 先天乾南坤北，後天離南坎北，是乾坤中交也。後天之離，外象猶乾，而中已易矣，是坤來交乾而陰居中也。後天之坎，外象猶坤，而中已易矣，是乾來交坤而陽居中也。交於初末則偏，交於中則含胎包孕爲化育所自起，所由坤卦有含章括囊美在其中之說，乾坤二用後，坎卦所由獨言用也。（同上）

是爲第一交即中交，乾坤互交其中即成爲坎離兩特體以代其位。坎離爲用，故有生生之機。其所以能爲用者，因中交也。初交末交皆爲偏及不能含蘊，故不能生生爲用。但這種偏及之交亦能各成一特體，不過缺乏絪縕之機耳。這些交法可以圖表如下：

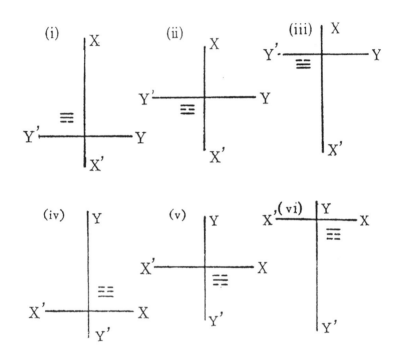

以 x 代表陽或乾，以 y 代表陰或坤。交於下者爲初交，（ⅰ），
（ⅳ）圖是也；交於中者爲中交，（ⅱ），（ⅴ）圖是也；交於上者
爲末交，（ⅲ），（ⅵ）是也。其中只有（ⅱ），（ⅴ）爲正交，能
生生不息，其餘皆部分地相交，不能成含蘊之功，然亦爲相交而成
之特體也。

D2.1.4　再說逆交。

先天離東坎西，後天震東兌西者是坎離之逆交也。離性炎
上，上者不下，不可以交，今抑其在上者而使下。坎性潤

下，下者不上，不可以交，今舉其在下者而使上。則離變爲震，坎變爲兌矣。〔……〕若使順其炎上之性，而以離下交於坎上；順其潤下之性，而以坎上交於離下，則爲艮巽。艮巽之卦，不能有爲；故先後天皆居四隅，不得如後天之震兌，司日月往來之門戶也。（同上）

是謂第二交即逆交，水性流下，必行於上，始有潤下之功；火性炎上，必伏於下，始有炎上之功。因此故曰逆交。交而成震雷兌澤。離火變爲震雷，爆之發也；坎水變爲兌澤，水之流也。故震兌可繼坎離爲用。在第一交，震兌不可爲用，陰陽中交而重其相含也。在第二交，震兌可用者，隨坎離之用而繼其用也。此種交法亦可以圖表之如下：

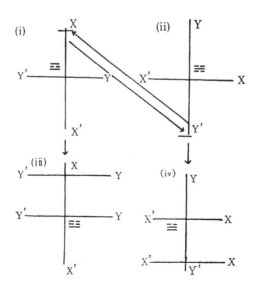

x 矢頭（即紅矢頭）表示離上之逆交于坎下；y 矢頭（即藍矢頭）表示坎下之逆交于離上。結果成（iii）（iv）之震兌。假若順交則成以下之圖：

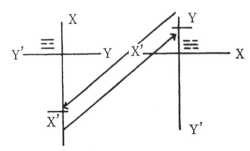

這樣便成爲艮巽了。順其上者而上之，順其下者而下之，不相遇，故無用。

D2.2　往來關係。

D2.2.1　相交關係言其成之所由始，「往來關係」言其成之所由來，即言成之所由生也。換言之，即表明相交之從何而交也。故相交關係後不能不繼之以「往來關係」而探其根源也。

D2.2.2　胡氏解「往來」二字與前人大不相同，他仍是從內外生成始終上解，其觀點全是動的生成的，他的往來關係即是交的過程。懷氏有「擴延關係」（the relation of extension）以解析世界之生成與繼續。擴延關係即是全體與部分之關係，即全體擴及（extends over）部分，部分含于全體中爲其分子。假設事情 a 爲全體，事情 b 爲部分，則 a 擴及 b 之符號即爲 aKb，K 即是「擴及」。每一事情可擴及其他，並且也可爲他所擴及，換言之每一事情可爲全體同時亦可爲部分。於是，世界就是「擴及」底繼續，時空之繼續系列由此而成。按照這種擴及的性質，所以他以爲沒有

「最小」（minimum）與「最大」（maximum）。換言之，
「始，終」是不容易找的，一個套一個，一個被套於一個。這樣他
的「點」的構造觀就取了一種極抽象的包含說（enclosure
theory），並且還假設了一種「原始」（prime）與「反原始」
（anti-prime）的主張以補助之。這樣雖沒有最小與最大，但可以
用抽象的方法得出「原始」與「反原始」以代替之。不過這種方法
是有困難的。即在世界裏顯得沒有極限（limit），點是很難造成
的，除非用極大的抽象。羅素在其《人之外界知識》（*Our
Knowledge of the External World*）上也用他這種包含說；但至
《物之分析》（*Analysis of Matter*）一書則即覺得此說有毛病，
所以受了相對論的影響，即採取了一種同時說（comprecence）即
同時共在之意，再就每一事情有其一定之久延（a certain
duration）這事實說，于是極限的情形即可以有，點的構成即比較
少有困難。他以為最小與最大很難定其有無，我們沒法知道它有，
也沒法知道它沒有。所以在經驗上倒不如不管它，或者在常識上即
承認它有也可。這是羅素的態度，不能細述，可參看他的原著。至
于懷氏的見解之詳情，可參看他的《自然知識之原則》（*The
Principles of Natural Knowledge*）及《自然之概念》（*The
Concept of Nature*）兩書，此兩書我已譯出。

　　D2.2.3　但是，無論羅素與懷氏怎樣不同，但究竟是西方思
想。懷氏注目于具體世界的生成與過程，所以他以為「同時」是很
難找的，所以有「同時」，大半由於抽象之故。羅素注目於事實之
同時與共在，而未注目其生成與過程，那所謂同時究竟是難找，究
竟也帶點抽象味。並且他所謂同時或共在是指在一羣（group）中

而言，羣外的分子不能與該羣中的分子共存。但所謂羣即是一個「類」（class），而「類」又是一個邏輯構作（logical construction），如是，一個點也仍是一個邏輯構作，故結果也是十足的抽象。懷氏注目了生成而找不出極限或界限，羅素找出了極限而不能言生成。結果兩人都是一種大抽象。我們再回頭看看中國思想下的見解。

D2.2.4　胡氏的往來關係也是注目於生成與過程的，其觀點與懷氏同；但解析不同，所以其生成觀也就不同。懷氏以擴延關係解生成解繼續；而胡氏則從往來關係上說。從往來關係上說則有「極限」有「始終」；從擴延關係上故說沒有。由往來關係到相交關係以及引申出的相配關係（胡氏之意）則生成始終之界限更顯明了。胡氏一方面能注目於生成，一方面又能找出界限，則中國式的胡氏之系統，在個人的意見，是比較說得通而乾淨而一貫的。

D2.2.5　他以爲「來」是從太極而來，即假若來者爲陰，則其所來之源爲陽極，假若來者爲陽，則其所來之源爲陰極。如是，來是自「內」而來，指生而言，自前過程之極處而來，前過程之極即是前過程之「終」，如是所謂來，即是自「終」而來，自終而來即是終而有始，這個「始」即是「來」之發源地。「往」即是從此發源地而外出也，即由內生而往外，往外即往成，故往即指「成」而言，即從此發源地欲往而有成也。往而有成即爲「終」，終即是此過程之「極」。往者自發源地言也，來者由其所往之處而追溯來源也，即追溯其往之所由也。往之所由之處即是來之處；來之處即往之發源處。根本即是一段動的過程。來處即爲此過程之始，往處即爲此過程之終。往而必有交，有交必有成，此往處之所以爲終

也，也即是相交之必由於往來也。

D2.2.6

> 須知凡言來者皆指內卦，而初則來之始也。凡言往者，皆指
> 外卦，而上則往之終也。（〈易學須知〉）
> 須知凡來皆自太極而來，凡往皆謂其外出。故執卦變卦綜者
> 誤也。蓋此來往字，皆說卦體方成，陰陽摩盪之妙，非說此
> 卦成體之後也。若其體既成，則確不可易，安能割彼卦之
> 爻，安于此卦，如後儒卦變之說乎？〔……〕（同上）

這點見解是胡氏最精妙處，卦變之說在述漢《易》時已有論及。胡
氏全從生成上流動上說起，全從卦體之構成上說起，而卦體之構
成，他又以爲皆是陰陽之往來相交而成，故任何卦體皆由乾坤之流
動過程而形成。漢儒之卦變是隨便的，沒有一貫的統屬。且言已成
之卦不言卦之如何構成，此胡氏之所由有割彼安此之批駁也。故漢
儒之所言非根本的有系統的解法。即便把他們所謂卦變解成方申氏
之意，則也不過是隨便的當然的，所以結果其假定很多，沒有找出
一貫的說明，不足以解析生成世界之精蘊也。胡氏用一個根本關係
即可把一切現象統屬起來而解析其生成，故明白了胡氏，則漢儒之
所言皆不扼要。即便不管其毛病，從其好處說，也不過是局部的不
高明的自然觀，設無胡氏的生成哲學，則其所解析的變即是亂變假
變而已。有了胡氏的生成哲學，則始顯得漢《易》有意義，並且同
時也就顯得其不根本，並且同時也直可將他們的一切解法盡行剔去
而改其觀以成爲生成哲學。所以結果於漢《易》，只可斷章取義，

不能有根本幫助也。

D2.2.7

　　須知《易》中凡言往來，皆是教人觀象認取主爻之法，又以
　　明成卦之由在此一爻也。（同上）

　　須知內外之說，即在往來二字之中。但解諸卦之成，皆各先
　　有體卦，自當知往來之義皆指用爻言也。往來既明，則內外
　　之體自定；內外之體既定，則上下之義益明，然而終始微顯
　　之義，亦即在其中矣。（同上）

　　須知執卦變以論往來，是全未解初上二字之義。〔……〕
　　（同上）

　　〔……〕漢儒之有卦變圖也，只因象辭中，每說往來上下內
　　外終始，不解其故，誤認為卦變耳，不知往來上下八字是說
　　於初成卦時陰陽二用摩盪之妙。因九用於六，九遂為主於卦
　　中，而稱之為男；六用於九，六遂為主於卦中，而稱之為
　　女。聖人教人觀象以審擇主爻，故擇其所用之一爻，觀其往
　　來上下於卦中，遂有往來上下內外終始之說。〔……〕（同
　　上）

D2.2.8　由上可知：

（ⅰ）往來為用爻之往來。

（ⅱ）用爻之往來即成一卦體。

（ⅲ）用爻即是所成之卦體之主爻。

（ⅳ）審擇一卦之主爻即注目於用爻便可。

（ⅴ）用爻即是其所成之卦體之焦點或主座。

（ⅵ）此焦點即爲用爻之相交而成。其相交之處爲焦點，其相交之用爻爲主爻可知矣。

（ⅶ）用爻皆有其「體卦」。體卦即是乾坤兩卦。

（ⅷ）「體卦」明動用之爻所成之卦之本卦。

（ⅸ）「體卦」爲用爻所成之卦之先行卦。

（ⅹ）先有此「體卦」而後由之可決定用爻所成之卦之何屬。

D2.3　體卦說。

D2.3.1　於是轉而論體卦。

須知體卦之説，謂乾坤爲大父母，而六子之成皆各具乾坤之一體，其與體卦不同之爻，方爲動用之爻。故象中之往來內外，無非指此動用而言。〔……〕（同上）。

……即如震卦，本坤體也。乾初之一爻，來一交之，遂爾成震。故坤之初爻雖伏，而坤之半體猶存，則震遂以坤爲體卦。〔……〕（《約存》卷首中）。

須知諸卦既出於乾坤，則諸卦俱以乾坤爲體。故三男皆坤體，非坤體則無以顯乾之用。三女皆乾體，非乾體，則無以顯坤之用。（〈易學須知〉）。

〔……〕蓋62卦莫非乾坤既交所成，故凡言陰陽往來，非九之用於坤，即六之用於乾。其兩爻相同者則靜而爲體者也。其獨異之爻，則來交而爲動用者也。體靜而用動，體內而用外。不相假也。〔……〕（同上）

乾坤體也，六子用也。體之一交，而用斯出矣。乾索於坤，

則用其九於坤，而坤之體固在也。坤索於乾，則用其六於乾，而乾之體固在也。因六子之成皆各得乾坤之一體，所以謂爲體卦。因其來交者止於一爻，止能變卻一爻，而本然之體，猶未盡沒，所以又謂爲伏卦。如巽之伏震而言庚，孔子謂爲巽伏是也。重卦具內外兩象，然自乾坤而外，凡其往來上下者，非九用於坤，則六用於乾矣。只緣六子，皆係乾坤相交而成；而本然之體，三爻原自相等，今忽變此一爻，是所存之兩爻，爲體而主靜，而所變之一爻，爲用而主動。周公於乾坤兩卦，特著用九用六之說明此往來上下者，皆爲動用之爻也。又因體卦三爻相等，今所存之兩爻亦相等，勢均力敵，莫適爲主，因擇其往來流動所變易之一爻，以爲之用。故三男三女皆有獨異之一爻，即其主爻。〔……〕孔子〈象辭〉所由有往來上下之說，無非示人觀象之法用以審擇主爻而已。〈繫辭傳〉中一索再索三索，凡皆指其動用之機而言之。象中之往來內外上下，凡皆指其動用之機而言之。彼不用之體卦，置而不論者，體立於內而主靜，用交於外而稱來，體言其形之似，用言其氣之通也。〔……〕（《約存》卷首中）

D2.3.2　胡氏體卦說最好，由上所引，可知乃是一種很好的物體之形成論。實體之構成純由此種體卦說而解析之。其主要之點如下：

（ⅰ）乾坤兩體爲體卦。

（ⅱ）動用之爻即是往來相交之爻。

（iii）假設其體爲乾，來交者爲坤爻，則此坤爻即爲該體之主而形成一新體。此新體即以乾體爲體卦。其體爲坤亦然。

（iv）一切新體皆由乾坤兩體之交而成，故一切新體皆以乾坤兩體爲體卦。

（v）體卦即是新體之「場」（field）或「區」（region）

（vi）動用之爻，即相交之爻，即是新體之「主宰」（domain）。

（vii）主宰加場即是一個卦，也即是一個實體。

（viii）實體之成即是一個爻之成。

（ix）一個爻之成即是動用而相交之交切點。

（x）動用之爻即是外成之爻。

（xi）有一交切點即有一個爻，有一個爻即有其時位之規定而成爲一個統一體。

（xii）一個統一體之成必有其附屬之區場。此區場即是體卦。

（xiii）體卦與動爻相合即成一新體。

（xiv）新體之決定由其用爻而成。

（xv）用爻是新體之焦點，是新體之核心。

（xvi）區場是焦點之氛圍。

（xvii）有區場而後有聯絡有繼續。

（xviii）區場是把現在之主宰或焦點連到過去且影響於將來。

（xix）有主宰或焦點則有段落即跳躍。

（xx）一個主宰之成是一個卦體之成。換言之，爻之成即是卦之成。

（xxi）一卦雖有六爻，但動用之爻一成爲焦點或主宰，則其餘盡變爲該主宰之附庸或區場而成爲一新體，即成一新卦。

（xxii）無一主宰無其區場；無一區場無其主宰。

（xxiii）故說爻之成即是論體之成。

（xxiv）故每一爻都是一個主宰，即每一爻都可成一體。

（xxv）往來內外終始上下微盛相交皆是言動用之爻之生成。

（xxvi）動用之爻之成即是體之成，即是其生成過程之凝聚，凝聚而爲一個特異體。

（xxvii）看體之凝成即由用爻而來，則用爻爲主明矣。主爻定則特體亦定。特體定即是佔有一定的空時格之「漲量」。言漲量者既有「主位」而有「區場」也。區場即是主位的「鄰近」或「放射幅」。

（xxviii）這種「體卦主宰」之關係可以圖表之如下：

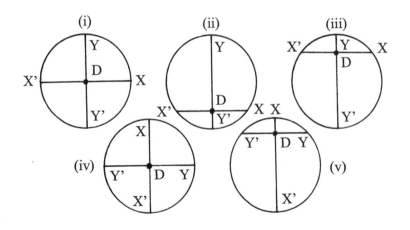

（xxix）　x代表乾體，y代表坤體。橫者，x或y，爲動用之爻即相交之爻，縱者，x或y，爲體卦。D爲主宰即主爻，圓圈即爲區或場。此外能畫很多的圖以表示之。區場即能使實體互相聯絡互相滲透。聯接（junction）毗連（adjoin）及含連（injoin）皆可表示出。內含（inclusion）亦可由此法表之。

（xxx）胡氏只講「體卦」與「主爻」，其根本處可謂掘發無餘矣。但於六畫卦中，在胡氏只能表示「毗連」。因爲漢人的互體半象，他未曾注意。吾意「聯接」「含連」「內含」及「正切內含」（tangential inclusion）皆可以胡氏的根本思想爲主而以漢人的互體半象爲副以完全表示之。故漢人的互體半象實有可取。但要必以胡氏的「主宰」與「區場」說始能把他們所謂「互體」連結起來，統一起來。

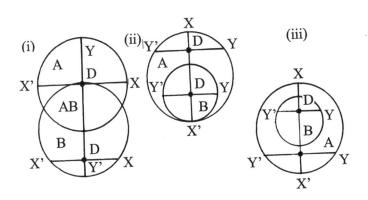

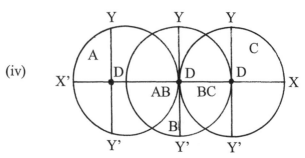

（xxxi） （i）圖表示「含連」；（ii）圖表示「正切內含」；（iii）圖表示「非切內含」（non-tangential inclusion）；（iv）圖表示「毗連」且「含連」。

（xxxii）一卦含有六爻，假設每爻都看成動用之爻，每爻都可為主爻為主宰，則你便可畫成六個相連而相合的區場。這樣世界便是互相 關連繼續起來。並且可知每一卦就是好多關係的統一結構。

D2.3.3 雖然每體與其他體可互相含蘊，然在生成上實各自成一段落，各有其始終、初上、往來、內外之整全的過程。每一過程之成即是一個原子統一體。這一個原子統一體，用諾慈洛普（F. S. C. Northrop）的話說即是一個大宇宙的原子體（macroscopic atomic unity）。即言不是一個凝固的「莫破」也。

D2.3.4 每一個原子體以往來關係決定。所謂往者「是方從此處發腳，非竟到地頭之說」。「須知往不是謂已過之往日，來非謂自他處來於此處也。譬如有人立於中路，則從前發足之地，方為來處；此後所往之地，方為往處。即據時而言往來，其方來也，必為時之初；其往而至也，必為時之終矣。是往來二字，便具有時位二義。今謂往為往日，來為方來，止可言時而不可言位，非易旨

也。　」（〈易學須知〉）。

此言往來最好。往是指從來處向外之意，來是指往處推其所往之由而言。根本即是動的由生至成，故時位皆具，非專指時間而言也。

D2.3.5

> 須知內外之說，必先認取體卦，識得乾坤爲大父母方可。蓋內外之說有二：其以下爲內卦，上爲外卦，此通例也；其以體卦爲內，來交于體卦者爲外，則未有知其故者。〔……〕如以坤爲體卦，而乾爻之或初或中或末，來一交之，是體卦先立于此，故謂爲內，動用之爻，自外來交，斯爲外矣。體卦在內而主靜，來交者自外而主動。《周易》以動變爲用者也。故凡一陽自外來交于坤，則此一陽爲主，而體卦反不得而爲主，動靜之別固如此也。〔……〕（〈易學須知〉）
>
> 須知其來俱由太極天心而來，所以方來之爻，俱名曰初。無一卦無初爻，則無一卦無太極。伏羲圓圖，初皆向內，正所以指明來處也。〔……〕（同上）

D2.3.6　所謂以體卦爲內者即因該體爲已成而極終也。所謂動而來交者，即那已成而極終之動也。由此極終而變動，則變動之處，即是太極即是初即是始即是來處，由此來處往而交，即爲外成，即爲終上，故以動爻爲外也，言其由極終而始動而另成新體也。

有初必有上，有始必有終。由來而推定其必有初始；由往而預

知其必有終上。交即是往來之交╳點，交╳點即是爻之形成，所謂上下內外終始微盛，皆往來相交之表意也。皆表示一爻之生成之過程也。

〔……〕往來不明，則不知乾坤二用之說；不知乾坤二用之說，則不知立爻用初字之義；不知初字之義，便不知內外上下之分；不知內外上下之分，便不知來于何所；來之不明，又安問往乎？（〈易學須知〉）

D2.3.7　如是我們可知：

（ⅰ）爻之形成由來往關係相交關係所表示的一串過程之有始有終的統一體而定。

（ⅱ）時是往來關係及相交關係所表示的生成過程之行狀（biography）的系列，或曰時動方面的系列（the series of temporal aspect）。

（ⅲ）位是往來關係及相交關係所表示的生成過程之擴張的系列，或曰空擴方面的系列（the series of spatial aspect）。

總之，時位爻皆由那兩個根本關係而表示出。根本是生成，生成的「時擴」（temporal extension）便形成時；生成的「空擴」（spatial extension）便形成位。生成的時位合一之所限便是一個爻，即一個體。時位是爻的外形，爻即是佔有那時位者。他這觀點與懷悌黑相似，即時位不規定物，物亦不規定時位，時位物皆由一個根本的生成而派生出而互相規定。

D3.　爻之四通──「見」「伏」「動」「變」。

D3.1 胡氏不言互體半象，而言「見」「伏」「動」「變」，這也是根本從生成上看的，也可說是解析事實之生成的四個根本範疇。

> 〔……〕一爻之動，變而通之，以發其伏，則兩體交而四通備。故見，伏，動，變，四者所以盡爻之才也。「見」者當境之憂虞，「伏」者後世之通塞也，是隱顯同原，中外流通，體用之一如者也。由其所可見，推其不可見，遡源于始，究極于終，則和昭而中立，達道行而大本具矣。「動」必有對，陰陽之交，循環不息者也。交而動必有所之，之往也，「動」之始也。有所之，則「見」者「伏」，而「伏」者「見」，所以爲「變」。〔……〕（《約存・卷首下・原爻約》）

「動而有爲者陽也，故『見』。靜而無爲者陰也，故『伏』。『動』而之于『伏』，則『伏』隨而『動』；動而有所往，則『見』旋『伏』。『見』動而『伏』靜，『見』外而『伏』內。故『見』陽而『伏』陰也。〔……〕」（同上）

D3.2　由上可知：

（ⅰ）「見」即是「現存」（present）言現在存在也：即是直接的呈現或「呈現的直接」（presentational immediacy）；也即是「實現」（actuality），或「具形化」（concresence）「滿足化」（satisfaction），或曰「客觀化」，「定形化」。用胡氏自己的話說，即是「外成」。

（ii）「伏」即是「潛存」或「潛蓄」（potential），也可以說是「見」底「過去原因」（causal past）或「將來原因」（causal future）。過去原因者即其所以「見」之前因也。將來原因者即其將來為何之伏因也，即決定將來之因也。

（iii）「動」即是運動（motion），也可說是「見」底「機動過去」（kinematic past）或「機動將來」（kinematic future）。「機動過去」者即是見之所以為「見」的過去之運動或前因之機動，言由前之機動而成為現在之見也。「機動將來」者即現在之見、其將來為何之機動也，即由此機動可成為將來之「見」，或由此機動將現在之「見」變而為「伏」也。動必有對，必有所之，則動即為相對的動，並且為有具向（vector）的動。

（iv）「變」即是「轉變」（transaction），即是量的跳躍。故量子運動（quantum motion）即可以解析「變」。有動斯有變。動是「見」或「伏」之間的機動過程；變是由此動而成為「見」或「伏」。換言之，動見而為伏，或動伏而為見，即為之變。變是跳躍，不繼續，突變；動是繼續，漸變，或過程。

D3.3

> 一爻之見，有四通焉。可見者謂之「見」；與卦反者，則其「伏」也。動而之于伏，曰「動」通；變而存其位，曰「變」通。一爻而四卦之通，故能該隱顯，極常變，貫始終而周知天下之務。（同上）

一爻之見伏動變即含有四卦之可能。「見」是現存之卦；「伏」是

潛蓄之卦;「動」有其將要實現之卦;「變」有其將來已成之卦。故一爻而四卦通,即言一爻而有四可能體也。每一動用之爻規定一實現之體,一爻有四種動用之法故可有四體。一卦有六爻,則即有24個可能之體。執其一可測其他;見其「見」可知其「伏」;明其伏可卜其見。如是見伏動變即把世界的繼續,生生的條理形成無遺。

D3.4

> 見伏動變,循環迭易,如坤初爲見,則乾初爲伏,而姤(☶)復(☷)包其中矣。如復初爲見,則姤初爲伏,而乾坤又包其中矣。〔……〕(同上)
>
> 陰陽動靜,流行不息,無往而不還、隱而不見之理。故伏卦者見卦之所托以動變者也。其來于此,其往于此也。(同上)

于是,結果是:

(ⅰ)只有見伏之循環,變動是它們的生成之條件。見伏是變動的結果。變動的目的也在見或伏。故一爻雖有四通,其實只兩相,即「見相」與「伏相」。若見伏與動變相對而言,則可說見伏是成,動變是生;見伏已定,動變爲動;見伏爲貞靜之相,而動變則見伏之間之動的過程。見伏爲體,動變爲用。

(ⅱ)見伏對言,則見爲終爲上爲外爲盛爲位,而伏則爲太極爲天心爲始爲初爲內爲微爲時。故見伏根本也就是一個往來關係之所定,而見伏動變根本也即是往來相交始終微盛初上的一段生成過

程之顯示。

（iii）步步趨向于見，步步有伏以隨之；步步有成，即步步有生。故結果世界是既波子且波動的。故近來物理學上又造作一個新字即「wavicle」是，即一面波（wave）性，一面是分子（particle）性。這種情形無非由量子論之發明而產生的。胡氏的見伏動變即是這種情形。在物理上曰波曰分子；在哲學或玄學上則叫做「事情」或「實事」或「氣」。其意義是相同的。

D4. 爻之「生」「交」「索」與「來往」。

D4.1 「生」「交」與「見」「伏」「動」「變」有關係。故在此復拈出「生」「交」二字以解之。

> 欲明見伏動變之旨，須明交字生字之義；交字生字不明，則索字不得其解，而內外往來上下終始，胥不得其說矣。（《約存·卷首下·原爻約》）

這是一貫的思想，這是胡氏的最美妙處。

> 伏之一字，原自具有見與動變之義。不見，不知前者之爲伏也。然不動不變，亦不知後焉之能伏。因伏之不終于伏，故見之一字，亦遂具有來往之義。窮所見之由來，則由伏而見，而伏者居先。不然則有何可見。究所見之動變，則由見而伏，而伏又居後。不然則有何可伏。〔……〕（同上）

胡氏所用的名詞都是互相解析的。他在此復以「伏」爲綱來說明其

他三者。其實「見」字亦自具有伏動變義，不特伏字然也。在此又說明見伏具有往來之義，以下就要述生交與伏見往來之關係。

D4.2　交即是上邊所說的相交關係及相配關係。生即是「出現」或曰「突發」（emergent）。但要知生不是成也。從往來到相交至生是一段落，從生至成又是一個段落。

〔……〕夫天氣不能不下降，地氣不能不上躋，則所謂交也。地既涵天之氣，胞胎密固，以漸發育出來，則所謂生也。今試于〈象傳〉中舉一來字便具此交字生字兩義，即如无妄（☲）「剛自外來而為主于內」，蓋以內象本為坤體，坤之為象，原未有陽；而忽來此一陽，是為自外而來。自外來者，以坤陰為主，而乾陽來交，此交字之義也。一交而陽掩其陰，則坤初遂為之伏矣。既交以後，坤中忽現此一陽，有似于坤中生出者然也。故又以所生者為來。如復天地之心是也。來而謂為見心，是由中而出外，伏象之方露者也。非如由中而生出者乎？由中生出而未離乎中，故以為見心焉耳。交則所見者因掩而伏，〔……〕生則所伏者旋出而見。〔……〕惟伏之一字，為能究見之所由來，與見之所由往。則是交字生字盡在此一字中矣。若動則由見而伏，變則由伏而見者也。故每爻悉具此四通之妙也。（同上）。

D4.3　由上可知：
（ⅰ）交即由往來關係而成，是交即具有往來性也。
（ⅱ）交而始生，生由中出而未離乎中，是生即具有初始之

義，太極天心之義，故生也就可以爲往來之來處也。所生者爲來，見天地之心即是此意。

（iii）故由往來相交至生爲生成過程；但生有初始之義，故從生至成仍是一套往來相交之過程也。

（iv）此爲生交與往來之關係。

（v）相交則有生。生即爲見，見而掩其前者，則前者此時即爲伏矣。

（vi）見又因交而又掩而又伏，則前伏者，此時因交又馬上而出見矣。

（vii）是一交同時即含有見伏兩義。見是因交而成爲伏；伏因交而成爲見。見之成爲伏爲將來之見也，是此伏即爲將來往來之來處。伏之成爲見，是過去之來處因往來相交而成爲現在之見也。

（viii）是伏見因交爲媒介而亦具有往來之義也。這是伏見與往來之關係。

（ix）故結果全是一往來關係之所顯。

（x）若舉一實相言之，則一「伏」字即可說明生交與往來。

D4.4　生交與伏見往來之關係旣明，再進而討論「索」字。胡氏以爲用一「索」字即可解析生交二字。用一伏字，是從實相方面解析；用一「索」字則是從動用方面解析。這是互相解析而期以明的意思。故從關係上說，則只有一個根本的往來關係；從解析上說，則只有「伏」「索」二字即可解析一切。「伏」字已明，再述「索」字。

D4.5

> 其在〈繫傳〉，索之一字，便兼交生之兩義。蓋索猶索債之
> 索。索者求也。先有以與人，而求以得之與己也。〔……〕
> （同上）

「與」即「交」也；求得即「生」也。索字即兼此「與」「求」二
義。

> 來交者自外而內也，所生者自內而外也。先有交而後有生。
> 兼此兩義，始明來字之說。〔……〕（同上）

來交即是來索。故索也即兼有往來相交之意。往來是索之先交也。
交而生是索之先交而後取也。故胡氏又曰：

> 交而謂之索是先與後取之義。〔……〕聖人用一索字，便兼
> 此兩字之妙矣。化育之所以不窮，以先有生生者存也。生生
> 之所以不窮，以先有能交者存也。〔……〕先有交而後有
> 生，交則其與，生則其取也。〔……〕但自往者施者而論，
> 則爲與而取；自來者受者而論，則爲交而生也。（同上）

　　D4.6　與而取，交而生，往而來，施而受，以至伏而見，動
而變，皆可以「索」字盡之。是「索」字爲一切關係之樞紐，而本
身即具有那些關係之可能也。故從一索字爲中心，這樣看爲往來，
那樣看爲生交；這樣看爲伏見，那樣看爲動變。皆息息相通而互相
關連者也。並沒有根本差異處，然而其根本觀點，則在動用上著

眼，索字即是動的。故那些關係皆可說是索字的分化。

D4.7　由一索字分化出那些關係來，則由此等關係，而時空物性等關係即因之而生出。有一索字，則所與之處，所取之處，所交之處，所生之處，等空間關係即決定，換言之，其「位」即決定。同時，則所與之時，所取之時，所交之時，所生之時，等時間關係也即被決定，換言之，其「時」即決定。而普通所謂「那一個？」（which），「什麼？」（what），「如何？」（how），以及「何時？」（when），「何處？」（where），「何往？」（whither）等六個疑問也即隨而決定。前三個疑問為一組，此組可表示自然實體間的分化之特體，並且也可表示特體所具的特殊性質。後三個疑問為一組，此組可表示實體間的空一時關係，即胡氏所謂生成初上終始往來內外是也。一個實體，即爻，都具有其特殊之時位，即空一時關係；而那時位同時也即是那實體定位之所。換言之，第一組與第二組互相規定是也。實體分化了，時位也分化了；時位定了，實體也就定了。所以一個索字及其分化出的那些關係，結果無非是解析時位爻之生成。

D4.8　以索字為中心點，以生成動用為根本義，則其他一切皆分化出來。這種玄學，可以叫做是生成觀的中立一元論（neutral monism from the view of becoming）。

D5.　初上九六二三四五八字命爻之意義。

D5.1　由此段可以看出世界之有數學性及自然數之構成。胡氏常言生數與成數，這是已經假定明白了數而以之來解說生成的。但世界是生成的，一切東西皆由生成而來，則所謂「數」者是從何而來呢？據胡氏意，也是從生成而來，即世界之生成是有數學性

的，我們就因此性而規定數，復以所規定成的數來記出生成之過程。所以以數解析生成，復以生成規定數即構造數解析數，總不免有循環之弊。這困難羅素也感覺到，所以他用「類」來解析數，不用數界說數。胡氏雖沒有提到這一層，但他能以物事之生成界說數，這層次的不同也是很顯然的。即以數來解析事實之生成是一層，再回來用生成界說數又是一層。用生成界說數，即是以「物事」界說數。由生至成由初至上由始至終這一段過程即是一個「原子統一體」，或說即是一個有主宰有區場的「實體」。這一個「統一體」或「實體」即是一個數之象徵。故論了時位爻之形成，現在接續著即要論初上九六二三四五八字之意。

D5.2　先論初上與時位之關係。

> 何以初命為初，上命為上也？曰：聖人立卦，止于三爻，不
> 以兩畫成卦，不以四畫成卦，其妙正在于此。何也？以天下
> 之物，各有其位；位之所乘，各有其時。時與位合，而參差
> 不齊之數出焉。聖人設卦立象，凡以考時之所值，位之所乘
> 而已；然時有三候，位有三等，故立卦止于三爻。何云時有
> 三候？曰：此概辭也。今但取一時，銖銖寸寸而較之，雖百
> 千萬，不足盡此一時之數矣。〔……〕何云位有三等？曰：
> 此亦概辭也。今但取一物，銖銖寸寸而較之，雖百千萬，不
> 足以盡此一物之位矣。〔……〕凡有位者必有時，於是乎有
> 上之時，中之時，下之時。凡有時者必有位，於是乎有初之
> 位，中之位，末之位。聖人欲以卦象盡天下之物，則不得不
> 體物象所自具之時位而命之爻。是則三爻之設，不可增也，

不可減也，固三候三等之寓也。然就三爻而立之名，取時也
則必遺位，取位也則必遺時。聖人知陰陽無偶，則生化之源
絕，而凡物之生，又先氣而後形。於是乎立爲重卦，以時命
內卦之初 ，明乎氣之肇端，於此始也。以位而命外卦之
上，明乎形之成質，於此定也。〔……〕（《約存·卷首下·
原爻約》）

D5.3　關上所引有以下幾條當注意：

（ i ）初上是表示過程之始終的，即表示過程之極限。

（ ii ）初是過程的始生之時，明生之始起於此時也。故以初中
末爲時之三候。

（ iii ）上是過程的終成之時，明此過程之位定於此也。即言至
此而定位而終成也。有上必有中下，故以上中下爲位之三等。

（ iv ）初之時亦有位，上之位亦有時，言初上者重終始之極限
也。

（ v ）此初上是普遍地言之者，即凡一切物事之形成，皆有其
始終之極限，初上之說即是表示這種極限之意的。設無此極限，世
界的生成就不可言，故初上爲胡氏最注意。

（ vi ）初上即是時—位，由初至上雖然是一個過程，然這是把
時一位放大來看的，即每一時—位都是一個有始有終的過程，故初
上是一般的，而六畫之卦也是一般的物事之形成的擴大之表示。

（ vii ）初上既是言時—位，則時—位之成即是一物之成，一
物之成，而一個數的概念也即隨之而成。故胡氏說時位合，數即
出。

（viii）時位是相對的合一的多端的，故有好多變樣
（alternative manifold）發生。每一個變樣即是一個時—位體，每
一時—位體也即是一個數。時—位體之變化多端，故參差不齊之數
即生出。

（ix）時與位既是合一，則初也即是一個數，上亦然。言初言
上者是解析一個數的放大也。

（x）解析一個數之生成，仍然用數以表示，這雖然有循環之
病，但為放大其解析起見，則不能不用數以表示其過程之段落，其
實乃不過就是一個生成之始終而已。為分析其始終微盛之過程的段
落，故用數以表之，這是層次的不同，不可混看。

（xi）如是，按照上面論的體卦及主宰而言，則每一爻即是一
個數，也即是每一卦就是一個數。因為爻根本即是動，每一動即成
一個體，體卦是它的區場，故爻成即卦成也即是數成。如是所謂
數，根本即是一個有主宰有區場的一個統一體（unity）。換言
之，也即是一個有始有終的原子統一體。

（xii）每一統一體，每一原子體，從特殊的事實看是物事是
實體。由之而抽成一個公共的符號看，則便是一個數。故數雖可以
物事解析，但不要認為即是物事本身。

D5.4　初為何不言下不言一呢？這也不過是表示始終微盛而
然的。

今以上之一字比諸初，則初當曰下；以二三四五之義比諸
初，則初當曰一。乃不曰下不曰一，而特命為初，此聖人寓
義之最精者也。《周易》卦爻，原本《先天圖》，而先天四

圖，原本圖書。凡要推到天地未闢以前，探無極之幽深，標太極之精蘊，用以開天而明道耳。逮於乾元一亨，萬物之始，悉資於此；但當未有形質之先，止有氣耳。此氣初萌，莫不托始於乾元，毓靈於太極。此時既無形象可以指證其位，非考之以時，曷由辨乎？顧時有三候，而初則氣機之將萌，方從太極天心流行而出，故特用一初字以發明卦爻從出源頭，是來字之義即寓於初字之中。象於內卦稱來，即從初字出也。〔……〕非如來氏卦綜，謂從上卦一覆便來此也。又非如卦變之說，執有形之定象，彼此互易而得焉者也。夫卦綜卦變皆說向已成卦體之後。豈有兩人之體，可以剜肉相易者乎？〔……〕（同上）

《周易》所有卦爻，皆本伏羲大圓圖開而成焉者也。其64卦之初，在圓圖中則兩儀也。兩儀生於太極，而太極無象可求，故文王以兩儀初成之爻，命名為初，為其有形可睹自此一爻而始。故二三四五，皆紀之以數，乃初之一爻，非數所能始，以有太極在其前也。〔……〕是正有無分界之始，亦即此初字之義也。緣其分位，本屬兩儀，又不得上侵太極之一；論其成質，實居有形之最先，又不得連太極而序之，以下侵中爻之二。故以初字命爻，使人探本窮源，由其能來之故而追索於所以有初者耳。此係有無分界關頭，非此初字不能標出也。〔……〕（同上）

D5.5　這兩段文字論初之所以為初最好。由此一初字則來往之義可明。這是胡氏的生成哲學之總觀點，其所以異於卦變之說者

亦在此。其所以批駁卦變之說爲剜肉相易者亦在此。他是根本從生成上看，他的主要職務在解析物時位之形成。卦變是說向已成卦體之後，故其變爲假變爲亂變與事實之眞相無關也。今歸納所以命初之意如下：

（ⅰ）初是表示生成之開始，是來處之所從出。

（ⅱ）初之前有太極是表示終而有始之意，假若無太極爲之先，則初即無意義。

（ⅲ）以兩儀爲初，因一切可睹之形皆自此始故。故不曰一而言初也。

（ⅳ）初是有無關頭，是生成來往之源頭，是有無的分界處。

（ⅴ）故言初者重生成之界限也。

（ⅵ）太極是上過程到下過程之樞紐，故不能以太極爲初。

（ⅶ）初是從太極到生成之開始，即是另一過程之初，故初不能以太極爲一而自居於二。

（ⅷ）初前還有太極，故初不能居一而截然與前分離。

（ⅸ）初是上接太極下啓生成之源。

（ⅹ）初是表示生成之界限而其實又不是截然兩途之界限。

D5.6　上爲何不言末不言六呢？這是表示生成之終盛的，即生成過程之上界限。初可說是原始（prime）或最小（minimum）；上是反原始（anti-prime）或最大（maximum）。但這只是生成的自然界限，不是抽象的，乃是具體的不甚清楚而有連係的界限。胡氏所解析的初上最能表示這意義。

D5.7

以初爻之義比諸上，則上當曰末；以二三四五之義比諸上，則上當曰六。今不曰末不曰六，而特命為上，言乎其爻極於此止於此也。蓋立卦定於三爻，其義出於三等三候，六爻則重焉而已。〔……〕六爻之外，無以復加，聖人即寄無以復加之義於最後所成之爻而命名為上，言此外已無可上矣。若使此外更有上於此者，則此爻不得謂為上矣。故自初觀上，而成爻最後，則中末之義即在上字中；自上觀初，而其位最卑，則中下之義即在初字內。此皆比例而互見者也。〔……〕（同上）

（i）以初中末表示時之三候；以上中下表示位之三等。

（ii）以初比上，上不是不可以名末，特因言「末」不足以表示完成，空間化（spatialization）之義。蓋因「末」亦時也。純言時而遺位不可也。故言「上」以表示其位成之意。

（iii）但要知言位之上中下之「上」，並不是只有位而無時了。故以「初」先命其始，而至言上之時，則中末之時亦即在上字中矣。

（iv）同樣，言時之初中末之「初」，也並不是只有時而無位了。若仍言位之「下」而不言時之「初」，則不足以表示生成開始之肇端，蓋因「下」亦位也。純言位而遺時亦不可，故於生成之始命之為初以表示其開始之時。至生成之終成而定其位曰「上」，則至言初之時，而中下之位亦即在「初」字中矣。

（v）於開始之時言初，則初以往之中末自可類推而知；於成終之時言「上」，則上以外之中下亦可類推而知。故只須言初上而

不必言中末中下也。

（ⅵ）於開始之時言初，以初表時，按「上」以外能類推出中下，則雖言初之時，而時之位亦在其中矣。

（ⅶ）於成終之時言上，以「上」表位，按「初」以外能推出中末，則雖言「上」之位，而位之時亦在其中矣。

（ⅷ）時位原屬合一，於一過程中，初上合用，不純言時，不純言位，即表示這種合一之意。

（ⅸ）須知上為此過程之終極，至此不再有所生成，即完全滿足之意。故言位而定其限，命其終。

（ⅹ）須知初為此過程之開始，自此以前不能有此過程之始，即完全原始或破題兒第一之意。故言時而劃其界表其始。

（ⅺ）故初上即是始終微盛之生成界限，非突發進化論之最高層也。此純是解析物事之構成的。此如懷氏所謂「原子統一體」（atomic unity）或「原子過程」（atomic process）相似。即每一物事是一原子式的細胞（cell）；但解析它，知道它，只能如一過程或流轉而知之解之。即可以說：一方面是過程，一方面是原子；故合起來可名之曰「原子過程」。這與「wavicle」之意又相同了。胡氏之意亦然。初上即表示一個物事之原子細胞性；但解析它，它又是由生成而到的，故又是過程或流轉。

（ⅻ）並且此意也與羅素所謂「因果線」（causal line）或「內在因果律」（intrinsic causal law）相同。即一個物即是一個「因果線」；但須知這也是解析上的，其實也是一個原子或量子性的東西。

D5.8　初上時位之意既明，在這樣解析一卦之例中，還有其

他四個問題,即:(ⅰ)爲何言「初九」「初六」而不言「九初」「六初」呢?(ⅱ)初上以外,爲何以二三四五之數別九六呢?(ⅲ)爲何言九二,九三……六二六三……而不言二九,三九……二六,三六……,即於二三四五,爲何九六在上,在初上則九六又在下呢?(ⅳ)爲何言「上九」,「上六」,而不言「九上」,「六上」呢?

這四個問題,胡氏按其初上時位之說也有其一貫的解析。逐一解之如下:

D5.9

（ⅰ）然以九二六二之類比之,而初之九六何獨在下?蓋因乾元之亨,先氣而後形;而氣之將至,則無形可執。〔……〕陰陽之體猶未可定,故不能定之以位,但可考之以時,而稱之爲初。必待三變既足,察其數之多少,有陰陽老少之可辨,乃始有九六之可稱矣。〔……〕是時之可徵者在先,而形之可睹者在後。故九六在初字下也。（同上）

九六陰陽之成數也。從一至五爲陰陽之生數,從六至十爲陰陽之成數。六爲老陰爲陰之成,九爲老陽爲陽之成。（參看 C3. 範疇Ⅲ之所引）。這是歷來成爲定例。（至於爲何以九六爲成,這是老少陰陽的問題,在此不管它）。初既表生成之始,尚無定形可言,故九六在下也。

D5.9.1

（ⅱ）二三四五，別之以數，不與初上同類何也？曰聖人立卦之法，取象於天地之化育已耳。上爻覆之於上，天也。初爻承之於下，地也。其中所有，則資始資生之化，所稱爲萬物者也。萬物成形之後，其類最繁，非紀之以數，曷由能辨？〔……〕曰：初上何獨不紀之以數也？曰初在理氣相接之始，非數之所能始也。至於上爻極盡而返，貞下又復起元，亦豈尚有終窮之數乎？故特用上之一字，止欲明其已到極處爾。（同上）

從初以後，分化繁多，故可以數紀；初上爲承上啓下之關，故不能以數紀。凡數之所紀皆爲一定而有窮。定者分化也，分化即成形而各正性命成爲特體，是定也。分化無論如何繁雜歧異，但不能無數，是有窮也。有窮而定皆在分化中。至於初上則是分化之無窮的轉關，故不能以數計。如是，一方面承認有窮，一方面承認無窮。承認有窮，則世界可以數計即是有數學性的，救住了數；承認無窮，則世界之生生爲無盡而不能全以數計，即數之紀是有窮的，而世界則是無窮的。故數不能全副表象了世界，止能於分化的有限範圍中施效。這是確定了數的範圍。胡氏的分化之可以數計即指空間而言，他的初上之不可以數計即指生生不息的時流而言。這是胡氏的有窮而無窮的解析。這與羅素等人的數理邏輯派之解析無窮，意義就不同了。羅素以爲不承認「鄰次」（consecutive）而找出「繼續」（continuity）即可承認「無窮」。（可參看《人之外界知識》五，六，七三章）。但我以爲這是數學上的繼續與無窮，所以他自己也說這是動或繼續之算學的解析，至於物理世界是否如此，

則不敢定。所以他這種無窮論全是抽象的理論的,不足以解析盡了具體的物理世界也。

D5.9.2

> (iii)初上二爻,九六在下,二三四五,九六在上何也?曰:卦至初爻既成,陰陽兩象,確有定體,然後審定陰陽所至之分數,如陰陽到得二分,便以爲九六之二,陰陽到得三分,便以爲九六之三矣。譬若男女既生以後,業有男女之可辨矣,然後能分別其長短小大,少長肥瘠也。故二三四五在九六下也。(同上)

(i)初上以九六在下,重生成之始終也。

(ii)初上一定,其體已成,諸端變化皆有所屬,紀其變化之特相者爲數,此特相必有所屬,其所屬者即是那已定之體,故言其變化之面相必定其爲何特體之面相也。九六即是特之定,二三四五即是其特體所到達的生成形態或面相(genetic morphology or phase)。故曰九二,九三……而不曰二九三九……也。言九二六二,重其特定之相也。

(iii)這種二三四五的區別形態法,可以叫做是「生長的區分」(genetic division)即從此面相到彼面相步步挨下去的區分法。也可以說即是生長的過程間的段落。這種段落或面相可以說是在一個過程或一個因果線間的面相。

(iv)從初到上是一個已成體,是謂「有定」,是謂「空間化」,是謂一個「滿足」。對於這種成體的區分,可以說是「對列

的區分」（coordinate-division）。即言此成體爲終，其變也將爲轉變（transaction），即從此「終」將轉而爲下過程之「始」也。這種區分不是一個過程間的生長，而是終始間的轉變；即不是「內具因果線」間的段落，而是「外在因果線」間之轉變之跳躍也。

D5.9.3

> （ⅳ）卦至上爻，九六又復在下何也？曰：上爲窮極將返之時，其上更無可加。是上之一位，即此卦之大終大止，其位得而主之。陰陽至此，皆不能以自主。泰卦之復隍，否卦之傾否，剝卦之剝廬，皆謂其極則必返也。故九六字在下也。（同上）

（ⅰ）九六在下，重特體之已成而空間化也。

（ⅱ）此時爲終極，極則必返，終而有始，九六將變之義，故不可仍以之爲定體而居於「上」之上也。

（ⅲ）總之，因爲大終大止，故曰「上」；終而有始，九六在下。

D5.9.4　以上諸問已完，而其總義不外時—位之合一。故再引胡氏一段話以作結：

> 初爻考之以時，然欲人追尋來處，則又在位上考究。上爻定之以位，然欲人知爲窮極將反，則又在時上留心。即此時位兩字，有位中之時，有時中之位，其玲瓏透徹，微妙無比。〔……〕（同上）

這即是時位合一的結論。吾意相對論上的空—時（space-time）合一，最好以「時—位」二字代之。因爲「space」「time」，在文字上的關係，及歷史上的關係，每易認爲是「空間」及「時間」。其實並無所謂「間」尤其無所謂「空」。故很難表示所謂「四度凝一體」，故爲表示此種「凝一」起見，把「間」字去了，而直譯爲「空—時」；但凝一體仍無所謂「空」也。所以「時—位」二字倒最好。「位」字即是「主位」或「座位」（seat）之意。有了「位」才能預定出「空」與「間」（interval）的觀念。四度凝一體，它雖可以預定出「空間」，但實在它本身不是「空，間」，乃實在是一個「時位」。

此段論時位爻由物事之生成而顯示出。此外還有抽象的時間與空間，在胡氏則名曰支干。支是空間，干是時間。這是抽象的準確的應用的時間與空間，由「時—位」間的關係發生出。以後另段論之。

E. 首與尾

E1. 首與尾即是陰陽始終初上時位之總觀。首即是「始」（beginning）；尾即是「終」（end）。首即是陽生；尾即是陰成。首即是初之時；尾即是上之位。首即是動用之爻；尾即是體卦即是區場。首是主宰；尾是「鄰近」或曰「反主宰」。

E2. 陽有首而無尾，陰有尾而無首。有首無尾主生之始，主動用之創新；有尾無首，主成之終，主凝聚之永恆。陽有首故以「一」起；陽無尾故以「九」終。陰無首故以「二」始；陰有尾故

以「十」終。但是生成總是相含的，決無離生之成，亦無離成之生，故陰陽總是相間而相等。相間者一陰一陽也，相等者含蘊力相等也。

　　E3．　陽旣有首，但所謂「用九群龍無首」怎講呢？這句話在「元」「亨」二字上見。

> 〔……〕蓋元者乾之靜也，是不竭之府，渾然在中而未發者也。亨則乾之動也，是乾元之呈露，天心之肇見而已發者也。九之得用，正由乾元旣亨而出。〔……〕（《約存・卷首中・原卦約》）

乾元即陽有首也，言一切皆由之而資始也。但無不動之元，無不亨之元。亨即是乾元之用。用即是乾元之分化。分化多端無所謂首也。陽本來是動的、創新的，故自其本身之亨而言，則無首；但自其爲一切之始之元而言，則即爲首。看法不同也。

　　E4．　用九即是乾元之亨動，乾元之分化。旣分化，則非一而爲多，故曰群龍。

> 不必六爻俱動龍也。諸爻分得之陽皆龍，如初二五上逐爻皆各言龍是也。不必乾坤六爻龍也，諸爻所得之陽皆龍。如屯之初五，蒙之二上是也。不必獨動之爻龍也，即靜而爲少陽者亦龍，如192陽爻是也。然皆悉由乾元一亨，有此大用，所以謂爲用九見群龍也。（同上）

這是乾元的通化。

E5.

〔……〕然用九見羣龍而仍謂爲無首者,是又將動靜分界
處,截然劃清。蓋首者元也。明此爲亨之時,非「元」之時
也。是則孔子添出乾元,務合元而言亨,說亨之所由來。周
公說出無首,務離元而言亨,說亨之所由定。〔……〕(同
上)

自亨而言即是用九無首;自元而言即是乾元資始。故無首者指其動
用而言也;有首者指其動用爲一切之始之主宰也。本段所謂陽有首
即指此而言。陽有首即以陽爲首,即陽即首,即生成之始而已。

E6. 首尾即是生成問題,時位問題。首即是內生,尾即是外
成。純就陰陽而言,則陰生陽成。但生成是不離的。生成是陰陽合
和而然。離陰不能言生,離陽亦不能言成。純陰純陽是抽象的概
念,是解析上的不是事實上的。故我們純言生成之時,則所謂首即
是內生即是來處即是動用之爻;所謂尾即是外成即是往處即是體
卦,即是定位。關此首尾問題,可以羅素的《算理》(*Principia
Mathematica*)上所論的「主宰」(domain)來解析。雖然意謂不
甚相同,但可以互相意謂而使其顯明。

E7. 《算理‧導言》第一章35頁:「一切項底類若對於某物
或其他物有關係 R,則即被叫做是那 R 底主宰(domain)。」如
是,假設 R 是雙親對於兒童的關係,則那關係之主宰將是那雙親
底類。以「D'R」表象 R 底主宰。如是,我們以

$$D'R = \hat{X} \{ （\exists y） \cdot xRy \} \qquad Df.$$

同樣，一切項底類，某物或其他物對之有關係 R，則被叫做是那 R 底反主宰（converse domain）；它與那 R 底反面之主宰是一樣的意義。R 底反主宰是被 " ɑ'R " 所表象；如是，

$$ɑ'R = \hat{y} \{ （\exists x） \cdot xRy \} \qquad Df.$$

主宰與反主宰之和（sum）是叫做「場」（field），而被 C'R 所表象：如是，

$$C'R = D'R \cup ɑ'R \qquad Df.$$

E8.

場在與系列相連結中是很重要的。假如 R 是一個系列底有序關係。C'R 將是那系列底些項之類，ɑ'R 將是一切項，除卻最後的那一個（假設有時），而 D'R 將是一切項，除卻最初的那一個（假設有時）。最初項（the first term），假設存在，即是 D'R ∩ −ɑ'R 底那唯一分子，因此，它是那唯一的先行者（predecessor）而卻不是一個後繼者（follower）。同樣，最末項（the last term），假設有時，是ɑ'R ∩ −D'R 底那唯一分子。一個系列之必無尾（end）

的那條件是 ᘓ'R⊂D'R，即是「每一後繼者是一先行者」；而無首（begining）的那條件是：D'R⊂ᘓ'R。這些情形，相對地，是等於 D'R＝C'R 及 ᘓ'R＝C'R。

E9. 他這主宰與反主宰的情形，我們可以胡氏的體卦及主爻之義釋之，或者可說用之可以解析胡氏的體卦及主爻。胡氏的根本觀點是用九用六，即陰陽相交。假設陽九用於陰六，則陽九即爲主爻或主宰，而陰六此時即爲陽九主宰之體卦。所謂主宰者即相交關係之先動也。雙親對於兒童底關係，則雙親爲先，於是，雙親即是此關係的主宰。陽九用於六，即是陽九對於陰六底關係，即陽九先動，故此關係之主宰即是陽九。羅素的主宰定義恰即是胡氏的動用之主爻。即以用爻爲主爻。這是很顯明地表示出，羅素還沒有這樣清楚地說出。假設以 G 代表相交關係，以 x 代陽九，以 y 代陰六。假設這相交關係爲 " xGy "，即 x 先交於 y，則 x 即爲此關係之主宰。設以 D'G 代主宰，則有以下之式：

$$D'G = \hat{x}\{(\exists y) \cdot xGy\} \qquad Df.$$

" Df " 表示定義（definition）。至於 $\hat{x}$ 及 $\exists$ 可參看《算理・導言》第一章15，16兩頁。因爲說起來很麻煩。這是該書的從頭至尾的一貫的符號論，息息相關，我們在此做用而已。細解還得參看原書。

E9.1 x 先交於 y，則 x 爲主宰；而 y 對於 x，此時，也有關係，但不爲先動，故可說它是此關係的反主宰。雙親既爲主宰，則

兒童即爲反主宰。設以Ɑ'G代反主宰，則有下式：

$$\text{Ɑ'G} \overset{\wedge}{=} y \{ (\exists x) \cdot xGy \} \qquad \text{Df.}$$

假設陰六先用於陽九，則陰六爲主宰，陽九爲反主宰，其關係即爲「yGx」。其式可依上類推。

E9.2　x旣爲主宰，則 x 即爲首；y 旣爲反主宰，則 y 即爲尾。首與尾，即主宰與反主宰，相合即是一個體之形成。這一個體也可以說是區場。設以「C'G」表示區場，則

$$\text{C'G} = \text{D'G} \bigcup \text{Ɑ'G} \qquad \text{Df.}$$

「∪」表示關係合，即兩個類中的些分子所聚合成的一個類，即叫做 C'G，關此可參看《算理・導言》28頁。這種區場即是本分D2.3.2條中所畫的些圖象之表示。每一「場」是一整體，有首有尾。有主宰與反主宰。

E9.3　有場即有繼續的系列。一個場也即是一個系列，換言之，即是一個原子過程。D'G 即是此系列的首：Ɑ'G 即是此系列的尾。D'G 是此系列的初項是先行者；Ɑ'G 是此系列的末項，是後繼者。設以 α 代表初項，則有以下之表示：

$$\alpha = \text{D'G} \bigcap - \text{Ɑ'G} \qquad \text{Df.}$$

設以 β 表示末項，則

$$\beta = \text{\cyrille{Ɑ}'G} \cap - \text{D'G} \qquad \text{Df.}$$

E9.4 但這自解析上看，是有首有尾，有初項有末項。然從一整體上看，則必無首無尾。因為陰陽相間生成相含故。在一「場」中，「反主宰」即含於「主宰」中，而「主宰」也即被含於「反主宰」中。換言之，每一後繼是一先行，每一先行也是一後繼；每一尾是一首，每一首也是一尾。於是，「主宰」等於一個場，而「反主宰」亦等於一個場。即有一「反主宰」即有一個場；有一「主宰」也即有一個場。互相連繫形影不離。

E9.5 用九無首即是場中之無首，即是系列中之無初項。其情形是：

$$\text{D'G} \subset \text{Ɑ'G}.$$

即是說，「主宰」被含於「反主宰」中，即是說每一「先行」被含於「尾」中，即每一「尾」必含蘊一「先行」。

無尾即是系列之無末項，其情形是

$$\text{Ɑ'G} \subset \text{D'G}$$

即是說，「反主宰」被含於「主宰」中，即每一「後繼」必含於一「先行」中，每一「先行」必含蘊一個「後繼」。

這兩種情形即是擴力相等或曰含力相等，即互相含蘊，含蘊其他，同時也被其他所含蘊。兩類之相等的定義由此出。陰陽相間而數相等者即是此意。蓋從解析上說不能不有一個起始，但在事實上，那一個起始即是一個終，那一個生即是一個成。故主宰等於一個場，即 D'G＝C'G，而反主宰也等於一個場，即 D'D＝C'G。

E9.6　從解析上說，從純陰純陽上說，陽為首，陰為尾，但這不過是抽象的分析。在事實上，陽有首者亦無首，陰有尾者亦無尾。無首無尾即是同為尾同為首。首尾生成同時生起，並無時間上的先後也。故曰用九群龍無首。一切物事根本是用的動的，是一過程，很難找其起始。因為沒有一個絕對靜的地處而為一切動之起始。所謂靜即是極即是終；而終是有始之終，極是有生之極。正是終而有始，始而有終，陽極陰生，陰極陽生之流轉，非靜止也。所謂乾元就是這個極，即是來處生處而已，也不過是指有時有位，時位合一之生成而已，也不過是指生成有一個極限而已。

E9.7　所以每一物事在其本身是一個原子細胞（atomic cell），而在解析上知道它，則它即是一個過程，有首與尾。這兩種情形同時俱有而不相背。故合起來即是一個「原子過程」，即是一個「區場」，即是一個「wavicle」。恐人誤以為首尾是有時空的先後，故主張無首無尾而命之為原子細胞；恐人誤以為原子細胞是莫破式的顆粒性，故命之為一個過程。

F.　時間與空間之構成

F1.　時間與空間中國人鮮有解析，而胡氏則特注意，且其觀

點亦很對，即（i）相對而絕對，（ii）由物事之生成而被顯，
（iii）具體的「時─位」與構作的「時─空」之區分是。這個構作
的時─空，胡氏以干支名之，象之。即天干地支這兩個系列便足以
表象時間與空間之合一。日常總以爲地支十二辰是紀時的，怎麼會
成爲紀空的？殊不知十二辰之紀時是紀空之時，沒有空間，時間是
不能被紀出而應用。這也可見時空之融一。本來按著胡氏的說統這
是當然的：陰與陽比，陽爲時，而陰爲位；乾與坤比，乾爲時，而
坤爲位。而這種乾坤時位，又不外陰陽生成。於是，以生者爲時，
成者爲位。乾元爲始生之時也，坤成爲終位之定也。結果，時位是
合一。今以干爲天干，支爲地支，則顯然與生成時位之說法相契
合。以天名干，是干之爲時也明矣；以地名支，則支之爲空也亦明
矣。干支天地相融一，故時間與空間相融一。

　　F2.　我們由上幾段所論，知時位爻之形成由於自然之分化，
始終微盛之生成，以及往來相交之諸關係。今解時空之構成，胡氏
也以此等觀念爲起點，特別地是相交關係；而相交關係又特指日月
交光而言。蓋月日交光即有時空性在也。日月爲易而四時成，時間
性也。相交而位成，空間性也。而此所謂日月交光即是本分 B 8.條
所揭舉的坎離始終之分化，即後天皆由先天之相交而分化出是也。

　　F3.　日月交光，六位時成，這於言坎離終始之分化以及六子
運行之分化時已明顯矣。

　　　　日月交光，具此六位時成之象，自開天而已然矣。伏羲仰觀
　　　而得之，因畫出八卦圓圖，其中之陰陽微盛始終，莫不與日
　　　月交光六位時成之象相合。〈乾彖〉大明終始，六位時成，

蓋言日也；坤卦西南得朋，東北喪朋，蓋言月也。是日月交光見於《周易》者已如此也。〔……〕（《約存·卷首上·原圖約》）

F4. 六位時成即是時位合一，而空間與時間即由這種時位合一的六位時成而顯示出。時空一出，而干支即成。然其根本則要爲生成之流轉。換言之，時空由此根本流轉而顯示出。

〔……〕陰陰五行之義，蘊於圖書，而卦爻遂資以托始。有畫有夜，有剛有柔；有微有盛，有始有終：無出陰陽二者，更迭變換而已。然而非五不遍者。《河圖》之生數，至五而始備也。故陰陽之義該於二，備於五止矣。該於二者奇偶之所分；備於五者生成之所合也。二氣之流衍，以次相循，無截然更換之理，故大寒不即交大暑，大夏不即轉大冬，莫不有中氣存焉。此二太之必循爲二少，四象之所以相因而見也。是生生不息之原也。四行之德平列四位，分主四時，而不能不反而歸中，是化原之所自起也。於是乎四而五矣。若使缺一，則滯而不靈，而不可以行。故聖人察其邅流轉動之義，於是乎命爲五行。別其性，導其機，本其實也。既周五行而又兩其候，於是乎五干六支之數由以起矣。（同上）

F5. 從上，以下幾條當注意。
（ⅰ）陰陽五行由先天之分化而顯出。
（ⅱ）陰陽五行是記分化之姿勢的。

（iii）所以能分化是因爲有中氣生生之原。

（iv）有此中氣爲之機動故能遷流動轉而生生不息。

（v）時位即由此遷流動轉中顯出。

（vi）卦爻即由此遷流動轉中顯出。

（vii）時間空間即由此具體的時位而抽象成。

F6. 所以干支也即可因之而造成。爻是時位合一，干支即表象三候之時三等之位。

> 支干之始，與爻同德，故能與爻同建於位而莫之或移，與爻同徵於時，而莫之或差。聖人論爻，以三候徵時，以三等徵位，即納支納干義也。夫然則爻非爻也，皆支干之流衍者也。故子寅辰者，爻之內三候也；午申戌者，爻之外三候也。而要非子寅辰也，爻之內三候而已；而要非午申戌也，爻之外三候而已。（同上）

（i）由爻之時位之三等三候，終而有始，成爲時位之系列。

（ii）這種系列即是時間空間之所由成。

（iii）時間由時系而引出；空間由位系而引出。

（iv）干表象時系之時間，支表象位系之空間，而其實是合一的。

（v）于是干支非實有，生成之時之三候，位之三等所成的系列而已。

F7. 于是干出于時，支出于位；干出于生，支出于成。生成關係的歷史跡便是干支之形成。

干數出于生，支數出于成，干乾陽之健運，支坤陰之靜鎮也。故干必五而支必六者是奇偶之定數，所由以建中立極者也。干五而其用十，支六而其用十二，一陰一陽之謂道，重卦之義也。干動而支靜，干陽而支陰，故天干六周，而地支始能五遍。干五而行六，支六而行五。體陽用陰，體陰用陽，因以見天行之健，踰于地也。〔……〕（同上）

（ⅰ）干既出于生數，生數即一至五也。故干之體爲五。

（ⅱ）支既出于成數，成數即六至十也。故支之體即以六起。

（ⅲ）干既爲生數，故干即表象乾陽之動，而來、內、初、始皆與之相應。

（ⅳ）支既爲成數，故支即表象坤陰之靜，而往、外、上、終皆與之相應。

（ⅴ）干五其體，十則其用也。然無非陰陽體用之生成之三等三候之所顯。

（ⅵ）支六其體，十二則其用也。亦無非陰陽體用之生成之三等三候之所顯。

（ⅶ）純言干，亦爲體用合一，不然不成其爲時；純言支，亦爲體用合一，不然不成其爲空。

（ⅷ）干爲陽爲動，故其行也速而永創新不止，故其體五而行則六。體五行六，體陽用陰也。體陽用陰即爲時中有位。時中有位故能成其時。

（ⅸ）支爲陰爲靜，故其行也遲而永恆貞正，故其體六而行五。體六行五，體陰用陽也。體陰用陽即爲位中有時。位中有時故

能生其位。

（x）體五行六，體六行五，陰陽互用，相反相成，而結果合一。陰陽合一，即爲干支合一，即爲時空合一。

（xi）然終而有始，成而有生，是干之體五而行六之所以永創新而生生也。故繼續不息即賴有此。成之所以後於（邏輯上的後）生也。

F8. 於是，干納於卦，支納於爻，卦者重時也，爻者重位也。支可以位定，干不可以位定也。

> 〔……〕干納於卦，支納於爻，支可以位定，干不可以位定也。陽之爲德過乎陰，陰之爲德止乎其位。陽常饒而陰常乏。天能包地，天參地兩之義也。聖人仰觀，察日月之交會，每一卦象，以一干紀之；故干之所納，不於爻分，而獨於卦統者，天行也。納支驗而納干不驗者，干陽善動者也，動則非位之所可拘。陰靜而止，始終微盛之理，一定而不移，故察其初末之形，皆昭然而易辨也。〔……〕（同上）

（i）以一干紀一卦者，即以一干紀用九用六所成之體也。卦體之成即是動用之爻之相交，即日月交會是。按以前所論，動用之爻爲主爻，其餘爲體卦。爻之成便是卦之成。則可知以一干紀一卦，也便是以一干紀一區場之整體。

（ii）卦統者即是一個時系（time-system）之謂也。於一時系中，有好多爻位於其內而成爲特體。以時系意卦統非必即無空，蓋取重於時也。

（iii）取重於時即取重終而有始之意。言一卦之意，必繼下卦之生也；一卦之終必轉而爲下卦之始也。卦至終上，陰陽皆不得其主，勢必反而在下，以成爲下卦之內生之始初也。（參看本分D5.9.3條）。終而有始故生生不息，此卦之所以爲時而爲干之所納也。

（iv）干旣納卦之時，故干即象陽而善動，不可以位拘，故納干之不必驗也。

（v）一卦中之諸爻，皆特有其時位而可以數計，故有定而不移，此納支之所以驗也。

（vi）納干不必驗，故知干象時間；納支驗，故知支象空間。故日常應用皆用支也。但此支所象之空間卻是有時之空（momentary space），而非無時之空（time-less space）。故「支」一概念即可象時—空之凝一。支之有時間性即干之附合也。支干是不能分的；但在解析上應用上可以把它分開以致用。

F9. 以上說明干支之起因及其特性。再進而考察甲子（即干支）何由而造。爲何能造成甲子爲一定之空時形式。胡氏以爲這並不是先天的（apriori），乃是由經驗之歷試歷驗而歸納成的，即時空是建基於經驗世界之生成條理上。人可以發現之，歷試歷驗而使其漸近於準確。這觀點又是對的，現在的數理物理之融合即可證實。這種如實地看世界是中國思想之特性。

F9.1

大撓之造甲子，亦由先天四圖始也。草昧初開，何能截然指此爲甲爲乙，爲子爲丑乎？又何能截然指某歲爲甲，某歲爲

乙，某日爲子，某日爲丑乎？然以《周易》考之，則陰陽之始終微盛，固可得而辨也。萬物莫不由水始，而水則生木，木則生火，火則生土，土則生金，此驗諸物理而不爽者也。一歲之中，由冬而春而夏而秋，何勿相配耶？顧此五行之中，又莫不各有陰陽，各有微盛，則甲乙亥子之必重，又斷可識也。此十干十二支之設，固又所以紀陰陽之微盛者也。〔……〕（同上）

這有兩重要觀點可尋：

（i）干支是陰陽五行之生成條理，即由始終微盛而顯。

（ii）干支之造成是由觀察此種生成條理而歸納出的結果，也可以說是以物事爲基礎而構成的，用懷氏的話說是用「抽延法」（the method of extensive abstraction）而藉着「輻輳律」（convergent law）以輳成的，用羅素的話說即是「邏輯構作」。

F9.2　既然由事實構成，則與事實自能融合無間，故胡氏接着上邊就說：

「〔……〕然以此支干布之于年月日時，而皆一一有其不爽者何也？曰是由易卦出也。卦分上下兩象，而初中末之三候，上中下之三位，固各有不易者也。察支干中陰陽之微盛，擬諸六爻之時位，各分其類而納之，然後徵諸人事，合諸天時，某爻之動變也，而驗諸某歲矣，其爲陰陽之微盛何如，而支干之相配，固亦可得而定也。于是而又驗之于月，于是而又驗之于日，其支干之相配，亦莫不皆可得而定也。然後知某歲確乎其爲甲子，某歲確乎其爲乙丑也。故曰大撓造甲子，由易象始也。〔……〕」（同上）。

（ⅰ）由生成之始終微盛三候三位爲基礎。

（ⅱ）由觀察而至于歸類，是爲歸納法之應用。

（ⅲ）徵諸人事，合諸天時，是爲演繹法之應用。

察事實而用歸納，透闢之見。

F9.3　我們再看他論歲月日時與干支之應用，即怎樣以干支去紀歲月日時，關此，他也從陰陽生成上說起而用歷試歷驗的方法去決定。

曷由知歲月日時，確乎其爲某甲某子也？乾陽卦也，則陽德之所衍，干必陽干，支必陽支也。故於干則納六陽干，于支則納六陽支也。乾又大明終始，美利天下者也。故內則納甲而外則納壬，甲壬者十干之終始也。坤與乾配，陰木陰水，與坤合德，乙癸所由納于坤也。

支行五而支數六，又必重爲十二者何也？卦立三爻，有內不可無外，有陰不可無陽故也。內外重之則六，陰陽重之則十二矣。然陽卦得陽，陰卦得陰，雖十二也，而猶之乎六也。以六支而分配于內外卦，仍然是三候三等之義也。〔……〕夫坤既與乾配，乾納陽支之「子」，則坤宜納陰支之「丑」，而乃以對「丑」之「未」納之者，因坤必與乾配，始有化育；而又必一內一外，然後始可相配，非同內同外所能相配也。〔……〕

因坤必與乾配，故必納「未」于內卦之初，而始克與外乾之「午」火相合；納「丑」于外卦之初，而始克與內乾之「子」水相合。此乾上坤下，坤上乾下，陰陽合德，化育無

窮之義也。

其「子」之必與「丑」合,「午」之必與「未」合者,此即左陽右陰兩相配合之義也。然乾之陽支順,坤之陰支逆何也?天地之理,一往一來,一順一逆,然後生生不息之妙出焉。若使一概皆順,則陰陽皆不能以相配,亦恐其易盡而易窮矣。〔……〕

乾坤所納之支,既各有定,然後即其所占所動之爻,合諸歲月日時而考之,其為乾初之動乎?而徵驗于某歲某日矣,則知其日月之必為「子」也。其為坤二之動乎?而徵驗于某歲某日矣,則知其日月之必為「巳」也。于是乎累積而累驗之,而于甲子乙丑之序,絕不相紊也。然後即其歲月日時而序次之,此所以有60甲子之設。〔……〕(同上)

F9.4　上條所引原屬一大段,今為清楚起見,把它分成六段。于此六段中可以看出:

(i)乾之所納,干為陽,支亦為陽;坤之所納,干為陰,支亦為陰。

(ii)乾納甲壬是由生成之內外終始而言。坤之納乙癸亦然。

(iii)干雖象時象陽,然其中亦有陰,這便是陰陽合一,時位合一。無陰不足以成其生,則干亦無由而起。

(iv)支數六而重之為十二亦是取生成之內外終始之義,如重卦義同。

(v)有內外,則可錯綜相配。故乾納陽支之「子」,而坤不納陰支之「丑」反納陰支之「未」,是即內外相配之義,亦合陰陽

生成之數，即內生外成是。

（ⅵ）坤納「未」于內卦之初，乾納「午」于外卦之初。坤納「丑」于外卦之初，乾納「子」于內卦之初。午未相配，即是乾坤相配，然其配非同內同外，乃是一內一外。子丑亦然。

（ⅶ）于此納法中，有陽支順，陰支逆之義，順逆相錯，始能不息。故此納法，既可以表示陰陽之生成，往來順逆之錯綜，又可以構造時空之系列，而干支之序，世界之序，亦因而引出。

（ⅷ）乾坤按生成內外之勢而納干支，故干支之序即是生成之序，其間有相應之關係，干支可爲事實之圖象。

（ⅸ）此法一定，再歷試歷驗，用「反覆」（repetition）進而至于「合同」（congruence），則所謂空時之序因之而成而干支之空時律也就因之而定。而歲月日時之爲某甲某子也可因之而紀出而確定。

（ⅹ）然總之要不外觀察自然生成之情勢而抽象歸納出構作成。

F9.5　干支之納法既定，再進而論甲乙之決定與生成之繼續。換言之，即十干由何而構成，世界之繼續由何而顯示。

〔……〕何由知此歲月，確乎其爲某甲某乙也。曰：此亦易辨耳。蓋干十而支十二。以干合支，十旬之內，必有二支非干之所能及，而此干所不及之支，如在十旬之中，見于爻象，其于爻也必無所驗，以此旬無此爻象故也。迨及前旬已過，後旬復來，而此爻驗矣。故此一爻，如在十旬之內，古人遂目爲旬空，以萬事萬物，莫不由虛中起也。迨及其干已

換，而其爻已應，則即其所換之旬，知其初由虛中而出，則
遂定爲旬首，而目之爲甲。然甲陽木也，有陽不可無陰，故
遂以乙繼之，而定爲陰木。如是，因木之生火，火之生土，
土之生金，金之生水，而丙丁戊己十干之名，由此而分，十
干之位亦由此而定矣。故能確知乎歲月日時爲某甲某乙也。
凡皆由易象始也。〔……〕（同上）

F9.6　這又是一段很透闢的話。空時合一由此顯，繼續轉變
由此昭，始終初上由此定，內外往來由此成，而生生不息之化育亦
由此達矣。十干之定與十二支合故也。干支合即爲時空合。十干之
中又有陰陽，陰陽合始能成時序也，換言之始能成生成也。陰陽合
即是時位合。時位合仍爲時空合。所謂甲乙木者甲生木乙成木也。
故謂甲爲陽木，乙爲陰木。陽生陰成，又是陰陽生成，內生外成之
義。其餘丙丁火，戊己土，庚辛金，壬癸水依此類推。

F9.7　十干爲一旬，而一旬之成要必藉助於十二支。是空時
合一之義也。所餘之支，設不以干合之，則不能成爲下旬之初而爲
甲，必待有干以及之，則干支合而成爲一旬之初，名之爲甲。是爲
甲之初亦時位合也。以上所論「初上」之義，亦可于此而顯明。則
所謂虛空之「支」者即爲此終而有始生生不息之繼續而設也。它是
太極，它是終始間之轉關，它是上過程至下過程的轉變之樞紐，它
是承上啓下之源頭。「初」由此而出，「內」由此而定，「來處」
由此而起，「微始」由此而顯，生數由此而成：繼續非繼續于焉以
決。

F9.8　對于時位，空時的問題，中國的思想家多未顧及。雖

然有人說中國人所謂「宇宙」即指空時合一而言，《墨經》上所謂「久彌異時也，宇彌異所也」，「久古今且莫，宇東西南北」等類的話，也是論空間與時間的，然都太籠統了，太廣泛了，如何能算爲科學上所謂空間及時間？普通都認爲《墨經》講時空，然也不過尙且如此。其他不講者更何待言？然非絕對無也，世人不察耳。世人但知老莊，孔孟，程朱，陸王，而不知還有胡煦；世人但知有儒釋道三家，而不知還有胡煦的自然哲學，科學哲學，生成哲學。

　　F9.9　張申府先生提示我們不要作西洋的奴隸，科學上的問題多著哩，我們儘可自發地來取擇來下手，自己造成新局面，西洋人並不是把一切問題都解決了。我們儘可如實地觀察自然解析自然而參加這部工作。我們要朝向著自然界，不是朝向著西洋學；要給科學找基礎，即是給我們的知識給我們的生活找基礎，不是給西洋人來找基礎。科學是知識的產物，是對于自然界的觀察而得出的。羅素說科學的成立在「數學的實驗主義」。申府先生接著就說：「科學方法要把數學與實驗合而一之。可是中算未嘗不比西算早進了三百年，然而三百年後到底也沒有與實驗結合在一起。」（《所思》48頁）。現在是結合的時候了。我們現在治中學，觀點要改向數學這方面。要朝向這方面，不能不注意《周易》，不能不注意漢《易》，尤其不能不注意清《易》。要對于數學底基礎，自然科學底基礎，有自發地探討，尤其不能不注意胡煦的哲學。申府先生又說：「中國人絕不能以徒徒學習西洋科學爲能事，中國人必須在科學上有所改造。〔……〕科學的理論的本身，現在都正在危乎其危，急須找個鞏固的基礎。〔……〕自然科學的兩個基礎是因果與歸納〔……〕。至今沒得證明根據。〔……〕最近〔……〕研究數

學基礎的論著,尤其聯篇累牘。〔……〕算學與名學關係一端,仍然是聚訟紛紜,莫衷一是。〔……〕科學是西洋近代文明最大的貢獻,究其實,猶如是。那麼中國人還不知所取擇嗎?還甘于爲奴嗎?」(《所思》78,79頁)這是一段很有貢獻的話,此外列舉問題很多。我們要從此方面著手,不能不注意《周易》及胡煦的哲學,因爲《周易》及胡煦的哲學全是解析自然的。其工具又都是數學的邏輯的(符號邏輯),其態度又是非常之如實與客觀。吾之所以要從《周易》方面寫這本東西其目的就在改變中國人向來所注意的態度,要替研究中學者開一新局面,要使眞正與科學相接近:吾之所以特重胡煦者也就是爲此。

G. 眞變與假變

G1. 這個問題即是胡氏批駁漢人的卦變說而建設自己的體卦主爻說的。他以爲卦變是假變是亂變,不足以解析生成,不足以解析具體世界。卦變是剜肉塡補,是只見已成而不見其生,生成沒有聯合起來。

G2.

〔……〕若謂孔子係説諸傳,所言變化,皆指卦變而言,亦愈支離不可救矣。〔……〕且一卦既成,則無卦不成,豈有一卦在此卦先,須彼卦之變來而後成耶?若于卦體既成,拘爲卦變,以釋經文,又謂已成卦象之乾坤遂無能生諸卦之理,則未知乾坤二卦,只是陰陽兩象。天下萬事萬物無一不

資陰陽以有其始，則無一不資乾坤二用，亦以明矣。今謂乾
坤無能生卦，豈聖人畫卦之心，豈周公二用之旨哉？緣其訛
誤之故，止緣看乾坤兩卦爲實有三連三斷之象耳。不知全部
《周易》，皆是先天，皆是活潑潑地，皆是說伏羲之圖，實
無一卦一爻可以形體拘也。〔……〕（《約存·卷首中·原卦
約》）

（ⅰ）乾坤只是陰陽兩象。

（ⅱ）乾坤之用，即是九六之用。

（ⅲ）一切皆由用九用六而成。

（ⅳ）以爲卦由卦變而來，即是認乾坤無能生諸卦，認乾坤爲
實有三連三斷之象。如是，則九六二用，亦等于虛設。

（ⅴ）須知這是錯誤的，世界的生成不是如此亂變的，不是無
節奏無因果的。

（ⅵ）世界是由用九用六乾坤爲體卦而交織成的。

G3.

〔……〕蓋62卦無有一卦不從乾坤二用而生，則無一卦不具
乾坤爲體。正以卦止三爻，其二爻相同者，本來之體；一爻
獨異者，往來之用也。凡卦爻之辭，變占之義，無有不以獨
異之一爻爲之主者。如三女皆乾體，而所交之一陰，則坤用
其六自外來交者也。因其用在陰爻，故遂謂之爲女。如三男
皆坤體，而所交之一陽，則乾用其九自外來交者也。因其用
在陽爻，故遂謂之爲男。是則三女三男，悉皆乾坤二用，則

> 三女三男自應具乾坤二體。孔子于卦體既成後，教人以觀象之法，故以往來上下內外等字，分別言之，欲人之審擇用爻定爲卦主耳。〔……〕（同上）

此段說體卦主爻最明。

（ⅰ）用爻爲主，體卦爲場。

（ⅱ）凡乾體，其主爲坤；凡坤體，其主爲乾。

（ⅲ）這是每一特體兼具陰陽之義。

（ⅳ）有主爻故成一特體；有區場故有共性。

（ⅴ）每一「特體」（particular）皆由乾坤而成，則乾坤即爲一切之「共性」或「共享」（community）。

（ⅵ）由此共性之交用即成爲一切「絕對的」特體。懷氏的「絕對位置」（absolute position）亦即是此義。

（ⅶ）這種從共性到特體，用懷氏的話說，即是從客觀到主觀（from objective to subjective），用古話說即是從普遍到特殊（from universal to particular）。但此所謂主觀、特殊，即是所謂「絕對」之義，也即是所謂「絕對位置」之義。所謂普遍，客觀，也即是所謂「共享」或「共性」之義，與普通所謂法模（form）質材（matter）之義不同。

（ⅷ）此意之清楚地表示，用胡氏的話說，即是生成之「成」始終之「終」而已。用懷氏的話說，即是一個「滿足」，「具體化」而已。「相配」即是「絕對位置」之所由成。

（ⅸ）此所謂「絕對」與傳統科學之所謂不同，這乃是由相對論量子論張量說而昭示的。換言之，即是從相對到絕對，從依附到

不依附。

（x）此所謂「絕對」，與老莊佛教所謂神秘的不可言詮的「絕對」「全」「無」之意又不同。這是新哲學下的主客圓融，內外無間的絕對，其根本點是「生成」是「交配」。

G4.　我在第一分 G9.3以至 G9.6諸條中解析漢易卦變之不應理，今觀胡氏所言，則可了解卦變之眞意，並給虞氏易中諸卦變之例以有意義的解析，以一貫的解析。

> 〔……〕孔子〈彖辭〉，往來、內外、上下、終始，皆是解說先天一圖；用九用六，凡皆說打初成卦時，先天摩盪之妙也。若將一卦兼乾坤二用，以說往來上下，必在三陰三陽之卦。以此等之卦，上下兩體，非乾之似則坤之似矣。故可以兼說乾坤。既可以兼說乾坤，則以爲泰否之互易，奚不可者。（同上）

漢易卦變中有所謂上下易者，至此亦得其解矣。然非漢人之解法也。胡氏抓住一個總觀點，可以汎應皆當。

G5.

> 若一陰一陽之卦，先除上下純象者不論，其陽九之用，則必于坤體中見之；其陰六之用，則必於乾體中見之矣。（同上）

虞翻卦變中有所謂從幾陰幾陽之例卦者，至此亦得其解矣。然

皆用九用六而具體者也。非卦變之謂也。但虞氏並不將一陰五陽，或一陽五陰之卦列于例卦中，而卻列之于旁通中，是其雜也可知矣。參看第一分 F6.5.4條。

G6.

> 若二陰二陽，分居上下二卦，非上下皆乾體，則上下皆坤體也。若或二陰二陽合居一卦，亦先除純象者不論，則又以二陽之合居者為乾體，二陰之合居者為坤體也。其乾體所挾之一陰，坤體所挾之一陽，則又乾坤二用，所往來上下于內外兩體者也。孔子〈象辭〉，教人觀象以審擇主爻，從未有于兩同之爻，指說道理者也。（同上）

卦變中有所謂四陰二陽，四陽二陰之例者，至此亦得其解矣。然非用體卦主爻之說以解，則不得其義，卦變之解無能為也。

G7.　此段得稍加以解析。

（i）先解二陰二陽分居上下兩卦者，如：既濟（☲☵）一卦，上卦為坎（☵），二陰一陽者也。如是，二陰為體卦，一陽為主爻。體卦為坤，主爻為乾，則可知此乾陽之主爻必為動用之爻。下卦為離（☲），二陽一陰者也。二陽為體卦，一陰為主爻。體卦為乾，主爻為坤，則可知此坤陰之主爻為動用之爻也。

（ii）再說二陰二陽合居一卦。如臨（☷☱），遯（☰☶）兩卦，臨卦，上卦為坤（☷），純象不論。下卦為兌（☱）二陽為體，一陰為主。則此主爻即為動用之爻。此二陽合居一卦者也。遯卦亦可

如此解。類推可明。

可見無論如何變化，無論幾陰幾陽，皆可以用九用六體卦之說解之。這樣的變法才是眞變。卦變不足言也。

G8.

> 蓋往來即上下之說，而上下有內外之分。如曰：某爻下，某爻內，則必此下而內之一爻爲之主也。如曰：某爻上，某爻外，此必此上而外之一爻爲之主也。因此爻之動用而特標其能，故遂謂爲象者材也。（同上）
>
> 聖人作象，寧獨三陰三陽有往來上下內外之說哉？一陰一陽亦有之，二陰二陽亦有之。如執卦變中一上一下之說，有三陰三陽可以上下兩體彼此互易，至一陰二陰，一陽二陽，必且無爻可換矣。（同上）

如是，卦變中諸說，皆可用主爻體卦之說以解之。吾在第一分 G9. 3，9.4，9.5，9.6諸條中言卦變中諸概念無一貫之原則，故無理無據，今胡氏換一觀點解之，則其諸概念亦可用，但意義就不同了。並其諸概念亦有了一貫的統屬，但卻是在另一系統中。

所謂往來上下內外皆指動用之爻而言，所謂〈彖辭〉即是斷此動用之爻，大家要知主爻體卦之說雖屬胡氏所獨創，然按之經文彖辭無不一一合節。讀其約注便知。

G9. 今舉二例以證之。

（ⅰ）无妄（䷘）彖傳云：「剛自外來而爲主于內」。注云：

剛爲震陽，來謂居初。自外來者，二三兩陰，本坤之靜體居
內，乾用其九，一交于初，則爲自外來矣。外來者，對居內
之靜坤言也。卦以震剛爲主，聖人教人觀象以擇主爻，故有
爲主于內之說。凡一卦三畫，其兩畫相同者，皆靜體也。其
往來上下之爻，稱爲主爻，動用故也。諸象之往來上下，皆
言動用之主爻，不可不察。〔……〕

（ⅱ）晉（䷢）彖傳：「晉，進也。明出地上，順而麗乎大
明，柔進而上行。」注云：

〔……〕柔進而上行，謂五柔上行得位，爲動用之主也。六
子之用，皆出乾坤，乾體靜鎮于此，坤用其六，來一交之，
則主柔。坤體靜鎮于此，乾用其九，來一交之，則主剛。主
其所少也。若兩爻相抗，烏能爲主？主爻者動用之一爻也。
凡象中內外往來，上下進退，皆言動用之主爻。〔……〕

這兩卦解得最好。歷來無此的解。緣皆不明內外往來上下，進退之
何所指也。凡此不明，故〈彖辭〉亦不明。則所謂「彖」之義更不
明矣。漢人誤解往來，故卦變之說出，而對於此兩卦之彖亦錯解，
胡氏有很犀利之批評。故胡氏主爻體卦之說要不外由深明一個往來
關係而出。故胡氏的系統是一貫的，其思想是乾淨的，其假設是最
少的。

　　G9.1　但要知他的眞變只是認眞了具體事實而已，只是說明
一切皆由用九用六來往相交兩關係而成而已。並非如柏格森之所謂

不可思議的變爲眞變也。在中國思想中很難找出柏格森的意謂。近
人往往以柏氏的直覺（intuition）來解析中國思想，錯了。中國人
對於世界，則以爲是可理解的，是有條理的，可分析的，有數學性
的。胡氏的思想尤其如此。

G9.2　此段雖言變之問題，然其實是對於「彖」，下徹底之
解析的。歷來謂「彖」爲總斷一卦之性德，這是含混之論。須知
「彖」爲斷主爻，何得云爲斷總卦？此皆因不明往來，相交，二
用，體卦之說，故有此含混。由以前所論，用主爻體卦之說，則
知一爻之成即是一卦之成；故由斷主爻推而至於斷總卦則可，不明
其斷主爻，而直接謂其爲斷總卦則不可。

H.　爻、性德、象

H1.　此段即是論一個爻的「內具性德」（intrinsic char-
acter）與「外鑠性德」（extrinsic character）之關係並此等性德與
符徵（即象）之關係。

內具性德即是一個爻之內性，即生成到什麼形態，即有其該形
態本具之性。外鑠性德即是一個爻之時位，即其外範之定形。每一
形態有其內在之本性，同時，亦必有其外鑠之時位。其本性之爲何
如此，只能以其所至之時位而定之，即至此時位，便有與此時位相
應之內性也。時位之定，是由生成之形態而顯。如是，則內性之具
亦由生成之形態而定。時位內性互相規定，而由生成顯示之。
「象」者即喻此時位所定之內性也。

H2.　例如乾初九：「潛龍勿用」。「初」者此爻之時位也，

潛而無用，則是此時位所定之性德也。龍者則象也，即以其他具體之物事象此爻所在之時位所形之性德也。

H3. 九二：「見龍在田利見大人」。胡氏注云：「利見大人，即謂九二之大人。昭明著見于天下而無所阻也。非作占說，亦非九五之大人，而有所利益也。蓋在本爻，只言爻德。〔……〕在田位也，見龍時也。卦德尚在其外，況于占乎？」

這自是胡氏之特見。蓋從生成上起，則生成至一形態即有其性德也。故利見大人即九二之大人，非九五之大人，因未至五，何能知五。歷來不明生成形態之義，將一卦拘爲定形看爲已成認爲實有，而解爲見九五之大人，誤矣。至於占卜之說更屬無聊。

此爻之性德爲顯而非潛。其時位即是顯之時位，而非潛之時位。「昭明著見于天下」之「利見大人」，此象以人事也。〈文言〉所謂：「德博而化」，「德施普也」，「龍德而正中」是也。見龍在田，陽氣初出地面發生萬物之候，此象以物理也。〈文言〉所謂：「天下文明」者是也。無論人事物理皆表象爻在此時位之性德是「顯」是「見」。

H4. 九三：「君子終日乾乾，夕惕若，厲，无咎」。胡氏注云：「此時位中自具之德，非外有危之者也。」此亦象以人事也。

九四：「或躍在淵无咎」。〈文言〉曰：「上下无常，非爲邪也。進退無恆，非離群也。君子進德修業，欲及時也。」

此亦自具之性德，即具「上下無恆」而「或之」之性德。而此性德亦因其時位之上不在天，下不在地，中不在人之故而定。此亦象以人事也。

H5. 九五：「飛龍在天，利見大人」。所謂利見大人亦是利

見之大人，而非利於見大人也。即處九五之位，也是利而見，顯而
現之德也。「利見大人」，「故聖人作而萬物睹，大人造也」
（〈文言〉），此以人事象其利見之德也。「飛龍在天」，以物理
象其利見之德也。所以有此性德，皆因時位至焉。生成至此，不得
不如此。故所謂九五之尊，並非先天的必然，乃由自然之生成而
至。生成至此時位，自然會大人造，萬物睹，全是生成之形態，並
非憑空撰九五為至中至正之定例也。

　　至於上九之「亢龍有悔」，亦全是其時位自具之德。餘類推。

　　H6.　每一形態皆有特殊之性德與時位。故每一爻皆有其象。
就全卦而言，則每一卦亦有其內外之性德，故亦有象以象之。卦爻
皆是普遍的符號，解析一切生成形態的普遍原理。從生成上，本體
論上，解析一切形態的內外性德。至於「象」乃是特殊的舉例以喻
之類比之。一般人不明白這個道理，故直認為《周易》是言人事之
書。云胡可通？須知它這象是方便的例證。無非藉之以使人易於了
解該爻之性德而已。

　　H7.　故《約存・卷首中・原卦約》說：「〔……〕孔子懼人
拘天道人事，而莫由通於卦德，故於其上特標『象』字。若曰：此
其象也，非卦之德也。〔……〕」蓋天道人事皆不可拘，一拘則不
知《周易》所云何事。所以拘者，不明「象」之故也。故不可認比
喻之「象」為卦爻之德。因「象」不過類比之例證而已。

　　H8.　爻德是生成形態之所具，象是說明此所具之德者。而卦
爻之符號即是一般地表象一切生成之形態者，即表象自然之生成關
係，解析自然之結構者。符號則是其工具也。符號之結構則是表象
事實之結構之圖象也。

H9. 故胡氏說：「〔……〕緣聖人畫圖作易，無非發明天地間化育之所自起，與化育流行之妙耳。圖非實有是圖，皆內外體用之象也。卦非實有是卦，皆萬物化生之象也。〔……〕」（《約存‧卷首上‧原圖約》）。

圖象符號皆非實有，此是趨於真具體，此是叫人觀察自然，此是叫人明白符號是人造的，此是叫人將符號來表象你所觀察的自然。科學生機伏於此。

H9.1 述胡氏哲學至此竟。吾可以一句話綜結其全部思想如下：

> 以分合為根本觀念，進而以始終微盛初上內外諸根本範疇以解析自然之生成，而復以往來相交諸關係以解析時位爻之構成，以體卦主爻之說解析實體之形成因而引申出時空之構造而同時又顯示世界之真變以批駁卦變之假變。

Ⅳ 清焦循的道德哲學之易學

引 言

焦循字里堂，他的重要著作是：

（ⅰ）《易學三書》（即《易章句》、《易圖略》、《易通釋》）。

（ⅱ）《孟子正義》。

（ⅲ）《論語通釋》。

前兩種載於《焦氏叢書》中，《論語通釋》載於《木犀軒叢書》中。此外還有他的《雕菰樓集》，其中亦包含不少的思想，可參看。

他的見解概出於《易學三書》。不懂他的《易》學，不懂他的全部思想。《孟子正義》、《論語通釋》其餘韻耳。今既論《易》，故只以《易學三書》爲根據，其他不問。

胡煦、焦循是中國最有系統最清楚最透闢的兩位思想家。然而卻總不爲人所注意，這也許是人們討厭《周易》故，然而他二人的思想卻偏都從研究《周易》中引出。

　　胡煦是從《周易》方面研究自然哲學，解析具體世界；焦循是從《周易》方面發揮道德哲學解析價值世界。一個是「是」的世界；一個是「宜」的世界。然而焦循之講「宜」的世界卻未始不以「是」的世界爲基礎。他的道德哲學之中心點是「旁通時行」四字，而此四字也即是由於具體世界的「生成變易」四字而昭示出。這即是吾歷來所謂道德上的「自然主義」及自然上的「意謂世界」是。焦循集這兩方面的大成。

　　維特根什坦說：「世界的意義必伏於世界之外。」「世界裡邊，是沒有價值的。」「所以，也不能有倫理的命題。命題不能表示更高者。顯然，倫理不可以宣表。倫理是超越的。倫理與美學是一個。」「誠然有不可宣表者。此但自昭示，乃即是神秘。」（《名理論》，《哲學評論》第一卷第六期頁77，79）。

　　倫理是神秘的東西，但可昭示，不可宣表。那即是「不可說」。凡能說的必在世界內。世界是偶然的，是其所是，現其所現。世界裏邊沒有必然，沒有價值，沒有意義，沒有神秘，沒有謎。在可說的世界之外，是超越的。這是把價值世界與科學世界區分得很清楚了。可是羅素說：「則吾自認那個遺吾以一種知識上的不安之感。」

　　胡煦與焦循就是兩個世界的區分者。但焦循並沒有把倫理世界看得那麼神秘。倫理意謂雖不在世界中，然卻由世界中派生出。這是中國思想之特性。於是我可說：倫理雖不實存於世界，但卻含蘊於世界。這樣，倫理便不是超越的外在的，而是具體的，內在的，或曰潛在的。

　　焦氏把漢人的災異感應下的《易》例：卦變，卦氣，爻辰，互

體，納甲，納音，⋯⋯一概除消，目之爲各家之學而非《易》中所有。他自己發現出三個原則：（ⅰ）旁通；（ⅱ）時行；（ⅲ）相錯。由旁通中又引出一個附屬原則曰：（ⅳ）當位失道。由相錯中又引出一個附屬原則曰：（ⅴ）比例。由此五根本原則鉤貫了一部《周易》之錯綜。以經解經，就《易》論《易》，不假《易》外一字。乾淨得多了，漂亮得多了。可是此亦不必《易》中所有也。

由焦氏之解《易》，可以見出孔門之眞面目，及眞正中國道德哲學之眞面目。他受戴震的影響很大；但比戴震透闢多了，貫通多了。

他的總觀點是：「《易》之一書聖人敎人改過之書也。」怎樣改法呢？文王作十二言之敎曰：「元亨利貞吉凶悔吝厲孚无咎。元亨利貞則當位而吉；不元亨利貞則失道而凶。失道而消不久固厲，當位而盈不可久亦厲。因其厲而悔則孚，孚則无咎。同一改悔，而獨歷艱難困苦而後得有孚則爲吝，雖吝亦歸於无咎。明乎此十二言，而《易》可知矣。」（《易圖略》卷二）。

這種道德哲學是建設在生成變易的自然哲學之上的。所以他以「通」爲主，十二言之敎，即是通的標準。通即是情通，情通而欲遂，即是團體情欲的諧和。不通即不和，不和爲私爲蔽爲不元亨利貞爲凶。故人必時刻以求通而祛凶，必時刻改造現實之不通以希望將來之通，而冀得元亨利貞之吉。元亨利貞是情通之極致，是謂情欲之大諧和，人要必以此爲理想。戴東原的「以情絜情而各遂其生」，焦里堂的「旁通情也，而元亨利貞」，皆是人間的眞正發現，皆是抉破了人間的秘密而趨向於赤裸的眞人生，這是人間的復活，人間的自我實現，毫不必藉助於萬能的神及超越的宗敎。這是

有功於人類的發現,他這道德哲學的系統之完美,在這個人間是不多得的。

A. 五原則

A1. 旁通。

A1.1 旁通,在事實上說,便是事情間的相感關係,即陰陽間之感而已;在卦爻上說,即每爻都有與之相反而相對之爻,這兩相反而相對之爻,其間的根本關係便是「感通」或「旁通」。「通」即於兩相反而相對的爻之間顯示之。所以根本觀點是在變易上,是在向外上。是注意於歧異之間的變動、錯綜、交互、關係,而不注重於靜的修養、內省、後返、超越。所以旁通的根本含義是:(i)向外而通於他;(ii)向前而發揮其通。道德含義與道德規律即建設於這個旁通之上,也即於這個旁通而顯示出。

A1.2 旁通之間要有規則,即正通與否是已。

〈傳〉云:六爻發揮,旁通情也。凡爻之已定者不動,其未定者,在本卦初與四易,二與五易,三與上易;本卦無可易,則旁通於他卦,亦初通於四,二通於五,三通於上。成己所以成物,故此爻動而之正,則彼爻亦動而之正。未有無所之,自正不正人者也。枉己未能正人,故彼此易而各正,未有變己正之爻爲不正,以受彼爻之不正者也。〔……〕
(《易圖略》卷一)

旁通的動機是在不正。己不正必使通而之於正;但自通而正,同時,他爻亦必通而正。自正而人不正,是未通也,故凡通必皆各正。此即成己成物各正性命是也。通而至於各正性命是謂由不正而之於正。但己若正卻不必妄動而之於不正。己正而通以為不正,是謂枉己未能成人,即人我兩損也。人我兩損即為不能各正性命,不能各正性命是謂不正之通。於是通之正與否有兩個根本原則:

(i)凡通,必皆物我皆不正,或至少我自己不正,動而之於正,亦不礙他人之正。

(ii)從反面言之,凡通皆必各正,己正而易為不正,未之有也。己正而易為不正是為妄動,不得謂之通。

結果,止是一句:凡通必皆各正。

A1.3　旁通之時有一定之規則:

(i)六爻成既濟(䷾)則各正其位,是為已定。定則不動。

(ii)除此而外,凡不定者皆宜動而旁通於正。

(iii)動有定則:初與四,二與五,三與上。位相應也。即各應其所當應而已。

(iv)本卦之動如此,通於他卦亦如此。

按此四則依序而通,必皆各之於正。焦氏舉三十例以證之,可參看原書。

A.2　當位失道。

A2.1　焦氏解當位失道與普通不同。他仍從旁通上注意,即從變動間的諸關係上看。有了互相間的變動關係則或當或失自易看出。

> 易之動也，非當位，即失道，兩者而已。何爲當位？先二
> 五，後初四，三上是也。何爲失道？不俟二五，而初四，三
> 上先行是也。當位則吉，失道則凶。（《易圖略》卷二）

於變動中看當位與否，則所謂當與否自不是已成的、先天的、超越
的，而置其標準於後。乃是向前的、外觀的，其當不當之基礎全在
生成之條理上，即動的有序有理即爲當，否則爲不當。這種思想完
全出於承認自然之條理。即具體世界的變動是有條理的，並不是混
亂的，道德上的當不當即建基於此，〈樂記〉所謂「大禮與天地同
節」者是也。天地之節，即是天地之序，即是天地之理。道德的極
致即是與之合。吾常所謂道德上的自然主義即指此。中國思想之所
以如此，及其所以不能有柏拉圖康德那樣的道德觀，吾想地理環境
是最重要的一個因子。世界本來是有條理的，故用不著柏拉圖的理
型世界；道德律即是天地之節，所以用不著康德的先天的超越的克
己律。即既不用出世復不必後返，於變動的具體世界中求之即可。
所以我們可說中國式的道德觀即是人間行爲的相互關係的至當之
則。解析具體世界的相互關係而尋其條理者是謂自然科學；解析行
爲關係間的至當之則而尋其條理者是謂倫理科學。自然科學之所對
是：是其所是的條理；倫理科學之所對是：由是其所是的條理而昭
示出的至當之意謂。這即是兩個世界的分合處。其間不容髮。故中
國人易於混而爲一。由於這種混而爲一，所以中國思想的客觀性由
此出，中國思想的調和性由此出，而中國思想的消極性順世性亦由
此出。

A2.2

然吉可變凶，凶可化吉。吉何以變凶？乾二先之坤五，四之坤初應之，乾成家人（☲），坤成屯（☷），是當位而吉者也。若不知變通，而以家人上之屯三，成兩既濟，其道窮矣。此亢龍所以爲窮之災也。此吉變凶也。凶何以化吉？乾二不之坤五，而四先之坤初，乾成小畜（☰），坤成復（☷），是失道而凶者也。若能變通，以小畜通豫（☷），以復通姤（☰）。小畜復初四雖先行，而豫姤初四則未行，以豫姤補救小畜復之非，此不遠復所以修身也。此凶變吉也。惟凶可以變吉，則示人以失道變通之法；惟吉可以變凶，則示人以當位變通之法。（《易圖略》卷二）

由此可知，雖然混而爲一，但其中還有「天行健君子以自強不息」之義。所以我們永遠希望通，希望當位，希望吉；永遠想免去不通，免去失當，免去凶。凶可以變吉，示人以希望之道；吉可以變凶，示人以自警之道。所以於《周易》之思想中找不出消極的意謂，尤其是按照焦氏的解法。然則消極者蓋由於佛學之侵入也。今日是西學輸入之時，中國之興其有望焉。

A2.3　並且由上之根本義，可引出當位失道律如下：

a.當位律：

（ⅰ）凡先二五，後初四，三上，以變成家人，屯，革，蹇四卦者爲當位。

（ⅱ）凡先二五，後初四，三上，以變成既濟咸者爲當位。

（ⅲ）凡先二五，後初四，三上，以變成既濟益者爲當位。

b.失道律：

（ⅰ）凡不先二五，而先初四三上以成需明夷者爲失道。

（ⅱ）凡不先二五，而先初四三上以成既濟泰者爲失道。

（ⅲ）凡成兩既濟者，無論其先二五或不先二五，皆爲失道。

A2.4　先解當位律。

（ⅰ）爲何變成家人屯即爲當位呢？因爲(a)由當位序而來，即先二五後初四三上也；(b)不成兩既濟而可以終而有始也。例如家人（☲☴）通解（☵☳），解二五不定，宜先行，然後初四三上隨之，是仍當位而吉者也。同樣，屯（☵☳）與鼎（☲☴）通，鼎二五不定，宜先行，然後初四三上隨之。是仍當位而吉者也。若家人不通解，屯不通鼎，而家人上之屯三，則成兩既濟，凶矣。此焦氏所謂吉變凶也。

（ⅱ）爲何變成革蹇即爲當位呢？因爲(a)由二五，初四，三上之當位序而來；(b)不變成兩既濟而可以終而有始。即革可與蒙通，蹇與睽通。其解析如上。

（ⅲ）爲何變成既濟咸即爲當位呢？因爲(a)由二五，初四，三上之當位序而來；(b)不成兩既濟，而既濟咸是終而有始之卦。

（ⅳ）爲何變成既濟益即爲當位呢？因爲(a)由二五，初四，三上之當位序而來；(b)不成兩既濟，而既濟益也是終而有始之卦。

於是，可得一總原則如下：

凡旁通而能有序有理且爲終而有始者即爲當位之動。序理者條理也；終始者生生也。故總之可說：凡能「生生條理」者即爲當位。

A2.5　再解失道律：

（ⅰ）爲何成需明夷即爲失道？因爲(a)不由二五，初四，三上之當位序而來；(b)不元不亨。但因爲不成兩旣濟，有「利」性在，故可以變而通之而盡利，而仍當位而得元亨，得元亨即得利貞。此即焦氏所謂凶可化吉也。然變而通之不盡利，又不以二五，初四，三上之當位序而行，則仍爲失道。失道而又失道即爲凶。

（ⅱ）爲何成旣濟泰即爲失道？因爲(a)不由二五，初四，三上之當位序而來；(b)不元不亨。但因不成兩旣濟，可以與他卦通而盡利，仍當位而有元亨。但若變而通之，不盡利不按當位序而行，則仍爲失道。雖不成兩旣濟亦凶。

（ⅲ）爲何成兩旣濟即爲失道？因爲(a)不由二五，初四，三上之當位序而來；(b)不元不亨。而最大原因要爲不能終而有始。即成兩旣濟定之謂也。凡通必有對，今對而各自足即各定，則無通必矣。無通即不能生生，而天道絕矣。

於是，也可得一總原則如下：

凡不按序按理而動，則必不能生生條理。不能生生條理即爲失道。

所以當位失道間不容髮，只看其動是否能先二五，及是否能終而有始。此兩條件皆盡，則爲元亨利貞而吉，反之即爲失道而凶。先二五者立其元開其機而有序有理也。終而有始者生生不息之謂也。唯有序有理之動始能生生不息，生生不息正所以顯序理之動也。生生條理即是「旁通情也」，即是「以情絜情」，即是情欲之諧和，即是「保合太和」，即是「忠恕一貫之道」。（按焦氏之解析）。

A3. 時行。

A3.1 時行者二五，初四，三上以時而行也。即當位之行。當位之行即爲通。

〈傳〉云：變通者趨時者也。能變通即爲時行。時行者元亨利貞也。更爲此圖以明之，而行健之不已，教思之無窮，孔門貴仁之旨，孟子性善之説，悉可會於此。大有（☲☰）二之五爲乾二之坤五之比例。故〈傳〉言元亨之義於此最明。云：大中而上下應之。大中謂二之五謂元，上下應則亨也。蓋非上下應，則雖大中不可爲元亨。〈既濟‧傳〉云：利貞，剛柔正而位當也。剛柔正則六爻皆定，貞也。貞而不利，則剛柔正而位不當。利而後貞，乃能剛柔正而位當。由元亨而利貞，由利貞而復爲元亨，則時行也。（《易圖略》）卷三）

A3.2 時行即爲通，通即爲元亨利貞。元亨利貞生生不息健也。大中之元性善也。元亨而利貞仁也。時行而當位，失道而不通，間不容髮而教育興焉。此教即「修道之謂教」之「教」也。所謂「通」，所謂「時行」，所謂「元亨利貞」即是「率性之謂道」之「道」也。單指「元」而言，則即是「天命之謂性」之「性」。性，道，仁，教皆於通中見之，皆於時行中顯之，是何等氣魄。而焦氏能從《周易》方面以幾個數學式的公理推演出全部的道德思想，則名之謂中國的斯賓諾薩（Spinoza），誰曰不宜？

A3.3 由 A3.1 所引的時行之解，則有以下幾條當注意：

（ⅰ）二五先行，初四三上應之，變通不窮，是謂大中而上下應，是謂時行。——（當位律）。

（ⅱ）初四先行不當位，變而通之仍大中而上下應，仍爲時行。——（失道律）。

（ⅲ）三上先行不當位，變而通之仍大中而上下應，仍爲時行。——（失道律）。

（ⅳ）二五先行，初四隨之，即爲下應。

（ⅴ）二五先行，三上隨之，即爲上應。

（ⅵ）二五先行，上下應之，便謂元亨。

（ⅶ）由元亨而能成 A2.3條中之當位律中七卦者，即爲利貞。

（ⅷ）利貞者即此七卦各能旁通終而有始也。即成既濟咸與既濟益之謂。

（ⅸ）成既濟爲終，終者貞也。成咸益爲始，始者利而元也。因利故復爲元亨。貞而利是謂眞貞是謂保合太和；利而貞是謂當位是謂各正性命。

（ⅹ）由元亨而利貞，由利貞而復元亨，是爲通是謂時行。是謂終而有始。這便是「天命之謂性，率性之謂道」。這便是「生而知之，安而行之」。

（ⅺ）焦氏用當位、失道、時行，諸律爲準而推出「生知」「學知」「困知」及「下愚不知」四等人。生知即當位而時行也，學知困知即前邊所謂凶化吉也。「下愚」即所謂凶而又凶也。然這卻並非性惡，亦非韓愈性分三品之說，乃是「不爲也非不能也」之謂。因爲他的根本點是動是通。當否全於「通」的過程上顯，變動

的關係上顯。決無死的,靜的,已成的,一定的惡。所以:

> （xii）能變通則可久,可久則無大過,不可久則至大過。
> 所以不可久而至於大過,由於不能變通。變通者改過之謂
> 也。（《易圖略》卷三）

A4. 相錯。

A4.1 相錯者即參伍錯綜而成萬物者也。〈說卦傳〉云:
「水火相逮,雷風不相悖,山澤通氣。然後能變化而成萬物。」
「天地定位,山澤通氣,雷風相薄,水火不相射。」

A4.2 焦氏解曰:「天地乾坤也。山澤艮兌也。雷風震巽
也。水火坎離也。天地相錯,上天下地成否（䷋）,二五已定爲定
位。山澤相錯,上山下澤成損（䷨）,二交五爲通氣。雷風相錯,
上雷下風成恆（䷟）,二交五爲相薄。水火相錯,上水下火成既濟
（䷾）,六爻皆定,不更往來,故不相射。〔……〕變不相射而云
相逮。不相射謂既濟,相逮謂既濟變通於未濟（䷿）也。不相射則
寂然不動,相逮則感而遂通矣。變相薄而云不相悖。五失道則悖,
恆二之五,而後益（䷩）上之三,則不相悖。不相悖由於相薄也。
〔……〕」（《易圖略》卷四）。

A4.3 此段解的最好,歷來無此透徹。「不相射」變而爲
「相逮」,貞而利也,終而有始也,通也時行也。相薄而不相悖,
利而通也,元而亨也;相薄利也元也,不相悖通也亨也,亦是時行
之義也。如是,所謂相錯仍不外旁通而時行。

A5.　比例。

A5.1　比例即是數學上的比例，也即是類推之謂。以此而比他，則可以擴展其範圍也。焦氏之比例即以數學上之比例及六書上之假借為基礎而成者也。藉此比例則可以把全經鉤貫起來。

A5.2

> 〔……〕極奇零隱曲之數，一比例之，無弗顯豁可見。因悟聖人作《易》，所倚之數，正與此同。夫九數之要，不外齊同比例。以此之盈，補彼之朒。數之齊同如是，《易》之齊同亦如是。以此推之得此數，以彼推之亦得此數。數之比例如是，《易》之比例亦如是。〔……〕洞淵九容之數，如積相消，必得兩數相等者，交互求之而後可得其數。此即兩卦相孚之義也。非有孚則不相應，非同積則不相得。〔……〕以六書之假借，達九數之雜糅，事有萬端，道原一貫，義在變通，而辭為比例。以此求易，庶乎近焉。（《易圖略》卷五）

A5.3　這純是數學家之言。以數學上之齊同比例，應用於物理，是謂數理物理。齊同者合同也契合也。以數學上之齊同應用於物理變易之上，則歸納法立焉。以物理變易之合同而解析數學之齊同，則數學之基礎樹焉。以數學上之比例應用於物理變易上，則演繹法顯焉。以物理變易之比例，則數學上之形式的比例而得其意義焉。《周易》一書便是數學物理合和而成，所以是一部數理物理。而數理又都可以用經驗界所歸納演繹的物事而解析。倫理則是由之

而派生的意謂世界也。

A5.4　焦氏以此五根本原則及其中之諸公理（axioms）而解析全經，而引申出全部儒家的道德哲學。因其用符號之變通數學之齊同比例，故所引申諸觀念最為準確，決無含混歧異之病。

A5.5　焦循的根本發見是「旁通」，「時行」，「相錯」三原則。至於「當位失道」一原則是由「旁通」中引申出：「比例」一原則是由「相錯」中引申出。所以我們在此只注意他那三根本原則即可。這三根本原則可以說是他的道德哲學之總觀點。這個觀點是新的，是值得注意的。由這種觀點而得的道德哲學可以說在時代上是足以劃個新紀元的。它至少有以下的含義：

（i）由「旁通」可以知他是注重團體性，整個性或社會性的。

（ii）由「時行」可以知他是注重活動性，革命性或向上性的。

（iii）由「相錯」可以知他是注重關係性，互依性或相對性的。

（iv）「旁通」是空間方面的擴大，「時行」是時間方面的擴大。「相錯」則表示這兩方面的參伍錯綜與互相關聯。

（v）總結一句：這種觀點是變通的生成的觀點。由這種觀點而得的倫理是人間的倫理。

B.　四個道德理想底標準範疇

B.1　元。

B1.1　焦循解「元」雖為「始」，但與胡氏意不同。胡氏從自然的生成上起，故其始為生為微為內為來處，總之是生成的物勢非有價值之意在；而焦氏是從倫理上起，故其始為乾二之坤五，雖以陰陽交為始為元，但以陰五與陽二交為元，即是有倫理之意在，故曰「大中」。非普通的物理原理也。

B.1.2

〔……〕〈傳〉之釋元也，一則曰大哉乾元，萬物資始乃統天；一則曰至哉坤元，萬物資生乃順承天。元之義為始。自乾六爻，依其序推之，初三五已定所，動而行者二四上也。乾二之坤五為始，乾四之坤初應之，乾上之坤三亦應之。乾為天，獨天不生，必有以治而理之。統者治也，理也。諸卦之生生，始於乾二之坤五，故乾元為資始。坤六五〈文言傳〉云：黃中通理，明以中字釋黃字。通者自乾二旁通。理者分理，謂統天也。乾二旁通分理，而美在坤五之中。以是明元，元之義明矣。（《易通釋》卷一）

B1.3　這種思想與胡氏比，一見可知其非根本之論，並且可知其非注目於自然之生成，而只認六爻為實有之畫。並且假定乾六爻初三五為已定，動而行者為二四上，這全是以一定之符號組成幾個根本公理以推演倫理思想，非抉發物事之生成及卦爻之如何而起也。這點很重要，要認清。

B1.4　乾二之坤五為元，言其為生生之始也。乾二通坤五，是謂「萬物資始」之「乾元」。美在坤五之中，是謂「萬物資生」

之「坤元」。資始資生即是相交相配而「含弘光大」之義。乾二之
陽交於坤陰之五，則陰包陽而含弘光大也。含弘光大即爲美在其
中。是坤元之元必即是乾元之元，資始而資生始名爲元，乾二旁通
分理而美在坤五之中始名爲元。如是，元即是二五之通，陰陽之
交，而有成美者也。如是，所謂元乃是相對而絕對，於旁通中顯
之，於動中見之，而非絕對靜之元始，以爲一切之起因也。

B1.5

〔……〕其行本得乎元，則元而益求其元；其行或失乎元，
則變通以復其元。易者聖人教人改過之書也。故每一卦必推
其有過無過，又推其能改能變。非謂某卦變自某卦，某卦自
某卦來也。〔……〕（同上）

一切卦象皆是旁通時行當位失道之表示，皆是時行之表示，皆
是不時行而變爲時行之表示，皆是健行改過之表示。焦氏從乾二之
坤五爲元以批駁漢易之卦變，雖與胡氏的主爻體卦之說不同，然要
不失爲一貫之論。

B2.　亨。

B2.1　亨者由元之美而通化也。隨元之美而流行而會通也。

〔……〕〈乾‧象傳〉云：大哉乾元，萬物資始，乃統天。
此贊元也。雲行雨施，品物流行，大明終始，六位時成。此
贊亨也。〈坤‧傳〉云：坤厚載物，德合無疆，含宏光大，
品物咸亨。品即等也。物之有品，即禮之有等。嘉會合禮，

即觀其會通以行其典禮。禮所以辨上下，定尊卑。乾二之坤
五爲元，乾四乾上視元之所在而次第會之。二五尊貴，四上
卑賤，卑從尊而不踰，賤從貴而不僭，是以合禮。（《易通
釋》卷一）

B2.2　初四三上會二五而流行，即爲亨。而亨中復有禮之等
次。是禮之概念由此出。而變通之條理亦由此顯。

乾二之坤五，四會之則坤成屯，上會之，則坤成蹇。既會而
成屯，則通於鼎；既會而成蹇，則通於睽。鼎成遯〔鼎二之
五也〕，而屯三又會於鼎上，睽成无妄〔睽二之五也〕，而
蹇初又會於睽四，是會而通，又通而會也。（同上）

由乾二之坤五通也。初四三上隨之會也。會而復通，通而又
會，是謂元亨，是謂嘉會合禮。
B2.3　如是，元亨即是大中而上下應，即是時行。

〔……〕大有二之五〔成同人〕即乾二之坤五〔亦成同人〕
之比例。〈傳〉云：大中而上下應之。大中元也，上下應亨
也。申之云：應乎天而時行，是以元亨。二之五而上有乾
天。四之比初爲下應，上之比三爲上應，皆應乎天。但上下
不可一時齊應〔以成兩旣濟故〕。上應成革〔即同人上之比
三，而同人成革也〕，則通於蒙〔革通蒙也〕而下應於蒙之
成觀〔蒙二之五成觀，元也。革四之觀初是謂下應於蒙之成

觀。下應則革成既濟，觀成益。既濟益爲當位而時行。〕下
應成家人〔即同人四之比初，而同人成家人也。〕則通於解
而上應於解之成萃〔家人通解，解二之五成萃，是謂元。家
人上之萃三，是謂上應於解之成萃。上應則家人成既濟，萃
成咸。即濟咸爲當位而時行。〕是爲時行。元亨之義，莫明
於此。（同上）

B2.4　本段頗不易解。括弧中皆著者所注解。由此可知亨之
必由於元，而元之必賅於亨也。

離〔……〕利貞亨。於利貞下指出亨字，明利貞即是亨。
〈兌·彖傳〉稱亨利貞。亨而後利貞，此亨之承元者也。利
貞而後亨，此亨之承利貞者也。亨之承元者，成家人屯及蹇
革；亨之承利貞者，成既濟咸及既濟益。〔……〕非元無以
爲亨，非亨無以爲元。貞不必亨，利貞則亨；故言亨則元在
其中，言利則元亨在其中。凡不言元，直言亨；不言元亨，
直言利。此其例也。（同上）

B2.5　這是元亨利互言之也。
（ i ）亨利貞，亨而後利貞，亨之前必有元也。
（ ii ）利貞亨，利貞由亨而來，明利貞即是亨。
（ iii ）是「亨」承上啓下而爲利貞之條件也。
（ iv ）亨必由於元，故言亨足以賅元。
（ v ）利貞由亨來，則言利，元亨必在其中。

（ⅵ）但只言貞則不必亨。故亨利貞，承元足以言亨；利貞亨，承利貞亦足以言亨。利與元是「亨」的必須條件。

（ⅶ）故利元之亨始爲眞亨。

B3.　利。

B3.1　此所謂利如胡氏意同。即「利如利刃，自我之及物而言，非如利盆，自人之加我而言也。」利就是「通」就是「變化」，用現在物理學上的專門名辭說便即是帶有「矢向」（vector）性的流動。這自是物界的事實，至於倫理界中亦然。如是，在倫理中，利便即是成己成物各正性命，也即是旁通情也而生生條理。利在四德中是居重要的位置。上條所謂言「利」則元亨在其中，亦明利性之重要也。元亨在其中，貞亦自在其中。猶之乎舉一「矢向」，而量子、繼續、跳躍亦全顯。

B3.2

元亨貞之間必合利以成四德。〈彖傳〉：以萬物資始爲元，品物流行爲亨，乾道變化爲利，各正性命爲貞。〈文言傳〉云：「利者義之和也，利物足以和義。」又云：「利貞者性情也。乾始能以美利利天下，不言所利大矣哉！」〈繫辭傳〉贊利字最詳。既云：「變而通之以盡利。」又云：「變動以利言」。既云：「往者屈也，來者信也，屈信相感而利生焉。」又云：「情偽相感而利害生。」於益云：「益以興利。」於解上六云：「君子藏器於身，待時而動，何不利之有。」凡三引「自天祐之，吉無不利」，而揭其要云：「通其變使民不倦，神而化之，便民宜之。」易窮則變，變則

通，通則久 。（《易通釋》卷一）

B3.3　這是歷引《周易》本文而詮表之。品物流行爲亨，所以品物流行，即是利。利即是乾道變化。不變化，無利，也沒有亨。亨自其通而言也。利自其致通而言也。故曰「變而通之以盡利」，「變動以利言」，「易窮則變，變則通，通則久。」無非利也。

B3.4

〔……〕仁者安仁，知者利仁。成己仁也，成物知也。利仁乃爲知，利天下乃爲成物。蓋貞僅能成己；必利而及物，然後各正性命。保合太和，由始而終，元亨貞也；不俟終，舍而有始，變而通之以盡利也。（同上）

仁者安仁，知者利仁。未有仁而不知者，亦未有安而不利者。能安其仁即能利其仁。安其仁爲成己，利其仁爲成己以成物，這便是知。成物爲知，利仁亦爲知，利天下仍爲知，是「成物」亦即爲「利仁」爲「利天下」，而其要終不外「利」。「仁」便本是相對間的關係之所顯，無偶不能言仁，致其仁者，利也。仁亦即是通，致其通者亦利也。有此利而終歸於成己成物，保合太和，各正性命。終而有始。

B3.5　故所謂利者由元亨而趨於貞也，亦即爲由始而趨於終。終而無始，貞則貞矣，然卻不利。故成兩既濟而終之「利」不算利，終而有始，故爲眞利，故曰「利貞」。

利貞即是變而通之以盡利。貞而不利，無變無通。故結論是：

> 總之能變通則無不利，不能變通，無論得失存亡，皆歸於不
> 利而已矣。（同上）

於是所謂「利」者乃是「由元亨而趨貞復由貞而趨元亨也」。由貞
顯「利」之「成」，昭「利」之「果」。由元亨顯利之「本」，示
利之「因」。貞是利之「用」，元亨是利之「體」。但此所謂體以
動用為體也。此所謂用以既成為用也。

B4.　貞。

B4.1　「貞」即是胡氏所謂「見」，也即是他所謂「成」，
所謂「終」，所謂「上」。但其義在此則屬於倫理界，故此所謂
「貞」，只是保合太和，各正性命。只是成己成物而情通欲遂。故
貞即是變通的理想。一切變通的目的總在此。蓋貞者正也、衡也、
平也、永也、恆也。焦循的理想的道德哲學由此顯，而其以生成哲
學為基礎也以此而昭明。並且只有以生成哲學為基礎，其理想的道
德觀始顯。朱子戴震不顯明者，以其無生成哲學之基礎也，以其未
注意《周易》之變通也。

B4.2　貞有「貞吉」，「貞凶」，「貞吝」，「貞厲」，
「安貞」，「永貞」，「居貞」，「艱貞」之不同。蓋從變通之當
位時行與否而引出也。

> 經之言貞，必連於利。利而貞則吉，不利而貞則凶耳。
> （《易通釋》卷一）

利而貞者成己成物也。成既濟咸也。不利而貞者，成兩既濟也。利貞時行而當位故貞吉。不利貞，終而無始，故貞凶。

B4.3 「貞吝」，「貞厲」，「艱貞」皆由失道而當位，由凶而吉也。

「安貞」，「永貞」，「居貞」，皆利而貞之貞吉也。變化，改過，向善，止於至善之道由此顯。

B4.4 貞者有始之終也。

> 无妄九四：可貞无咎。傳云：固有之也。无妄成益，變通於恆，爲德之固，乃可貞。坤六三：含章可貞，或從王事，無成有終。從王事謂從鼎（注：乾二之坤五，初四應之，乾成家人，坤成屯，屯通於鼎。鼎二之五王事也。）自我而終，即自我而止，則爲成。自我而終不自我而止，是爲無成。無成有終乃可貞也。（同上）

B4.5 此所謂「无成」專指坤陰之性而言。无成既是无止，无止即是有始。言可以終而不可以成。可以終也，不可以成利也。胡氏之以陰爲成，名詞之義變也。而根本義則同。无成有終即終而有始之謂，既終且成，成兩既濟非貞也。《周易》言行健，言生生，最怕終止。終止者佛老也。故從《周易》方面所引出的道德哲學是積極的、向上的、前望的。至於消極或甚而後返者，佛老亂之也。

B4.6 以上元亨利貞乃四個道德理想底標準範疇。這是終極目的。能元亨利貞即能旁通，時行，而相錯，也即是保合太和而情

通。是謂自我之實現，亦即社會之實現，亦即「成己成物」，「各正性命」之謂。

C.　達此理想底方法

C1.　上段討論道德理想之標準，本段討論達此理想之方法。焦循提出「悔」「孚」二字爲根本方法，由悔而孚即能「通」，即能時行而當位，元亨利貞。悔孚是當位失道間的關鍵。由悔孚而又引出「吝」，「厲」兩觀念。由此兩觀念可以得出種種道德生活的基型或層次。關此於下段論之。由悔孚又引出「吉凶」二字。悔孚後而能元亨利貞者爲吉，否則爲凶。但雖言凶，然必使其變通以復於吉。復於吉即復於元亨利貞。故結果終歸於「无咎」。

C2.　由不能直達於善，故須悔孚。悔孚是達於善的方法。由悔孚 而引出許多歧異不等的生活型式。這種不等的生活型式即暗示出一種「道德生活底層次說」（theory of the types of moral life）。這種生活底層次說即由悔、孚、吝、厲等觀念而昭示出。故本段先討論這幾個根本觀念以作爲達到理想生活的方法，並可啓示下段所論之生活層次說。

C3.　悔。

C3.1　悔者悟也。遇有厲吝之處而思維也。凡有悔之時，必有問題之時；悔即是解決問題的方法。悔即是變通流中的「阻礙之反應」（inhibited response）或曰「打斷的反應」。這與唯用論講「觀念」（idea）講「思維」（thinking）頗相似。悔必是悔已往而向將來，悔必是將已往與將來通化起來。過去將來假若爲現在所

阻礙所打斷而不通，則悔即要對付這個當前的現在之阻礙而「領導」（lead to）或「指點」（point to）至於通，至於時行，或至於當位。在思想上認識上可名之曰「觀念」曰「思維」，在倫理上即名之曰「悔」。

C3.2

> 亢龍謂乾成家人，坤成屯，家人上之屯三，則成兩既濟。革四之塞初與家人上之屯三同。革四不之塞初而改命於蒙，與家人上不之屯三而改命於解同。經於革四稱悔亡，於乾上九稱有悔。其義已可見。悔亡者，謂改悔不成兩既濟也。（《易通釋》卷二）

C3.3　亢龍有悔，謂乾成家人，而家人不通於解而上之屯三以成兩既濟也。可見乾成家人之時即是有悔之時，即是問題當前之時。有悔而能悔，悔而上不之屯三而通於解，則悔亡，悔亡即通，即時行。乾上之有悔與革四之悔亡兩相鉤貫，非焦氏比例不足以爲之。

C3.4

> 亢龍有悔，謂乾成家人，坤成屯。家人悔而通解，故家人九三：家人嗃嗃悔厲吉。悔則雖厲而吉。（同上）

悔則雖厲而吉。同時，可知當厲之時必須悔也。悔而通不厲則吉。

C3.5

> 由屯家人蹇革〔當位律〕而成兩既濟，其悔無疵。由需明夷
> 〔失道律〕而成兩既濟，雖悔而不免於吝。故〈傳〉云：悔
> 吝者言乎其小疵也。（同上）

（ⅰ）由當位而成兩既濟，其悔爲「盈而悔」，爲「厲」。言
其已往之當位也。

（ⅱ）由失道而成兩既濟，其悔爲「消而悔」，爲「吝」。言
其已往之失道也。

這是元亨利貞之分界處，由當位悔而仍爲當位，則是生而知
之，學而明之，無疵也。由失道而悔爲當位，則困而知之，勉而行
之，雖云「其成功一也」，然亦「言乎其小疵也」。

C3.6

> 總之：悔者悔其成兩既濟也。〔……〕悔則不成兩既濟，而
> 元吉矣。（同上）

結果求的仍是通，仍是諸關係間的當位時行而旁通情，求通之法則
爲悔。悔全於動中顯之，悔本身也是一種「用」。在具體世界而求
其通，其方法則曰「解」；在倫理世界而求其通，其方法則曰悔。
悔而能仁能誠，能仁斯能通矣，能誠斯能實矣。通而實，則情欲
遂，生活擴大，而成己成物各正性命矣。

C4.　吝。

C4.1

> 悔者有因盈而悔，有因消而悔。因消而悔者謂之吝。吝說文
> 作遴，難行也。不能即合於道，由艱難困殆而得也。（《易
> 通釋》卷二）

C4.2　是消而悔之吝由不元亨而來也。不元亨即爲失道。失
道而悔，雖當位亦吝。

C5.　厲孚。

C5.1　盈而悔者即悔厲也。厲者危也。悔即是危厲之反應。
悔而使其無危也。

C5.2

> 乾成家人，坤成屯，盈而不知戒，將成兩既濟，爲窮之災，
> 何危如之。故亢龍有悔。悔則乾乾夕惕若，故雖危無咎。
> 〈傳〉云：知至至之，可與幾也；知終終之，可與存義也。
> 是故居上位而不驕，在下位而不憂。故乾乾因其時而惕，雖
> 危無咎矣。見幾存義則能變通，能變通則不驕不憂。驕由於
> 當位，憂由於失道。〔……〕（《易通釋》卷二）

（i）由當位而驕，是謂盈而悔，悔則不驕不盈而無厲。

（ii）由失道而憂，是謂消而悔，悔則不憂不消而無吝。

（iii）是知厲之必由當位來也。是使人知雖當位亦可以因驕盈
而厲也。

　　C5.3　但是，厲雖爲盈而厲，但失道之危亦可爲厲。即消而悔雖名爲吝，然亦可爲厲也。但反之卻不能。

　　〈夬‧象〉：孚號有厲之厲，以失道而危也。〈乾九三〉：君子終日乾乾夕惕若厲無咎之厲，以當位而危也。（同上）

但無論失道而厲，或當位而厲，一經變通，則危立無。孚者變通也，絜情也，信也實也合符也。絜而符，則厲亡，厲亡即不驕不憂。

　　C5.4

　　乾上之坤三成夬，與艮上之兌三同。兌九五：孚於剝，有厲，即夬之孚號有厲。兌成夬故有厲，因其厲而孚於剝，是爲孚號。厲而能孚則不厲，故〈傳〉云：其危乃光也。先言孚，後言有厲，易辭每用倒裝。若云：所以孚於剝者，以其有厲也。（同上）

　　C5.5　由上可知：

　　（ⅰ）吝與厲，變通之當位失道也。

　　（ⅱ）悔者悔其吝與厲也，悔即是「明」。

　　（ⅲ）孚即是通，即因悔而變通也。悔是知，孚是行。悔而吝厲亡，即是孚而吝厲亡，未有悔而不孚，亦未有孚而不悔。悔孚合一即是知行合一。即知即行，即行即知。根本是一種動。是對於打斷阻礙而起的反應。不過悔者潛伏之動作也，孚者實現之動作也。

（iv）悔孚是道德上的兩個根本概念。吝厲與否，當位與否，時行與否，皆以此為關鍵。

C6.　吉凶

C6.1　能悔孚而元亨利貞則吉。否則為凶。

〈傳〉云：吉凶者失得之象也。元亨利則得，不元亨利則失。故元亨利則吉，而貞則有吉有凶。（《易通釋》卷二）

C6.2

三百八十四爻，言凶者僅五十七，言吉者一百四十四。蓋人性皆善，失可變而為得，始雖凶，一經悔吝，凶仍化而為吉。《易》之為書也，聖人教人遷善改過，故吉多於凶。〔……〕（同上）

C6.3　性善之證明後邊再論。性根本是善的。此所謂善只是好而已。焦氏之證明善如戴氏同。皆以懷生畏死利己利他兩種情形為本。進一步，人性別於獸性，不只是懷生畏死，還有心知之明（戴氏語），還有遷善改過之能（焦氏語）。教之而能，人性之善也；而獸不能之，則人之所以異於獸也。

C6.4　於是，在根本上說，沒有絕對的惡。惡不能與善相對為二元。惡只是行動時的失足，只是生活擴大時的應付之不周到。故惡只是動時的假像，善之不普遍者。雖然善因惡而顯，但惡究不能與善相對抗。這種思想與西洋之宗教及黑格兒（Hegel）的善惡

絕對對立之辯證觀皆不合。

C6.5

> 〈傳〉〔……〕又云：辨吉凶者存乎辭。又云：聖人有以見
> 天下之動而觀其會通以行其典禮，繫辭焉以斷其吉凶。又
> 云：繫辭焉而命之，動在其中矣。吉凶悔生乎動者也。辭因
> 動而繫，由而失，亦可由動而悔。（同上）

C6.6　吉凶悔吝失得善惡之象純從動中顯示出。並未有如黑
格兒所謂「本體」所謂「絕對」所謂「有」所謂「自己」等不依之
概念而發生矛盾也。以黑格兒流的辯證法解中國思想則大錯。《周
易》只言歧異，只言參互錯綜，而並未言如此整齊的三分法。於歧
異錯綜中而「觀其會通」，「通其變」，這即是情絜，欲遂，各遂
其生，總之是情欲的大諧和。這是中國倫理的特色，也是焦氏所極
力發揮的。近人錯意歧異錯綜爲鬥爭爲抵抗而反對於參伍錯綜中求
諧和，這乃是大錯而特錯。

C6.7

> 易雖言凶，必言其變通以復於吉。惟成兩既濟則爲終凶，爲
> 貞凶，乃不可救藥。所謂終止則亂也。（同上）

最可注意的是以成兩既濟爲窮凶極惡。然這個兩既濟在具體世界裏
是沒有的，世界只是生生，沒有停止。在倫理上，以終止爲凶爲
惡，是乃教人知天之大德爲生也。人之能助於生，無非旁通情，無

非於歧異中找諧和，諧和而通情始能生生。人類之生生不息，即是
人類之無終止，無終止即無窮凶極惡。惡者求生之失均也。所以
《周易》之所論，事實上只有悔孚，沒有終止。終止者虛構之以爲
警人之標準也。專以謬論而挑撥鬥爭勢不至窮凶極惡不止。

C7. 無咎。

C7.1　由悔孚而歸於無咎，無咎即無過，厲吝皆因此而補
之。

C7.2

〈傳〉云：震無咎者存乎悔。又云：無咎者善補過者也。善
補過所以存乎悔。明乎何以爲過，何以爲悔，則所以存乎
悔，所以善補過，可得而知也。（《易通釋》卷二）

C7.3

咎即過也，知其過在此，而變通以補之，凡元亨利貞吉凶悔
吝皆視乎此。（同上）

補即爲孚，故無咎仍在悔而孚。

D.　道德生活底層次說

D1.　此說與韓退之的性分三品說不同。此根本是道德理想底
實現間的過程或層次，根本是達到自我實現或大我實現的過程間的

些暫態而已。或更具體點說，即是向著那最高理想而轉化的些波動而已。這根本是動的向上的過程間的層次，而非靜的，並存的如韓退之所謂三種根本存在的基型。

D2. 此說的根本假設還是孟子的性善。有性善之說，始能總歸於「无咎」，始能皆有獲得最高理想之可能。不過從性善之基到最高理想之間，因種種環境，不能不有許多歧異或駁雜於其間，不能純粹無阻無礙無擾無亂而作其「等速」與「齊一」的進行。就因此而生出種種生活層次來。

D3. 所以這個「生活層次」乃實是由向上過程間昭示出，乃實是動的活的互相關聯的生活網所反映的許多「生活相」，決不是以「性惡」爲基礎而由「禮儀人爲」以造成的許多類型；亦不是以「性無善惡」爲基礎而以「仁義爲桮桊」的外鑠論；復不是以「善惡混」爲基礎而認道德生活型爲人工所決定；更不是以「性分三品說」爲基礎而認世界爲即有此三等人，並認爲由先天的三種根本不同的氣稟所規定。

D4. 焦循即本其旁通、時行、當位失道之原則以解析這些「生活相」之生起。

　　一陰一陽之謂道。乾二之坤五，成同人比，兩五皆剛。同人孚於師，比孚於大有，又爲一陰一陽。陰變陽爲得，陽通陰爲喪。自陽退而易爲陰，謂之反，自陰進而交爲陽，謂之復。是爲反復其道。復而不反則亢，反而不復則迷。乾，坤，坎，離，生同人，師，比，大有；震，巽，艮，兌生漸，歸妹，隨，蠱。上應之成蹇革，下應之成家人，屯。而

> 家人，屯又變通於鼎，解而終於既濟，咸。
>
> 蹇，革又變通於睽，蒙而終於既濟，益。咸損益恆四卦循環不已。此二十四卦，元亨利貞，所謂生而知之，安而行之者也。（《易圖略》卷二）

D4.1　這是由旁通而時行而當位而大中而上下應以至於元亨利貞，一氣呵成。決無一步差池，決無一點失道。此為最高理想生活層。這個實現的過程是一往無阻的。此即所謂「天命之謂性，率性之謂道」者也。

D5.

> 自乾坤坎離震巽艮兌，初四先行，成小畜，復，節，賁，則失道矣。小畜之失在四，通於豫以補之；復之失在初，通於姤以補之。節，賁通旅，困同。三上先行，成夬，謙，豐，井，則失道矣。夬之失在上，通於剝以補之；謙之失在三，通於履以補之。豐，井通渙，噬嗑同。（同上）

D5.1　這便是由不正之正，由凶之吉。但若不知這樣變通以補之，而小畜上之復三成需，明夷兩卦。成此兩卦，按失道律是不當位的。至於節，賁亦然。復次，夬初之謙四亦成需，明夷，按失道律也是不當位的。至於豐，井亦然。但若一知變通，小畜通豫而不之復以補之，復通於姤而不之小畜以補之，則仍可得元亨而不失其正。其他節，賁等依此類推，皆可變通而補前愆。是謂知過即改希求當位時行，以至元亨利貞也。

D5.2　補者補初四先行或三上先行之失道也。怎樣補法呢？

凡二五先行，初四應之爲下應，三上應之爲上應。二五得中，而上下應之，乃爲元亨。今初四先行，則小畜二之復五成家人，屯；屯三再之家人上應之，已成兩既濟，有上應無下應矣。故補之以豫，姤，則姤二之復五，復初不能應，姤初則能應也，小畜二之豫五，小畜四不能應，豫四則能應也。今三上先行，則井二之豐五成蹇，革；蹇初再之革四應之，已成兩既濟，有下應無上應矣。故補之以渙，噬嗑，則豐五之渙二，豐上不能應，渙上則能應也；井二之噬嗑五，井三不能應，噬嗑三則能應也。此學而知之，利而行之者也。（同上）

D5.3　此謂歧途一來，當思悔孚。若不悔孚，終於失道。一經悔孚，便可時行。其結果同歸於元亨利貞。無悔而能當位時行者爲最高之生活。有悔而孚於他以至於當位時行者爲次等之生活。

D6.

然姤四之初，仍成小畜；豫四之初仍成復。噬嗑上之三仍成豐；渙上之三仍成井。則變而仍不通也。小畜，復不能變，而且以小畜上之復三；豐，井不能變，而且以豐四之井初。小畜，井成需；復，豐成明夷。爲凶爲災爲焚爲死。上下皆無所應，失而又失矣。然明夷可變通於訟；需可變通於晉。在明夷失在初三，而訟之初三可應也。在需失在四上，而晉

之四上可應也。一轉移而元亨利貞與同人，比，漸，隨等。
此困而知之，勉而行之，及其成功一也。（同上）

D6.1 此言二五不先行，而初四先行一失道也。初四先行，
復不知變通於他以補之，而又繼之以三上，是又一失也。失而又
失，上下無應終成需，明夷。此按失道律更爲不當位。然而成需，
成明夷，未成兩既濟也。成兩既濟，終止道窮，不可爲變。是終無
善之可能也。然成爲需，需可通於晉以重補之，是仍元亨利貞也。
成爲明夷，明夷通於訟以重補之，亦仍元亨利貞也。

D6.2 此謂已鑄大錯，然翻然改悟，力圖更新以至當位而時
行也。此與有歧途而尙未失道但有失道之可能者不同，故此又爲一
生活層。然而其成功一也。

D7. 以上無論當位失道，然皆有實現其理想生活之可能。此
因其不成兩既濟而有變通之可能故也。故在生成變易的世界中，不
能有終止道窮之日；在日夜千變的社會中，不能有窮兇極惡之人。
成兩既濟而不能變通，始爲窮兇，始爲極惡。

D7.1 「惟不能時行，致成兩既濟，則終止道窮，所謂困而
不學者矣。（同上）。」這是沒有希望的人，這是最低層的生活。
不可與其他相比。」

D7.2 然細思之，這一層是不能有的。有了這一層，即是沒
有生活；有了生活，即沒有這一層。「生活」根本即不是一個兩既
濟。故其生活相無論如何亦總不會有兩既濟在其生活範圍中。兩既
濟是超出「生活」範圍外的東西，或說是限制「生活」或「非生
活」的一個「限制概念」（limiting conception）。成兩既濟即是

「死」。「死」在生活範圍中是沒有的。

D7.3　維特根什坦說：「6.4311死不是人生的一樁事情。沒有人過過死。」（《名理論》）。

D8.　由上可知人欲達到其理想生活是有許多層次的；並也可知理想生活之獲得只能於變通中始可能。根據以上所論，可得以下諸層：

（ⅰ）成兩既濟之困而不學層。此層為最低層。其實在生活範圍中是沒有的。可以之作為限制概念，或界劃層。

（ⅱ）失而又失而尚有變通之可能的「困而知之，勉而行之」層。

（ⅲ）遇有歧途而知悔孚的「學而知之，利而行之」層。此可分兩種：(a)由「消而吝」而悔孚者；(b)由「盈而屬」而悔孚者。

（ⅳ）當位時行的「生而知之安而行之」層。此為最高層。

D8.1　這些生活層即是實現理想生活的種種樣子。實現理想生活即是變通。變通即是向上之轉化。「能變通則可久，可久則無大過。不可久則至大過。所以不可久而至於大過，由於不能變通。變通者改過之謂也。」（《易圖略》卷三）。變通改過，即是日新向上而求元亨利貞。求得元亨利貞即無兩既濟，即無大過；有元亨利貞即是生活之實現，即是「永久」。每一「生活相」都能元亨利貞，即都能成為「永久」。生活層次即是得此「永久」的不同樣法。

E. 變通中之範疇

E1. 範疇 I 易。

E1.1 易即是變（change）或曰轉變（transaction）。即由此而變他。

〔……〕〈繫辭傳〉云：生生之謂易。生生不已，所以元亨利貞；故易之一書，元亨利貞四字盡之，而元亨利貞四字一易字盡之。爲變更反復之義，即一陰一陽之謂也。（《易通釋》卷三）

元亨利貞是時行而當位，時行而當位即是生生條理。天之大德曰生生，這個生生即是「易」。所以人之最高理想也不過是從實踐方面而與天合其德，即助長生之擴大而已。解析世界之生生，即易者，謂科學謂玄學；行爲而合於生生者即爲倫理。本段即是要從自然之生成上爲倫理找基礎也。由此，也可知中國之倫理是建基於自然界，而其最高之理想則爲與生生之自然界合其德。

E1.2

易與交義同而有異。交者二五相交，如乾二之坤五，歸妹二之五是也。易者既交之後，易而變通。如乾成同人，易而通師；坤成比，易而通大有；歸妹成隨，易而通蠱。既交之後，兩五皆剛，上下應之，則不能一陰一陽；兩兩相孚，必

易而後成一陰一陽之道，此交易之殊也。（同上）

E1.3　交即是相交相配。交配而成一定體，是謂貞，是謂站態（station）。易即是變此站態而通於他，所以易即是轉變，也即是利。元亨利貞可由交易二字盡之。交易即是終而有始。

E1.4

交而不易，則盈不可久；易而不交，則消不久也。（同上）

盈不可久即是厲，厲而能易即是悔孚。消不久即是吝，吝而能易也是悔孚。只有盈即只有靜而無繼續，是不能生生；只有消，即只有動而無跳躍之段落，亦不能生生。生生必須交而易，必須終而有始，必須有利之貞。

E1.5

〔……〕若不易則一生不復再生，一始不復再始，何以為行健不已？惟反復交易，乾二交坤五為比，比易而通於大有；大有二五交為同人，同人又易而通於師，是乾所以知大始，由易而行也。（同上）

E1.6　這便是交而易，易而交，生生不息。胡煦之往來相交兩關係也不過即是交易。

E2.　範疇Ⅱ　交。

E2.1　交即是二五相交而成一定體，這是大中之交，便是

元。焦氏從倫理方面看，所以把交只看成是乾二之坤五，至於初四三上則爲上下應爲附庸爲「維」（此字後段要解）。胡氏從自然生成方面看，沒有價值意謂在，所以他所謂「交」是具體事實之是其所是的變樣，故只用體卦主爻說以盡之。

E2.2

〈繫辭傳〉：〔……〕定其交而後求。又云：无交而求，則民不與也。損二之五成益，則易而通於恆。恆二交於五成咸，益上乃可求之。無交，則恆二不之五，而益上遽求於三，所謂立心勿恆凶也。（《易通釋》卷三）

E2.3 必有二五之交爲主座，然後初四，三上始可有求。此即所謂大中而上下應，也便是「嘉會合禮」，「觀其會通以行其典禮」之謂。交而有成，易即易此成體而交於他也。此交於他之交仍爲二五之交，蓋始終認此二五之交爲元也。每一交即是一個元。每一元必有亨而利貞，元亨利貞便是一交之總會。交是此總會之中心，亨而利貞即是此中心之附庸，即是此交所及之鄰近。在物理上說，即是場、區、鄰；在倫理上說，即是生活擴大之範圍，即其利之所及，即是成己成物各正性命之外範。

E2.4 所以時行當位即是由「二五之交」之中心爲元而向外擴張也。希求時行當位即是希求生活之放大；希求生活之放大即是希求通，也即是求參天地贊化育之成己成物。

E3. 範疇Ⅲ 當。

E3.1 歷來言「當」爲既濟六爻皆正爲當位，是從靜成之體

中求「當」也。焦氏言「當」是從動的方面看，從行為之相互關係方面看。蓋只是靜，則無所謂當與不當也。當與不當，於變動中關係中顯之。焦氏這點是對的，這在 A 段講當位失道時已宣表之。

E3.2

〔……〕剛柔正而位當六字，〈既濟傳〉用以釋經文利貞二字。既濟六爻皆正，宜旁通於未濟。用一小字加利貞上，謂未濟也。〈傳〉且以小字屬亨，明既濟通未濟，乃得亨利貞。未濟二之五成否，初之四應之，成益，是亨也。益又通於恆，恆二之五而後益上之三成既濟則利貞。貞是剛柔正，利是當位。未濟二先之五為初吉；初四三上先行，成泰，而後二之五，為終亂。初吉則當位，終亂則剛柔正而位不當。當位則亨利而貞，終亂則貞而不亨不利。〔……〕（《易通釋》卷三）

E3.3　貞利始為當位，是當位即在交易中顯之。只言既濟之定無所謂當，既濟通未濟而當否始顯。故當即是元亨利貞之時行，即是嘉會合禮，即是會通以行其典禮，即是交易中之條理，也即是「天地位焉，萬物育焉」之意。

E3.4

〈繫辭傳〉云：道有變動故曰爻；爻有等故曰物；物相雜故曰文。文不當故吉凶生焉。乾之二四上，雜於坤之初三五，為文。相雜則六爻則正；而有當有不當則以爻有等不可紊

也。〈傳〉又云：開而當名辯物，正言斷辭，則備矣。開猶
始也。終則有始，元亨利貞而名乃當；當名即當位也。（同
上）

E3.5　正與當是兩件事。正即是「貞」，當便是「時行」，
便是「利」。舉利可以賅元亨貞，舉貞不能也。故舉「當」即可知
是元亨利貞之時行，而舉正不能也。六爻皆正不必當位，當否從
「雜」字上看，「等」字上看，「文理」上看，總之是從「通」字
上看。蓋此當位即是變通中之條理。禮之觀念即從這變通的條理之
當位而昭示出。所謂「理」即是變通之條理；禮者理也，故「禮」
即是這當位之條理。在中國人看來，蓋未有理而不當，當而不理者
也。所以禮理是一個。這便足以證明中國之所謂「理」，乃是倫理
之理；並且也足以看出中國之倫理乃是一種極端的與自然合德之自
然主義。

E4.　範疇Ⅳ　應。

E4.1　應有上應與下應，皆應二五之中爻也。二先之五為剛
得中為大中。三上應之為上應，初四應之為下應。是謂大中而上下
應。

E4.2

非先剛中不可為應；而上下應不可為當位。（《易通釋》卷
三）

如是，所謂大中而上下應即是元亨利貞之時行。應乃是初四三上應

二五，非初應四，三應上，二應五也。每一大中而上下應即是每一團體生活之欲望之諧和。大中者諧和之源至正至當之元也。乃是善惡之標準，非有貴賤之意謂也。言大中而上下應，即言成己始能成物也。言「非先剛中不可爲應」，即言不成己必不能成物也。言「非上下應不可爲當位」，即言不能成物必由於不能成己也。不能成己成物即不能算當位。不當位由於不通不時行；不通不時行由於非大中也。是大中之元爲生活擴大欲望諧和之源也明矣。

E4.3

> 凡二五已定，旁通於彼卦謂之感。二五未定，以二之五，以五之二，謂之「交」。二五先交，而後初之四，三之上，以從之，謂之應。（同上）

E4.4　「感」「交」「應」三字於此最明。「感」即是「通」，即是「孚」，即是兩個實體間的根本關係。故「感」者亦必大中而後感也。二五之交即求大中也。求大中而備感於他也。初四三上之從即求上下應也。上下應即「感而遂通天下之故」也。

E5.　範疇 Ⅴ　見。

E5.1　「見」即是「顯」即是「現」，與胡氏所謂「見」之意同，而解法不同。

> 見之義同於顯。顯代也，見亦代也。坤成屯而代更於鼎，故利見。此屯所以見，而見所以謂之象也。九五飛龍謂乾成家人。家人通解亦利見。推之坤成蹇通睽，乾成革通蒙皆爲利

見。(《易通釋》卷六)

E5.2　如是，每一步變通、交易，即是一個「見」。坤成屯，謂乾二之坤五也。乾二之坤五是謂「交」。交而成，不易不得謂之「見」。交而成易始謂之「見」。「見」於變通更代中顯之。見即是象，故象亦於變通更代中顯之。每一變通更代，即是一個「見」。

E5.3　「初四從二五則見」（同上）言其應而亨也。亨而通化亦「見」也。推之三上之應亦然。由亨而利貞亦謂之見，總歸於更代變通，總歸於當位時行。如是，「見」便即是事實之現其所現。沒有「空無事實」之處，亦即無「空無見代」之處。

E6.　範疇Ⅵ　乘承。

E6.1　乘者非上爻乘下爻之謂。凡二五不先行，初四三上先行。初三先有剛，而五非剛以柔在上，是謂之乘。即為柔乘剛。凡乘剛皆不利。故必有二五先之也。

E6.2　二五先剛中，而後初四三上應之即謂「承」。故承非下爻承上爻之謂。乃是初四三上從承二五也。這樣解法，承乘全於通中動中顯示出，總之全於時行中顯示出。所以乘承關係即是時行關係。焦氏胡氏最能認清具體事實之變動，最能表示出這種眞具體的變動。非如漢人之固執呆板的抽象思想也。

E6.3　漢人講承乘只拘於卦爻中之陰陽畫。這顯得太拘太固執而沒有聯合，沒有統屬而不能表象具體事實之變動，通化，諧和，生成也。其弊在誤認卦象爲實有。

E6.4　〈文言傳〉云：「承天而時行。」即言承二五而時行

也。從二五爲當位，凡當位者皆時行。故承即是初四三上承二五。初四三上承二五即表示大中而上下應。大中而上下應即表示元亨利貞之具體交易。

　　E6.5

　　　在初四先從二五，則三上爲承；在三上先從二五，則初四爲承。（《易通釋》卷三）

先從二五爲從，後從二五爲承。從承是一個，故承即是尾隨。而乘則是消而吝也。消吝之乘即是失道，即是不時行，即是非大中而上下應，即不元亨利貞。以二五爲中，則初四三上只有「承」。消吝之乘爲柔乘剛爲失道爲不利。依此推之，則大中之乘，上下之承，即爲當位爲時行爲利。

　　E6.6　大中而上下應即是乘承皆當，即是時行，即是終而有始，即是生生條理，也即是繼續。故從承乘皆當之關係，生生繼續即顯示出。

　　E7.　範疇Ⅶ　通。

　　E7.1　在焦氏通有二義：（ⅰ）旁通之通；（ⅱ）亨通之通。旁通之通爲易爲孚爲轉變。亨通之通爲亨通爲時行爲上下應，元中所有事。是亨通之通即「承」也「會」也，品物流行也。

　　E7.2　二之五爲交，爲大中，爲先剛中，初四三上承之即亨也通也。是通即承乘之顯示，也即時行當位之顯示。故凡通無不當位無不時行。這自是倫理的意謂。

　　E8.　範圍Ⅷ　往來。

E8.1　往來二字，焦胡之解皆異前人而說法亦各異；但其意似略同。胡氏解往來從動用摩蕩上看，從生成，內外，初上，上看。焦氏解往來亦於變通時行上看，各本其系統而言也。漢人解往來以爲自下而上爲往，自上而下爲來。此拘於卦象然也。按於具體事實則未然。

E8.2

> 説文數計也。自一十百千萬順而計之，不更端而起，是之謂數。二五先定，由二五而次第數之，以及初四三上。往指初四三上，而實以二五之先定言。蓋二五先定，而初四三上從之。其事爲已往，即宜退藏，故云藏往。不俟數往之窮，而即旁通變化，舍已往而二五更端而起，則謂之來。故云：神以知來。（《易通釋》卷三）

E8.3　這是從數學上的自然數說起，而類推到具體事實之變通也。由一起順而數之以至無窮，是謂「數往者順」。即由一爲起點，數一個則此一個即成爲「往」，依此類推，以至無窮。假若由一數到十或百止，則另更端而以一爲起點而數之，這個更端便即是「來」。是謂「知來者逆」。逆者逆其順而另更端也。事實之變通亦然。先以二五爲大中，初四三上隨之，是亦謂「數往者順」。由大中而上下應，復變通而仍先二五，是亦謂「知來者逆」。來由變通而來，變通莫測故曰「神以知來」。

E8.4　如是，往者由元而亨而利而貞也。來復由貞而元而亨也。不外「終而有始」之義，亦不外「利貞」之義。「利貞」兩字

間不容髮，而爲變通之關鍵，往來由此顯。

E8.5

> 凡言往謂初四三上從二五而往也。其不從而往者匪矣。凡言
> 來謂二五先初四三上而來也。其不先而來者慢矣。（同上）

E8.6　此言往來最明。「往」含二義：（ⅰ）向前順數之往，是謂「數往」；（ⅱ）向後回顧之往，是謂「藏往」。「數往」者，順數向前而往也。「藏往」者，藏所已數而成過去也。兩義相呼應。「來」，於數上說，只是「一」先其他自然數而來；於事實的變通上說，只是二五之中先其他而來。先二五即是先剛中，先大中。也即是一切生成過程之必先有「始」。

E9.　範疇Ⅸ　新舊。

E9.1　時行當位即爲日新。即是說新由創進而來。新便是「新奇」（novelty），時行即是創進（creative advance）。二五之交爲新。初四三上應之仍是新，至貞乃是新之成。交而易而旁通又是一步新。交而易爲「見」，新即是「見」。元亨利貞步步是「見」，即步步是「新」。

E9.2　新即是「見」。「見」以前便是歷史上的陳跡。這便是舊。每一「見」必有其前因。每一新必有其歷史之舊。「新」是「舊」之輻輳而堆集於現在之久延者。「新」是分歧之絜合，是由多而趨於一。由大中而上下應以至於「貞」，這便是由分歧而趨結聚，也即是由舊而趨「新」。懷氏說：最根本的玄學原則乃是由析取到絜合之創進（the ultimate metaphysical principle is the advance from disjunction to conjunction）。這一創進便產生出新奇的實體而爲在分歧時所無者。由新舊的觀念則所謂「異」（diversity）「同」（identity），「多」（many）「一」（one），聚（togetherness）諸觀念皆引申出。而總歸一句不外是從析取到絜合之創進。

E9.3

> 《易》之一書全以日新爲要。〈繫辭傳〉云：日新之謂盛德。〔……〕〈大畜·傳〉云：君子多識前言往行以畜其德。（《易通釋》卷四）

E9.4 「德」即是結聚之昭示，即是一個內在緣構之表意。日新便即是其德之日盛。「前言往行」便即是現在之「德」以往的歷史跡（historical route），便即是舊，新舊不相離。

E10. 範疇 X 內外。

E10.1 「內」是元亨中所有事。「外」是利貞中所有事。「內」是元亨之時行，大中而上下應；「外」是旁通是變易，是利而變通於它。「內」即是「數往者順」；「外」即是「知來者逆」。

E10.2

> 〈坤·六二·文言傳〉云：直其正也，方其義也。君子敬以直內，義以方外。敬義立而德不孤。乾成家人革，坤成屯蹇，直內也。蹇通於睽，方外也。義以方外，則睽二之五。

睽二之五則睽不孤。故敬義立而德不孤。（《易通釋》卷四）

E10.3　內即是「大中而上下應」，即是「承天而時行」。不大中不足以上下應，不上下應不足以當位。不中不應便不是「敬以直內」。不能「敬以直內」便不能「義以方外」。義者利也。不能直內，便不是元亨；不能方外，便不是利貞。不「利貞」即不能「成己成物」而「各正性命」以至於「保合太和」。不能如此，便是「孤」。「孤」即是「孤獨」（isolation）。「孤獨」便不能盡人性盡物性以至於參天地贊化育。即是說：不能放大其生活。有內有外便是有利之貞，便是成己成物。內即是二五之交，外即是由此交切點而向外放大之外範。倫理中的敬義直方便由物事的「內外」昭示出。

E11.　範疇Ⅺ　上下。

E11.1　由上下便可以把事實歸類化。上下即是事實之分化。一個事實必有其所由來，其所由來便是其所歸屬之類。

E11.2

〈文言傳〉云：本乎天者親上，本乎地者親下。乾爲天，本乎乾，則是乾二之坤五也。乾二之坤五而親在坤上。坤爲地，本乎坤，則是坤五之乾二也。坤五之乾二而親在乾下。（《易通釋》卷四）

E11.3　乾二之坤五，成家人革。是家人革由乾之變通而來而歸屬於乾，而同時亦隨乾而親於坤上。坤五之乾二成屯蹇，是屯蹇

由坤之變通而來而歸屬於坤，而同時亦隨坤而親於乾下。是各攜其類而互相親也。坤上親乾下，乾下親坤上，而各有其所本。陰陽相反而相成之義也。

E11.4　孟子所謂「親親而仁民，仁民而愛物」就是以其類而相親之謂。坤上交於乾下，故必攜其類而親於乾下。乾下親坤上亦然。是理之自然如此。故孟子之愛有差等亦物勢使然。這「親親而仁民，仁民而愛物」也並不是有什麼先天的必然在。乃只是後天生活所經驗的範圍。即是說，其所以如此者，經驗生活之範圍限之也。所謂「親」不過即是反復，熟常，習慣，關係之永恆而已。而關係之永恆也不外就是其經驗生活之範圍之有限而已。而反復熟常也不外即是生活之中心點對於其鄰近的關係而已。

E11.5　因爲一個人的生活不能與全宇宙皆發生關係，並且還有時間空間的限制。一個人的具體生活或實緣生活（actual life）在時空格內，不能超出此特殊時空格而鳥瞰普遍的時空，親善宇宙之總體。所以孟子的仁，在事實上，是不可駁的。

E11.6　墨子的兼愛純是理想。墨子要達到他的目的，乃在如何就自然趨向之可能而使人之生活擴大，使人與人之關係範圍擴大，使人之經驗生活擴大，使人之「反復」「熟常」「習慣」之範圍擴大。這樣也便就是戴氏所謂「以情絜情」，焦氏所謂「旁通情也」，也即是《中庸》所謂盡人性盡物性以至於參天地贊化育也。這才是眞的經驗生活之擴大。唯如此，始能達到墨子的目的於萬一。墨子的「天志」「尚同」這大前提是不可靠的。

E12.　範疇XII　進退。

E12.1　乾二之坤五爲進，不之坤五爲退。進退皆以二五言。

間不容髮。

E12.2

〈序卦傳〉云：晉者進也，遯者退也。〔……〕〈雜卦傳〉云：遯則退也，需不進也。需不進以二不可之明夷五也。（需明夷爲失當，需二之明夷五成兩既濟故不可之。著者注）。通於晉則二可之晉五。故晉進，進者謂二進於五也。（《易通釋》卷四）

E12.3

坤成屯而通鼎。鼎五喪亡則宜進。鼎二之五成遯，又宜退而通臨。故遯則退。坤成屯，乾成家人，不知退則成兩既濟爲窮之災。（同上）

E12.4

家人則退而通於解，解六五有孚於小人。〈傳〉云：小人退也。家人舍屯而通解則知退，故於解明指出退字。（同上）

E12.5　如是，一交即是一進，交而易即是一退。退者退而旁通於他也，即易也，轉變也。進者由此轉變而另交也，交即是二五交。乾二之坤五進也。坤成屯，乾成家人，家人上不之屯三退也。退而通於解，解二之五又是進也。故退者以備進也。退者悔也，悔

當前之凶也。進者孚也，通而至於吉也。故進退不過即是悔孚。而
悔孚不過爲的是求大中而上下應。

E12.6

> 君子孚於小人爲退，小人化爲君子則進。〔……〕是解二
> 未之五時，爲家人所孚，是則爲退。若解二之五，則所謂君
> 子有解矣，退而進矣。（同上）

E12.7　孚於小人即指解五爲陰是也。五爲陰故退。陰化爲
陽，即小人化爲君子。即解二之五爲剛中也。是之謂進。故進退皆
指二五而言。二五交爲剛中爲進，二五不交非大中爲退。退而以備
進也。小人之於君子猶惡之於善，皆爲一時之屈象。由進退而昭示
之。退爲小人，則小人不必惡也，爲求通也。

E12.8　〈繫辭傳〉云：「變化者進退之象也。」明白進退之
爲悔孚爲交易，即明白進退之爲變化。明白進退之間不容髮即明白
變化之妙。退爲通之機爲易之備；進爲交之始爲中之時。

E13.　範疇 XIII　得喪存亡。

E13.1

> 進退之義明，則得喪存亡之義明。五正位爲得，五不正位爲
> 失。得則吉，失則凶。〔……〕然失而不得固凶，而非失則
> 無以爲得。（《易通釋》卷四）

E13.2　得者得中也。喪者喪中也。存者中存也。亡者中亡

也。中即是二之五。二之五為進。故得喪存亡皆在進退中顯示出。
而吉凶得失也於進退中昭示出。

　　E13.3　既於進退中顯而示之，則也即是於交易悔孚變通中顯
而示之。如是，不能永得永存。永則不變，則為盈而悔；亦不能永
喪永亡，永而不通，則為消而吝。盈消皆非大中而時行也。所謂變
通無非求大中而時行。其間之過程則得喪存亡即顯出。

　　E14.　範疇 XIV　生死。

　　E14.1　得喪存亡明，則生死明。生即是得中，死即是喪中。

> 〈繫辭傳〉云：原始反終故知死生之說。以經文觀之，死與
> 終不同。〈檀弓〉：君子曰終，小人曰死。此易義也。
> （《易通釋》卷四）

　　E14.2

> 在成既濟則終，在益通恆則始。終則有始，其始為生生；而
> 終亦不可為死。（同上）

得中而時行，終則有始。是當位也，不可為死。死為失道，失道即
不大中而上下應，即五亡。五亡即為死。

> 有子以承父德，父雖終而不可為死。父有子則終而有始，死
> 而不死矣。（同上）

E14.3

然則死生之說可得而言矣。〔……〕死非謂形喪也，謂中亡
也。生非謂形在也，謂中未亡也。中未亡故終則有始。
〔……〕所謂原始要終如是，所謂死生之說如是。不以形之
存亡爲生死，而以善不善之積爲生死。此易之言生死也。
（同上）

E14.4　旣以中爲生，則生未必有形也。旣以不中爲死，則死
亦不必無形也。以具體世界而言：无「中」只是無序（order）無
理。有中則有定禮有主座有序理。所以无中即無物（object 用懷氏
之義）可言。無物即無永恆，而人不可把捉以認識之。然雖無物而
事情之偶起仍在也，即形不必喪，而只是永流不息耳，只是有變而
無恆耳。

E14.5　以倫理世界而言：則有中有物之所，即是當位時行之
處，即是有價值之處。價值起於永恆，起於大中，起於至當。總之
是恰到好處。世界之有序有理，即是世界之價值化。故世界之價值
即在世界之條理永恆。此中國之倫理世界必寓於實緣世界，而道德
哲學之必建基於生成哲學也。

E14.6　中，自其本身言，即是一個價值。換言之，物之得中
即是物之得價值。物得中，則物本身即是一個生，一個不死，一個
永恆。得中而上下應而時行而終而有始而生生條理，則其有形之體
雖終而其永恆之價值不死也。這便是永生，也便是價值之永恆。也
便是保合太和各正性命。一切變通希望，無非求這個中，即是求這

個生。

E14.7 這種建基於生成哲學之上的道德哲學，實在是高明而博大。本段即是於生成世界中昭示出倫理世界，而使這兩個世界化而爲一，以建設那與天地合德與日月合明的道德哲學。這種光暢的系統，詳密的解釋，唯有於帶有數學性邏輯性物理性的《周易》中引申出。

F. 最後的玄學之解析

F.1 太極。

F1.1 焦胡二人各自成其系統。各有其根本原則以釋《周易》。並且各以《周易》中之一言爲根本思想而解析一切。胡氏取〈无妄・象傳〉「剛自外來而爲主於內」一語爲中心思想而引出一個往來關係以建設其生成哲學。焦氏取〈大有・象傳〉「大中而上下應之」一語爲中心思想而引出時行當位爲主腦以建設其道德哲學。因爲兩個思想系統之不同，所以解析生成變通也不同。胡氏主重事實之生成，所以以「用九」「用六」爲主而採取了「主爻體卦」說；焦氏主重道德之價值，所以以變通爲主而成功了「乾二之坤五」之大中說。因此，其對於太極之解析也不同。胡氏之太極是生成過程的始，初，微，來之根源，之轉關。這是主重事實生成之有始終微盛之界限之段落的。焦氏之「太極」，按字訓義，即是「大中」。所以乾二之坤五爲大中，則乾二之坤五即爲太極。太極不是合而未分之虛靈，乃是變通分化中之大中至當之行動。

F1.2

〔……〕易有太極四字，於太極上明冠易字。易者交易也。
交易乃有太極，則太極豈是合而未分之名。（《易通釋》卷
二十）

F1.3

大或讀泰，其義則同。極中也，大極猶云大中。〔……〕而
大中二字，惟見於〈大有傳〉云：柔得中位，大中而上下應
之，曰大有。此大中二字，與太極二字遙遙相應。〔……〕
然則大有二之五爲大中可知。（同上）

F1.4　於是太極有二義：（ i ）太極從交易中顯出；（ ii ）交易
之大中即爲太極。大中即二之五也。

F1.5

又於乾上九贊云：亢龍有悔，與時偕極。亢則知進不知退，
知得不知喪，知存不知亡。有悔則家人通於解，屯通於鼎；
鼎二之五，解二之五皆大中。與時偕極，即與時偕中也。變
通所以趨時，趨時則偕極。趨時所謂易也。與時偕極，即是
易有太極。（同上）

F1.6

未濟二不之五而濡其尾。〈傳〉云：亦不知極也。不知極即

> 不知中。二先之五則知極矣。節九二贊云：不出門庭，失時
> 極也。節二之旅五，爲出門庭，不出門庭，節二不之旅五
> 也。節二不之旅五，則失時極，時極猶云時中。易而有太
> 極，時中之謂也。（同上）

　　F1.7　由大中而引出「時中」。時中即是偕時而中，即是恰
到好處。是太極二字，以「與時偕極」四字訓之，其在交易中之義
更明。而大中與時中，即太極與偕極也。從這方面著想，即是從玄
學方面抉發倫理意謂之生起。

　　F2.　兩儀。

　　F2.1

> 儀字之義，本漸上九其羽可用爲儀。〈傳〉云：其羽可用爲
> 儀，不可亂也。〈繫辭傳〉云：言天下之至動而不可亂也。
> 擬之而後言，議之而後動。擬議以成其變化。議，陸績，姚
> 信，桓玄，荀柔之皆作儀。因至動而不可亂，是以儀之而後
> 動。可用爲儀，正以其不可亂。兩傳互明。亂者剛柔相間成
> 兩既濟也。成兩既濟則不宜。儀者宜也。儀字通於議，亦通
> 於義。義亦利也。變而通之以盡利。儀亦變通之名。（《易
> 通釋》卷二十）

　　F2.2　依此，兩儀可有三義：

　　（ⅰ）就「羽可用爲儀」言，則兩儀即兩翼，即副而動之之謂
也。副而動即承太極而動，即大中而上下應，即承天而時行。

（ii）就「儀之而後動，動而不可亂」言，則儀即宜即當即理即序之謂。前所謂「嘉會合禮」即是此意。即承天時行，其中有動之條理在。而動之條理即是羽副而動。是儀之有條理性由儀之有時行性也。由時行可以看出合禮，則由儀而不亂亦可以看出條理。

（iii）就「儀」本身而言，通於義通於利。利即是終而有始之義。終而有始不成兩既濟而為元亨利貞，故生生不息而成其變化。變而通之以盡利，即變化以盡利。利而能變化即不成兩既濟即不亂。不亂之變儀為之也。擬儀以成其變化，即按理而成其變化也。

於是，所謂兩儀即是承太極而有條理之時行也。大中而上下應之，即是兩儀羽副太極之道，無太極不足為儀。

F3. 三極之道。

F3.1

> 何以六爻之動三極之道也？此正發明易有太極生兩儀四象之義。凡旁通兩卦十二爻，其動者有六。二五之動太極也。初四三上之動兩儀也。乃兩儀必視二五之動而動。則二五固極，初四三上亦極。故云三極。（《易通釋》卷二十）

F3.2

> 然則二五先初四三上而動一極；初四從二五而動二極；三上從二五而動三極。初四三上先二五而動不知極；二五從初四三上而動亦失時極。失時即失是。故易有太極是生兩儀。「是」字即有孚失是之「是」。「是」乃為太極，「是」乃

生兩儀。此爻之動有六，而極所以有三也。（同上）

F3.3 極即爲中，二五先剛中，大中也，時中也。初四三上以時而行，亦太極也時中也。皆從動中而顯。動之合乎「中」皆爲極，豈止二五然耳？失時極與不知極皆爲不中，不中即不極。不極即不時行，不時行則亂耳。

F3.4 如是，所謂兩儀皆非如前人所謂判而爲兩儀之謂。蓋太極即是大中之動，並非合而未分之義，故兩儀亦非由太極而截然分出。兩儀乃只是動之擴大，亨利中所有事。只是元亨利貞之過程。太極之「中」加兩儀之「中」是謂三中，即爲三極。由此三極之動而四象八卦即因之而生成出，此所謂貞也，保合太和各正性命也。故四象八卦亦非如前人所謂遞倍而出也。天地間的現象那有如此之整齊！此皆由於不了解眞具體之意，而認圖象爲實有也。

F4. 天行與志行。

F4.1

天行者謂六十四卦之行，無論由窮而通，由反而復，凡合乎道即合乎天。志行者志謂五也。二五先行，而後初四三上應之而行。（《易通釋》卷十一）

F4.2

初四三上必由志而行。志不行，則初四三上即不可行。二五者志也。初四三上四支也。美在其中而暢於四支，則非禮勿

言，非禮勿動，非禮勿視，非禮勿聽矣。（同上）

F4.3

〔……〕志應即志行。惟二五行，而初四三上有應，乃為志
行。志而不應，志不行矣。志行在於承天，在於趣時。故志
行即是天行，亦即是時行。（同上）

F4.4　結果志行與天行合一。天行志行皆是健行。皆是由不
中不當而趨向於「中與當」以成其時行。故天行志行即是理想的
「至當」「至中」。以行言者，動之謂也。最好的生活是合乎天
行，是合乎志行。即由動而昇化騰化於無限而不息也。參天地贊化
育即是這個天行與志行之極致，也即是成己成物團體諧和之實化。
團體諧和之實化，即是團體欲望之實現，也即是大宇宙之實化。唯
大宇宙之實化，而自我之小宇宙始能成為實化，其實化始為有意
義。而大宇宙之實化要不外因二五之大中。二五剛中即為志行即為
盡己之性。初四三上應之，志行之天行也。志行而天行即為由「盡
己之性」以至於「盡人盡物之性」。故志行而天行也即是生活實化
的範圍之擴大。普通所謂「自我之實化」（self realization）皆不
顧我以外之人物，即不顧團體之實化，是只成己而不成人成物也，
只貞而不利也，只正己性而不各正性命也。焉得謂之實化？故團體
不實化，個人之實化亦不可能，且其實化亦直無意義。中國人注意
到各正性命始為保合太和，始為利貞。確是卓見。

　　F5.　永恆。

F5.1

〈雜卦傳〉云：既濟定也。經不言定，凡言寧言成言安言息皆定也。何爲定？六爻皆正，寂然不動也。乾爲首，二之坤五，是爲首出庶物。因而變通，鼎解成咸，乾坤乃成既濟。是爲萬國咸寧。（《易通釋》卷七）

F5.2

有可寧者，有不可寧者。可寧者終則有始，咸寧是也。不可寧者終止則亂，不寧是也。家人上之屯三成兩既濟，寧而不咸。寧而不咸，則不可寧。〔……〕（同上）

F5.3　故寧是咸中之「寧」，即「咸寧」是也。「咸寧」即是成既濟咸或益之終而有始。故終也是始中之終，成也是生中之成。所謂始終生成是也。生成，始終，咸寧皆是「利貞」之別名。

F5.4

寧成安定其義皆同於息。不息即是無成。成有渝則不息。（同上）

渝者變也通也。成而變通，則不成兩既濟。故成也是「渝成」。與「咸寧」同意。

F5.5　寧，成，定，息，皆不是終而且止，也不是絕對的。

絕對則成兩既濟。故為相對之絕對。相對之絕對由相交而成，由動而分。既其成也，即為絕對。成而有始，即為由絕對分而為相對。即為「渝成」，即為「咸寧」。言變其成，感其寧也。

F5.6　故此所謂「成」「定」「寧」「息」皆是「站態」。皆是「滿足」，皆是「實現」（actualization），其為絕對之意，與懷氏所謂「絕對位置」之意同。此種「站態」或「絕對」乃由乾坤相交而　成的「見」或「貞」。換言之，即是一個一定的「擴延量」是也。用空間，時間的話說，則成定寧息即是擴延之空間化。所謂「咸」，所謂「渝」者，表示時擴之時動是也。所謂「咸寧」，所謂「渝成」者，即有時之空是也。此所謂有時之空，當然是指具體事實之交易而顯出的時空而言。交者成也，定也，寧也，息也，空也；易者咸也，渝也，變也，時也。最好用胡氏的話說，便是時位。交即是位，易即是時。寧即是位，咸即是時。貞即是位，利即是時。

F5.7　如是，所謂成定寧息即是站態式的永恆，空間方面的永恆。而所謂無成，不息，渝，咸則又是時間方面的永恆。即變則通，通則久之「久」也。空間方面的永恆，即是一個「永相」（eternal object），即是有持久性（permanent）的東西，即是一個定體之形成。即是佔有時間之一定的久延（a certain duration）空間之一定的擴延（a certain extension）之空時體，再換言之，即是一個「物事」（atomic fact）。時間方面的永恆，即是生生不息自然之流轉，也即是變通之「久」。

F5.8

經不言久而言永，凡稱永貞者七。成兩既濟，貞而不可爲
永；亦惟永而貞乃利。（《易通釋》卷八）

貞而不可爲「永」只有空而無時也。「永貞」即是「利貞」，也即
是「咸寧」。故永恆可分爲：

（i）空間的永恆即站態；（ii）時間的永恆即永久或長久之
謂。兩者合即是利貞，咸寧。

F5.9　因爲有時間的永恆，故世界是永遠繼續其生成的。因
爲有空間的永恆，故其生成是有段落，有層次，有生長形態的。時
間的永恆是絕對的，雖然有很多的時系，然其爲無窮之流則無疑。
故對絕對的時間之永恆而言，則空間的永恆爲相對的。但時間的永
恆則是由空間的永恆或生成之層次或段落所成的系列或歷史跡而顯
示出。故對空間的永恆而言，則所謂時間的永恆不過即是些站態
（空間的永恆）間的相互關係的歷史跡而已。

F5.9.1　時間的永恆由空間的永恆之系列而成；但所謂空間
的永恆也不過即是些時間的永恆所堆聚成的。或者說由時間系列而
輻輳成的。如是，空不離時，時不離空，空時合一，互爲函數。

F5.9.2　但所謂空時合一乃實在是因爲具體事實之生成變易
不能不有其一定之久延而擴延。故根本只是事實的相互關係的歷史
跡。

F5.9.3　時間的永恆即是由事實的歷史跡之久延方面而顯示
出。故時間的永恆乃是一個抽象的名詞。同樣，空間的永恆乃是由
事實的歷史跡之擴延方面而顯示出。故空間的永恆也是一個抽象的
名詞。

F5.9.4 所謂時間的永恆由空間的永恆之系列而成者,乃只是說時間的永恆即是具體事實之相互關係所佔的久延之系列也。所謂空間的永恆由時間的永恆之系列而堆成者,乃是說空間的永恆即是具體事實之相互關係所佔的擴延之系列也。或換言之,時間的永恆由擴延之帶有久延性而顯,無擴延則無具體事實;空間的永恆由久延之帶有擴延性而顯,無久延則無事實之生成不息。如是,所謂時間空間之永恆只是根本的事實之生成所顯示的系列之兩方面。此所以時間固由系列而成,而空間亦由系列而成也。這即是時空合一之根本原則。

F5.9.5 空時之合一即是利貞,即是咸寧。所謂「永而貞則利也」,所謂「與時偕極」也。每至一極,則必有利以通之而使其希望將來,不止此而終足。止而終則爲滿盈之悔屬。每至一時,則亦必有一寧成定息之站態爲其交體以使其有所永貞,不貞無寧則爲消虛之悔吝。消虛滿盈皆不可久也,皆無永恆也。

F5.9.6 有永恆斯有價值。從空間之永恆可知現在形成的位置之爲何而使人可以取消「遑遑如也」之感,而心靈興起寧靜之慰。從時間之永恆可知現在之站態是由過去之變通時行而來,並且不永安於現狀,而希望將來之位置或站態,如何能由現在以通之達之,並且如何能使其比現在更好而渴望之以使心靈有更進一步的寧恆。吾人之希求,大半皆唯此「永恆」是趨。蓋無永恆即無價值也。倫理更是希求「永恆」。

F5.9.7 回到本題,希求永恆不可不希求大中而上下應,不可不希求時行,不可不希求咸寧與利貞。

F6. 光。

F6.1

> 光之義爲廣，字通於橫，兩卦旁通，自此及彼，是橫行以及
> 於遠。〈傳〉於坤贊云：含弘光大。惟含乃弘，惟光乃大。
> 〈文言傳〉云：含萬物而化光。化光猶云廣生，不能含則成
> 兩既濟，不能廣生矣。（《易通釋》卷八）

F6.2　由旁通而大中，即二之五，這便是生活範圍之擴大。
「廣」，「橫」，「遠」，皆由此旁通而來。旁通而交則含，含而
生生以至於弘，是爲廣生，是爲化光。由此廣生與化光，則有光大
之義。光由廣由橫而來，而不即是廣橫；大由弘由化之意而來，而
不即是弘化。廣，橫，弘，化是物理事實之擴張，而「光大」則是
價值意謂之義函。

F6.3

> 〈需・彖〉云：需有孚光亨貞吉。乾成需不可謂亨。惟有孚
> 於晉；以需二之晉五，則能變化廣生。變通乃有孚，有孚光
> 即化光也。（同上）
> 未濟六五：君子之光有孚吉。既濟已定，孚於未濟。未濟二
> 之五，即需二之晉五之比例。君子之光，即需之光亨也。
> （同上）

F6.4　失道至需，一孚而光即亨；終窮至既濟，一孚而光即
吉。是光之義由孚而生明矣。孚即通也。所謂「光」者不過因通而

交，所含的無限的向外擴張之可能的絪縕的不礙之顯示而已。也即是一種誠仁參化的氣象。

F6.5　普通所謂光明光大，即是這種通而無礙的偉大氣魄而已。由通而明即爲光明。由通而大即爲光大。明者了也通也。故明仍歸於通也。大者擴也弘也廣也，結果也仍是通。通而明大即爲光，分言之爲光明光大。無非指通而無礙之擴大也。這全於具體事實的相互關係間的了解通透而顯示出倫理意謂。

F7.　實。

F7.1　此所謂「實」與上段所謂得喪存亡一樣，皆指「大中」而言，即「二之五」之大中爲有實。即二交五含絪而有實也。凡實無不中，凡中無不實，中與實是一個。與普通所謂「眞實」（real）不一樣。此所謂「實」與普通所謂「核」所謂「仁」之「實」倒相似。在物理上說即是一個「焦點」，或「主位」。二五相交，那個交 X 點即是實。兩物相交相配相絪，其因交而有所成即爲實。其所絪者即爲「實」。中即是「當」即是「恰到好處」。故實與中聯合，則價值意謂便昭示出。

F7.2

鼎九二：鼎有實；〈六五傳〉云：鼎黃耳，中以爲實也。鼎五虛，二之五則實。二不之五而四之初則爲覆餗。餗說文作䭈，訓鼎實。覆餗則無實，與有實互見。（《易通釋》卷八）覆餗則鼎成大畜。大畜孚於萃，則篤實輝光。篤實者二先之五而後上之萃三也。所以篤實由發揮而旁通。故云輝光。（同上）

F7.3　是「實」與「光」又互明。光由實起，實便顯光。作其間之媒介者「通」也。如是光實中三位一體而都內蘊於具體事實的生成中，由該事實之生成以昭示之。這樣，理想主義與唯實主義合而爲一，「事實」與「意謂」合而爲一，事實之存在與價值之存在合而爲一。而作爲這種融合之利器者則爲生成變通。這種建基於生成哲學之上的道德哲學才是人間的倫理。

F8.　包容。

F8.1　包容即「包含」（involve）。二五先行，初四三上應之，即爲包容。在二五方面言，則二五含初四三上；在初四三上方面言，則二五即是它們的被容之處；二五不先行，初四三上即行亦無容處。是初四三上之必因二五而存也。這固然是價值的說法，解事實不能如此說也。但要必因事實之有包容關係而引申也。在倫理上說，必先有中而後初四三上始有容所；在物理上說，有此中心則即有此區場。中心區場成爲實然的函數關係。在倫理上則成爲定然的互濟關係。

F8.2

　　否六二包承；六三包羞；恆九三不恆其德，或承之羞。〈傳〉云：不恆其德，无所容也。明以容字贊包字。恆與益通，二先之五而益上應之，有所容也。乃二不之五而四之初，益承之而上之三。恆成泰，益成既濟（失道律）所謂或承之羞也。所以或承之羞者以无所容也。（《易通釋》卷七）

F8.3

> 既承羞而爲泰，一旦改移而變通於否，則向以无所容而承之羞者今則有以包其承包其羞。是无所容之容明爲包承包羞兩包字之訓。（同上）

F8.4 無所容無中也。有中而「包承」「包羞」者即有所容也。是包容全對二五之大中而言。包者二五包初四三上也；容者二五容初四三上也。反面言之，無二五之中，則初四三上即無所包無所容。

F9. 維。

F9.1 「維」初四三上維二五也。與包容對言。總之其間之關係可曰維容關係。容者納其維也，維者環其中也。普通認爲在外者包容在內者，全體包容部分：但此所謂包容卻不然。此所謂包容即容受容納包而納之之意；普通所謂包含者則所謂「維」也。此所謂「維容」關係恰是物理上所謂「場」所謂「區」，所謂「鄰近」，以及所謂「張量」。即有一中心點並有其四圍之區場或電磁場也。又恰似太陽對於太陽系內之星球之關係。太陽攝引而容納其周圍之星球，而周圍之星球則環而維之。蓋焦氏所謂維容全指大中而上下應一語。大中而上下應即是元亨。同時共存而互存。凡元必亨；凡亨必有元。凡中必有應；凡應必有中。言先後者邏輯上之先後也。故此所謂維容即是一個有結構之整體是已。非指全體包含部分之「包含」而言也。

F9.2

> 《廣雅》維，隅也。〔……〕二五爲中，則初四三上爲隅。

> 三之上，環五而爲之隅，三上所以維五也。〔……〕坎二之
> 離五爲心，然後三之離上維之，是爲維心。〔……〕非先有
> 中心，不可謂之維也。（《易通釋》卷七）

F9.3　推之，四之初環二而爲之隅，初四所以維二也。所以
二五一交成兩中心，皆有以維；而維者，同時，亦皆有所容。有容
有維即成一區場式的整體。胡氏所謂內者爲生外者爲成，成數必附
於生數即是此意。皆非全體與部分之關係也。而乃實是一個生成之
過程。或曰由一中心而向外之放大。如投石水中而波紋向外擴張者
然。

F10.　美。

F10.1　美即是那光大實蘊之剛中。故中之至，即是美之至。

> 〈坤・六五・傳〉云：黃裳元吉，文在中也。而〈文言傳〉
> 云：君子黃中通理，正位居體，美在其中而暢於四支，發於
> 事業，美之至也。美在其中，即文在其中。云正位，則是乾
> 二之坤五，坤成比也。（《易通釋》卷七）

F10.2　以「美在中」訓「文在中」，則「文」亦可以「美」
訓也。文美互訓，即是文中有美，美於文中昭示。文即是參伍錯綜
之條理也。由交易變通而顯也。乾二之坤五，即是文在中，即是美
在中。是由中而文而美也。由此中之美擴大而暢於四支發於事業，
便是亨而利貞。便是美之至。也便是文之至。美之至即是三極之
道。故美之至即中之至也。換言之，至美即是至中，至中即是恰到

好處。此所謂恰到好處不是一人一物之恰到好處，而是暢於四支發於事業之恰到好處，也即是保合之太和。美之至即是這個保合之太和，即是各正性命，生生條理；故也即是文之至。

F10.3　美之至是文之至也即是善之至，而綜歸於條理之極致。美，文，善皆由「理之至」而昭示出。理是事物之錯綜交雜，相互關係。其交雜，結構之極致，一切價值意謂皆由之而象徵。而所謂「禮者理也」也即因此而生出。

F10.4　《周易》不言「理」而言「文」言「雜」言「等」言「參伍」言「錯綜」。吾意唯有此等觀念方可爲理之眞訓，方可爲事物之條理，方可爲物理之「理」。至於宋明諸儒之言「理」則非《周易》所言之「參伍錯綜」之物理之理，而大半皆爲靜觀體認所默會的那一旦豁然貫通之「理」。戴東原極言「理」矣，雖不似宋明之神秘，然不出其圈套而仍爲倫理之理（參看Ⅱ分）非物之理也。

F10.5　《周易》之觀點是「純客觀」（用申府先生意）或曰「泛客觀」，其所言是「純事實」或曰「泛事實」，其方法是「科學法」或「邏輯的解析法」。故其所解析的參伍錯綜之條理皆指純客觀之純事實的結構與關係（即條理）而言。

F10.6　由此等純客觀的純事實之條理，換言之，即泛事實之條理或結構，而昭示出的價值意謂自然也是「純客觀」的。並且也是內在於具體世界之中的。此種「內在」與向來所謂世界是偶然的是無意義的這說法並不衝突。言偶然言無意義是就其「是」就其「現」而言。言價值意謂之內在是就其「現」之結構之所昭示而言。離了世界無所謂昭示。但這自是「昭示」而不是「是」與

「現」。故此所謂「內在」可說是「超越的內在」，或說「昭示的內在」。

F10.7　禮，美，善，文，中，光……皆由具體的世界而昭示出，皆是昭示的內在。皆是純客觀的。假若具體事實是存在之實存的，則這些價值的意謂便即是不存在之實存。但它們是「泛客觀」的，昭示的內在的，與具體世界相連結的。

上段及本段即是一方面解析自然之生成變通，一方面指示出由此自然之變通所昭示的價值意謂。所以此兩段乃是從生成變通的玄學上，抉發價值之起源及價值意謂之產生。這是表現中國思想最明顯的所在，中國之倫理觀即是由這種以生成哲學爲基礎而昭示出的純客觀的，超越的內在的價值而構成。下段述之。

G.　向道德觀念之應用

G1.　道。

G1.1　「道」是中國玄學上最重要的一個字。先秦諸子時代，講「道」的大別可有兩派：

（ⅰ）老莊的虛無之「道」；（ⅱ）《周易·繫辭上》的流行之道。但這只是有玄學意謂的，即指成爲玄學上的專門術語而言，至於孔孟所談的，頗不顯明。故《論語》中亦常見「道」字，但其意則不是玄學上專門字。故在此不論。

G1.2　以後沿下來總不離上條所舉的兩派。今只就《周易》上所謂「道」而論。凡解《周易》者大半皆能認識其主要觀點是「易」是「變」。即朱子亦然。歷來對於朱子頗有誤解，以爲他所

謂「道」所謂「理」即是佛老之眞宰。其實是錯的。他說陰陽不是道，「一陰一陽」才是道。（可參看第二分）。這最能認識眞具體。最能表示出世界的生成變易才是「道」。單說陰陽不是「道」，是兩種氣，可以說是兩個抽象的東西。後人以爲他這種分別是理氣二元論，那裡是如此！

G1.3　戴東原也一口咬住這點而極力反對朱子。所以自己主張「氣化流行」即是「道」。須知這「氣化流行」即是朱子所欲以「一陰一陽」爲「道」而不以「陰陽」爲「道」者。世人但知「氣化流行」是道，而不知朱子所謂「一陰一陽」即是「氣化流行」，即是道。世人但知渾淪地云氣化流行，而不明朱子的解析及意謂。所以結果，罵朱子爲理氣二元爲佛老，而其實他乃是認識「氣化流行」之最眞切者，乃正是有解析的能力而不只是渾淪地一口吞者。

G1.4　所以主張「氣化流行」是道與主張「一陰一陽」爲道，結果，並不相背。但不經朱子的解析與指點，則必無眞切透明的認識。戴震焦循皆以氣化流行爲道，成爲中國的玄學之一進步，且成爲思想界的一個主潮。所以與朱子合觀是可以相通的。而結果以氣化流行爲道幾乎就算奉爲定論了。如現在之所謂「事情」（event）然。而中國所謂「氣化流行」其意與「事情」即有相通處。故「氣化流行」或「事情」簡直可爲近代玄學的主潮了。

G1.5　既以「氣化流行」爲道，則道，從其普遍於一切而言，便即是「自然之共享」（the community of nature）。所謂「自然之共享」則是說一切東西都由之而結合成。用懷氏的話說即是：「同一自然及同一事情而被不同的主座所攝受；或者至少可說他們所攝受的即是那猶之乎對於一切是同的」這意思一樣。《大戴

禮記》所謂「分於道謂之命，形於一謂之性」即是分這個共性（即共享）而形於一而成命成性。故要講「命」講「性」即不得不先解析這個作為「自然之共享」的「道」。

G1.6　「道」，氣化流行，是普遍的；但此所謂「普遍」與普通所謂「universal」這個「普遍」意不同，故名之曰「自然之共享」。即「共性」是，如羅素所描述的「事情」者然，其數目是多元的，其性質是一元的。中立一元即指事情之質而言，即只是一種事情；邏輯原子論則是指事情之量或數目而言，故又稱為多元。自其質之為一元而言，故主張一切皆成自事情。這種一切皆成自事情便即是自然之共享。中國的「道」即是如此。

G1.7　由道而「命」而「性」即是氣化流行而成為「特體」（paricular）。「命」是指其「定」（determination）而言；「性」是指其「德」（character）而言。所以成為特體者因其「命」其「德」之歧異也。這種由「道」而「特體」的生成過程便即是具體世界的真相。而「道」與「特體」又是具體世界的根本原素了。從「道」到「特體」可以說是從「普遍」到「特殊」，從「客觀」到「主觀」；但這「普遍」是「自然之共享」底那普遍，這主觀是「特體」的主觀，與普通所意謂的不同。普通所謂從普遍到特殊，乃是亞里士多德的「本體─屬性」式的舊邏輯與康德所謂先驗的綜和判斷的邏輯之所謂，即一個特體乃是由許多普遍的屬性或性質而集合於此時此處的「這」（this）之上而成的。這樣，那普遍的屬性，他們又稱為「共相」（universal），而那特體則稱為「殊相」（particular）。於是，殊相即由共相而成。換言之，殊相即是謂詞加於主詞之上。主詞是「本體」（substance），謂詞是

「屬性」（attribute）。在這樣的主張之下，便是「本體—屬性」
的判斷邏輯。屬性是普遍的，是共相。共相附屬於本體之上便成為
殊相或個體。如是，「本體」，「托子」，「不可知」的思想全都
造成了。他們的例是：「這是桌子」。「這」是「本體」，「桌
子」是屬性，是概念是共相，是主觀的。主觀的共相加於「這」之
上，則「這」始有意義，始成為知識中的個體物。但此個體物又是
由主觀的共相而結合成，故對於「這」之所知只是我自己的東西，
而對於「這」之本身，即康德所謂「物自相」，是無法知道的，因
總不免於主觀的共相之附加故。不附加不足以成知識中之個體物，
要附加便不是物之本相。故物本相是有的，但不可知。這是舊邏輯
的必然結論。

G1.8　中國人沒有這樣的思想，在前述說過，他的觀點是純
客觀，他的邏輯是新邏輯。他只講「道」與「特體」，即「命」
「性」是。共相是不講的。在這樣的邏輯之下，則對於共相的見
解，必是唯名論的見解。但他們也未曾注意，故在此不必提。我在
此說一句，中國人之不注意「共相」也即是所以沒有科學底原因之
一。

G1.9　照這樣的邏輯的說統，其歷程當是：（ⅰ）自然之共
享；（ⅱ）特體；（ⅲ）共相。由共相而造成特體是沒有的。

於是，轉到焦氏之論「道」，所以論「道」者解析「命」
「性」之由來也。由「命」「性」而至於「情」「才」皆是特體之
事。講道德之所以講命，性，情，才者明道德之基礎也。從這方面
看，則命，性，情，才皆是性格學上的現象。但由道德而說到盡性
知命以至於道，則此所謂性，命，道，即變成道德生活之極致了。

由性格學上解析道德之成立，復由道德而至盡性知命以至於道。這便是與天地合德與日月合明，即是天人合一的終極境界。這便是由自然來藉著道德爲媒介而復歸於自然，這是人生之最高理想。命，性，情，才皆由時行之「道」而來，然後藉著道德而盡性知命以至於「道」，至於道即是合於道，即是時行，即是大中而上下應，即是旁通情也而參天地贊化育。這是道德行爲的終極目的。這種來於自然而返於自然的思想，與佛老之所謂皆不同。這種合一只是「天行健君子以自強不息」之合一，只是「與天地合德」而助長一切生生之合一，總之是參天地贊化育之合一，而非所謂神秘的「禪定」，「抱一」，「眞宰」之「三昧境」的合一也。

G1.9.1 道既爲氣化流行，則攝受道自當於動變處攝受之。

〈繫辭傳〉云：一陰一陽之謂道，繼之者善也，成之者性也。又云：形而上者謂之道，形而下者謂之器。形即品物流行之形。以爻之定言，謂成既濟。未成既濟以先，陰陽變化，生生不已，是之謂道。（《易通釋》卷五）

G1.9.2 〈繫辭〉兩條互相發明：

（ⅰ）一陰一陽即是形而上，即是未成既濟以先，即是陰陽變化之生生不已。

（ⅱ）繼之者善即是終而有始即是由利貞而復元亨，重在「元亨」。重在元亨即重在陰陽變化之生生不已。仍是形而上，仍是氣化流行。蓋未有流行而不繼續者也。最可注意的即是以這「繼之者」爲善。以「繼」爲善即以「亨通」以「流行」爲善，其反面，

自然以「不繼」「阻礙」爲惡了。世界總是流行的，所以世界沒有「礙」，以故沒有「惡」而只有「善」。所謂「惡」只是一時的假像，所謂「善」也只是「好」，並沒有什麼嚴重的意義。中國人始終認這個「繼」爲善，而全部道德哲學也無非解析這個「繼」之善，而其最高的理想也無非求這個「繼」之善。

（iii）「成之者性」即是「爻之定」即是「成既濟」，即是「形器」。形器即特體，即「貞」也。但此貞爲「利貞」爲「咸寧」，非成兩既濟之終止之貞。終貞爲貞而不利，無「繼」之善也。形上爲元亨事，形下爲利貞事。生成之分也。此又不同於朱子之所謂。

G1.9.3

> 一陰一陽猶云一闔一闢。凡兩卦旁通，皆陰陽相偶。以陽易陰，以陰交陽，終則有始，謂之續終。繼即續也。成兩既濟而終止，無復一陰一陽相對，是但有形器而無道。惟成性之後而又存存，前者未終，求者已始，柔剛迭用，至於無窮。〔……〕（同上）

G1.9.4　此段即是發明終而有始之繼續。焦氏主重「一陰一陽猶云一闔一闢」正與朱子同。陰陽不算道，一陰一陽才是「道」；闔闢不算變化，一闔一闢才是變化。只言闔闢只有變而無化，這是朱子最使人注意的地方，也是朱子最透徹的地方。以「一闔一闢之謂變化」正與「一陰一陽之謂道」互相發明。變化即道也。只言陰陽無所謂變化。只言陰陽即是只言乾坤。乾坤兩特體

也，形器也。朱子以之爲氣爲形下即本於此。並且世界沒有兩個分離的陰陽這東西。言乾坤，言陰陽純是解析上的方便，即兩個抽象的概念而已。在具體事實上，陰陽總是交變而混融的。故陰陽不但不是道，且即具體的形器特體都不是。吾謂朱子最能認識眞具體即指此。

G1.9.5　中國人言繼續，即是言終而有始，言利貞，言咸寧。繼續與不繼續互言。繼續利而亨而有始也；不繼續貞而定而成性也。兩方互言即顯出世界的生生不已的絕對繼續。終而有始即是這個絕對繼續也。中國人之所言即是這相反相成之絕對繼續。非只是言繼續也。故總言利貞，咸寧，而不只言利或只言貞，只言咸，或只言寧。近代物理發見出跳躍，不繼續，只是利貞之「貞」也，旣濟咸之旣濟也。並非除消了繼續。如柏格森的永變，巴門里底派的不變皆是一孔之見。

G1.9.6

> 知周乎萬物而道濟天下，故不過。濟天下成旣濟而定也。以道濟之，則終則有始而知周乎萬物。知者利仁，變而通之以盡利，是爲通乎晝夜之道而知也。（同上）

G1.9.7　道濟天下即是終而有始相反相成的那絕對繼續。知周乎萬物，即是利其仁而旁通。旁通而周乎萬物即是參天地贊化育，即是保合太和，即是生活範圍之擴大。故知周萬物即是道濟天下。「知」，「道」言其「利」而「亨」也；「周」，「濟」言其「貞」而「寧」也。兩者合一便是那「絕對的繼續」，便是那知周

萬物道濟天下。於是,「道」有二義而不相背。

（i）未成既濟以前之陰陽變化生生不息之繼續。

（ii）「繼」與「非繼」相成之終而有始的絕對繼續。

G2. 命。

G2.1 「命」即是那絕對繼續中之「終」,「成」,「貞」,「寧」,「定」。有此「命」,則氣化流行之「道」是可分的可解的。再回到自然之共享上去。「命」即是氣化流行之「結聚」,「定形」。即共分享於氣化流行而有成者也。由陰變陽化而至成既濟即是由道而成命,由氣化而至結聚之過程,也可以說是生成之過程。這個「過程」即是「分於道」之過程。

G2.2

> 一陰一陽之謂道。乾二之坤五,坤化爲比;比通大有,大有化爲同人;同人通師,師又化爲比:一氣反復往來是謂道。分而言之,坤化爲比,命也;師化爲比亦命也;大有化爲同人亦命也。通諸卦之二五言之爲道,自一卦之二五言之爲命。有命斯有性,故云:各正。各之云者分於道之謂也。
>
> （《易通釋》卷五）

G2.3 此段解析「道」「命」之關係最明顯。一氣反復與「通諸卦之二五」即是那絕對的繼續,即「道」之第二種意義。「命」即是絕對繼續中的段落層次。即焦氏所謂「分而言」,所謂「自一卦之二五而言」是也。解析「命」之所由來,即是「分於道」之道,即是成既濟以前之陰陽變化。這個「道」是第一種意義

之「道」。

G2.4　絕對繼續之「道」即是「合而觀之」之「道」。雖合，然其中有許多結，即「命」是也，這便是「分而觀之」。於是「分」「合」，「可分」與「不可分」的問題便解決了。而總歸於利貞，咸寧，終始，繼與非繼之問題上去。即分合不過即是這些問題的另一觀法而已。分合全是具體事實之眞象，是具體事實之自然生成的自然顯示，毫末有如柏格森所謂「抽象」「理智之分割」者也。這樣的世界是多元網狀的世界，是萬花鏡般的世界，是眞具體的世界。世人有兩個錯誤的見解：

（ⅰ）以爲要認識眞具體必須世界爲不可分；

（ⅱ）以爲多元網狀參伍錯綜之世界是亂七八糟的世界，要找世界的條理必須抽象，必須思想之法則。

須知這全是舊邏輯下的思想。第一種見解是神秘主義；第二種見解是「本體屬性」，「主詞謂詞」的判斷邏輯。這兩種思想全不是科學的純客觀法，全不是如實地看。須知多元網狀參伍錯綜正是世界的條理，旣然是世界的條理則具體世界必爲可分而無神秘。所謂「解析」，所謂「發見」，所謂「科學」正是對付這個參伍錯綜的具體的條理世界，這一點，中國人很能看透。所謂「通」，也正是對付這個參伍錯綜之具體條理世界。申府先生最注意這個「通」與「仁」確屬卓見，而適之先生最反對所謂「以情絜情」，「旁通情也」；所以結果他最不通。

G2.5　照顧到本分 D 段 D.5 條所論的永恆，則所謂「道」即是彼處所謂「時間的永恆」，是一個抽象的名詞或記號；則所謂「命」即是彼處所謂「空間的永恆」，也是一個抽象的名詞或記

號。從物理方面而言，則爲空間爲時間爲生成爲交易爲流行；從倫理方面言則爲「道」爲「旁通情」爲「大中而上下應」。從物理方面言，則爲定，寧，成，息，站態；從倫理方面言，則爲命爲性。

G2.6　「命」之意既定，在倫理上，焦氏引出很多不同的「命」。試條述之如下：

> （i）順天休命。「〈大有·傳〉云：順天休命。二之五天命也。四應之成家人，天之休命也。家人通解，解二之五又有命，則順天休命也。（《易通釋》卷五）

這樣，順天休命即是順天命而休其命，即是大中而上下應，即是時行當位。也即是元亨利貞毫無欠缺之謂。

G2.7　（ii）凝命。

> 屯通鼎，鼎二之五，〈傳〉贊之云：君子以正位凝命。凝謂二之五，上成乾也。（同上）

鼎（䷱）二五不正，二之五則各正其位。正其位而上卦成乾，是爲君子正位凝命。是凝命即正命也。有其一正之位即有其一定之命。

G2.8　（iii）改命。

> 革九四：悔亡，有孚，改命吉。革之改命謂乾成革而通蒙猶坤成屯而通鼎也。（同上）

悔亡者以其有孚也。有孚即是革通蒙，也即是「改命」。不孚不
通，則革四之塞初成兩既濟，為有悔。有悔即不改命而凶，悔而孚
而改命則吉。是「正命」「改命」必以時而行也。

G2.9　（ⅳ）施命。

〈姤·傳〉云：天下有風，后以施命誥四方。〈九五·傳〉
云：有隕自天，志不舍命也。施命者姤二先之復五，而後上
施於復三也。施命故志不舍命，不舍命不改命也。〔……〕
乾成家人坤成屯。屯三不可之家人上，則舍而從鼎，是舍命
也。姤二之復五亦成屯，而姤未成家人，則屯三不必舍，故
不舍命。盈則宜改而變通，未盈故不舍也。（同上）

「施命」與「不舍命」同。「施命」即是順天而休命。「舍」即是
捨去之「捨」，言捨其固有之命而通他以改革其命也。不舍命即是
不革其命，不革命即是施命順命，不革者以其無可革之道也。順者
以其順施而吉也。順即是應。無二五之中，不可應，宜改其命而求
二五之中。不能成兩既濟而又有二五之中，則可以「順命」而不必
「改命」。是「順命」「改命」之必以其時也。

　　申府先生云：「革命被人誤解了，革命是一樁人為的自然的
事，革命是不得已的，然而人乃以為名貴，然而人乃以為名高。」
（《所思》頁67）沉痛之極。

　　G2.9.1　此外還有「申命」「致命」。「申命」即是「重
命」，即由「改命」而重有其命也。「致命」即是至命，即至於
命。由不得命而至於命是謂「致命」。故結果大別不外：（ⅰ）不

舍命；（ii）改命兩者而已。

G2.9.2

> 道變化而不已。命分於道則有所限。有當安於所限者，不舍
> 命是也。有不當安於所限者，申命，改命，致命是也。命而
> 能改能申能致，則命不已，即道之不已。如是，乃爲知命。
> （《易通釋》卷五）

命不已即道不已，即本分 D 段 D.5 條中所謂時間之永恆由空間之
永恆而顯示出也。所謂變化也不過即是命之申，改，致之顯示而
已。反之，命之申，改，致，也即是由於變化而來。凡 D.5 條論時
空之永恆所能說的話，於「道」「命」亦能說。可參看該條。蓋所
謂「道」者即是表示「變化」之抽象的記號也。而所謂「不舍命」
者即變化中之「站態」也。

G.3 性，情，才。

G3.1 分於道謂之命。故命是指「分」，「定」，「限」而
言。可以說是特體的「外鑠品德」（extrinsic character）。只是一
個空洞的普遍的抽象的名詞而已。命與命之所以互相不同而有具體
的差異得看性，情，才。故性情才可說是特體的「內具品德」
（intrinsic character）。「性」是內具之潛蓄者；情是發於外之實
現者；「才」是使其所以如此發的能力。由性情才即可識別「命」
間的相互歧異；但性情才之所以互相不同者，要不外因其命之各有
所限而已。是內外互定之義也。

G3.2

〔……〕孔子贊易一則云各正性命，保合太和乃利貞；一則云利貞者性情也。命性情三者一以貫之。（《易通釋》卷五）

一以貫之即是互相規定而共變之意。

G3.3

〈繫辭傳〉云：一陰一陽之謂道，繼之者善也，成之者性也。又云：成性存存，道義之門。存存猶生生。生生不已則善有所繼而道不窮。繼而不成，則性命不能各正；終則有始，故善必有所繼；原始要終，故性必期其成。蓋道不可窮而理則宜窮。理猶性也。窮理即是盡性。物不可以終盡而性則宜盡。理之言分也。道既分而爲命，命乃定而成性。（同上）

G3.4　此段言：

（ⅰ）性必須成。不成性則只有繼而不能各正。即只有利而無貞。

（ⅱ）性必須繼。不繼不足以存存，即不足以生生。不生生即不是道義之門，而道有窮。

（ⅲ）終則有始即是既成且繼；原始要終即是繼而必成。

（ⅳ）命性皆由分，限言，則理亦即由分，限而顯，故道不可窮而理可窮。理可窮即是窮理。窮理即是明分盡性。故此所謂理與朱子所謂「理」義不同，而窮理之「窮」與道不可窮之「窮」意亦不同。前者是動詞，後者是動名詞或分詞。

（v）如是，此所謂「性」不只是性格學上的解析其是什麼即足，其主重點在「成」，在「盡」，在「繼」。此性之所以爲道德之本也。「命」「情」「才」以至於「道」皆然。蓋此等字，就其「是什麼」而言，則純爲自然現象之事；但從行爲上看，則又變成道德之事了。蓋中國之道德哲學無往不從自然事實上著眼也。

G3.5

> 由九五一陽，上下應而成既濟，則爲成性。五已剛中，不必行動。所謂人生而靜。天之性也。由其天性之善，擴而充之使六爻皆正，則成性而盡其性。〔……〕性爲人生而靜，其與人通者則情也，欲也。〈傳〉云：六爻發揮，旁通情也。成己在性之各正，成物在情之旁通。非通乎情，無以正乎性。情屬利，性屬貞；故利貞兼言性情，而旁通則專言情。〔……〕（同上）

G3.6　此段言：

（i）成性盡性：即成己之性而盡己之性也。用戴氏的話說：成性者自然也，盡性者必然也。必然正所以成其自然，盡性正所以成其性。

（ii）由成己而成物，則在情之旁通。情之旁通即是通乎情，即是六爻發揮，即是利而之於他，這便是性命之各正。

（iii）故各正者必成己而成物也。反之，成己在於各正，成物亦在於各正。居其間之必要條件則情之通也。

（iv）情之所以通，則在乎「感於物而動，性之欲也」。感

（feeling）即是「天地感」之「感」，「欲」即是內部生活力之機動。性之欲即是因感而引起的內部之機動。由此機動之欲而向外擴大，情通即其擴大也。故此所謂欲非有外標在而爲人所欲望也。即，非因有目的而動，而實由內部之自然的向外放射也。一切行動皆以這個欲爲機動。行動停止之時即是欲望滿足之時。常人每認其行動之結果之情勢爲其欲望之目的。其實不然，欲望之活動不是爲此最後的另一種情形，乃是因前一種不安之感而從內部所發的性之欲。這與羅素的欲望觀相同。

（ⅴ）如是，欲望自身是衝動的盲目的。但這只是解析欲望本身之活動而已，情通即由此起。但情之所以通則不完全在此盲目的欲，而其重要的角色則爲知，下條再述。

G3.7

〔……〕以己之情通乎人之情；因有以正人之情，即有以正人之性。是人之性自我而率，人之命自我而立。（同上）
性已定故靜，情未定故動。性與情孚而有以窒其欲，則情不失乎正而情善。性孚於情，一陽而一陰也；情得乎善，一陰而一陽也。故天命之謂性，率性之謂道，修道之謂教。率性由於通情，通乎人之情，則不拂乎人之性。故成性存存，道義之門。（同上）

G3.8　「性與情孚而有以窒其欲」之「窒」據焦氏的考據，即是「實」「順」之義。（可參看《易通釋》卷七）。窒其欲即是實其欲順其欲。所以順其欲者，性情相孚即相通也。性本善，情則

不定；故性通情一陽而一陰也。性通情，情得乎善，是發而皆中節也。故一陰而一陽。率性由於通情，通人之情即不拂人之性。是謂絜矩之道。故道德哲學不只解析「情」之爲何，其重要處且在「通情」也。故「情」亦爲道德中之要事也。

G3.9

> 情實也，僞虛也。性發而爲情，故爲性之欲。有以通人之情，則有以窒己之欲。而剛孚於柔者，柔又進乎剛。情合於善，欲行於仁，才爲之也。〔……〕有此才，乃能迭用柔剛，旁通情而立乎一陰一陽之道。〔……〕旁通者情，所以能旁通而窮理盡性以至於命者，才也。孟子云：乃若其情則可以爲善矣。若夫爲不善，非才之罪也。通其情可以爲善者才也。不通情而爲不善者，無才也。云非才之罪，則無才之罪也。故又云：或相倍蓰而無算者，不能盡其才者也。（同上）

G3.9.1　此由情而說到「才」。焦氏講「才」最明顯。能通情而爲善即是有才，即是盡其才；否則爲無才，爲不能盡其才。故「才」即是能使所以如此發揮之能力也。不能如此發揮而通情，則即爲無才。所謂無才有才者皆指能盡與否而言也。因孟子曾云：「非天之降才爾殊也。」才是人人都有，用戴氏的話說即「成斯性即有斯才」。故無才不是根本沒有才也。故孟子以「非非」與「不能盡其才」相發明。關此可參看第二分 D 段 D.5 條及其證明。

G3.9.2

以血氣心知之性，爲喜怒哀樂之情，則有欲。欲本乎性，則欲立立人，欲達達人，己所不欲，勿施於人。〔……〕以己之情度人之情，人己之情通，而人欲不窮，天理不滅：所爲善矣。如是，則盡其才而爲才子。否則，所爲不善，而人欲窮天理滅，不能盡其才而爲不才子。故才者能達其情於天下者也。才能達其情，而情乃可旁通，性命乃可各正。情不旁通，故人欲窮；性不各正，故天理滅。（同上）

G3.9.3　此段言：

（ⅰ）才與性情之必然關係：盡其才則能達情而盡性。

（ⅱ）達情而盡性即人欲不窮而天理不滅。情性與理欲及其間之達不達，盡不盡，窮不窮，滅不滅，間不容髮，唯視「才」爲轉移。

（ⅲ）這樣，所謂天理即是達情遂欲而盡性，即是情欲之絜矩，情欲之諧和與恰當。捨情與欲無所謂天理。要得天理，在怎樣把人欲弄得諧和。

G3.9.4

雖有善性而無才以盡之，則情不能通，欲不能窒矣。終身之行，惟在乎恕；天下之道，不過絜矩。知有己之性，不知有人之欲，情不通而欲窮矣。〔……〕（同上）

G3.9.5　這是最後的結論，即盡才而旁通情。通情即是欲之諧和，保合太和，各正性命。盡才即是知有己還知有人，即是達情

於天下，以式表之當是：

盡才＋通情————→各正性命保合太和。

G3.9.6　知「才」之「爲何」乃性格學之所有事；注目於「盡其才」則變爲道德行爲之事矣。言人之行爲必須盡其才也。

G4.　仁，義，禮，知，信。

G4.1　由道命而至性情才是從性格學上解析其爲何所是並進一步宣表其爲道德行爲之事。仁義禮知信是由旁通時行而表明其爲行爲間之關係所當盡的德目。而結果，總目的則在「通」，合於「道」，「保合太和各正性命」。

G4.2

> 〔……〕〈傳〉以仁贊元，禮贊亨，義贊利，而以有孚爲信。〈蹇・彖傳〉云；見險而能止，知矣哉！臨由失道而變通，經言知臨。睽二不之五，則蹇初止而不行，〈傳〉以知贊之。然則知者，謂其能變通也。（《易通釋》卷五）

G4.3　於是「仁」變通間之「元」也；「義」變通間之「利」也；「禮」變通間之「亨」也；「知」變通間之「悔」也；「信」變通間之「孚」也。如是，元而必亨必利，即大中而上下應也。仁而必義必禮亦如是。元亨利由悔孚而來，仁義禮由知信而來。蓋知而必能通，通而必能利其仁而合禮合義也；悔而必能孚，孚而必能元而亨利也。

G4.4

立人之道曰仁與義。仁配陽，謂由陰交而生陽也；義配陰，謂由陽易而通陰也。應乎其間而不失等殺者爲禮。仁義指二五，禮屬初四三上。以其應二五爲亨，以其應二五而成既濟爲貞。亨貞皆屬乎禮。以其不成兩既濟變而旁通爲有孚，則爲信。有孚而不失是，爲知。知其盈而悔，知其非而悔，知也。〔……〕（同上）

仁通義即是信；義生仁即是知。非信無以爲利；非知則不能元亨。能信知而後可貞；貞非信，亦非知。（同上）

G4.5　此兩段解信知悔孚之重要，及仁義禮知信相互間之關係。

（ⅰ）焦氏曰：「經言信言知不言仁禮義。」蓋言「信知」之重要及信知之足以引出仁禮義也。信知即是悔孚，即是明通。只言通不必好，有知之通始爲眞通。

（ⅱ）「仁通義即是信」，即元而利乃由孚也。「義生仁即是知」，即是利而元乃由悔也。此仁義間之必有信知爲關鍵也。

（ⅲ）「非信無以爲利」，即是不旁通不足以利而之於他也。無利性，即不能元亨。所以無利，由於非信。所以非信，由於無知。無知則或吝或厲而不知悔。不知悔即無信也。是元亨利間必有信知爲其關鍵也。

（ⅳ）「能信知而後可貞」，即是能旁通而成既濟各正性命也。但貞而必利始爲眞貞。有利之貞即是有信之貞，即是有咸之寧。貞而無信即無通，無通亦無知也。是貞利之間必有信知爲關鍵也。

G4.6　由信與知，而仁義禮即顯示出。此「信而知」之必有仁義禮也。仁義禮必由信知而來也。

G4.7　將道，命，性，情，才與仁，義，禮，知，信合組起來而歸納一總原則爲：

聖通之生活即是以性之欲爲機動而以知識爲指導以使盡其才而旁通情於天下者也。

這個原則即是取道命性情才組中之「才」字及性情中所昭示出的「欲」字爲自然生活之根本前提，而取仁義禮知信組中之「知」字與「信」字爲完成其自然生活之根本條件而合組成者也。

這樣的生活即能合於「道」合於「仁義禮」。

G4.8　上條乃是一個總原則，即是好生活之總標準。今再從那兩組中而造成十條道德律如下：

（i）汝必須知「命」之爲何而同時順之以至於「命」。

（ii）汝必須知「性」之爲何而同時於行中以盡其「性」。

（iii）汝必須知「情」之爲何而同時於行中以達其「情」。

（iv）汝必須知「才」之爲何而同時於行中以盡其「才」。

（v）汝必須知「知」之爲何而同時於行中以至不惑。

（vi）汝必須知「信」之爲何而同時於行中以旁通於他。

（vii）汝必須知「仁」之爲何而同時於行中以利其「仁」。

（viii）汝必須知「義」之爲何而同時於行中以立其「義」。

（ix）汝必須知「禮」之爲何同時於行中以合乎「理」。

（x）汝必須知「道」之爲何而同時於行中以合於「道」。

H. 朱、戴、焦的絜合——新倫理系統的完成

H1. 朱子的普遍的所以然之「理」。

H1.1 關於本段所論當詳細參考第二分。在此不詳說。朱子是要給道德找基礎的。他所找的基礎是普遍的，必然的，純粹的，絕對的，內在的。

H1.2 能盡這些條件的，即是他所謂「理」。此「理」是一切現象所以然之「故」；但同時，它又普遍而滲透於一切現象中。它是徹頭徹尾的一貫之「理」。

H1.3 這樣，在玄學上說，它是一切所以然之故，它又是一切現象之是其所是的「理」；在道德上說，它是道德生活之基礎，而吾人之性之發而皆中節也是「理」。所以它是徹頭徹尾徹始徹終的。

H1.4 我們若居在客觀的地位，而以王陽明的話作評判員，則朱子的主重點大半是在「明明德」，然而卻仍可以賅「在親民」。戴氏的主重點則大半在「在親民」，然而他卻漏了「明明德」。並且，再以王陽明的話作評判員，則可知朱子的「理」含義廣而深入而能貫通；戴氏的理是只見其後半折而不見其前半折。

H1.5 陽明的話是這樣的：

> 存天理即是窮理。天理即是明德，窮理即是明明德。（《傳習錄》）
>
> 大人者以天地萬物爲一體者也。其視天下猶一家，中國猶一

人焉。若夫間形骸而分爾我者小人矣。大人之能以天地萬物
爲一體也，非意之也。其心之仁本若是其與天地萬物而爲一
也。〔……〕是乃根於天命之性，而自然靈昭不昧者也。是
故謂之明德。〔……〕故夫爲大人之學者，亦惟去其私欲之
蔽，以自明其明德，復其天地萬物一體之本然而已耳。非能
於本體之外而有所增益之也。（〈大學問〉）

明明德者，立其萬物一體之體也；親民者，達其萬物一體之
用也。故明明德必在於親民，而親民乃所以明其明德也。
（〈大學問〉）

至善者明德親民之極則也。（〈大學問〉）

至善之發見，是而是焉，非而非焉，輕重厚薄，隨感隨應，
變動不居，而亦莫不自有天然之中。乃是民彝物則之極，而
不容少有擬議增損於其間也。（〈大學問〉）

H1.6　上條所引是關於明德親民的問題。關於理之能貫通與
否，則有以下的評語：

理之發見可見者謂之文；文之隱微不可見者謂之理。只是一
物。（《傳習錄》）

H1.7　我們由這兩條評語，可知朱子是主重「明明德」的，
是主重「立其萬物一體之體」的。而這種「立萬物一體」，即是
「窮理」。朱子正是在那裏作窮理的工夫。窮理即是明明德；理即
是明德。窮理可以知一切之所以然；知其所以然，即知其當下之實

然。明明德可以知天地萬物之本爲一體；明其本爲一體，即可以親民而達其萬物一體之用。在其本爲一體時固爲理，在其達萬物一體時亦爲理；在其爲所以然之故時爲理，在其爲當下或可見之實然時亦爲理。故朱子既能「明明德」而又能「在親民」；既能窮其「所以然」，復能貫其當下之「實然」。而所以能如此者，就在其不只以「發見可見者」之文之謂「理」，還能進而探討「隱微不可見者」之理之謂「理」。

H1.8　這即是吾主張朱子之理不爲「形式」（form）的原因。也即是吾認戴氏以朱子之理爲「如有物焉得於天而具於心」，爲誤解的所在。

H2.　戴氏的絜情遂欲生生條理之理。

H2.1　照著以上所引王陽明的話語，則知戴氏是只著重了「在親民」而不著重「明明德」；只知「發見可見者」之文謂之理，而並不知那「隱微不可見者」亦爲理。

H2.2　他不但不重「明明德」，而且以爲「明明德」即是守靜抱一的釋氏；他不但不以「隱微不可見者」爲理，且認爲若以之爲理即是「意見之理」，即是「如有物焉，得於天而具於心」。

H2.3　這樣，所以他的工作只作了「達其萬物一體之用」，而未作「立其天地萬物一體之體」。即是說他作了「在親民」，而未作「明明德」。所以他極力詮表他的情絜欲達，各遂其生，生生條理之謂「理」。他這個「理」即是「發見可見者之文」。

H2.4　並且他以爲這樣的「理」即是「至善」，即是「歸於必然，而完其自然」，即是「自然之極致」。這個結果可以承認，朱子也並不反對。可是，怎樣就能「歸於必然而完其自然」呢？這

即是朱戴不同的所在，也即是戴氏的不徹底之所在，也即是戴氏誤解朱子之所在，也即是使戴氏不能大不同於朱子的所在。

H2.5　爲何能情絜欲達，各逐其生呢？爲何能歸於必然？爲何能有這樣的生生條理之「理」呢？朱子的解答是「明明德」，是「立其萬物一體之體」，即是「隱微不可見者」之「理」。這是他的基礎論。戴氏的答覆是「心知之明」是「自具之能」，是「良知良能」，是「自然之性」。這是戴氏的基礎論。這是他二人的不同處。

H2.6　他因爲反對朱子的意見之理，所以他再不敢往上探討，他即拘於孟子的四端爲止。但是這有兩個問題：

（i）若只拘於四端而不爲之找普遍基礎，則人各其知，人各其明，如何能至情達欲逐之生生條理呢？吾知戴氏必不認四端爲特殊。

（ii）若然，則只有認四端爲「心之所同然」。但如何能「同然」呢？戴氏再轉過來說：這是良知良能。「良知良能」即是自然如此。若然，則「心所同然」仍無理由可給。

這即是戴氏的不徹底處。

H2.7　可是一說到「自然如此」，則隱含有兩種可能：

（i）消極方面：可以引至上條的（i）之結論。

（ii）積極方面：隱含有一種「普遍的基礎」之假設。即一說「心所同然」即已暗含有普遍的，先在的，絕對的，而貫通一切的原則在。

從消極方面，不是戴氏的本意：從積極方面，則卻暗合於朱子了！戴氏停於此而已暗示出，朱子卻明明說出，這即是戴氏不能大

不同於朱子的所在。

H2.8　但這卻不是說朱子受了戴氏的暗示,乃是戴氏誤解朱子而故意反駁朱子的必然結論。所以朱戴的道德哲學,結論同,而前提亦不期而合;不過一道出,一未道出而已。一道不道之間,竟發生出偌大的皮相之差異,甚矣!態度脾氣情感之足害事也!

H3.　焦氏的旁通時行之當位論。

H3.1　我們據以上所論及本分所論的焦氏看來,即可知朱戴焦的觀點及出發點是這樣的:

(i)朱子觀世界之生生條理以為必有其所以然之故,所以他抉發出一個顯微無間的「理」為事實界及道德界的「普遍基礎」。

(ii)戴氏觀世界之生生條理以為這是「自然歸於必然」或「自然之極致」,而並不找其所以然之故,以停止於「自然」為滿足;所以其論道德也是以「自然」為起點,而以歸於至當之「必然」為「理」。

(iii)焦氏觀世界之生生條理即是旁通時行而當位以至於元亨利貞。他的根本觀點是個「動」字或「生」字,所以他的道德哲學即以這個「動」或「生」或「元亨利貞」的世界為基礎,而以「旁通時行」或「元亨利貞」為道德理想。

H3.2　窺焦氏之意:以為世界根本是生生條理的,根本是「元亨利貞」的;所以吾人於道德生活上,只要能「旁通」,只要是「生生」而不成兩既濟,則無論如何,總有達到「元亨利貞」之目的。所以焦氏所特指者為:

(i)從「動」,「通」,「活」,「生生」,「互相關聯」上著眼。

（ii）確定了道德的理想。

（iii）指出要達到此理想，必須從「動」，「通」，「互相關聯」上著手。

H3.3　然則他的道德基礎是什麼呢？曰：即那個旁通時行終而有始的元亨利貞之「道」。由此「道」爲普遍的基礎而解說「命」，「性」，「情」，「才」等性格學上的現象。這樣一來，「情」即可以旁通，而「旁通」亦即可以有據。

H3.4　如是，戴氏以「自然」之歸於「必然」爲理，則以生生條理爲理；焦氏以旁通時行之終而有始爲理，也即以生生條理爲理。所差者，則爲，於道德基礎上，戴氏不以世界之普遍的生生條理爲基礎，而以自然之「血氣心知」爲基礎，焦氏則以旁通時行即生生條理爲基礎而不只以「自然」爲滿足。這樣，焦戴的基礎論是間不容髮，然而戴氏的基礎卻顯然是不妥當的，顯然是沒有客觀效用的。這在本段 H2.6 及 H2.7 兩條中亦指示出。

H3.5　然則焦氏的基礎論是與朱子相融洽了。是的。因爲朱子說陰、陽不是道，一陰一陽才是道；焦氏說：「一陰一陽猶云一闔一闢。凡兩卦旁通，皆陰陽相偶。以陽易陰，因陰交陽；終則有始，謂之續終。繼即續也。成兩既濟而終止，無復一陰一陽相對，是但有形器而無道。」（參看本分 G1.9.3）。這與朱子所言相近了。可是焦氏並沒有如朱子那末指出來。所以他只知一陰一陽終而有始之謂道；然而他卻未分而解之以找出那顯微無間之「理」。

H3.6　所以戴氏只言「自然」之基礎，是不妥當的；焦氏指出其普遍的妥當之基礎，然而未找出顯微無間之理；朱子既能指出普遍的妥當基礎，又能指出此基礎是顯微無間之理。他三人都知

「氣化流行」是道：然而焦戴只能合而未分，朱子則既合而分，又分而合。

H3.7 據以上的分析，我們可有以下的新倫理系統：

（ⅰ）採取朱子的道德基礎論，此基礎與焦氏並不相背。

（ⅱ）採取戴氏的「仁且智」之生生條理的情絜論，此與朱子的基礎論亦並不相背。

（ⅲ）採取焦氏的動的，活的，互相關聯的「旁通」觀點。

（ⅳ）採取焦氏所確立的「道德理想」，此「道德理想」即作爲道德基礎的那「元亨利貞」，或「道」。

（ⅴ）採取焦氏的達到理想之方法。

H3.8 此系統的特點：

（ⅰ）有普遍的妥當之基礎──道或理。

（ⅱ）有必然的客觀的道德之理想──即合於道合於理。

（ⅲ）以「道」爲基礎並爲最高理想。

（ⅳ）解析性格學上的命性情才之爲何，並以之作爲達到最高理想之媒介的道德律。

（ⅴ）以仁義禮智信爲人間的普遍道德律。

（ⅵ）道命性情才仁義禮智信之關係如下：

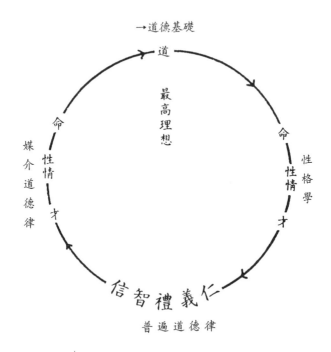

（vii）此系統主重動、通、相互關係。

（viii）此系統主重全體，社會，天地萬物爲一體。

（ix）此系統以旁通時行爲觀點，而不以個人爲觀點。

（x）此系統是從人類之相互關係上以實現其相互關係間的情絜爲理想。

（xi）此系統可以說是生成哲學觀點下的倫理系統。

H4. 基礎的確立。

H4.1 如上邊所說的那種「基礎」是否可以用奧坎刀把它剔去呢？吾以爲不可。因爲它既不同於西方之「神」（God），又不

可同於他們所謂心之體（substance of mind）及「物之體」（substance of matter）。它仍不過指示這個氣化流行的實緣世界而已。它非一物，如何可剗？

H4.2　朱子於萬有相關生生條理的世界中看出其必有一所以然之故，所以就把它打開而分析出一個顯微無間的理來。他這種打開是一種邏輯的解析，論理的圓足。並非如戴氏所謂「如有物焉得於天而具於心」之理。

H4.3　可是他這個顯微無間的理之需要可以按著學問的性質而別。如言科學世界，摹狀科學世界之結構，則可以對付這個「氣化流行」的世界即足。不必進而探幽索微。如羅素的《物之解析》第三分講物界之結構時即如此。焦戴二人似亦如此；但其所論不在科學世界也。如在玄學或物理後學上，則當有打開而詮表之的必要。如在道德哲學上或倫理後學上，則更有特指而出之的必要。不然，道德基礎究無著落。

H4.4　因為中國人始終只承認一個氣化流行的現象界；所以他那個基礎即由觀察此現象界而得。復次，又始終承認世界是生生條理，是有意謂的；所以倫理基礎決不必放於「非現象界」（noumenon）。這是中西思想根本不同處。

H4.5　康德把倫理基礎安置於非現象界，維特根什坦認倫理為神秘為在世界之外。我們可以名這種思想曰「超越的外在論」（theory of transcendent）。同樣，中國的意謂世界，並不是說意謂或價值即在外界存在，乃只是說，它由生生條理的實緣界昭示出。此吾於本書導言 B.6條中已提及之。這種思想，我可以名之曰「內在論」（theory of immanent）。即由天之「垂」與吾之

「見」合約而生出。關此可參看第二分 B4.9.3條。這樣,不必有礙於科學,且能溝通事實界與價值界。

H5. 此基礎非「主觀」非「意見」。

H5.1 戴氏以朱子之理為意見之理,這是他的誤解。並且據我以往的討論,戴氏的基礎論是不能不契合於朱子的。唯契合,其基礎始穩固,其達情遂欲之「絜情論」始可能。

H5.2 胡適之先生不明白這一點,以為這種達情遂欲的學說必須假設「一人之欲天下人之同欲」(戴氏語)及「己與人同此性即同此欲」(焦氏語)。並且以為假設如此,則必有以「理」為主觀的意見之毛病。並且也是一個奢望。我以為這都不成問題。

(i)所謂「一人之欲天下人之同欲」並非指天下人的欲望都是一色的大理石而言;所謂「己與人同此性即同此欲」,也並非指「賈寶玉愛吃女人的胭脂,世人也必須都愛吃」之謂。乃只是說人人都有喜怒哀樂愛惡之情欲。所謂達情遂欲只是意謂於不同的「同欲」之中使各達其所欲,各通其情款;所謂「同」者即是達各人之情遂各人之欲而已。

(ii)所謂達者通者即是於歧異中求達求通。也即是「相反而相成」,「矛盾之諧和」,也即是「天地萬物一體」之謂。非假定一個一色的同而求同也。

(iii)假設不承認「情通」之可能,則一切社會生活似乎都有不可能的危險。朋友不必同欲,然不害其為朋友。這即是情通之例證。依此類推,把範圍擴大,也未始不可能。「達情遂欲」,「各正性命」即是這種擴大的情通之實現。謂之為理想可,但不能說這是奢望,也不能說是不可能。道德是離不開「理想」的。

H5.3　所以他這個基礎旣非「意見」，又非「主觀」；而達情遂欲亦非奢望。他們三人都是理性論者，而不是唯情論者。情絜欲遂是結果是理想，與「主知」並不矛盾。朱子主重「理」，明理而後發而始中節，各中其節則情絜矣。戴氏主重「仁且智」，唯「仁且智」始能「始終條理」，始終條理則情絜矣。焦氏主重「知」與「通」，唯知與通始能情通，情通則情絜矣。於是，情通情絜並非主觀，與主知並不矛盾。

H5.4　適之先生不明白主知與絜情之並不矛盾，又不明白「相反相成，矛盾之諧和」這個萬物一體之理，所以有以下兩條的誤解：

（ⅰ）他以爲戴氏的「察之而幾微必區以別」與其「以情絜情」之主張是衝突的。其實並不衝突，「察之而幾微必區以別」正是「以情絜情」之先決條件。「絜情」是目的，是結果；「察之而幾微」是主知，是手段。不明乎此，故認戴氏的思想不一致，其實一致極了！

（ⅱ）他以爲焦氏所說的「人各一性，不可強人以同於己，不可強己以同於人。有所同，必有所不同，此同也而實異也。」（《論語通釋》）這段話正是摧破「一人之欲天下人之同欲」的假定。須知這並摧破不了！「不可強人同於己」及「不可強己同於人」乃正是「情通」，「情絜」，也即是「一人之欲，天下人之同欲」。這即是各正性命的唯一妙法。世人不是「強己同人」，即是「強人同己」，所以沒有絜情可言。胡先生的這條錯誤，也是由於不明白「絜情」之非「主情」。

H5.5　所以胡先生的一切錯誤及對於戴氏的不了解全由於：

（ⅰ）不明白相反相成矛盾之諧和；

（ⅱ）不明白「絜情」之並非「主情論」；

（ⅲ）不明白「絜情」與「主知」之並不衝突。

（關於本段所論，當參看胡適之《戴東原的哲學》）

Ⅴ　易理和之絜合

引　言

　　本分從《周易》之數學方面著眼而引出三個概念即易、理、和是，並進而解析此三者之絜合。所謂「易」即是「變」（change）；「理」即是條理或次序（order）而不是朱子所謂「理」；「和」即是「諧和」（harmony）或即是生物學上的機體之通關。

　　用現在的專門名詞說，則「易」即是「物理」，「理」即是「數理」，而「和」則即是生機之通關。故易、理、和之絜合即是數理、物理，及生物之絜合。這全是指具體的事實或物理世界而言，而非指倫理或價值世界言也。

　　中國的傳統思潮對於事實界與價值界總是渾淪地討論與體認而沒有清楚的嚴格的分別。然而在我們現在看來，其所表現的卻並非沒有區別，尤其是在《周易》這一方面是如此。然雖有分別，而此兩世界卻又非彼此分離。這即是中國思想之所以渾淪處，而也即是中國人對於自然界與價值界之觀點的根據。

　　本分分三段討論。一段是根據焦循的數學而解析易理和之絜合；一段是根據《史記》《漢書》中的〈律書〉及〈律曆志〉以及朱載堉的《樂律全書》而解析易理和之絜合；一段是根據《禮記》中的〈樂記〉一文而解析易理和之絜合。

　　根據焦循的數學而解析的是從曆與數的聯絡上著眼；根據《史記》《漢書》及朱載堉而解析的是從律與數的聯絡上著眼。曆學、律學、數學都是很科學的學問。中國的哲學，或說科學底哲學，都埋藏在這裡邊。對於物界，對於宇宙，都有其特殊的解析。謂中國只有倫理而無哲學者蓋只一孔之見也。

　　根據〈樂記〉一文而解析的，則全是從事實界而說明。此文實是從講禮講樂而進至玄學者也。故不只是解事實界，而且解倫理界，而且及其關係。觀此，可以明了中國對於事實價值這兩界的見解，這是一很重要的玄學問題。下第Ⅵ分我還要論及。

　　若不管價值界，而只著眼於事實界，則易理和之絜合實足以使我們明了世界的結構與真相。若再將價值界而摻入之，則又很能供給我們一偉大的玄學系統。

　　又本分 A 段所論也實是曆法之基礎論；B 段所論則是樂律之基礎論，內含有度量衡之基礎論及數學之性質論。

A. 《周易》中數學底應用──曆法之基礎

　　A1.　申府先生說：「數學不必講數，要不離數。」（《所思》頁39）。《周易》一書即是這個樣子。剛才說過，易禮樂之絜合，數是居重要的位置。《周易》之根本觀點是數，焦循是位算學

家，所以，他的易學是那樣的有條理。本段即從《周易》方面，藉著焦氏的解析而抉發《周易》中的數學成分及其在《周易》中之位置。

A2. 但《周易》中之所謂「數」並非說具體世界即是數，即是以數構成，乃只是說具體世界是有數性的，即可以數表象之。此種思想與希臘早期哲學家畢達哥拉斯所謂「數」意義並不相同。在中國只認「數」為記號，在畢氏則認為本體上的實在。所以在西洋能引出誤置具體之錯誤，直待現代大哲懷悌黑出而指摘之，所謂真具體始出現於思想界；然而在中國卻從未如此固執。所謂漢易之卦變亦不是西洋誤置具體之謂，胡煦之批駁亦不似懷氏之批駁。形式似同而實際不同也。關此可參看第一分 G 段 G9.2 及 G9.3，9.4，9.5，9.6諸條，第三分 G 段 G.4條以下。

A3. 中國之「數」觀既如此，所以我們看胡氏的生成哲學可以引出「數」之構成的理論。自然之生成之有數學性於此顯，而自然數之形成亦於此顯，這於第三分 D 段中已詳論之矣，特別是該段中之 D.5條。所以胡氏的生成哲學簡直是中國的科學底哲學、數理哲學。他的思想對於這方面的問題的確有相當的貢獻，有新鮮的啟示，我們居於現在，無論如何，對於胡氏不可忽略。再說焦氏的數學。焦氏是 Spinoza 式的一位倫理學家，所以他全用數學詮表道德哲學上的問題。我在本書導言上說《周易》一書可以是中國的 Spinoza 之倫理學。以 Spinoza 式倫理學家解析 Spinoza 式的倫理學，自然可以合拍無間。而全昭示出為一純粹數學問題而為其間之關鍵者則在〈繫辭傳〉「大衍」一章。我們由此章可以看出全部《周易》即是數學之推衍，而此數學之推演也即是表象具體世界之

大衍也。或者也可說《周易》一書即是藉著數學的推演爲符號而表象具體世界之變化也。

A4. 今引〈繫傳〉一章於下而以焦氏之數學解之。

> 大衍之數五十，其用四十有九。分而爲二以象兩，掛一以象三，揲之以四以象四時，歸奇於扐以象閏，五歲再閏，故再扐而後掛。天數五，地數五，五位相得而各有合。天數二十有五，地數三十。凡天地之數五十有五：此所以成變化而行鬼神也。乾之策二百一十有六，坤之策百四十有四，凡三百有六十，當期之日。二篇之策萬有一千五百二十，當萬物之數也。是故四營而成易，十有八變而成卦，八卦而小成，引而伸之，觸類而長之，天下之能事畢矣。

A5. 此段可分四段觀之：

（i）從「大衍之數」到「再扐而後掛」爲一段。此段以數學之法表象太極兩儀參天兩地以至於時序之遞變也。

（ii）從「天數五」至「行鬼神也」爲一段。此段以數學之法表象天地判陰陽立而參伍錯綜以既成變化也。

（iii）從「乾之策」到「當萬物之數」爲一段。此段以數學之法表象一週歲之形成及萬物之分化也。

（iv）自「是故四營而成易」到「天下之能事畢矣」爲一段。此段以數學之法求出卦爻記號之形成及藉之以表示一切之生成變易也。

今按原文次解如下。

A6．　合數與衍數。

A6.1　合數者即天地之數相合而成也。天地之數即：天一地二天三地四天五地六天七地八天九地十之奇偶數也。凡奇數屬天屬陽，凡偶數屬地屬陰。奇偶合即爲天地之數，即爲合數。以式表之如下：

$$1+3+5+7+9=25（天數，即實數）$$

$$2+4+6+8+10=30（地之實數）。$$

$$25+30=55（天地之合）$$

「55」爲天地之實數，實數不足以成變化而行鬼神。蓋實數者定數也，非變數也。

A6.2　再論衍數。衍者在卦爻爲旁通，在算術爲互乘。大衍猶云大通。由少而蔓延引申以至於廣大也。但或通或衍必先假定一定之實數而後可藉之而大衍也。實數不定，衍數不立。然合數自合數，衍數自衍數，其性質絕不同也。實數爲一定之若干數，衍數取一定數中之若干而互相起變化生關係能成無量數之衍變也。實數爲奇偶之相加；衍數爲奇偶之互乘。互乘者衍變也，言由衍變而成之數也，故曰衍數，衍數爲五十。如何得來？

A6.3　曰：取天地實數中之1，2，3，4四數互乘而得也。以式求之如下：

(a)1，2，3互乘：$1\times2=2$，$2\times3=6$，……(1)

(b)2，3，4互乘：$2\times3=6$，$6\times4=24$，……(2)

(c)3，4，1互乘：$3\times4=12$，$12\times1=12$，……(3)

(d)4，1，2互乘：$4\times1=4$，$4\times2=8$，……(4)

(e)(1)＋(2)＋(3)＋(4)：$6+24+12+8=50（衍數）$

A6.4　衍數為「50」由互乘而得，決非虞翻等人所謂「55－5＝50」之謂也。若然，何得謂之衍？故衍數與實數各不相同，而皆有所自。

A6.5　為何以1，2，3，4互乘呢？焦氏云：

> 揲之以四以象四時。四時，春木夏火秋金冬水，土寄於其中。蓍法既準此以施其揲，則必從四時之木火金水而衍之可知。木火金水即一二三四也。以數之生者衍之，而得成數之六七八九。生數能變，成數已定，不能變也。是天地之數衍一二三四而得六七八九。故相傳，以為「五」，「十」不用者此也。非不用大衍之數「五十」也。（《易通釋》卷二十）

（i）生成之數可參看第三分A段A1.條及A5.條，C段之C2.及C3.兩條。

（ii）生成之數之與五行可參看第一分D段之D2.條。

（iii）五十不用即五與十居中而不用，可參看第三分C段C9.5條。

A7.　其用四十有九。

A7.1　大衍之數既為50其用為何就變成49呢？鄭玄云：「五十之數不可以為七八九六也」。此言為歷來所承認；但他沒有證明用49為何就能得比七、八、九、六。宋李泰伯曾有詳細的說明，焦氏亦贊同之。故於述焦氏之解析前，當先述李泰伯之解析。

A7.2　李氏云：

五十而用四十九,分於兩手,掛其一,則存者四十八。以四撰之,十二撰之數也。左手滿四,右手亦滿四矣,乃扐其八而謂之多。左手餘一,則右手餘三;左手餘三,則右手餘一;左手餘二,則右手亦餘二矣。乃扐其四而謂之少。三少則扐十二,幷掛而十三,其存者三十六爲老陽,以四計之,則九撰也,故稱九。三多則扐二十四,幷掛而二十五,其存者二十四,爲老陰,以四計之,則六撰也,故稱六。一少兩多則扐二十,幷掛而二十一,其存者二十八,爲少陽,以四計之,則七撰也,故稱七。一多兩少,則扐十六,幷掛而十七,其存者三十二,爲少陰,以四計之,則八撰也,故稱八。(李覯《盱江全集·易圖述論》)

A7.3　如是,陰陽老少之數,即七、八、九、六,皆由衍數之掛分撰扐而求得,尋李氏意重解於下:

（i）49掛去1而餘48。48數,當分積時,每次以四爲準,故12次即積完。12次即12撰,撰積也。

（ii）假設左四撰,右亦四撰。4＋4＝8撰,8撰爲12撰之多餘,故云扐其多。

（iii）假設左一則右必三;左三右必一;左二右必二。各皆爲四。四撰爲12撰之少餘,故云扐其少。

（iv）若三個少扐則:

3×4＝12扐（4者少扐也）

12＋1＝13扐（1者所掛之一也）

49－13＝36（49者用數也）

$36 \div 4 = 9$扐（4即以4計之之四）

∴老陽＝9.（言由9揲而成也）

（v）若三多，則：

$3 \times 8 = 24$（8者多扐也）

$24 + 1 = 25$

$49 - 25 = 24$

$24 \div 4 = 6$

∴老陰：6.（言由六揲而成也）

（vi）若一少兩多，則為：

$4 + (2 \times 8) = 20$

$20 + 1 = 21$

$49 - 21 = 28$

$28 \div 4 = 7$,

∴少陽＝7.

（vii）若一多兩少則為

$8 + (2 \times 4) = 16$

$16 + 1 = 17$

$49 - 17 = 32$

$32 \div 4 = 8$

∴少陰＝8.

（ix）如是，9,7奇為陽，6,8偶為陰。用陰陽之極，即9與6，因極而後變。故易用九用六而不用7用8也。至於9,6為何為極，則可參看生成之數，這是歷來所共認的看法。

A7.4　可是，雖然把7,8,9,6之數計算出，但其中仍不無疑

問，這種算學間的推演實無定理，猶如小學生之巧湊答數者然。例如三多是什麼？三少是什麼？爲何有扐多？爲何有扐少？一少二多，一多兩少又是什麼？爲何必用49減其扐？49減三少之扐，固然可以得9；但老陽之9與49減三少之扐有什麼必然的關係？換言之，爲何49減三少之扐就必成老陽？除巧湊答數者外，我實在想不出理由來，而李氏自己也沒有說出爲何必如此，其餘依此類推皆然。

A7.5　再看焦氏的解析。焦氏雖贊同李氏之明白爲何用49及其能計出7,8,9,6之數；但其說法卻與之不同。焦氏之意如下：

（ⅰ）爲何必用49呢？分掛揲扐只48數而已。用49爲何？曰：用49者，其微妙即在掛一也。

（ⅱ）用49，一，一數之，二，二數之，三，三數之，四，四數之，皆奇一之數。即皆餘一之謂。

（ⅲ）第一變，即49數之變，掛一爲不用其奇而用48之偶。第二變與第三變之掛一爲不用其偶而用39,43,35,31之奇。奇偶相生，乃得36者12，得28者28，得32者20，得14者4。即陰陽老少之數之均齊也。得36者12即是得9者12，即是得老陽者12，其他類推。至於爲何得9者12，……，這也是自古已然（宋趙汝楳已說過，《通志堂經解》中載其說），焦氏亦並未算出，此處不專研究這個問題，故也不必細求。由這種奇偶相生的三變法，則7,8,9,6即可得出，而必用49之理由亦可明。爲何用三變？因三變而成爻也。說詳後。

（ⅳ）第一變之卦一正爲二變三變之掛一而設，而49之數正爲三變卦一而用。

（ⅴ）49,4,4數之奇一之數也。奇一則分而揲之，左四右必

一，左一右必四；或左二右必三，左三右必二。奇偶相遇皆得「五」，不可以成變化而行鬼神。故掛其一而用48之偶，則分而揲之，右四者左必四，右三者左必一，右一者左必三，右二者左必二。用偶數，則以奇遇奇，以偶遇偶，皆得偶數，而成四數者三，成八數者一。是謂第一變。

（vi）一變之後，扐餘四者即少扐再加奇一即掛一為五，49－5＝44；扐餘8者即多扐再加奇一為9，49－9＝40。

（vii）以44及40為第二變之數，44與40，四四數之，皆不奇一而適盡之數，適盡則仍以奇遇奇，以偶遇偶，皆得偶數，而成四數者三，成八數者一。與第一變同。此為皆用偶，皆用偶仍不足以成變化而行鬼神。

（viii）故不用44及40之偶而仍掛其一以用43,39之奇。43,39分而揲之，則當右二者左必一，右一者左必二；右三者左必四，右四者左必三。用奇數，則奇與偶遇，偶與奇遇，皆得奇數，而成三數者二，成七數者二也。是謂第二變。（此變之為何以一與二合三，以三與四合七，焦氏亦未說明。故亦不敢臆斷。這也足以見出他們的數學之不定處）。

（ix）二變之後，扐餘三者歸其奇即所掛之一為四，40－4＝36，44－4＝40。扐餘七者歸奇為8，40－8＝32，44－8＝36。

（x）再以40,36,32三數為第三變之數。40,36,32三數，以四四數之，亦不奇一適盡之數。仍用二變之法，掛一分揲，得扐餘3，扐餘7。扐三者歸奇共四，扐7者歸奇共8，故

40－4＝36，40－8＝32；

36－4＝32，36－8＝28；

$32-4=28$, $32-8=24$。

（xi）32與28皆有重，故取其一。於是36,32,28,24即是老少陰陽之數，各以4除之，即得老陽9，少陽7，老陰6，少陰8之數。陰陽九，六之爻即由此掛分揲扐之三變而成。他這三變之說，似乎比李氏的一變即出合理一點。關於李氏所發的疑問，此處可以不發生。而奇一掛一之微妙，與夫五歲再閏之說在此亦得其解，而時序之繼續即由此奇一掛一而出，此49之所以必用之由也。故用49的理由在：

(a)能得出7,8,9,6；

(b)能有奇一掛一之繼續，即焦氏所謂「第一變之掛一正爲二變三變之掛一而設，而49之數正爲三變掛一而設」是也。

A7.6　用49以奇一爲變化之樞。初變之掛一正因後二掛而引其端，歸奇象閏五歲再閏之義由此出。

（j）焦氏說：

> 凡置閏，前閏之後，不能適盡，尚有餘分，存之，積三年，又有所餘，乃合前所奇爲閏月。掛一，前閏餘分也。扐，三年所餘也。揲得正策，一歲十二會之正數也。歸奇於扐，即合前後之餘，故象閏也。閏仍不盡，又有所奇，則二變三變皆掛一也。始掛一，象前之所餘；既分爲二，則正策有兩，扐亦有兩。一掛，兩正，兩扐，其數五，故象五歲。此五歲之中有兩扐，故象五歲再閏。再扐者兩扐也。既分爲兩，則有兩正策，即有兩扐也。兩扐之後又掛，是五歲再閏仍有奇餘地。」（《易通釋》卷二十）

（ⅱ）焦氏此段話最透徹。閏之概念適從奇一掛一而顯。奇一無窮即是時序無窮；仍有奇餘即仍有掛一。故陰曆之三年一閏為不改之道，數學必然性為之也。故年，月，日之時間雖不適盡而劃一，我們可以用掛分揲扐之數學方法以使之劃一使之齊同。

（ⅲ）從此，我們可以得出真實的或具體的時間（concrete time）與抽象的或構作的時間（abstracticve or constructive time）之不同。具體的氣化流行所顯示的時間真時間也；為人生之應用而分年月日之整齊劃一的時間，邏輯構作或數理推演之時間也。奇一掛一所求的齊同之時間即是這種數理推演或構作的時間。至於為何有奇一之發生，俟後邊再說。

A8. 大衍求一法。

A8.1 先討論為何由50變成49，即50變為49有其可變之道，非漫然去一之謂。上段只言用49能得出7，8，9，6而未明50與49之關係，並亦未明50之為何不可用。且亦更未明其用49為何必係以大衍數50也。述之於下：

A8.2 （ⅰ）用即大衍之用，大衍者取1，2，3，4四數互乘而衍之為50也。

（ⅱ）50何以不可用？其奇數不齊也。即一一數之奇一，二二數之，三三數之，四四數之皆奇二。其奇不齊不可以用，因不能得奇一掛一之繼續的齊同也。無奇一之齊，故必有以齊之。

（ⅲ）齊之法；先齊一二三四之有等以使其為奇一而無等。有等者有可除可約之數也，無等即無可除之奇一。這是中算中的有等無等之意義。

（ⅳ）例如：以一約二約三約四皆奇一而無等。此約除與近代

所謂除不同，現在算術中 $\frac{2}{1}=2$，$\frac{3}{1}=3$……，無所謂奇一也。但在求奇一之算術中則所謂約者即數之謂也。即以一約二乃爲以一數二一次而奇一也；以一約三乃爲以一數三二次而奇一也。依此類推。故照此約法，則以一約任何數皆爲奇一。此與普通除約法不同也。

（ⅴ）以2約3，以3約4亦奇一，即2數3一次而奇一，3數4一次亦奇一也。此寫爲除式亦可通，如 $\frac{3}{2}=1\frac{1}{2}$，$\frac{4}{3}=1\frac{1}{3}$

（ⅵ）惟以2約4則有等，即 $\frac{4}{2}=2$ 也。有等則爲奇不齊，奇不齊不可以掛一，故必改2爲1，以1約4無等也，無等即奇一，奇一以備掛一，故必求無等也。

（ⅶ）如何將2改而爲1？其改法在中算中固有之，即秦九韶之連環求等法是也。此法即求奇1之謂，故雖云求等，實求有等而變爲無等也。其法如下：

(a)如9與3有等，求其無等則當化3爲1，1與9無等也。何以化3爲1？凡乘法可以互通。如 $1\times3=3$，$3\times1=3$；前者以3去乘1，以3乘1，即是以3爲等，後者以1去乘，1乘3，即以1爲等。以3爲等，則與9而有等；以1爲等則與9而無等。3與1既可互通，則化3爲1自亦可能。化3爲1則無等矣。

(b)如四與二有等，即2是也。按上法，則2亦可化1，即2與1互通也。即 $1\times2=2$，是以2乘1而以2爲等也，以2爲等故有等而不奇1；$2\times1=2$，是以1乘2而以1爲等也，以1爲等故無等而奇1。連環求等者即求此以1爲等也。這是2化爲1的辦法。

（ⅷ）2既化爲1，則向之1, 2, 3, 4之奇不齊者，現改爲1, 1, 3, 4之奇齊矣。於是，不以1, 2, 3, 4爲衍數之定母，而以1, 1, 3, 4代

之。代之者爲求奇之齊也。

（ix）於是，不以 $1,2,3,4$ 互乘，而以 $1,1,3,4$ 互乘如下：

(a) $1,1,3$ 互乘：$1 \times 1 = 1$，　$1 \times 3 = 3$ …… (1)

(b) $1,1,4$ 互乘：$1 \times 1 = 1$，　$1 \times 4 = 4$ …… (2)

(c) $3,1,4$ 互乘：$3 \times 1 = 3$，　$3 \times 4 = 12$ …… (3)

(d) $4,1,3$ 互乘：$4 \times 1 = 4$，　$4 \times 3 = 12$ …… (4)

衍數

(e) $1,1,3,4$ 連乘：$1 \times 1 \times 3 \times 4 = 12$ ……… (5)（衍母）

（x）再以衍母約衍數以爲乘率：

(a) 以 1 約 12 數 11 次奇 1；

(b) 以 1 約 12 數 11 次奇 1；

(c) 以 3 約 4 數 1 次奇 1：$\dfrac{4}{3} = 1\dfrac{1}{3}$；

(d) 以 4 約 3 不可約，無乘率。

A8.3　不可約怎麼辦呢？用大衍求 1 術求之。此法爲秦九韶所用：

置「奇」右上，「定」居右下，立天元「一」於左上。先以右上除右下，所得商數與左上「一」相生入左下。然後乃以右行上下以少除多。遞互除之；所得商數隨即遞互累乘，歸左行上下，須使右上末後奇一而止。乃驗左上所得以爲乘率。

今以算式列之於下：

(a)「置奇右上」之奇即不可約之奇數 3 也。定居右下之「定」，即定母 4 也。

(b) 先以右上除右下：$\dfrac{4}{3} = 1\dfrac{1}{3}$ 即商 1，奇 1。

(c) 商數與左上一（即天元一）相生：$1 \times 1 = 1$（歸數）。

(d)右行上下以少除多，即以居右下之定母所寄之1除居右上之衍數；$\frac{3}{1}=2\frac{1}{1}$，即以1約3數二次得2而奇1也。

(e)奇1即右上衍數3所奇之1也。右上衍數3既奇1，是即所謂「遞互除之」「須使右上末後奇1而止」之謂也。遞互除者，即以右上之奇3除右下之定4而奇1，復以此右下之奇1除右上之奇3得2而奇1也。是即所謂「右上下行以少除多遞互除之」之謂。其止與否須視右上之奇3是否奇1。設不奇1，仍遞互相除，直至奇1而止。

(f)所得商數隨即遞互累乘，歸左行上下。商數即「遞互除之」所得之商數也。遞互累乘者即遞互累除所得之商數與其先行之歸數互乘也。例如；以右上之3除右下之4所得之商數1乘天元1（天元1亦為歸奇之數也）為歸數1，再以第一除所奇之一除右上之3所得商數2乘其前次之歸數1為歸數2是也。假若遞互累除為三次，四次⋯⋯，則遞互累乘亦為三次四次⋯⋯，皆以右上之奇1為止。

(g)復以歸數2加於左上之天元1：2＋1＝3。這種將最後所得之歸數加於左上之天元1即所謂「歸左行上下」是也。左下即指累次所得之歸數而言，左上即指最初之天元1而言。

(h)將最後所得之左下歸數2加於最初之左上天元1，即2＋1＝3，即所求之乘率也，即所謂「乃驗左上所得以為乘率」是也。故此左上所得之乘率即3是也。

(i)此3與衍數3不同。衍數3乃不可奇1之3，即上條（ｘ）中之(d)項的3。不可奇1即無乘率也。無乘率故用大衍求一法求而補之。所求而補之之數即左上之乘率3是也。

A8.4　所缺之乘率既求得之而為3，於是，將此3合 A8.2條（ｘ）中之(a)、(b)、(c)三項之三奇數1，1，1，為1，1，1，3，即

以此1，1，1，3，為乘率。乘何數呢？即乘 A8.2條（ix）中之衍數12，12，4，3是也。乘法如下：

(a)$1 \times 12 = 12$

(b)$1 \times 12 = 12$

(c)$1 \times 4 = 4$

(d)$3 \times 3 = 9$

$$12 + 12 + 4 + 9 = 37$$

37不可求6，7，8，9之數，故加 A8.2條（ix）中之衍母12為49，即：

$$37 + 12 = 49$$

此49即「其用四十有九」之49也。此種大衍求一法即秦九韶之蓍卦發微大衍術也。（可參看秦氏《數書九章》，《宜稼堂叢書》中）。此本為求奇1之法，此藉之而求乘率也。故所注意在「乃驗左上所得以為乘率」一語。即此法既可以為求奇1之法，又可以為求乘率之法也。求奇1則注重「須使右上末後奇一而止」一語。求乘率則注重「左上所得以為乘率」一語。

A8.5　以上所論是從50怎樣變到49，及為何變成49。我們的問題是在求奇1而掛1。奇1，掛1為變化，時序之樞紐，所以總要有一個妥當的方法以求之而為時序之繼續之齊一。據焦氏所傳，求奇一之法有三，今再述之如下：

（i）遞加衍數法：假設衍數17，定母7。

(a)$\dfrac{17}{7} = 2\dfrac{3}{7}$，即數二次，商2奇3也。

(b)欲求奇1，則將衍數17加一倍：$17 + 17 = 34$。

$\dfrac{34}{7} = 4\dfrac{6}{7}$，即數4次商4奇6也。

(c)再加一倍：$34 + 17 = 51$。

$$\frac{51}{7} = 7\frac{2}{7}。$$

(d)再加一倍：$51 + 17 = 68$。

$$\frac{68}{7} = 9\frac{5}{7}。$$

(e)再加一倍：$68 + 17 = 85$。

$$\frac{85}{7} = 12\frac{1}{7}即數12次而奇1也。$$

(f)凡加衍數五倍而得奇1。

（ⅱ）遞加奇數法：假設衍數17，定母為7。

(a)$\frac{17}{7} = 2\frac{3}{7}$，即數二次而奇3也。

(b)欲求奇1，則於奇數3加一倍即$3 + 3 = 6$。

(c)以母7約之不足約，又加一倍：$6 + 3 = 9$。

$$\frac{9}{7} = 1\frac{2}{7}即數一次而奇2也。$$

(d)再加一倍：$9 + 3 = 12$，$\frac{12}{7} = 1\frac{5}{7}$，即奇5。

(e)再加一倍：$12 + 3 = 15$，$\frac{15}{7} = 2\frac{1}{7}$得奇1。

(f)凡加奇數共五倍而得奇1。

（ⅲ）秦九韶法：即 A8.3條中所述之大衍求一法也。假設衍數1
7，定母為7，17為右上，7為右下。

(a)先以右上除右下；但此不可除，故改為右下除右上：$\frac{17}{7} =$

$2\frac{3}{7}$，商2奇3。

(b)再以右上之奇3除右下之母7：$\dfrac{7}{3}=2\dfrac{1}{3}$，商2，奇1。（是謂先以右上除右下）。

(c)再以(b)中之奇1除(a)中之奇3：

$$\dfrac{3}{1}=2\dfrac{1}{1}，即商2奇1$$

（是謂須使右上末後奇1而止）

(d)再以(b)中之商數2乘天元1：$2\times1=2$為歸數2。

（是謂先以右上除右下，所得商數與左上（即天元一）相生入左下）

(e)復以(c)中之商乘(d)中之歸數2，或者說乘(b)中之商2：$2\times2=4$為歸數4是即所謂「然後乃以右行上下以少除多，遞互除之，所得商數隨即遞互累乘歸左行上下」也。

(f)再以(e)中之歸數4加天元1為5是為並數，也即是所謂乘率，即「乃驗左上所得以為乘率」是也。

A8.6　這三種求奇1法，方法不同，而結果同。然遞加則繁複，互乘乃精簡，是以第三法為上也。我們再看這三種方法所求之結果之相同：用第三法求得乘率為5，於是：

$$5\times17（衍數）=85.$$

而此85與第一法，遞加衍數法，之遞加衍數17五次相同。即$5\times17=17+17+17+17+17$也。還原，以5除85得17，猶5個17以一個17遞消之而仍得17也。

再與第二法互看：在第二法中，3之五倍是15，而3除15亦正得5，與第三法中之乘率5同。

A8.7　由上所論可知50之變為49乃為由「連環求等」及「大

衍求一」兩法而來，非漫然去一而成為49也。由「求一」「求等」
而得出49，則49能為奇一卦一之用明矣。49之所以為用數者在此。
我們再引焦氏的一段話以總結上之所論：

〔……〕其用以1,2,3,4之生數，其得以6,7,8,9之成數。易
取生生，故用生數也。以生為始，以成為終也。必以奇一為
樞，乃得6,7,8,9之數，故50不可用而用49，而此49即50所
約而得之；故49乃50之用數，50乃55數之衍數，衍而用之乃
成變化而行鬼神。50者1,2,3,4所衍也。49者約1,2,3,4為1,
1,3,4之所衍也。1,2,3,4之衍母為24，〔即1×2×3×4＝2
4〕1,1,3,4之衍母為12〔即1×1×3×4＝12〕，是半之也。
以其半衍而用之為37，仍加12為49，仍以1,2,3,4為用也。
以1,2,3,4之衍數不能奇一，變化而為1,1,3,4之衍數。1,1,
3,4之衍數仍不能奇一，又變化而為37之用數〔即 A8.4條中
之所得〕。37不可以得6,7,8,9又加衍母〔12〕為49，是49
與50為1,2,3,4之所變通，即為1,2,3,4求6,7,8,9之樞紐。
〔……〕（《易通釋》卷二十）

A8.8　此段話最透徹。其總義如下：

（ⅰ）50不用有二義：(a)只用1,2,3,4之生數及6,7,8,9之成
數，5與10不用也。此種不用之50當寫為5與10，或五，十。(b)因50
不能奇一故用49。此種不用之50即是一個整數。

（ⅱ）50不能奇一即1,2,3,4之衍數不能奇一也。不能奇一即
不能得6,7,8,9之成數。

（iii）由1,2,3,4變化爲1,1,3,4用連環求等法。1,2,3,4之衍母爲24。1,1,3,4之衍母爲12。1,2,3,4與1,1,3,4可以互通（因連環求等法），故50與49亦可互通，也即是24與12互通。由1,1,3,4變爲1,1,1,3而得37（用大衍求一法）。是1,1,3,4與1,1,1,3亦互通也。37＋12＝49，是49因著1,1,1,3及1,1,3,4而仍還原於50即仍與50互通也。

（iv）於是，50與49皆爲1,2,3,4生數之所變通而成，並且爲由1,2,3,4求6,7,8,9成數之樞紐。

（v）求6,7,8,9即是求老少陰陽之成，也即是求陰陽之極。成則有生，極則必反，用九用六，取其極也，取其極而必變也。故求6,7,8,9也即是求陰陽之變。是《周易》之特取九，六而冠以「用也」。

（vi）由1,2,3,4求6,7,8,9其間之過程，奇一掛一即顯示出。由1,2,3,4到6,7,8,9即是由生到成。生成不息即是終則有始。奇一掛一，一方面可以造成曆法之閏，一方面也即表象生成之繼續。於是曆法的時間之繼續即表象生成之繼續，而爲其間之樞紐者奇一掛一之齊同或統一（uniform）也。大衍求一術即是由數學的特殊應用而成。因此數學的應用而曆法（即閏）及物理（即陰陽生成之數）之必然的有定的公式即形成。羅素說：自然科學之形成由於數學之實驗主義。此固指歐洲而言，在中國亦同然也。

（vii）所以由1,2,3,4之生到6,7,8,9之成即表象中國的全幅學問及全幅思想之特性。胡煦既從玄學上暢言之矣，而焦循復從數學上以計算之。這是思想的絜合。

A9. 四時，十二會，一歲，乾坤之策，萬物之數，及營易卦

爻。

A9.1

> 乾策36，三其十二也。坤策24，兩其十二也。48四其十二
> 也。此以12爲等者也。48，既扐，存44，存40，存36，存32，存2
> 8，存24，此以四爲等者也。四爲四時，則十二即爲十二會。
> 以四合十二成一歲。故乾策36，於12爲3，於4爲9，用九即用
> 三也。坤策24，於12爲兩，於4爲六。用六即用兩也。28爲
> 4，7之數，32爲4，8之數，於12之等不盡，則不能成歲。故
> 用六用九而不用七用八也。（《易通釋》卷二十）

A9.2　此段又從數學方面言用九用六之故，更顯明。用七用
八不能成歲，即不能有終，無終而亦無始。用九用六足以成歲，是
終而有始之義，與歷來所言皆不悖。此外還知：

（ⅰ）12會由乾坤，即九六，陰陽，之策之公分母12而得；

（ⅱ）四時由「揲之以四」之四而得。也可以說由老少陰陽之
策，即36，32，28，24，之公分母4而得。焦氏從48，44，40言起者從掛
一分二而言也。

（ⅲ）故乾坤兩策，即36，24，有兩公分母，即12與4是。在乾
策之36，於12爲3，於4爲9，用九即用3。3即「參天」之「參」。所以
用九而不用3者因：(a)三爲生數也；(b)三非極數不能言變也。

（ⅳ）在坤策之24，於12爲2，於4爲6，用六即用2。2即「兩地」
之「兩」。用6而不用2者理由同上。

A9.3　既用九，即以陽爻爲九也。乾六陽爻。每一陽爻之策

爲36，∴6×36＝216策。是即「乾之策二百一十有六」也。

既用六，即以陰爻爲六也，陰爻之策爲24，坤六陰爻，故6×24＝144策。是即「坤之策百四十有四」也。

144（坤策）＋216（乾策）＝360策（陰陽合）。是即「凡三百有六十當期之日」也。

A9.4 64卦 384爻，陰陽各半。故

(a)384÷2＝192（陰陽各半）。

(b)192×36＝6912（乾篇之策）。

(c)192×24＝4608（坤篇之策）。

(d)6912＋4608＝11520（二篇之策）。

「11520」即所謂「二篇之策萬有一千五百二十，當萬物之數」也。

A9.5 再算卦爻：

（ⅰ）四營而成易。四營即分二，掛一，揲四，歸奇。營求也，易變也。言四求而成一變也。所謂變即是由此而到彼。四求即是變之過程，也即是由生到成。生成，成生，一段一段地挨下去這便是變。四求即是一段生成，即是一個變。

（ⅱ）三變而得6,7,8,9，這便是爻之成，是謂三變而成一爻。可參看上邊 A.7條中之副條 A7.5。若用玄學上的話說，即是從前過程之成到本過程之生一變也；由生到成二變也；由成到下過程之生三變也。也即是過去現在未來之義。每一個爻總有此三界，即其前因與後果及當前之「見」。所以此種三變與胡氏的「見，伏，動，變」相發明。自然，這種數學上的三變與玄學上的三變似乎不同；但實思之則同。只從其三變而得6,7,8,9之爻以終止這方面

看，似乎不同；但這只是數學上的終止，非眞終止也。其意乃是既得出6,7,8,9之成爻，則自此以往之千變萬化皆由此出，故不必再言也。故終而有始之義實函其中。況且奇一掛一之無窮止乎？故從這方面看，即從終而有始及奇一之繼續的統一方面看，則與元學上的三變根本相同。

（ⅲ）十有八變而成卦。此有兩證法：

三變爲一爻，一卦六爻，∴ $3 \times 6 = 18$ 變。

(b)每變四營，18變，故 $18 \times 4 = 72$ 營。

四營爲一變，故 $72 \div 4 = 18$ 變。

三變爲一爻，故 $18 \div 3 = 6$ 爻。

六爻爲一卦，故18變 = 一卦。

如是，卦爻也全由掛，分，揲，扐而算出。用玄學上的話說：由爻之見伏動變所成的歷史跡而集合成。這便是數學與物理合一，也即是解析物理的數理邏輯。

A9.6 綜結以上：

（ⅰ）由1,2,3,4之生數爲衍數用掛、分、揲、扐之四營三變而求得6,7,8,9之成數，也即是爻之成。

（ⅱ）由此而往，卦亦由之而成。

（ⅲ）閏及再閏，即繼續的奇一之統一，由之而致成。

（ⅳ）四時十二會由之而引出。

（ⅴ）參天兩地由之而昭明。

（ⅵ）用九而六而不用七用八由之而得解。

（ⅶ）而作爲其間的運算之工具者則爲大衍求一法及連環求等法。

A10. 章、蔀、閏。

A10.1 這段所提出的問題即是接著掛分揲扐閏及再閏而來的，也可以說即是掛分揲扐的後半部的工作。其總義是在「治曆明時」，用新話說，即是「構作時間」。所謂「治」「明」即是「構」「作」之謂，這樣出來的「曆時」或「時間」是「邏輯的構作」或云用「抽延法」（the method of extensive abstraction）抽成的。不是具體的真實的存在。所謂具體的或真實的時間並不是有什麼神秘的意謂如柏格森之所謂，乃只是「事情」的擴延之顯示而已，或者說即是事情的四度繼續體而已。換言之，即是真具體的事情之是其所是而已。所以這方面的時間，其實無所謂「間」，說到結果不是時間，乃只是事情的流轉過程之顯示。或者至少可說不與我們日常生活中所用的計度測量表誌年月日的時間相同。換言之，事實上並沒有這些「區分」與「齊同」。同樣，所謂構作的或抽象的時間也並不是主觀的東西如康德之所謂，乃只是（ⅰ）由具體事情而構成，即是說時間是事情間的擴延關係（云擴延者時不離空或位也。空也由此而出，此處只言時，故不言空。）之顯示；（ⅱ）由擴延關係所顯示的普遍形式而抽象成。即是說：時間之所以成為區分齊同是由於只抽出其普遍形式而不顧其特殊具體之故。所以時空即是事物間的架格或形式。這個形式即由事物間的些關係而成。所以時間仍是客觀的，仍是有客觀之基礎，言不存在者以其是普遍的邏輯形式，非主觀之謂也。

A10.2 回到本題。《周易》所謂「治曆明時」即是這種邏輯的構作，而於閏、章、蔀諸概念中顯示出。對於這幾個概念，我們全引焦氏的解析。分段錄之於下：

（i）孔子贊《易》以「治曆明時」獨歸諸革。〔……〕孟
子云：天之高也，星辰之遠也，苟求其「故」，千歲之日
至，可坐而致也。又云：故者以利爲本。「故利」二字皆本
於《易》。「故」即「往」也，「利」即「來」也。革去
「故」而坐致其新，即旁通於蒙以爲利也。

（ii）革（䷰）下離爲日，其上坎月合日之處，九四以一陽
奇於其間，使日與月不齊，贏於離日之上。是日有所餘，月
有所不足；三屬終，四連於三，歸餘於終之象。下三爻三歲
也，日有餘於歲，而月不足，歸日之餘於終，積而成月，則
閏也。於是積閏爲「章」，積章爲「蔀」。其義不見於革而
見於豐。

（iii）豐：六二，九四：「豐其蔀」；上六：「蔀其家」；
六五：「來章」。豐五本不成章，來章則豐變爲革，是豐之
章即革之章，豐之蔀即革之蔀。四重於三爲閏，四之蒙初
〔四即革四〕成益則爲蔀。何也？下三爻爲三歲，四閏於三
上，是三歲一閏也。

（iv）《周髀算經》云：「十九歲爲一章，四章爲一蔀，二
十蔀爲一遂，三遂爲一首，七首爲一極。」趙君卿注云：
「蔀之言齊同，日月之分爲一蔀也。」李籍《音義》云：
「衆殘齊合，羣數畢滿，故謂之蔀。」一蔀之數足蔽七十六
歲之日月行度，可謂盛矣。然則至於蔀，則差者不差，閏亦
無閏。革四行則六爻皆備成既濟，衆殘齊合，日月從此定
矣。

（v）豐五來章，謂渙二之豐五，即蒙二之五之比例。豐四

之渙初成益，爲蔀其家，即蒙二之五而革四之蒙初之比例。蒙成益而與恆通，恆成咸又與損通。於是寒暑往來而成歲，非革治曆明時，齊以章蔀，則歲不可成。是故寒暑往來天也，有以齊之使成歲而不忒，則聖人也。萬物化醇天也，有以齊之使夫婦定而各別，則聖人也。〔……〕

（vi）經於豐稱章蔀，傳於革稱治曆明時。經取當時曆法以明卦之變通；傳於革稱治曆，所以贊豐之章蔀，本明白無惑。

（vii）坤六三：「含章可貞」，〈傳〉云：「以時發也」。姤九五：「含章有隕自天」，〈傳〉云：「中正也」。中正，指其爲姤二之復五而姤上之復三，即爲鼎二之五而上之屯三之比例。以兩含章例之，知坤之含章，謂成屯通鼎也。屯成既濟，鼎成咸，相錯爲革；復成既濟，姤成咸，相錯亦爲革。與豐成革同。故含章之章即來章之章，而來章，謂渙二之豐五，即謂蒙二之五。「時發」即「發蒙」，「發蒙」即「含章」矣。

（viii）章而係之以含，所以明終則有始之義。月與日合朔，月終一周天，而日行固不已；終十二周天，而日之行仍未已。所以有閏餘。積七閏爲一章，十九年以齊之，而不盡。更積四章爲一蔀，七十六年以齊之，而仍不盡。不盡者所謂含也。天之行以含爲不已，聖人作易亦以含爲不已。是爲天地變化聖人則之也。（以上皆《易通釋》卷十六）

A10.3　這幾段話很足以表示中國人對於時間觀念的態度。且

在中國欲求關於時間的材料唯有於《周易》或與《周易》有關的著作中能見之。時間與空間在西洋科哲中是最重要的問題，所以其被人注意是很容易的事。中國人的思想大體皆為佛老以及宋明理學所佔滿，一般人只知有他們諸家，無論守舊者或趨新者，打倒擁護皆以他們為焦點，儼然他們的思想即是中國的中心思想了。所以他們也最易被人注意。注意了這個，不能注意那個，所以現代的趨新人物或整理國故擁護科學的名人們皆沒有注意中國的時間物質等問題，且以為中國簡直就沒有這等問題，也沒有這等概念。嗚呼！豈其然哉！蓋未曾知也。他們反對《周易》，反對象數，反對漢易，以為這是神秘，這是玄學，這是宗教的臭味，這是討厭的骨董。噫！豈其然哉！蓋亦未曾明也。須知中國的整個科學思想真正哲學思想全包含在被反對被討厭的所謂骨董所謂玄學之中，心中既存了討厭的成見，而同時又負了整理國故之盛名，所以結果就不能不有所偏。而同時西洋的科哲又征服了全世界，而自己同時又不能明之；所以就盲目地不負責任地無條件地一兜包，而同時也就盲目地對於中國的真正科哲思想下了全稱的否定判定。這樣，自己也落得擁護科學之美名，表示自己之不落伍，同時又一腳踢開了那被稱謂討厭的骨董東西，落得與我無緣以表示自己之不復古而趨新。一舉兩得。嗚呼！豈其然哉！蓋亦未之通也！

A10.4　時人乎！其明科學也耶？其未明科學也耶？一兜包一方之科學，一腳踢一方之科學，正負相消等於零，到底，其明科學也耶？其不明科學也耶？天地間那有這樣容易的事，一下就包過來？捨自己的固有思想而不發揮不提倡不改造，盲目地移人家的，不永遠是奴隸而何？

A10.5 話說得遠了，轉回來。據吾研究的過程，中國的科學思想哲學思想全表現於被討厭的骨董之中。豈有研究到眞正的玄學物理科學而不接觸到時、空、物、動、變、恆、條理、形式……等問題上？所以這等問題，在中國是有的，而且都很根本的思維過，而且與現在的思潮正有相通之處。唔！眞新者原來藏於眞古者中呵！漢易的全部，極盛於胡煦以至於焦循，對於這方面的思想，都表現得最清楚且最不浮淺。讀過已往諸分，自可明瞭。

A10.6 再回來解析 A10.2 條中所引的幾段話，總義不外：

（ⅰ）以革說明治曆明時，則時之意即表示於革故而致新即創新之中。革通於蒙利也，去故而致新也。利之義不只革通蒙，但一切旁通之利皆不外革故致新。革者革也，本身即是創新之意。故治曆明時歸之於革，歸之於革即歸之於變通以盡利。此所謂「利」沒有道德上的意謂。

（ⅱ）變通以盡利即是奇一不息之謂。革（䷰）卦之象即有三歲而閏奇一不息之徵。下三爻離日，自足之象也；上卦九五與上六兩爻互坎，爲月，不足之象也。九四一陽爻居於離之上，示日之有餘也；而同時又居於互坎之下以使坎月爲不足，示月之有所不足也。一餘，一不足而以九四陽爻爲樞紐，則日月之不齊出焉。不齊而有以齊之故有奇一象閏之法。

（ⅲ）下三爻離日即三歲之象也。九四居於其上，即日有餘於歲或歲之餘日也，也即是歸餘於終之意。積餘日而成月，則閏月也。故三年而一閏爲不易之道。

（ⅳ）月之不足，對日而言也；日之有餘對月而言也。因爲「月與日合朔，月終一周天，而日行固不已，終十二周天，而日之

行仍未已」故也。也即是胡氏所謂「天干六周，而地支始能五遍。干五而行六，支六而行五。〔……〕」之義（參看第三分Ｆ段Ｆ.6，Ｆ.7兩條）。胡氏以干支明終而有始，並且即以事實之終而有始構造出甲子之繼續。焦氏以數學的奇一法，從曆學上，明終而有始，並且即以事實之終而有始構造出奇一而閏之曆法。所以終而有始者，奇一掛一者，皆日月相對而成也。

（ｖ）日月相對，日行速，月行遲。月遲即是月不足，月不足即不能與日契合或合同而無間，不能合同即參差不齊出，不齊即日月不能合朔。不能合朔則歲月不足以成為定則而應用。故治曆明時不外：

(a)從其參差不齊，故取日之餘補月之不足。這樣始能日月永為合朔而無爽失。即三年而一閏，此閏即足以補月之不足也。

(b)從其參差不齊而又造出奇一之法以順應其不齊。這種奇一之不齊乃是不齊之齊。從奇一而言，日月不齊也；從奇一而言則又齊也。蓋其奇一為直線的統一之繼續，即永遠奇一故也。

（ｖｉ）如是，既能合朔，又能繼續。合朔者奇一故也；繼續者奇一故也。故奇一實為致不齊應不齊這兩方面的樞紐。但是閏並不算是致齊之極致，故章蔀尚焉。但章蔀亦非至齊也。不過近似而已，故云含章。既云「含章」，依此類推，未嘗不可言「含蔀」。含者奇一不盡之謂，終而有始之義。所以雖有閏，章，蔀，以齊之，而結果亦非至齊，故奇一為不可易之道。這個奇一而不能至齊的概念就是羅素與懷悌黑等人所喜歡用的「逼近」（approximation）這個字。也即是「無尾」之謂，數學上的「極限」之謂。

（ｖｉｉ）既然如此，所以在事實，「準備至齊」是沒有的。怎

樣得來的呢？在懷氏以為是用「輻輳律」（the law of converges）及「抽延法」而成的。所以他說：「準確是思想的理想，且僅能在經驗中被一逼近跡底選擇（selection of a route of approximation）所實現。」（關此問題可參看他的《自然之概念》第三第四兩章）。在焦氏則以為是用奇一法而成的。所以他說：「寒暑往來天也；有以齊之使成歲而不忒，則聖人也。」這種齊之而不忒的結果即是用奇一法而轇成的理想之簡單或準確。

（viii）聖人之齊即是一種人工的構作(artificial construction)。這種構作與胡氏所謂造「甲子」同。如是，中國的時間觀念全在曆法中隱藏著。《周易》即用當時的曆法及數學而作成的一部美構。於是，中國的科學思想及哲學思想全寄託於其中而得以不沒。

（ix）在此，綜結一句：陰曆者月與日相對而成者也。陽曆者地球與日相對而成者也。原是兩套不同的觀點而皆有其科學之基礎。

（x）復此，所謂「月行遲」，「日行速」乃是人們在地球上觀察日月之變化運行而然。他們觀察日之行只是「行」而已；而月則有盈虛圓缺之常則。每一圓缺即是一周天，每年為十二周天。但是太陽沒有這種標誌之特性，所謂「行固不已」，「行仍未已」者是也。遲速之意如是；其實並無所謂遲速也。在現在，我們可知所謂遲只是地球小，月之軌道小而已；所謂速，只是太陽大，地球之軌道大而已。中國人雖未發明太陽系，但觀日月之相待而治曆亦可謂與宇宙條理暗合矣。

B. 樂律中數學底應用──樂律之基礎

B1. 申府先生說：「我於各種藝術中最喜歡的是音樂。音樂是一切藝術中最超逸的，最富於神秘性的，最近於數學的。音樂之密接於算數，於古希臘見於閉他卧刺門之所教；於古中國見於律曆之聯絡。〔……〕」（《所思》頁57及58）。曆與數的聯絡上段已論過了，本段論律與數的聯絡。

B2. 《樂經》已不傳，所以關於這方面的書亦不多。從《史記》《漢書》起，關於樂律之事尚有蹤迹可尋；但一方面因為無專書為之記載以成為古經典之一，一方面又因為數學物理之應用而製成，專門一點，故歷來研究的總是很少。朱子說：

> 看〈樂記〉大段形容得樂之氣象，當時許多名物度數，是人人曉得，不須說出，故止說樂之理如此其妙。今許多度數都沒了，只有許多樂之意思。是好，只是沒個頓放處。〔……〕今禮樂之書皆亡，學者但言其義，至於器數則不復曉，蓋失其本矣。

我們看這段話知道朱子的意思是：在作〈樂記〉（《禮記》中之一篇）前，樂律之器數是有的，器數是樂之本，是樂之頓放處；但今都沒了，只有樂理，故樂無頓放處。所謂器數者即樂律之科學公式或定則者是也。無作律之公式或定則，則律呂自不能按法則而構造，律呂無成，則聲音亦自不能宣而和。是所謂失其本也，亦即

沒頓放處之謂。朱子這意思是對的；但謂在〈樂記〉以前即有樂律之一定的名物度數，則不敢定。爲什麼就會沒了呢？「人人曉得，不須說出」這恐怕是不會有的事吧！據現在一般人的考據，則所謂《禮記》者至早不能過於秦漢。所以其中之〈樂記〉一篇當亦不能很早。人可以領會音樂之神秘與奧妙，人可以說出音樂之效力與偉大，但不必明白作樂之器數。古人多尙祭禮，每祭必用禮樂，是樂律之由來，蓋亦無從考，而其爲古傳，亦自可知。但古之所謂樂律是否即是我們現在所謂十二律呢？其樂律所根據之器數是否即是《史記》《漢書》以後所算定的呢？此必無考。音樂之偉大與其感人之深可以千古如一；但作律之器數，可以隨時而不同。古樂有其基礎；但其基礎沒了，可以另造基礎。漢人數學發達，科學知識特盛，謂之爲另造器數之時，未始不可。故《史記》有〈律書〉，《漢書》有〈律曆志〉，皆記載當時之樂律者也。但因爲開創之時，只是一志而已，未有專書以詳細論列之也。至明朱載堉《樂律全書》，始爲一完備而有系統的科學作品。但我們由《史記》之〈律書〉，也可以知西漢時之樂律器數，由漢書之律曆志也可以知王莽時之樂律器數。這兩套器數各不相同。朱載堉《樂律全書》，〈律學新說序〉曰：

〔……〕炎漢既興，典章制度，乃能復古。始命張蒼考定律曆。當此之時，去古未遠，遺法尚存；故司馬遷撰〈律書〉以爲黃鐘長八寸十分一〔即 $8\frac{1}{10}$〕，此其爲說最古者也。及王莽秉政，使羲和劉歆曲領鐘律，以爲一黍之廣度之九十分爲黃鐘之長，乃與馬遷之說不同。〔……〕

由此可知關於器數的問題有兩派：（ⅰ）《史記・律書》之所載；
（ⅱ）《漢書・律曆志》之所載。朱載堉是反對〈律曆志〉而承認
〈律書〉的；但〈律書〉所載殘缺不完，略見端倪，故載堉參看以
往而完成之。《漢書・律曆志》所載雖未完全而清楚地將器數算出
而列出；但王莽時對於此等問題亦有其一定而有系統的規定。關此
問題近人顏希深君正在研究中，他作一篇〈莽量函率考〉載於《燕
京大學史學年報》第二期，自云研究樂律。吾想這是研究中國思想
的新光明，吾人研究中國思想很當於這方面注意，注意這方面，對
於中國的科哲思想始有眞正的了解，並且於這方面始能開闢新道路
而建設科學改造科學養成中國人的科學習慣。所以吾希望顏君徹底
研究這問題以期造成一部樂律科學而貢獻於世界以爲中國光。

現在我要本《史記・律書》，《漢書・律曆志》以及朱載堉的
《樂律全書》以討論樂律的根本思想及陳述其器數的數學算式。

B3. 樂律底根本思想。

B3.1 律與數。

（ⅰ）律與數的關係最緊密，且是一根本的問題。載堉說：

> 歷代群儒言律呂者不過四法：一曰長短之形，二曰容受之
> 積，三曰審音，四曰候氣。以理論之，長短之形律之本也。
> 是故有定形而後有容受之積，有眞積而後發中和之音，有正
> 音而後感天地之氣。〔……〕（《樂律全書・律學新說序》）

（ⅱ）所謂「長短之形」者即器數是也。「容受之積」即容積
或體積（volume）是也。器數體積量也，審音候氣質也。由量到質

根本是科學的見地，而根本即是歸於數量（mathematical quantity）。

（iii）載埴又說：

> 夫《河圖洛書》者律曆之本源，數學之鼻祖也。〔……〕《易》曰：河出圖洛出書，聖人則之。所謂則之者，非止畫卦敘疇二事而已，至於律曆之類，無不皆然。〔……〕故律曆倚之而起數。是以黃鐘之管長九寸。九寸者縱黍爲分之九寸也。寸皆九分，凡八十一分。《洛書》之奇自相乘之數也。是爲律本。黃鐘之尺長十寸，十寸者橫黍爲分之十寸也。寸皆十分凡百分。《河圖》之偶自相乘之數也。是爲度母。縱黍之律，橫黍之度，長短分齊，交相契合，此其造化之妙，而千載以來無一人識者，殊可嘆也。（同上）

（iv）《河圖洛書》即是以數表象萬物生成的圖象。而律呂本源即起於河洛。是其「長短分齊」之契合無不由河洛而來，由河洛而來即是自然之造化。是律呂之玄學基礎也。

（v）數學之鼻祖亦爲河洛，則是以河洛所表象的生成世界，亦有數性也。這是數學的玄學之基礎。律本度母皆象河洛而造，與自然之數互相契合，是數律皆建基於河洛而互相緊密者也。建基於河洛即是建基於自然之生成。因生成而有定量與定數。律呂即本此自然之數量而製成者也。

B3.2　十二律之宇宙論上的配合。

（i）所謂宇宙論上的配合者即從宇宙進化上看其與空一時之

配合也。此在第一分 D 段 D5條中之爻辰律已有論及，可參看。其總義即在配合萬物之生成過程。由此生成之過程，時間空間及生成所顯示的不同情勢皆由之而顯示出。《史記・律書》即是這種生成配合的最完全者。天干，地支，十二月，八方，八風，十二律以及二十八宿皆配合於一起。固然有可剔去者即八風二十八宿等是。但其注重生成概念則可取。

（ⅱ）干支，十二月，八方即空間與時間也。而皆由萬物之生成情勢顯示出。十二律即因此不同情勢而定名也。加入律的觀念，則生成之「節奏」與「諧和」便生出，而所謂「大樂與天地同和」者也即可以明白。今從《史記・律書》方面只看其對於律與干支十二月方位之配合如何即足。

（ⅲ）「〔……〕十月也，律中應鐘。應鐘者陽氣之應不用事也。其於十二子爲亥。亥者該也。言陽氣藏於下故該也。」於方位爲西北方。這樣，不但可以明了十二律之意義，並且干支之意亦可明了。即皆因生成之情勢而定名也。以下類推。

（ⅳ）「〔……〕十一月也。律中黃鐘。黃鐘者言陽氣踵黃泉而出也。其於十二子爲子。子者滋也。滋者言萬物滋於下也。其於十母爲壬癸。壬之爲言任也。言陽氣任養萬物於下也。癸之爲言揆也，言萬物可揆度，故曰癸。〔……〕」於方位爲北。

（ⅴ）「〔……〕十二月也。律中大呂。大呂者（失解）其於十二子爲丑，丑者紐也。言陽氣在上未條，萬物厄紐未敢出也。」大呂本文無解，不敢定。此於方位亦爲北。

（ⅵ）「〔……〕正月也。律中泰簇。太簇者言萬物簇而生也。故曰泰簇。其於十二子爲寅。寅言萬物始生，螾然也。故曰

寅。〔……〕」此於方位爲東北。

（vii）「二月也。律中夾鐘。夾鐘者言陰陽相夾廁（雜）也。其於十二子爲卯。卯之爲言茂也。言萬物茂也。其於十母爲甲乙。甲者言萬物剖符甲而出也。乙者言萬物生軋軋也。〔……〕」於方位爲東。

（viii）「〔……〕三月也。律中姑洗。姑洗者萬物洗生。其於十二子爲辰。辰者言萬物之蜄也。」於方位亦爲東。

（ix）「〔……〕四月也。律中中呂。中呂者言萬物盡旅而西行也。其於十二子爲巳。巳者言陽氣之巳盡也。〔……〕」於方位爲東南。

（x）「〔……〕五月也。律中蕤賓。蕤賓者言陰氣幼少故曰蕤。痿陽不用事。故曰賓。」於方位亦爲東南。

（xi）「〔……〕其於十二子爲午，午者陰陽交故曰午。其於十母爲丙丁。丙者言陽道著明故曰丙。丁者言萬物之丁壯也。故曰丁。〔……〕」此爲南方。不應律月。

（xii）「〔……〕六月也。律中林鐘。林鐘者言萬物就死氣林林然。其於十二子爲未。未者言萬物皆成，有滋味也。」此爲西南。

（xiii）「〔……〕七月也。律中夷則。夷則言陰氣之賊萬物也。其於十二子爲申。申者言陰用事申賊萬物。故曰申。」亦爲西南。

（xiv）「〔……〕八月也。律中南呂。南呂者言陽氣之旅入藏也。其於十二子爲酉。酉者萬物之老也。故曰酉。」此亦爲西南。

（xv）「〔……〕其於十母爲庚辛。庚者言陰氣庚萬物，故曰庚。辛者言萬物之辛生故曰辛。〔……〕」此爲西方。不應律月。

（xvi）「〔……〕九月也。律中無射。無射者陰氣盛用事陽氣無餘也。故曰無射。其於十二子爲戌。戌者言萬物盡滅。故曰戌。」亦爲西方。

（xvii）以上之配合終。此謂一個生成之過程。由此過程，時間空間及與之相應的物理情勢及其間之節奏皆呈顯出。而同時自然的分化，錯綜的宇宙，亦就被這些概念標誌出。

B3.3　數律與八音，五聲，三統，三正，及候氣。

（i）八音五聲：八音者即：土曰塤，匏曰笙，皮曰鼓，竹曰管，絲曰絃，石曰磬，金曰鐘，木曰柷是也。五聲者即宮商角徵羽也。五聲八音和，樂乃成。

《漢書·律曆志》云：

> 五聲和，八音諧而樂成。商之爲言章也。物成熟可章度也。角觸也，物觸地而出，戴芒角也。宮中也，居中央，暢四方，唱始施生，爲四聲綱也。徵祉也，物盛大而繁祉也。羽宇也，物聚臧，宇覆之也。夫聲者中於宮，觸於角，祉於徵，章於商，宇於羽，故四聲爲宮紀也。〔……〕五聲之本生於黃鐘之律，九寸爲宮，或損或益以定商角徵羽，九六相生陰陽之應也。〔……〕

由是五聲皆本於黃鐘之律之或損或益，換言之，十二律呂自有五聲

也。十二律呂由器數之損益而成，是五聲之定以器數之變更而定也。損益者即參分損益上下相生而成十二律者也。此可參看《漢書·律曆志》。

（ii）三統：(a)〈律曆志〉云：「三統者天施地化人事之紀也。十一月乾之初九，陽氣伏於地下，始著為一，萬物萌動，鐘於太陰，故黃鐘為天統。律長九寸。九者所以究極中和為萬物元也。《易》曰立天之道曰陰與陽。」這是以黃鐘之律配於時序之十一月乾卦之初九爻而為萬物化生之元以得天統之義也。

(b)又云：「六月坤之初六，陰氣受任於太陽，繼養化柔，萬物生長，楙之於未，令種剛強大，故林鐘為地統。律長六寸，六者所以含陽之施，楙之於六合之內，令剛柔有體也。立地之道曰柔與剛。乾知大始，坤作成物。」這是以林鐘之律配坤卦之初六爻而為繼養化柔含陽之施以得地統之義也。

(c)「正月乾之九三，萬物棣通，族出於寅，人奉而承之，仁以養之，義以行之，令事物各得其理。寅木也為仁；其聲商也為義。故太簇為人統。律長八寸，象八卦。宓羲氏之所以順天地通神明類萬物之情也。立人之道曰仁與義。在天成象，在地成形，后以裁成天地之道，輔相天地之宜，以左右民。此三律之謂也。是謂三統。」這是以太簇之律配乾卦之九三而行仁義以裁成天地之道輔相天地之宜以得人統之義也。

(d)以三律配三統則三律之用必有三統之用。三統之用即天人合一之謂。三律配之必亦有此和應也。此即所謂有真積而後有中和之音感天地之氣是也。天地人皆以道言，以道言者自然也。即陰陽之天道自然之道也；剛柔之地道自然之道也；仁義之人道亦自然之道

也。故天人之合一原屬本然。而所謂律者，本於天地自然之數，配於三統之義而製成器數以發中和之音，而從音樂的節奏，藝術的美妙以宣贊三統而至於大諧和者也。這種律有三統之義，即是美的音樂足以陶醉人於三昧境，而成為主客合一，小我渾融於大我中的境界之所在。

（iii）三正：三正者即黃鐘子為天正；林鐘未之衝丑為地正；太簇寅為人正。與三統之所配不大差。但此從三律之積實方面而言。

(a)《漢書・律曆志》云：「〔……〕天之數始於一，終於二十有五，其義紀之以三；故置一得三又二十五分之六，凡二十五置，終天之數，得八十一。以天地五位之合終於十者乘之，為八百一十分。應曆一統。（孟康注：十九歲為一章，一統八十一章）。千五百三十九歲之章數〔即81×19＝1539〕，黃鐘之實也。〔……〕」這是求黃鐘之實而原於天數故以黃鐘為天正也。這種求黃鐘之實的算法實是王莽時劉歆所製造的。其詳細解法可參看〈律曆志〉及顏希深君的〈莽量函率考〉一文（載於《燕京學報》第八期）。朱載堉另有算法，反對王莽劉歆派。後邊再論。

(b)又云：「地之數始於二，終於三十。其義紀之以兩。故置一得二，凡三十置，終地之數，得六十。以地中數六乘之為三百六十分當期之日。林鐘之實也。」這是求林鐘之實而原於地數故以林鐘為地正也。此種算法亦為朱載堉所反對。

(c)又云：「人者繼天順地，序氣成物，統八卦，調八風，理八政，正八節，諧八音，舞八佾，監八方，被八荒：以終天地之功，故八八六十四。其義極天地之變。以天地五位之合終於十者乘之，

為六百四十分（即 $8 \times 8 \times 10 = 640$）以應64卦，太簇之實也。
〔……〕」這是求太簇之實而原於八八故以太簇為人正也。這種算
法亦無理。故為朱載堉所反對。

(d)以上是從求三律之積實而說明其有三正之義。但這種算法嫌
不一貫。黃鐘原於天數，林鐘原於地數，而太簇無數可原，則涉到
八八。夫八八非自然而定然也。於此八八而外，隨便可以找出其他
另一個八來，將如之何？故朱載堉謂其為：「依數配合，穿鑿傅
會，而與律呂之理全不相關」也。其算法雖不足取，但其根本思想
皆原於器數則同。

（iv）候氣：候氣者即所謂有真積而後發中和之音，有正音而
後感天地之氣是也。《漢書·律曆志》之算式雖不可靠，然其先器
數而後正音之次序則同。由正音而至感天地之氣便是樂律之大用。

《漢書·律曆志》云：

> 三統相通，故黃鐘林鐘太簇律長皆全寸而無餘分也。天之中
> 數五，地之中數六。而二者為合。六為虛，五為聲，周流於
> 六虛。虛者爻律。夫陰陽登降運行，列為十二，而律呂和
> 矣。〔……〕行於十二辰：始動於子，參之於丑，得三；又
> 參之於寅得九；又參之於卯得27；又參之於辰得81；又參
> 之於巳得243；又參之於午得729；又參於之於未得2187；又
> 參之於申得6561；又參之於酉得19683；又參之於戌得5904
> 9；又參之於亥得177147：此陰陽合德，氣鐘於子，化生萬
> 物者也。故孳萌於子，紐芽於丑，引達於寅，冒茆於卯，振
> 美於辰，已盛於巳，咢布於午，昧薆於未，申堅於申，留熟

於酉，畢入於戌，該閡於亥；出甲於甲，奮軋於乙，明炳於丙，大盛於丁，豐楙於戊，理紀於己，斂更於庚，悉新於辛，懷任於壬，陳揆於癸。故陰陽之施化，萬物之終始，既類旅於律呂，又經曆於日辰，而變化之情可見矣。

這是一套很偉大的系統。與 B3.2 條中所論同。氣化之流行始於「子」而終於「亥」，而此十二律即相應此一大始終之生成過程。於自然之氣化方面，則爲陰陽合德，氣鐘於「子」，化生萬物；於十二律方面，則各律皆本於黃鐘，即皆由黃鐘之遞次三分損益上下相生而引出。總之則爲「既類旅於律呂，又經歷於日辰」也。陰陽施化，萬物終始，呈出十二辰十二律之波動與節奏。這種節奏或波動即是變化之情。故樂律中和之音，雖由器數之定形而發，然有條有理有秩有序的生成世界也未始無自然之節奏或波動。這種自然之節奏或波動即是物理世界的大諧和，也即是所謂「天籟」是。由眞積所發出的中和之音而感天地之氣即「人籟」是也，也即是「人籟」與「天籟」合一是也。也即是所謂純客觀之所證。蓋中國人所謂「變化之情」者皆融物我而爲言也。

故樂律之根本思想是以天地自然之數爲準則而作成有定之長短之形與眞積以期發中和之音而感天地之氣。但是王莽劉歆的算法既不可靠，則所謂眞積者何？這即是將要討論的問題。

B4. 樂律的器數之算式。

B4.1 關此問題，上邊說過，有兩派不同的算法：一爲《漢書》；一爲《史記》。朱載堉以爲《漢書》不可靠，乃宗《史記》而擴充而完成之。今依朱載堉的《樂律全書》介紹器數之算式如

下：

B4.2　載堉既宗古法；但以爲「古法頗疏，得其大略，非精密之算術，故謂之約率。」何謂「率」？載堉曰：

> 夫率者《算經》假如之法也。若圓徑七，周二十二，穿四，壞五，堅三，勾三，股四，弦五之類是也。古稱黃鐘九寸，其數81，此亦算率耳。其實黃鐘即一尺也，以一尺而三分分之，則有不盡之數，故設假如之法。假如黃鐘長九寸，則林鐘長六寸。假如林鐘長六寸，則太簇長八寸。太簇以下諸律放此。算家欲明三分損益，上下相生，故設此率雖命之曰黃鐘長九寸，圍九分，積八百一十分。而非眞數，特算率如此耳。〔……〕（《樂律全書·律學新說》卷一〈約率律度相求〉）

他又引何瑭的話：

> 〈漢志〉謂黃鐘之律九寸，加一寸爲一尺，夫度量權衡，所以取法於黃鐘者蓋貴其與天地之氣相應也。若加一寸以爲尺，則又何取於黃鐘？殊不知黃鐘之長，固非人所能爲。至於九其寸而爲律，十其寸而爲尺，則人之所爲也。〈漢志〉不知出此，乃欲加黃鐘一寸爲尺謬矣。（《律學新說》卷一〈律呂本源〉）

B4.3　由此兩段話，以下幾點當注意：

（ｉ）黃鐘之長本一尺，即以「一」爲算演之起點。

（ｉｉ）一尺爲十寸，取法《河圖》之數也。

（ｉｉｉ）徒有一不足以推演，故用假如之法以立率而使其成爲九。九者取法《洛書》也。

（ｖｉ）故9其寸而爲律，10其寸而爲尺，皆人之所爲以便推演。

（ｖ）《河圖洛書》爲生成之表象，黃鐘之用9用10亦所以象河洛之數而取推演不窮之意。

（ｖｉ）由此「假如」「人爲」之義可知數學之本性，其立義與近人之數論相同。即所謂「隨意約定」之論是也。

B4.4　黃鐘即以此九與十而定律度之長。由黃鐘之律度求出其他之律度。載堉既云古法爲約率，故謂之爲約率律度相求。其法如下：

「律度相求訣曰：從微至著，用九乘除，縱黍律度契合圖書。」

解之曰：「若置『縱黍之律』以求『橫黍之度』，則用九歸；若置橫黍之度以求縱黍之律，則用九因。反覆相求，各得縱橫二黍律度。蓋縱黍之律契合《洛書》，故以九忽爲絲，九絲爲毫，九毫爲里，九里爲分，九分爲寸，九寸爲尺：從微自著，皆用九焉。其橫黍之度契合《河圖》，則以十忽爲絲，十絲爲毫，十毫爲里，十里爲分，十分爲寸，十寸爲尺；從微至著，皆用十焉。」

九歸即除，九因即乘。即所謂「從微至著，用九乘除」者是也。由此法，則十二律之律度爲：

黃鐘 { 縱黍律長：9寸。
橫黍度長：10寸。

律長9寸，每寸9分，9×9＝81分即縱黍之長是也。是爲律本。《漢書》以90爲橫黍之廣度誤矣。

置9寸在位，按上法，用九歸一遍，進位定作十寸。10×10＝100分而爲度母。古謂度本起於黃鐘之長是也。謂加一寸非也。

大呂 { 縱黍律長：8.376寸
橫黍度長：9.36442寸

算法：置8.376在位。先從末位毫上算起，用九歸一遍得6毫6絲6忽奇；卻從次位里上算起，再九歸一遍得8里5毫1絲8忽奇；又從首位寸上算起，再九歸一遍得9.36442奇爲橫度之長。餘律皆倣此。可參看原書茲不錄。

B4.5　載堉謂古法頗疏只得大略且布算煩瑣，不如新法簡捷易曉。故自稱新法曰密率，由此密律而求縱橫之律度，爲：

黃鐘 { 橫黍律長：10寸。
縱黍度長：9寸。

10寸者爲一尺也。《史記》所謂子一分，《漢志》所謂象黃鐘之一是也。置十寸在位，用九因一遍，退位定作9寸。即縱黍81分也，是爲律本。

大呂 { 橫度：9.43874。
縱律：8.44067。

算法：置9.43874爲實，初九因至寸位，住得8寸；又九因至分位，住得4分；又九因至里位，住得4里；又九因至毫位，住得0毫；又九因至絲位，住得6絲；又九因至忽位，住得7忽。凡九因六

遍，共得8.44067爲大呂縱律之長。餘律皆倣此。可參看原書。此爲縱黍之長，若要還原，依前術用九歸即得橫黍度數。

B4.6　律度既得，再求十二律之方積。平方謂之冪，立方謂之積。方有平立，圓亦有平立。平圓立圓其積生於平方立方之術。故欲測圓，先解方術。律孔本圓，今欲求圓而先求方何也？曰：方分實諸圓器之中，則無不隨其圓；若作圓分，則有空隙而不實矣。

求積實法如下：

置黃鐘橫黍度長10寸自乘得100寸，倍之得200寸爲實。開平方法除之得14寸14,21,35,62,37,30,95,04，進一位命作立方積；141寸421分356釐237毫309絲504忽爲實。別將律數12自乘得144爲法除之得黃鐘積實。

∴黃鐘積實：982分92里751毫647絲982忽。

置黃鐘積實在位以十兆乘之爲實，以11兆2246萬2048億3093萬7298爲法除之得大呂積實。∴大呂積實：874分945釐173毫538絲106忽。餘律皆倣此。可參看原書。

B4.7　方積之實既得，再求圓冪。

「方者象地，圓者法天。方圓相求，自然眞率。其數出於《河圖洛書》而非人所爲也。河以通乾其數十；洛以流坤其數九。〔……〕天包地外，地居天內。天有四方，每方10寸，其周爲4尺。則圓之周率也。地有四方，每方9寸，其弦爲1尺2寸7分2釐7毫9絲2忽2微有奇，則圓之徑率也。周公嘉量之制測圓之術，蓋已具焉。所謂方尺而圓其外得弦：1尺4寸1分4釐2毫1絲3忽5微6纖有奇，是名方圓縱率。其測圓：周徑相求與半9爲乘除；積徑相求與倍9爲乘除。半9者4寸5分也；倍9者1尺8寸也。黃鐘倍半，自然之

理。律度量衡所由生也。因而九之，即得前率；九歸還原復得今率。此二法相通也。推理而論，圓中必容方焉。方無形，圓有形。其方居圓十分之九，是故測圓之術必先求其容方而後知其周徑。〔……〕」（《律學新說‧密率求圓冪》）。

此段可分兩節討論：（ⅰ）圓周四尺之徑率，即天10地9之徑率也。（ⅱ）方圓總率，即方尺而圓其外之總率也。先論第一節：

（ⅰ）天10地9之徑率，亦稱天地自然之眞率：求此圓之徑率即是求圓中之方之斜弦或說即是求圓中四邊形之對角線。以圖表之如下：

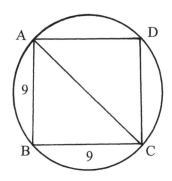

設 AC＝□ABCD 之對角線。

或＝△ABC 之斜弦。

AB＝股邊＝9寸。

BC＝勾邊＝9寸。

∵三角形弦之平方等於勾股之平方之和。

∴$\overline{AC}^2 = \overline{AB}^2 + \overline{BC}^2$

∴$\overline{AC}^2 = 9^2 + 9^2$

$$\therefore \overline{AC}^2 = 81 + 81$$

$$\therefore \overline{AC}^2 = 162$$

$$\therefore AC = \sqrt{162} = 1.2727922奇$$
尺

是即圓周率4尺之徑率也。由此引出周、徑、積相求之公理如下：

(a)以周求徑：置周若干爲實，先以徑率乘之，後以周率除之。

(b)以徑求周：置徑若干爲實，先以周率乘之，後以徑率除之。

(c)以徑求積：置徑若干爲實，先自相乘，又以10寸乘之，得數以徑率除之。

(d)以積求徑：置積若干爲實，先以徑率乘畢而以10寸除之，得數然後開方。

(e)以周求積：置周若干，先自相乘，進一位爲實。以徑率乘畢後，以周率除二遍。

(f)以積求周：置積若干爲實，先以周率乘二遍，以徑率除畢後退一位再開方。

（ii）方尺而圓其外之方圓總率：即圓十而方亦十之總率也。以圖表之如下：

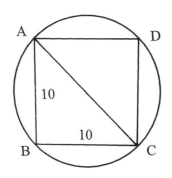

設 AC＝斜弦。

AB＝股＝10寸。

BC＝勾＝10寸。

$\because \overline{AC}^2 = \overline{AB}^2 + \overline{BC}^2$

$\therefore \overline{AC}^2 = 10^2 + 10^2$

$\therefore \overline{AC}^2 = 100 + 100$

$\therefore \overline{AC}^2 = 200$

$\therefore AC = \sqrt{200} = 1.41421356$奇。

是即方圓總率。由此亦能引出若干公理。茲不贅。

以上是分述「容方九寸」之「自然眞率」及「容方十寸」之「方圓總率」。此周徑之根本率旣得。再求12律之面冪。其法如下：

置黃鐘積實982分92里751毫647絲982忽爲實，以黃鐘橫黍度長100分爲法除之得黃鐘面冪：9分82里9毫27絲51忽。

置黃鐘面冪在位，以十億乘之爲實，以十億零五千九百四十六萬三千〇九十四爲法除之得大呂面冪：9分26里97毫21絲20忽。

餘律皆做此。不贅。

B4.8　再求內外周及內外徑。此有正法與捷法兩種。

(a)周徑相求正法：置所求律積實全數爲實，以其長若干爲法除之即得「面冪平圓積」。

（ｉ）置所得平圓積以黃鐘倍律一尺八寸乘之，以方圓總率爲法除之得數爲實，開平方法除之即得「內徑」。

（ｉｉ）仍置面冪平圓積，四因爲實，以所得內徑爲法除之即得「內周」。

（iii）以內徑自相乘，得數，二因爲實，開平方法除之即得「外徑」。

（iv）以內周自相乘，得數，二因爲實，開平方法除之，即得「外周」。

(b)周徑相求捷法：

（i）置所求律之內周爲實，以黃鐘半徑四寸五分乘之，以方圓總率爲法除之即得「內徑」。

（ii）置所求律之外徑爲實，以方圓總率乘之，以黃鐘半律4寸5分爲法除之即得「外周」。

由此求法可得出12律管長短廣狹內外周徑之眞數。

黃鐘：長10寸：{ 內周：1寸1分1里1毫。外周：1寸5分7里1毫。} { 內徑：3分5里3毫。外徑：5分。}

其餘皆可參看原書。

B4.9　以上由精密之數學將樂律之器數一一定出。由一定之器數發中和之聲韵。可見十二律之所以有節有奏者數爲之也。

載堉云：「〔……〕夫音生於數者也。數眞則音無不合矣。若音或有不合，是數之未眞也。〔……〕」（《律學新說・密率律度相求》）。

這是中國人的根本思想。神秘的音樂雖不可以數解，但由精密之數學可以突發出圓轉之音韵。東西民族之所以重數者在此，而近代之科學亦正在證明之。

照著數學與律的關係，則可解與不可解，可說與不可說原間不容髮。一方保住數學，一方留住生命。數是量間的必然結構，音是那結構的強度之宣表。音雖然超可說但離不了可說界。此人籟之所

以與天籟相合也。《史記・律書》之配合由此起。這個配合即是易理樂的絜合。樂律之由數而發中和之音也即是易理樂的一種絜合。

B4.9.1　《新唐書・禮樂志》：

> 聲無形而樂有器。古之作樂者知夫器之必有敝而聲不可以言傳，懼夫器失而聲遂亡也，乃多為之法以著之；故始求聲者以律，而造律者以黍：自一黍之廣積而為分寸，一黍之多積而為龠合，一黍之重積而為銖兩，此造律之本也。故為之長短之法而著之於度，為之多少之法而著之於量，為之輕重之法而著之於權衡，是三物者亦必有時而敝，則又總其法而著之於數，使其分寸、龠合、銖兩皆起於黃鐘，然後律度量衡相用為表裏，使得律者可以制度量衡，因度量衡亦可以制律。不幸而皆亡，則推其法數而制之，因其長短多少輕重以相參考，四者既同而聲必至，聲至而後樂可作矣。夫物用於有形而必敝，聲藏於無形而不竭。以有數之法，求無形之聲，其法具存。無作則已，苟有作者，雖去聖人於千萬歲後無不得焉。〔……〕

B4.9.2　此段話的總義在歸宗於數，數之一定即成為必然而不變，可為萬世法。變而偶然者器物也；常而必然者形式也。數是形式之大成。

律是上承河洛之自然之數下啟度量衡之運算之術。河洛是自然之系列，度量衡是自然系列之應用，而以律為其間之關鍵。律之一身含此兩者。

　　度量衡之數學由制律之法數而出，蓋律亦由黍之度量衡而定也。由黍之度，生後來之度法；由黍之量，生後來之量法；由黍之衡，生後來之衡法。故制律而定有數之法以與度量衡相表裏也。

　　律之法河洛者法天地也，法天地法自然之生成也。故求度量衡等數學之基礎第一步源於律，第二步根於物理世界。是將數學之基礎放於物理世界也。放於物理世界即是放於經驗界。換言之，即幾何式的度量衡之空間的測量基於經驗的物理界如何可能也。懷悌黑，羅素，尼構（Nicod）正是作這步工作的。

　　中國的幾何學雖然不發達，然對於幾何之基礎實有其正當而一貫的理論。由河洛到律再到度量衡，這是多末一貫；而其中心思想要不外物理與數理之契合。中國人的全部玄學思想（佛老在外）是循著這一條路走的。

　　近人不明白這種思想，一味反對河洛之神秘先天及其道士味。須知他們的先天的象數的河洛即是一種物理的數理，並沒有什麼神秘。神秘是其實踐之應用也即道士之修行是。

　　河洛雖不必真為河洛而出，然要其為象數為物理則無疑，要其與《周易》根本思想不背亦無疑。象數者法模（form）也，形式也；物理者自然也物實也。而總不外為「自然生成之法則」一語而已。換言之，也即是表象「自然生成」之圖象。

　　謂象數的河洛為玄學而反對之，是不明白數學之為何也。數學本來即是玄的。因為太抽象了，太形式了，太普遍了。找數學的基礎乃是「元學」而不是「玄學」。反對玄學即是反對數學。反對數學即沒有科學。中國之無科學有以夫！

　　數學，自其本身而言，全是一種合理的普遍的形式的推演；自

其基礎而言，則是物理的，經驗的，特體之歸納。這是近來物理數學所得到的結果。中國之見解亦正如此。所謂「假如之法」，所謂「人力所為」正是指論數學之本身；所謂法河洛，所謂象自然，正是指論數學之基礎。

愛因斯坦說：「數學法則當其關於實物，是不確實的；當其為確實的，乃是不關於實物。」（《幾何與經驗》）。

懷悌黑說：「現在我們知道很多可取的公理組，從這些公理組，幾何即能被嚴格的演繹推理推演出。但是這種研究是關論幾何為一種抽象的科學，而從假設的前提中被推演出。在本書中，我們討論幾何是一種物理科學。空間如何基於經驗中？」（《自然知識之原理·序文》）。

C. 〈樂記〉中的易理和之絜合

C1. 《禮記》中〈樂記〉一篇即是一種最根本而最完美的宇宙論。它將事實界或具體世界諧和起來；它將價值界、意義界之由來昭示出來；它將事實界與價值界鈎穿而連結起來。總之我們可說：這篇東西即是「物理後學」（meta-physics）與「倫理後學」（meta-ethics）間的關係之打通。

C2. 禮樂法天地。

C2.1 中國人歷來把物理世界看成是有序而諧和的。序即是物界的條理，和即是物界的節奏。這種「序」與「和」在倫理後學上即是「禮」與「樂」。禮樂的基礎建於此。

〈樂記〉云：

大樂與天地同和，大禮與天地同節。

樂者天地之和也；禮者天地之序也。和故百物皆化；序故群物皆別。樂由天作，禮以地制。〔……〕明於天地，然後能興禮樂也。

天高地下，萬物散殊，而禮制行矣。流而不息，合同而化，而樂興焉。春作夏長仁也；秋斂冬藏義也。仁近於樂；義近於禮。樂者敦和，率神而從天；禮者別宜，居鬼而從地。故聖人作樂以應天，制禮以配地，樂禮明備，天地官矣。

天尊地卑，君臣定矣；卑高已陳，貴賤位矣；動靜有常，小大殊矣；方以類聚，物以群分，則性命不同矣；在天成象，在地成形：如此，則禮者天地之別也。

地氣上齊，天氣下降；陰陽相摩，天地相蕩；鼓之以雷霆，奮之以風雨，動之以四時，煖之以日月，而百化興焉；如此，則樂者天地之和也。

C2.2　這幾段的總義是：

（ⅰ）禮樂合同於天地之序與和。

（ⅱ）樂合於天地之和，故「樂由天作」。「樂由天作」者言樂由於天性而作也。天、道、陽、流行、化是一個。

（ⅲ）禮合於天地之序，故「禮以地制」。「禮以地制」者言「禮」因地性而制也。地、陰、永恆、分、異，是一個。

（ⅳ）天地是分不開的，故和序也是分不開。單言「天」，大都指「陽」而言；單言「地」大都指「陰」而言。「樂由天作」樂比較近於「陽」也；「禮以地制」，禮比較近於「陰」也。陽近於

合、和、化，故樂合之。陰近於分、序、異，故禮近之。這是中國人的一般看法，然不可太固執，這不過是抽象的解析而已。

（v）「禮」由天地之別而昭示出。「別」即是「異」、「分」、「多」。「樂」由天地之和而昭示出。「和」即是「同」、「合」、「一」。

（vi）自然界的根本法則即是從異到同。異同是兩個根本概念。懷氏說：「根本的玄學原則是從析取到絜合之創進。」

（vii）這種創進過程的宣表而被人所攝受，即是倫理意謂的緣起。

春作夏長，秋斂冬藏，即是自然界的創進過程。仁義禮樂即由人攝受那種創進過程昭示出。

C3.　禮樂同異。

C3.1　禮法自然之異；樂法自然之同。「樂者爲同，禮者爲異。同則相親，異則相敬。」

C3.2　同是異中之同，分中之合；異是同中之異，合中之分。「禮者殊事合敬者也；樂者異文合愛者也。」

殊事即是自然之分歧；合敬即是分歧間的序理關係。故殊事＋合敬＝禮。是禮之異亦含有合而且於合中表示出。

同理，異文＋合愛＝樂。是樂之合亦含有異而且於異中表示出。

故禮樂只是同異的關係之不同的表意。

C3.3　同中有異，異中有同。同即是異的契合，故每一事物自其本身而言即是一個「同」，自對「他」而言即是一個異。樂之和即表示異的結聚而成爲同。異而能至於同合之至也，和之至也，

樂之至也。故樂之和即由於事實之結聚（togetherness）之「緣構」（relatedness）而昭示出。禮之別即表示由結聚而成為同之對他而成為異。同而能成為異，則分之至也，禮之至也，理之至也，亦即序之至也。故禮之別即由於事實之互異而昭示出。

C3.4　只有同而無異，則世界之參互錯綜不可能；只有異而無同，則參互錯綜亦不可能。只有同，科學不可能；只有異，科學亦不可能。科學是於異中找同。只有同，無所施其「分」；只有「異」無所施其「綜」（synthesis）。科學是分而後綜，綜而後分。只有同則無創新無跳躍，而同亦無所成其「同」；只有異，則無永恆只虛無，而亦無所成其「異」。「同」「異」是「繼續」「跳躍」間的表示；同異是「創新」與「永恆」間的表示。一切實存的事情，參互錯綜的世界，都是於流動中而持久的機體。同異即表示這種情形。禮樂即是維持參伍錯綜的人間，不使其只成為異或只成為同。保持得住同異，即是保持得住「持久」。保持得住「持久」即保持得住「創新」。

C3.5　「持久」（permanence）「創新」（creativity）乃是「價值」觀念之起源。故「持久」「創新」於同異中顯之，而「價值」亦於同異中顯之。「價值」即是具體事實或機體的「定形」（definite form）之實現的表意，或說即是絜合的實現之表意。「定形」「契合」即是「限制」，同異間的限制。故某種現實價值之出現全靠這種同異間的「限制」之實現。故每一具體事實，因其本身是一限制之故，故其本身即具有價值意義的昭示。全宇宙是參伍錯綜的，互為限制而互為同異的。故全宇宙都足以昭示出價值。這是物理後學與倫理後學之契合與打通。因此，在物理後學即自然

界這方面言，世界是可理解的；從倫理後學即價值界這方面言，價值內在於具體世界中而世界是有意義的。中國思想的特性於此著眼，始云得解。從物理後學方面解世界的是胡煦；從自然界而顧到價值界的是焦循。

C3.6 言「同異」而不言「矛盾」這是對的。同異是指具體事實而言；矛盾是指抽象概念而言。同異是事實的參伍錯綜；矛盾是邏輯的必然禁律。事實無所謂矛盾；事實無所謂正負；事實是其所是；事實只是呈顯著；事實沒有可能；事實沒有負。在邏輯上我們可有「－2」，「－3」……；在事實上沒有負的2本書；負的3枝筆。此邏輯之所以為可能科學而不為事實科學也。黑格兒（Hegel）的矛盾法有意義的，因其為概念故；他以此概念的演進即為具體世界，此其所以為唯心者在此。若近日之唯物史觀之辯證則是無意義的、矛盾的。要有意義，得另換一套說法。

C3.7 樂為「同」為「和」為「化」為「流而不息」，故有放大，開展，向前，擴張，之意。所謂「參天地贊化育」即是至和之境。禮為異為別為殊為分，故有收縮緊斂、回復、保守之意。所謂「保合太和各正性命乃利貞」即是至殊之境。至殊與至和是一而二，二而一。不能至和即不能至殊；不能至殊亦即不能至和。

「樂著大始，而禮居成物。著不息者天也；著不動者地也。」

「大始」即胡煦所謂「生」、「微」、「初」、「內」，即由此而向外生長擴張之意；故先曰：「著大始」，繼曰：「著不息」。「大始」「不息」皆「流而不息和同而化」之意也。「樂」即是這種「大始」「不息」的表意。

「成物」即胡煦所謂「成」、「盛」、「上」、「外」，也即

所謂「利貞」之「貞」。即至此而完成其絜和，實現其定形，也即
是「各正性命」之謂，也即是實現同異間的限制之謂。故先曰：
「居成物」，繼曰：「著不動」。「不動」即是「既濟定」，即是
「永恆」，即是「咸寧」，也即是「持久」。禮即是這種「成物」
「不動」的表意。

C3.8

> 樂也者施也；禮也者報也。樂樂其所自生，而禮反其所自
> 始。樂章德；禮報情，反始也。
> 樂也者動於內者也；禮也者動於外者也。故禮主其減，樂主
> 其盈。禮減而進，以進爲文；樂盈而反以反爲文。禮減而不
> 進則銷，樂盈而不反則放。故禮有報而樂有反。禮得其報則
> 樂，樂得其反則安。禮之報，樂之反，其義一也。

這是兩段最微妙的話：

（i）樂爲施即放大開展之義；禮爲報即保守回復之義。

（ii）「樂其所自生」即由始而隨其自生自長以向外開展也；
「反其所自始」即由「施之成」而復反於其所自始也。終而有始之
義。

（iii）「章德」即是發散實現，飛龍在天之意；「報情」即是
因「施成」而「報復」。

（iv）「動於內」即是「著大始」，「樂其所自生」；「動於
外」即是「居成物」，「反其所自始」。

（v）禮既爲反爲報，故其義爲減，即「收縮」「回復」之義

。樂旣爲施爲章，故其義爲盈，即放大開展之義。減者減其盈，盈者盈其減。剝復夬姤之道也。

（ⅵ）但不能永減，故必有「進」。「減而不進則銷」，也即是「禮勝則離」。離也銷也皆無生成創新之精神。故禮之義爲減，要必以進爲文。減而進是禮而樂矣，異而同矣，報而施矣。即是即禮即樂矣。

（ⅶ）但亦不能永盈，故必有「反」。「盈而不反則放」，也即是「樂勝則流」。流也放也亦無生成創新之可能，故樂之義爲盈，要必以反爲文。盈而反是樂而禮矣，同而異矣，施而報矣，亦即即樂即禮矣。

（ⅷ）故禮之減當其進也即爲樂，非於禮外別有樂也；樂之盈，當其反也即爲禮，非於樂外別有禮也。故曰：「禮有報而樂有反，禮得其報則樂，樂得其反則安。禮之報，樂之反，其義一也。」

（ⅸ）懷氏說：

> 有兩個原則附著於事物之本性中〔……〕——變邊底精神，及保守底精神是。無此兩者，不能有眞實的東西。只有變而無保守即是從無到無之流轉。其最後之成全只是倏忽而無物。只有保守而無變易也不能成其保守。因爲究竟，這有一環境之流，而存在的新鮮穎異將在只有重複之下即蒸發而消散了。實存的實體之品德是以投過那事物之流而持久的些機體所組成。（《科學與近世》。Ch.XⅢ.）

（ｘ）這段意思即可以總結減盈進反的兩元性。禮樂即是這種兩元性的價值意謂。價值意謂即由此兩元性而昭示出。變者變保守而趨新奇也。因為新奇故保之而不欲其淪亡。保此新奇而復變為其他新奇而復保之，以至無窮。世界即是這樣變易保守而創進下去，人對於這種創進有欣賞之機能，有感受之欲望。新奇，價值即由這種欣賞感受而起。禮樂即是由這種欣賞感受所得的價值與新奇為基礎而被引出以維持此人間之兩元性之均衡也。換言之，即是保持同異之均衡，保持持久與創新之均衡，也即是保持價值而使其永不泯。如是禮樂由價值意謂而起復來保持此價值意謂也。換言之，即是以價值保持價值。價值只能以價值保之，不能以事實保之。事實昭示價值而被人所感受因而出現。事實不即是價值。價值不即是事實。事實可以理解，而理解之用不著價值觀念摻雜於其中。價值被事實昭示出，故欣賞之保持之而不能離開事實。雖不即是事實，然不能超越事實。故吾名之曰「內在的超越」（immanent transcendental）。於是，自然界與價值界可以打通而亦各有其領域。這也是一個同異合觀，禮樂和文。

Ｃ４．　禮樂之極致。

Ｃ４．１　自然界因著變與恆而成為自然界，而「四時行焉，百物生焉」。即因著易理和之繫合而成就其參互錯綜氣化流行的實緣世界。同時，因著易禮樂的繫和而又將它價值化，意義化而使著人生不枯槁，有渴望之理想，而結果成為「參天地贊化育」。這種最後的結果，即是禮樂之極致。而所以能如此者，即是因為價值界的易禮樂即是事實界的易理和之所昭。

Ｃ４．２　易禮樂之興起即因感受價值故；而易禮樂之繫和也即

是爲的要保持價值故。自其絜合而至「參天地贊化育」這便即是將世界價值化意義化。換言之即是對於世界的一旦豁然貫通的觀照與鑒賞。也可以說是對於世界的一種洞見（insight）。此時即是「大樂」「大禮」，禮樂之極致。大樂不樂，樂變和也；大禮不禮，禮變理也。禮樂與理和融一，這便是天人合一的三昧境，人生至高的理想。

C4.3

> 是故大人舉禮樂，則天地將爲昭焉。天地訢合，陰陽相得，煦嫗覆育萬物；然後草木茂區，萌達羽翼，奮角觡生，蟄蟲昭蘇，羽者嫗伏，毛者孕鬻，胎生者不殰，而卵生者不殈，則樂之道歸焉耳。

這即是「大樂不樂」「大禮不禮」的境界。這並非有了禮樂感應了上蒼才得出這結果。這只是人對於世界的藝術化價值化。人之所以如此，爲的是要保持價值，而保持價值即是充實生活豐潤生活理想生活。理想生活也不過即是藝術生活。藝術生活的極致即是禮樂之極致，而樂禮之極致即是天人合一。天人合一即是價值界的易禮樂與事實界的易理和之圓融。這兩方面若凝一，則一個持久而活躍的價值世界藝術世界永縈迴環繞呈顯於人的眼簾。欣賞活的價值即是欣賞藝術。

C4.4　活動的價值即是持久而創新的價值。能欣賞活動的價值且能與活動價值凝一，則自身也即是一個活動的價值。

故知禮樂之情者能作，識禮樂之文者能述。作者之謂聖，述
者之謂明。明聖者述作之謂也。

　　自身成一個活動的價值，自身即成一個明聖的述作者。人而能
明聖能述作亦云極矣。人的價值化在此，人的藝術化亦在此。人的
最高理想亦在此。人生之意義，人生之值得活亦在此。是謂藝術之
創造。

　　C4.5　但要知此所謂藝術之創造非創造藝術也，言即創造即
藝術之謂。所謂述作亦非述作價值也，言即述作即價值。那即是
說：能持久而創新即是述作即是創造，即是藝術即是價值。麻木而
不仁非創造非藝術也。

VI 最後的解析

引　言

　　以往之討論，大半是按著歷史之先後而述說的。現在綜結以往，不必如此。可以按著不同的方面而排列；但時代之歸屬是要指出的。凡講物理後學者，把它歸屬在一起；講倫理後學者也把它歸屬在一起。綜結的方法是把以往各分中的主要原則及其引申的原則提出來而組成一個系統。

　　這樣綜結以後，再作一最後的解析，把各方面的特性指點出來，這即是本書的完結。

　　可是這有三個總原則為各分所不背者，今先列於此：

　　Ⅰ宇宙條理。

　　Ⅱ天人同情。

　　Ⅲ天人合一。

　　除此三總原則而外，還有兩個根本原則，為講生成時所必不可少者：

　　Ⅰ流轉恆變之原則——陽。

Ⅱ攝聚翕凝之原則——陰。

但從另一方面看，陰陽所代表的即是「物實」，即根本原素是。一切物實皆有相反之兩種精神，故從此可抽成兩個根本原則。

A. 物理後學

A1. 漢《易》解析世界之原則。

A1.1 根本原素：陰陽。以陰陽為根本原素即是說以「物實」（actual entity）為最後之真實存在。陰陽間的一切關係一切作用即是物實間的關係或作用。這些物實，從其情勢或表意上看，可分兩類：一為陰，一為陽。故陰陽即足以表示一切物實之情勢、表意、或作用。其實，陰陽即是由這些情勢、表意、或作用而歸納成的兩個類名，復以此兩類名表誌一切物實。故陰陽所表誌的即是根本原素，為方便上的演用，即以陰陽為根本原素。

A1.2 根本關係：感或咸。此即「天地感」之「感」，或咸卦之「咸」。我們可以把它看成是物實間的根本關係。沒有它，一切其他關係，或結構都不可能。可是，一方面，可以說它不是一個關係，它是發生關係時的一個根本作用。其他關係有好多樣法，「感」則只是「一」。

A1.3 派生關係：

Ⅰ.「據」之關係。陽據陰為「據」。陽性流轉燥進，陰性方靜永恆。陽據陰則有定形，或說空間化。

Ⅱ.「承」之關係。陰隨陽為「承」。陰而承陽始能創進而時行，始有新奇，不為永靜。

Ⅲ.「乘」之關係。陰比而加陽為「乘」。但陰必須乘陽而又承陽始為無過。因為陽有首而無尾，必以陰承為其尾；陰無首而有終，必以陽據為其首。假若陰乘陽而又承陽，則陽不但有首而亦有尾，陰不但有尾而亦有首。故「乘」只是據與承之間的一個關係。

注釋：由此三關係，則（ⅰ）繼續之系列可成，（ⅱ）時空可構成，（ⅲ）定形之物相可成。

A1.4 生成實現之原則：

Ⅰ.原則徵、應，或求。此為一義而三名。凡爻往而應之為徵，往而求之為求，往而有應為應。徵、應，或求者皆欲往而發生據承乘之關係以欲有所成也。

Ⅱ.原則貞或中。由原則Ⅰ即可得貞或中。貞者正定而實現也。

Ⅲ.原則「世」。由原則Ⅱ可得「世」。「世」即是一個貞定實現之體。每一「世」即是一個貞定，每一「世」即是一個層次。一卦可有六世，故一卦可有六層。

Ⅳ.原則「飛」。世之所位而陰陽之「肆」者謂之「飛」。故「飛」可說即是「實現」、爆炸，或顯露。

Ⅴ.原則「伏」。陰陽肇乎所配而終不脫乎本以隱贊佐神明者謂之「伏」。「伏」「飛」正相對。由「伏」可以預定，由「飛」可以證實。

A1.5 本體論上的原則（ontological principle）：此總名曰「互體」，細分之曰爻體，曰半象，曰體卦等。此即表示一卦之中有好多變化，有好多可能的體。從一畫至五畫皆有所互。故一整體中可有無數的小整體。由此互體可以表示世界之變化根本上即是多

元的。也可以說，互體即是物實間的些種種關係。故言互體當推度到上邊 A1.1之根本原素，及 A1.2之根本關係。

A1.6　宇宙論上的原則（cosmological principle）：此總名曰卦體。類分之有三：

原則Ⅰ.旁通。此可說是物實間的空間關係。

原則Ⅱ.反復。此可說是物實間的時間關係。

原則Ⅲ.升降。此可說是物實間的征應關係。

附註：自然，這兩種原則是互相出入的，不能截然分離。不過從兩方面看而已。

A1.7　小宇宙公式（microscopic formulae）：

公式Ⅰ.每一件小的物實，從其生成過程上看，總有始、壯、究之三段落。三畫卦即是始壯究之表示。故三畫卦即是一個小宇宙之公式。

公式Ⅱ.上邊 A1.5之原則也可說是小宇宙公式。

A1、8　大宇宙公式（macroscopic formulae）：

公式Ⅰ.始壯究也可以放大而應用於一切以成爲大宇宙公式。

公式Ⅱ.卦氣消息也是一個大宇宙公式。

公式Ⅲ.上邊 A1.6之原則也是大宇宙公式。

附注：這兩種公式自然也是互相出入的，也是我們的兩種看法。

A1.9　最後的配合，或最後的總和。

Ⅰ.爻辰律之配合。此由大宇宙公式Ⅰ而來的。

Ⅱ.時位卦之配合。此由大宇宙公式Ⅱ而得來的。

附注：由此配合，則整個的宇宙之條理姿勢及意義完全表現出

來。然而此種大宇宙之配合卻是由小處，一步一步放大出來的。系統整然，顯微無間。

A2.　朱子解析世界之原則。

A2.1　我們看以上的系統，可知他們只是在那裡摹狀或解析具體世界或生生條理的氣化流行之世界，並沒有再進一步的解剖以發現其最根本的第一原則。

A2.2　作這步工作的是朱子。他打開這個氣化流行的具體世界，他要找一個最根本的原則以爲那氣化流行的世界或具體世界之所以然之故。他的目的是在解析世界之所以具體而流行。

A2.3　他解剖的結果，分析成兩個成分：

Ⅰ.理。即是那個所以然之故。

Ⅱ.氣。即是那些可分的一個一個之物實。

A2.4　在這樣的分舉之下，只有氣不能成氣化流行，只有理也不能成氣化流行。必須合起來，始可成功。而其中演重要之角色者則爲「理」。

A2.5　第一原則（first principle）：

故此理即爲一切氣化流行生生條理之所以然之故。我們可以名之曰「具體化原則」（principle of concretion），或曰「創化原則」（principle of creative evolution）。

附注：此創化不必是柏格森之意，只是具體而流行之意。

A2.6　這個第一原則有以下的函義：

Ⅰ.所以然之故爲理。

Ⅱ.氣化流行而能生生條理亦爲理。

Ⅲ.情欲之大諧和，即發而皆中節之和，亦爲理。此含義於解

析倫理後學時用之。

A2.7　由以上三個含義可得一主要含義,即「顯微無間」是。

A2.8　中國的玄學系統不外兩支:

Ⅰ.只注意於氣化流行之世界,即只就「顯發」而立言是。

Ⅱ.即是朱子的進一步的顯微無間。

附注:在本書所論中,戴震、焦循屬於前者,胡煦屬於後者。自然,這兩個系統不是相背的。

A3.　胡煦解析世界之原則。

A3.1　生成原則:

Ⅰ.生數之原則:以一、二、三、四爲生數,則五即爲生數原則。

Ⅱ.成數之原則:以六,七,八,九爲成數,則十即爲成數原則。

附注:此兩原則合起來,即爲生成原則。一切生成,若無此原則,皆是不可能的。

A3.2　轉變原則。此即胡氏所謂「太極」是。此過程之極即轉而爲下過程之始。始爲生,生爲內;終爲成,成爲外。始終生成之間的轉化原則即爲「極」。故本原則可與以上合而爲三,而此三原則又皆可攝於 A2.5中之第一原則。但經此分解,則清楚得多了。

附注:關於以上所論,可參看第三分 A 段 C 段之範疇 Ⅰ,與範疇 XIV。

A3.3　自然之分化說:

Ⅰ.由《河圖》而《洛書》之根本分化。

Ⅱ.乾坤六子之運行的分化。

Ⅲ.坎離終始之分化。

Ⅳ.六象運行之分化。

附注：分化即是生成之過程。關此，參看第三分 B 段。

A3.4　生成過程間的根本範疇。此共有十四個範疇：

Ⅰ.太極。即 A3.2 之轉變原則。

Ⅱ.生數與成數。生數居內，成數居外。

Ⅲ.陽生陰成。概言之，陽生陰成；陽在內，陰在外。

Ⅳ.生成過程。即元亨利貞四層是。

Ⅴ.每一生成層各具有太極。

Ⅵ.連斷。即繼續與間斷。

Ⅶ.內外。內爲生爲陽，外爲成爲陰。

Ⅷ.分合。分爲歧爲多，合爲聚爲一。

Ⅸ.微盛。微爲內爲生，盛爲外爲成。

Ⅹ.始終。始爲微爲內，終爲盛爲外。

Ⅺ.初上的位與九六之數（此當看第三分之解析）。

Ⅻ.形氣。內之生數爲氣，外之成數爲形。

ⅩⅢ.大太極與小太極。

ⅩⅣ.十散五不散。

附注：關此，可參看第三分 C 段。

A3.5　根本關係：

Ⅰ.相交關係。

Ⅱ.相配關係。

Ⅲ.往來關係。

附注：由此三關係可以說明爻之形成。爻之形成即是物相之形成。用佛家的話說即是色相之形成。而其中最重要是「往來關係」。關此，可參看第三分 D 段 D2.1及 D2.2兩條。

A3.6　體卦說。由此可解析複雜體的物相之形成，並可解析往來關係之何所指。關此，可參看第三分 D 段 D2.3條。

A3.7　爻之四通說。即見、伏、動、變是。關此，當參看第三分 D 段 D3.條。

A3.8　時位說。此即真實的時空合一論。關此，可參看第三分 D 段 D1.及 D5.條。

A3.9　時空之構成。此即所謂「治曆明時」是。此時空是邏輯構作的時空或說抽象的時空。但也有其生成時位之基礎，並非憑空構作。關此，當參看第三分 E 段及 F 段。

A3.9.1　真變與假變說。此即批駁漢易之卦變說而顯示真變者。此當參看第三分 G 段。

A3.9.2　對於世界之知識上的解析。此可說是一點知識論，沒有詳細的發揮。然而我們可以看出其主要的工具即是「象」和「彖」。關此，當參看 G 段及 H 段。

附注：倫理後學或道德哲學方面在第四分 H 段已綜結之。故在此不再重複。至於知識論方面只在第二分 B 段，論王弼時及本書導言中之 B6.及 B7.兩條有所昭示，故無所謂綜結，俟於下段中揭舉之即可。

B.　最後的解析

B1.　觀點及方法。

B1.1　純客觀。凡跳出主客，主亦為客，以觀世界者謂之純客觀。當然，能跳出與否還是問題，不過中國人總是在那裡這樣跳出而觀世界的，不然就不能有以下所指述的世界觀。

B1.2　數的觀點。《周易》一支徹頭徹尾是數的。離了數不成其為《周易》。世界之生成有數性，我們也可以數的觀點來觀之。數性即是條理性。

B1.3　符號表象的方法。凡能用符號來表象的世界都是科學的世界，邏輯的世界。因為符號不能表象那不可表象的東西，所以他這種方法一方面含有數理邏輯的底子，一方面含有以下的世界觀。

B2.　世界觀。

B2.1　只有一個氣化流行生生條理的世界觀。

B2.2　生成的世界觀。須知生成不是「生命」。生命有神秘，生成沒有神秘。

B2.3　一元、多元、二元，總還於無元的世界觀。一元指物實之質說，二元指其用說，多元指其量說，無元指其流行說。此當於專文論之。

B2.4　必然的實然論。

B2.5　非目的底有定論。

B2.6　通關有機論。

B3. 道德哲學。

B3.1 此於第四分已指述之。可是這有一主要特點，即於第四分論焦循中可以見出他把道德界與事實界連結起來，即凡於事實界所能說的話，所能用的範疇都可用之於道德界。這是一個很有獨特性的系統（ unique system ）。但此並不即是說事實界即是道德界。這一點很值得注意，這是中西哲學的不同處。大陸理性派固然很想於眞美善找一綜括的系統；但其方法觀點態度卻不與此同。

B3.2 譬如康德在其講科學知識時，把現象界與非現象界，範疇所應用界及其所不應用界分得很清楚，儼然沒有聯絡之可能；但至其講玄學時，又把那些範疇綜和起來而打通那個鴻溝了。中國人似乎沒有費這大的力氣與周析，也沒有那樣的衝突。

B4. 知識論。

B4.1 我們由本書導言中 B5.，B6.，B7.諸條及第二分 B 段B4.條之所論，及第三分 H 段之所論，可知《周易》一支的知識論乃是由《周易》中所用的「 象 」和「 彖 」而昭示出的。可惜後人都不注意，對此點沒有詳細的闡發。

B4.2 由此所昭示的知識論，概括言之，可說是一種實在論的知識論。由經驗的普遍化而歸類而歸納而類比而至於概念的解析，這一個整個的過程我們可攝之於「 象 」和「 彖 」這兩個名目下。雖然已往沒有詳細分析出，然而這樣看法卻並不相背。並且也與整個的思想系統如玄學及道德哲學等相融洽的。

B4.3 我常把知識論分成兩大支派：一爲知覺之因果說（ causal theory of perception ），以羅素爲代表；一爲知識可能之先驗說（ apriori theory of the possibility of knowledge ）以康德爲代

表。從《周易》一支所昭示的知識論似乎是屬於前者。當然,這兩大支派並不是不可絜和的,但看解析的方法怎樣。

B4.4　屬於因果說,則認條理是世界的,世界自有其條理,一切範疇原則都不過是用來解析生成世界的,都不過是生成世界之所顯示。故曰氣化流行,生生條理。屬於先驗說的,則認條理是思想的範疇,悟性的規律。生生條理之世界乃是悟性之範疇的世界。這是兩派的主要分水嶺。屬於前者,主從知識之因果關係而至經驗之歸類;屬於後者,分析知識成立之成分而主重思想之組織,悟性之作用。

B5.　價值論。

B5.1　屬於因果說者,則說一切東西都可互相為符,互為徵象。故世界之可理解全賴乎此。同時,世界之意義或價值亦賴乎此。知識對著理解,道德對著意義。理解,意義,俱由「象」起。故價值論亦由象象之作用而昭示。

B5.2　由這種象象而昭示的價值論仍然可說是實在論的價值論。「天垂象,見吉凶」。所謂實在論的價值論,即是說價值乃是由天之「垂」與吾之「見」合約而成的。關此,可參看第二分 B4.條之所論。

B5.3　此種價值論也可以說是「內在論」。即是說,雖然不即是實在,但卻也不離實在;雖然不即存在於外界,但卻於外界有其基礎。關此,可參看第四分 H 段 H4.5條。

B5.4　這樣,則解析世界所用之範疇與原則,於道德哲學上亦可用。朱子、焦循、戴震,或甚至一切中國思想家,都是如此的。他們一方面解析了世界之為何,一方面確定了道德之基礎。故

最後始能說與天地合德，與日月合明。這是中國的整個之諧和的系統。關此亦當參看第五分之 C 段。

B5.5　我們再看屬於先驗說者。康德於講科學知識時，引出一個「物自身」（thing-in-itself）爲畫分現象界與非現象界的「限制概念」（limiting conception）。把悟性之範疇只限於現象界，至於非現象界則不能應用；但並不是說不準你投思維於非現象界，乃只是說無經驗之內容，無範疇之作用而已。康德這樣講爲的是留餘地以講道德，這是很科學的了。從這方面看，爲明白起見，我們可用羅素的「倫理之中立」以解之。

B6.　科學底哲學。

B6.1　科學的哲學有兩種意義：

（i）科學的哲學（scientific philosophy）或說是科學化的哲學。即解析物界之結構，組織及其原則者屬之。第三分所論的胡煦之哲學及漢易之全部屬此。

（ii）科學底哲學（philosophy of science）即科學底基礎之學。第五分 A 段及 B 段所論者即屬此。究竟這兩種是相通的。

B6.2　在第三分論胡煦中，我們有：

（i）物相之形成論。

（ii）時空之構作論。

（iii）數之構作論或說數之基礎論。

B6.3　在第五分中我們有：

（i）曆法之基礎論。

（ii）治曆明時之基礎論或說時間之構作論。

（iii）樂律之基礎論。

（ⅳ）度量衡之基礎論──可說是幾何之基礎論。

（ⅴ）數學法則之性質論。

B6.4　關於這類的思想只能在《周易》一支裡尋找出來。其中所論，有精妙的，也有粗略的。然而它爲中國之科學底哲學則無疑。注意者少，治斯學者尤少，望其有深邃的發展得乎？我民族於學術方面欲自發的與世界並駕齊驅，必須走此路向以養成科學之氣質。

附錄：答孫道升評《從周易方面研究中國之元學及道德哲學》

承孫君賜評拙著，甚感甚感。惟指摘各點，復有說明的必要，僅答於左：

1.孫君以為定名不妥，說是名實不符，當將「從周易方面」改為「從周易注疏方面」，即是說，當加「注疏」二字。著者以為此不必須。須知「從周易方面」即包括「注疏」亦在內，著者特提出「方面」二字，蓋即表示不在《周易》本文之鑽研也。難道「注疏」即不在《周易》方面乎？故「從周易方面」倒能顯其概括，若加「注疏」二字倒覺拘定。

2.孫君以為著者蔑視《易傳》。是的，著者確定對於十翼的《易傳》不甚重視的。因為十翼的《易傳》講的人太多了，從以往到現在誰不是在那裡推衍〈繫辭〉、〈文言〉等？著者以為從這裡邊再說不出什麼新道理的，道理都教理學家發揮無餘了。著者是注意中國之道德哲學的，老實說，中國的道德之成為哲學實自理學始，拙著第二部分即是講這個問題。在那裡，著者是藉朱子的道德哲學作總綱以衡論一切，而〈繫辭〉、〈文言〉等的道德哲學亦可以包括在內。這固然以理學為主，但著者以為若沒有理學的發揮，則〈繫辭〉、〈文言〉實難找出濃厚的哲學味來，只不過是人事方

面的教訓而已。德論是有的，但不是德的哲學；元學的格言也是有的，但也不必再來發揮。所以著者還是乾脆以理學為主講道德哲學，而不以《易傳》為主講道德哲學。孟、荀豈非無性論？《中庸》、《大學》豈無元學與知論？但成為哲學的討論還是以理學為始。而且藉講理學也就把它們牽在裡邊了。著者不是講哲學史，不以人或作者為主，而以問題為主。至於著者問題的所在，拙者中旨趣的方向，書中自能告訴讀者。照《周易》本〈文言〉，《易傳十翼》的地位比較重要；但從《周易》方面整個看來，在著者所發掘的系統中，《易傳十翼》不重要。著者並不是蔑視《易傳》，乃是在著者立場的系統中，《易傳》不居重要的地位。

3.孫君以為遺漏《易緯》。著者以為拙著到底以《易經》為主，不以《易緯》為主。著者若作一部漢朝哲學史，則自然可以特講《易緯》。鄭康成雖與《易緯》有關係，但常講他的《易經》時，《易緯》也只是可以引用的參考而已，不能以它為主。萬事必有所對，不可不識其主從。若說有關係，則萬有都有關係。但我們當有打斷的能力，不然便無結果了。

4.孫君以為忽視《太玄》，著者以為此點更不成問題。《太玄》與《易經》究非同物，理由與上條同。

5.孫君以為丟掉《參同契》，此亦不成問題，理由與上條同。

孫君所提出的幾部著作都是很重要的，但著者以為不要牽涉的太遠了。我若作哲學史，我一定特加重視它們的，我一定不惜為之詳講，在這一點上，我與孫君的見解是相同的。可惜在本書範圍內是不允許的。

附：孫道升〈評牟著《從周易方面研究中國之元學及道德哲學》〉

這本書是一部長二十餘萬言的鉅著,全書除〈導言〉外,共分六部。〈導言〉略論《周易》之結構與時代,第一部論漢之天人感應下的易學,第二部論晉宋佛老影響下之易學,第三部論淸胡煦的生成哲學之易學,第四部論淸焦循的道德哲學之易學,第五部論易理和絜合,第六部爲最後的解析,則將「以往各分中的主要原則及其引伸的原則提出來而組成一個完整的系統」。

《周易》這部書是中國秦漢以後思想學術的總根源。宗敎家偷他的理論作「天書」,醫學家偷他的思想作病諭,政治家偷他的主張做政綱,整個社會上的人生日用則無不採取他所講的道理作一切行爲的標準。這樣關係的著作,一般整理國故的人反而不加注意,實在有些可惜;著者能把一般人所不注意的東西加以系統的研究,不能不說是「獨具雙眼」。

著者這部書的精華,全在第三、四兩部。第三部講胡煦的元學,第四部講焦循的德論,都能恰到好處。

評者認著者這書有三個優點:一是著者能把各易學家由《易經》引伸出來的原則,揉合排比成一個完整的系統;二是著者能把所提到的各易學家的易學,依照其原形描繪出來;三是著者處處引用西洋哲學的名詞訓詁中國各家易學之名詞,卻能保持中國氣味,不使他完全「洋化」。著者這本書的價值,應由這些去處著眼估定。

著者這書優點雖多,欠缺亦復不少。評者認爲至少應有下列各點可以商量:

（一）名實不符：該書的名稱是《從周易方面言中國之元學及道德哲學》，該書的實際則是「從《周易》注疏方面研究中國之元學及道德哲學」。著者這書既不研究《周易》本文，而只研究《周易》注疏，則與其名為《從周易方面研究中國之元學及道德哲學》，毋寧名為《從周易注疏方面研究中國之元學及道德哲學》之為宜。據此，可見著者〈自序一〉中說的「本書定名某某，名雖冗長，亦頗允合」為不合矣。

（二）蔑視《易傳》：《易傳》有系統完整的元學，亦有系統完整的德論，《易經》注疏中的元學及德論只不過是《易傳》的元學及德論之引申罷了，他的新貢獻，實在微乎其微。所以易經在哲學史上所佔的重要地位，既不屬於《周易》本文，又不屬於《周易》注疏，而只屬於《易傳十翼》。著者這書只研究注疏，不研究《易傳》，評者認為是「不齊其本而齊其末」。《易傳》本文，明白曉暢，「不引後之注易解易者之言辭」亦可研究其元學及德論。著者因恐受注《易》、解《易》者言辭之影響，遂不研究《易傳》本身，評者認為有些「因噎廢食」。

（三）遺漏《易緯》：《易緯》對於元學及德論皆有新的貢獻，並有巨大的影響，鄭康成的易學便是《易緯》的影響之產物。著者研究鄭康成而不研究《易緯》，殊使人生「有果無因」之感。

（四）忽視《太玄》：揚雄《太玄經》是模仿《易經》的作品，對於元學及德論亦皆有新的貢獻。其理論之深刻，見解之透闢，定不下於《禮記》、《樂記》、《史記》〈樂〉、〈律〉及《漢書·律歷志》。著者對於不重要的《樂記》、〈樂〉、〈律〉、〈律歷志〉等，皆肯引來講《易》，而對於重要的揚雄

《太玄》反無一言道及，似乎是「去重取輕」。

　　（五）丟掉了《參同契》與《先天圖》：魏伯陽的《參同契》對於元學有獨到見解，邵康節之《先天圖》對於元學是別開生面。兩氏之書在《周易》哲學中之地位皆具重要，其對於元學上之貢獻，實較漢儒的「卦氣圖」、五體等等，有過之而無不及。魏氏影響朱熹，邵氏派生胡煦，這樣有重大關係的兩個人，著者根據胡渭《易圖明辨》將他們逐出《周易》圈外，實未能洽然有當於人心。

　　以上所提出可商量的各點，如果不是誤會，則評者認爲著者必須將原著大加補充，然後才能當得起該書原來之名稱。質之著者，以爲然否？

原載《民國日報、哲學週刊》第12期（1935年11月20日）

《牟宗三先生全集》總目